GZC 高校主题出版
2018 GAOXIAO ZHUTI CHUBAN
广东决策者思想研究系列

U0960666

任仲夷与广东改革开放思想研究

主 编 田 丰
副主编 温宪元 刘小敏

華南理工大學出版社
SOUTH CHINA UNIVERSITY OF TECHNOLOGY PRESS
·广州·

图书在版编目（CIP）数据

任仲夷与广东改革开放思想研究／田丰主编. —广州：华南理工大学出版社，2020. 6
ISBN 978－7－5623－6277－7

Ⅰ. ①任…　Ⅱ. ①田…　Ⅲ. ①任仲夷(1914—2005)-改革开放-思想评论　Ⅳ. ①K827＝7　②D616

中国版本图书馆 CIP 数据核字（2020）第 033763 号

任仲夷与广东改革开放思想研究
田　丰　主编

出 版 人：**卢家明**
出版发行：华南理工大学出版社
（广州五山华南理工大学 17 号楼　邮编：510640）
http://www.scutpress.com.cn　　E-mail: scutc13@scut.edu.cn
营销部电话：020－87113487　87111048（传真）
策划编辑：王　磊
责任编辑：谢茉莉
责任校对：梁晓艾
印 刷 者：广州市人杰彩印厂
开　　本：787mm×960mm　1/16　**印张**：22.5　**字数**：346 千
版　　次：2020 年 6 月第 1 版　2020 年 6 月第 1 次印刷
定　　价：68.00 元

前　言

党的十一届三中全会决定把党和国家工作重点转到经济建设上来，拉开了改革开放的历史序幕，开启了新的时代条件下的伟大建设。改革开放，不仅谱写了当代中国最为壮丽的发展篇章，使中国人民的面貌、社会主义中国的面貌发生了前所未有的历史性变化，深刻改变了中华民族的历史命运和国际地位，还无可辩驳地证明，十一届三中全会以来形成的党的基本理论、基本路线、基本方略是完全正确的，中国特色社会主义是实现社会主义现代化的必由之路，改革开放是实现中华民族伟大复兴的必由之路。

广东是改革开放的排头兵、先行地、试验区。改革开放之初，中国改革开放总设计师邓小平支持广东敢闯敢试、先行一步，以习仲勋为代表的改革先行者挺立潮头，破冰前行。四十年来，在党中央的正确领导下，广东广大干部群众以敢为人先的大无畏精神，勇闯新路，开拓前进，在放开搞活、创办特区、对外开放、改革经济体制等方面奋力“杀出一条血路”，为发展社会主义市场经济、实现社会主义现代化勇于探索，取得了举世瞩目的发展成就，做出了彪炳史册的历史性重大贡献。

任仲夷是广东改革先行者中的重要一员。1980 年 10 月，任仲夷接过习仲勋的担子，担任中共广东省委第一书记，他解放思想，开拓创新，敢为天下先，团结和带领省委一班人，率领全省广大干部群众，创造性地贯彻执行党中央的方针政策，克服了各种艰险，为广东改革开放和在全国先行一步做了大量的宝贵探索。任仲夷主持广东省委工作的五年，是为广东改革开放奠定基础的五年，为广东改革开放做出开创性、基础性的工作，也为全国的改革开放探索积累了经验，作出了重大贡献。

任仲夷坚持马克思主义的思想路线，提出社会变革必须以思想大解放为先导，从理论和实践的结合上揭示了广东先行一步与思想解放的密不可分的关系，他指出敢于解放思想就是敢于实事求是，只有实事求是才能解放思想，明确提出“努力做到特殊政策真特殊，灵活措施真灵活，先行一步真先行”；他大力推动经济特区建设，以开放促改革促发展，敢于努力为特区“正名”，澄清对特区的模糊认识和错误观点；他大力推动经济体制改革，推动广东大力发展社会主义商品经济。1981年，广东省委提出了三个“更加”：“对外更加开放、对内更加放宽、对下更加放权”，他自觉坚持“两手抓”，重视和推动广东精神文明建设，提出“排污不排外”“打击经济犯罪坚定不移，对外开放、对内搞活坚定不移”；他心系人民群众，关心群众生活，认真落实邓小平提出的改革每走一步都要给人民群众予实惠的思想，率先提倡农民致富，提出搞活农贸市场，对群众的衣食住行、柴米油盐、生老病死、就业上学等，事事关心，竭力为群众排忧解难。任仲夷对人民群众的深厚感情，长留在岭南大地和广东人民心间。

四十年弹指一挥间，广东已从一个落后的农业省一跃成为全国第一经济大省。回顾历史，改革先行者以他们的智慧、勇气、汗水谱写了辉煌篇章，留下了弥足珍贵的物质财富和精神财富。展望未来，广东又站在继往开来的新的历史起点上。改革开放只有进行时没有完成时，永远在路上。面对时代赋予的光荣而神圣的使命，我们要更加紧密团结在以习近平同志为核心的党中央周围，在习近平新时代中国特色社会主义思想指引下，深入总结广东改革开放的实践经验和理论成果，发扬任仲夷以及改革先行者们的革命精神、思想品格和高风亮节，不忘初心，牢记使命，闻鸡起舞，日夜兼程，解放思想，勇于创新，将全面深化改革进行到底，为实现“四个走在全国前列”、当好“两个重要窗口”，实现中华民族伟大复兴的中国梦作出新的更大的贡献。

本书由田丰、温宪元、刘小敏讨论和确定提纲。参与撰写初稿的作者有田丰（前言、第十章），温宪元（绪论），向晓梅（第一章），游霭琼（第二章），罗福群（第三章），刘惠玲（第四章），骆梅芬（第五章），周薇、陈丹红（第六章），王海贤（第七章），廖胜华（第八章），黄明同、黄时华（第九章）。田丰对全书做进一步的修改和完善，并负责统稿和定稿。

由于本书是集体撰写之作，必然留下作者个人的写作痕迹，虽然在体例、观点和材料运用等方面做了统一的处理，但仍有一些难以避免的重复。又由于书中涉及的内容范围极广，虽力求资料的翔实可靠，仍难免有不足之处，敬望读者批评指正。

感谢广东省委原副书记蔡东士、广州市人大主任陈建华、省委宣传部副部长蒋斌对本书研究编撰的支持，感谢广东现代社会发展研究院对本书出版的支持。

编者

目　录

绪　论　先行一步：改革开放的广东实践

近代中国的变革和当代中国的崛起，得益于广东得风气之先的神奇热土。广东能够成为改革开放的排头兵、前沿地、试验区，乃是历史机遇与主体自觉的风云际会。1978 年，我国改革开放之初，广东既坚决贯彻中央的决策部署，又果敢实施中央赋予的“特殊政策、灵活措施”①，逢山开路，遇水架桥，敢为人先，着力把工作重点转移到经济建设上来，在全国创造了诸多第一和率先，为全国改革开放贡献了诸多宝贵经验，影响并改变了中国历史的进程。

第一节　敢为人先：广东勇当改革开放的“排头兵”

一、善于用“特殊政策、灵活措施”总揽广东工作全局

“特殊政策、灵活措施”是广东先行一步、走向成功的关键。1979 年 7 月 19 日，党中央、国务院正式批准广东在改革开放中实行“特殊政策、灵活措施”和创办经济特区，为广东的改革开放奠定了基础，使广东成为中国改革开放的窗口、综合改革的试验区和排头兵，为国家实行对外开放政策提供了宝贵经验。在 1981 年 1 月召开的广东省党代会上，任仲夷正式提出了三条：把调整和实行特殊政策统一起来，把“集中”和“搞活”统一起来，把“退够”和“前进”统一起来。在

①《中共中央、国务院批转广东省委、福建省委关于对外经济活动实行特殊政策和灵活措施的两个报告》，见中共广东省委办公厅编印《中央对广东工作指示汇编（一九七九年——一九八二年）》，广东省委办公厅，1986 年 5 月，第 18 页。

这种安排下，广东严格执行中央所要求的在八个方面的集中统一，此外则要继续搞活。调整中，退的主要是基本建设的投资规模，压缩各项开支特别是行政开支，关、停、并、转一些经济上不合理、重复建设、高耗能低效益、超出能源和原材料供应的加工企业，把过高的生产指标要降下来。而在农业、能源、交通、轻工业、引进和利用外资、企业的经营管理等方面则要大步向前迈进。任仲夷认为，强调调整，决不意味着改革的停顿，而是以调整为中心，使调整和改革相辅而行。中央给我们实行特殊政策、灵活措施的权力，就要有改革。放慢改革步伐，全国放慢两步，广东只能放慢一步，以更好地执行中央的政策和决策。

1981 年，广东省委提出了三个“更加”：“对外更加开放、对内更加放宽、对下更加放权”，来概括“特殊政策、灵活措施”，总揽广东工作的全局。

所谓“对外更加开放”，在当时具体地说，就是要充分利用外资、充分利用外汇；鼓励投资，鼓励出口。以热情、积极的态度欢迎港澳同胞、海外华人和外国人的投资，在政策上应给予优惠，只要对双方是互利的，不要怕他们赚钱。对于鼓励出口，要简化审批手续，提高工作效率。外贸体制要改革，不能一家独办，要允许企业自找门路出口。对外开放的另一个重要方面是办好深圳、珠海和汕头三个经济特区。对内更加放宽，重点是内部经济体制改革，如何处理好计划经济和市场调节的关系是关键。首先肯定社会主义经济是有计划的，计划内的各项任务要保证完成；在制订计划时要充分考虑和运用价值规律；计划只能抓住主要的东西，不可能包罗一切；要发挥市场调节的辅助作用。广东经济的特点就在于市场调节所占的比重相当大，要更加重视市场在经济中的作用。1981 年 6 月，任仲夷在全省工交工作会议上，总结了把经济搞活的五个字：包、联、通、创、学。对下更加放权，一是对下一级政府放权，1981 年 2 月，广东省政府颁布《关于实行“划分收支，分级包干”财政管理体制的办施办法》，将权力下放；二是扩大企业的自主权，把大量具体的经济决策权下放到企业。

在改革开放之初，广东沿海地区曾一度出现走私浪潮。1982 年，广东经历了改革开放以来第一次严峻的考验，全省开展了一次大规模的打击走私贩私的斗争。1982 年 2 月 11—13 日，中央书记处召集广东、福建两省省委常委到北京汇报、座谈，讨论贯彻《中共中央紧急通知》的问题。会议由胡耀邦主持，会议印发了反走私的材料，还有一份书记处研究室编的《旧中国租界的由来》，不言而喻，这份材料是针对经济特区的。会议涉及许多议题。广东方面主要由任仲夷、刘田夫详细汇报广东出现的走私贩私、贪污受贿情况；广东在 1981 年组织的两次大规模的反走私行动，以及实行特殊政策、灵活措施以来所获得的成绩。中央领导要求广东、福建更坚决、更有效地贯彻《中共中央紧急通知》，进一步端正思想，更好地实行特殊政策和灵活措施。在这次会议上，有不少对广东批评的声音，甚至是非常尖锐的批评。会议结束返回广州后不久，任仲夷又接到中央电话，请他单独再次进京，因为中央书记处将两省会议情况汇报后，政治局常委认为广东的同志思想还不通。2 月 19 日，任仲夷在北京听取了政治局常委的指示。政治局常委对广东存在的资本主义腐蚀和自由化问题提出了相当严厉的批评，要求广东高度重视这场斗争，抓紧打击经济领域中的违法犯罪活动，并认为广东的工作不是“活”得不够，而是“活”过头了。中央还让任仲夷向政治局写一个自我检查。

1982 年 3 月底至 4 月上旬，广东省委在广州珠岛宾馆召开省、地（市）、县三级党政主要领导干部会议，贯彻落实中央两省座谈会精神。根据中央的精神，这次会议提出了“两个坚定不移”的方针，即打击经济领域的严重犯罪活动坚定不移，对外开放和对内搞活经济坚定不移。广东省委按照中央的指示精神，制定和颁布了《关于处理经济领域中犯罪案件的若干具体政策》，查处了一批大案要案，坚决打击走私贩私和贪污受贿的严重违法犯罪活动。广东省委提出“打击经济犯罪坚定不移，对外开放、对内搞活坚定不移”和“有所引进，有所抵制”“排污不排外”的方针。围绕“进一步解放思想，大胆改革，更加开放”这个问题，省委要求各地用足用活中央给予广东的特殊政策和灵活措施。

广东大胆实践，不断开拓创新，为全国改革开放起到了先行一步的探路作用。南粤大地也发生历史性的巨变，迅速进入了中华人民共和国成立以来发展生机最旺盛、经济实力增长最快、人民得到实惠最多的黄金时期。1984 年 1 月至 2 月，邓小平视察了深圳、蛇口、珠海、中山、顺德等地，目睹了广东在改革开放之后发生的巨大变化，确实是“搞出个样子来”了。邓小平在深圳的题词是：“深圳的发展和经验证明，我们建立经济特区的政策是正确的。”在珠海的题词是：“珠海经济特区好。”① 回到北京后，邓小平在同几位中央负责同志谈话时指出：“特区是个窗口，是技术的窗口、管理的窗口、知识的窗口，也是对外政策的窗口。”② 由此广东的“先行一步”得到了充分的肯定。“特殊政策、灵活措施”是广东先行一步、走上成功的关键，这个政策的获得既是广东省委的远见，也是党中央正确决策的结果。由于广东省委拓展、深化了这一政策的内容，不畏艰难、坚定不移地执行政策，完满达到了使广东“成为全国‘四化’建设的先驱和排头兵，为全国社会主义经济建设和体制改革探索道路，积累经验，培养干部”③ 的预期目标。

二、广东率先搞活农副产品流通

我国改革开放初期的商业体制，是在过去商品经济不发达、商品供应紧张和对资本主义商业、个体商业进行社会主义改造的过程中形成的。随着商品生产的发展，大多数农产品、工业品日益丰富，面临着开拓市场、扩大销路的新课题。如果不根据新的形势改革流通体制，农村和城市在一定程度上出现的卖难买难问题将很难解决，社会生产的进一步发展就会受到严重影响。为了适应大力发展社会主义商品生产和商品交换的要求，必须搞活包括农副产品在内的商品流通，把原有的按行政

①《邓小平文选：第 3 卷》，人民出版社，1993 年，第 51 页。

②《邓小平文选：第 3 卷》，人民出版社，1993 年，第 52 页。

③《中央书记处会议纪要》，见中共广东省委办公厅编印《中央对广东工作指示汇编（一九七九年—一九八二年）》，广东省委办公厅，1986 年 5 月，第 109 页。

区划、行政层次统一收购和供应商品的流通体制，改变为开放式、多渠道、少环节的流通体制，形成城乡畅通、地区交流、纵横交错、四通八达的流通网络。

广东省的商品流通改革首先是从调整农副产品流通政策开始的。1978 年 8 月 21 日，广东以广州为试点，放开部分蔬菜价格，按质论价，议价成交。同年 12 月，放开部分河鲜价格，迈出了物价改革的第一步。1980 年 10 月，广东省政府颁发了《关于疏通商品流通渠道，促进商品生产，搞活市场的十二条措施》，此后，又采取了一系列搞活商品流通措施，放开农产品价格，率先进行“菜篮子”改革。放开大量工业消费品价格，日用工业品计划收购从 95 种减为不足 10 种。1984 年 12 月，广东省政府常务会议决定，1985 年 1 月 1 日起，取消基地塘鱼派购政策，取消生猪现行派购政策，放开生猪价格。到 1987 年除粮、油等 6 个品种外，其他农副产品价格全部放开。广东成功地实现了由计划经济走向市场经济的价格闯关。

广东省的农副产品流通改革内容主要包括：①缩小农副产品统购、派购范围，扩大议价范围；②调整统购、派购产品的购留比例或交售任务；③三类产品和完成统购、派购任务后的产品，实行议购议销；④放宽农副产品集市贸易和议购议销的价格限制；⑤调整农副产品收购牌价，进行价外补贴；⑥欢迎生产者进城出售农副产品，也欢迎国营各商业企业、供销社、其他集体商业和个体商贩运农副产品进城，批零兼营，并为他们提供场地、网点设施和住宿等方便；⑦允许市区的货栈、批发部门、零售店、肉菜市场、宾馆、饭店等直接自行到产区采购，或者与生产者直接挂钩进货，或者在店门就地开展收购；⑧积极开展农工商联合经营，同生产者建立多种形式的经济联系。

广东省调整农副产品流通政策的基本着眼点是“在国家计划指导下，更好地发挥市场调节的作用，把市场搞活”。其实质是通过扩大市场调节比重，利用价值规律的作用调整农副产品价格，增加农民收入，鼓励发展农副产品的商品生产。这是让价值规律调节商品的生产、分配、流通和消费的一种尝试。过去广东省农副产品的价格严重地背离了价值，农民得利少，生产积极性不高。如肉、禽、蛋、鱼和水果在广东市场上是供不应求的紧俏商品。这些商品所以“紧”，基本原因是国家规定的价格偏低，使生产者无利可得。

广东省调整农副产品流通政策，扩大市场调节比重，发挥市场调节作用还经历了一个反复的过程。以塘鱼价格的放开为例，广东物价、农副产品流通体制初步改革是以放开塘鱼价格为突破口的。广东省政府1980年9月出台了搞活市场的措施，初获成效，但没有解决基本问题。广州是鱼米之乡，却没有鱼吃。1982年春，广州市委决定全面放开塘鱼价格，一下子鱼价涨了几倍，群众反应强烈并告到中央。广东省领导坚持不动，认为要按经济规律办事，忍此阵痛。果然，渔农积极性调动起来了，产量增加。三年之后，全国18个大中城市中广州吃鱼最多，价格最便宜。广东在充分估计价值规律作用的基础上，通过开放塘鱼、蔬菜等农副产品市场，坚定地经受住开放初期因供不应求而造成的价格上涨的“阵痛”，利用价格机制促进农副产品生产，终于形成供求长期平衡、价格长期稳定的大好局面。

广东省调整农副产品流通政策，对于促进生产、搞活流通、改善供应、满足消费都起了很好的作用：①促进了生产。以1983年同1978年比较，全省猪肉产量增加40.6%，塘鱼产量增加81.1%，四大水果（香蕉、菠萝、荔枝、柑橘（橙））产量增加101.5%。②改善了供应，提高了消费水平。广东省连续几年供应状况有显著改善。各种农副产品通过多条渠道进入市场。如广州市肉、禽、蛋、鱼的零售量，逐年增加。市民人均肉、禽、蛋、鱼消费量从1979—1983年的平均年递增率为10.5%。③物价趋向平稳，价格趋向合理。首先，广东省社会零售物价总指数从大幅度上涨趋向平稳。广东省物价经过1980—1981年的上涨之后，1982年就趋向于平稳，这一年上涨2.3%。

广东省调整农副产品流通政策以后，激发了竞争势头，活跃了商品市场经济，也为全国的农副产品流通改革闯开了一条路子。就全国来讲，1979—1982年农副产品收购价连续四年提价。在坚持“三级所有、队为基础”的人民公社基本制度和保障国家对农产品的足额收购的基础上，生产队有权选择自己的经营方式和责任制形式，自主安排生产计划；农民有经营自留地、家庭副业和进入集市贸易的自由。在继续实行统购统销的前提下，农副产品购销体制也开始松动：实行定基数和超购加价、奖售政策，缩小统购范围，减少统购、派购品种，恢复议购议销业务，恢复和开放了农村集市贸易和城市农贸市场，同时允许和鼓励农民在种植业乃至农业之外寻找脱贫致富的门路。

三、创造独具特色的广东价格改革

广东是我国全面改革的试验区，应该在改革上先行一步，更要勇于探索，为全面改革的推进作贡献；但广东价格改革又是全国价格改革的一个组成部分，改革的基调、方向与全国是一致的。

因为价格是最有力、最起作用的经济杠杆。党的十二届三中全会通过的《中共中央关于经济体制改革的决定》指出，价格体系的改革是整个经济体制改革成败的关键，当然也是城市经济体制改革成败的关键。改革的实践证明，推进改革必须有周密准备，步调不乱，有步骤前进。广东农产品的放开、搞活就不是“一步到位”的。计划经济时期，全国所有商品分为三类，第一类是统购统销，价格由国家规定。销售时，凭证限量供应，如粮食、棉花、油料等。第二类是国家计划收购、计划销售，完成计划以后的商品可以上市，价格可以随行就市，实际上国家也监控，如肉、禽、蛋、鱼。第三类商品是国家没有计划收购的商品，国家也收购，但是随行就市收购。这类商品主要是完成收购任务后的农产品、小商品及山货、药材等。但是这三种商品的分类是会经常调整的，那时最怕调整商品分类，一缩小三类商品范围，市场就死了，一放开就活了。那时中国经济“一抓就死，一放就活，一活就乱，一乱再抓，再抓再死”。那种管理体制，形成了一个周期性的恶性经济循环。而广东物价改革的方针是“调放结合，以放为主，放中有管，分步推进”，逐步展开。广东价格改革迈步较大，具有自己的特色。广东价格改革有四大特点，即从改革价格管理体制入手，并以改革管理体制为主，结合调整价格体系，价格管理体制的改革既分步进行又因地制宜，价格改革同工资、财政等其他体制改革配套进行；活管结合，活管同步，在价格放活的基础上加强计划指导和行政经济管理。广东价格改革从1979年起步，就改革的步伐说，是积极的，又是扎实的，没有引起大的震动，市场面貌有了很大的变化。

如前所述，广东的价格改革，是从农副产品价格开始的，很快就把渔农的积极性调动起来了，生产增加。省里乘机展开其他物价与流通领域的改革，逐步放开农产品统派购品种。塘鱼、蔬菜价格也不是一下子放开，而是包括一系列过渡措施，逐步推进。塘鱼价格开始时仍保留一定数量牌价，同时放开议市价，最后全面放开。从1979—1984年，广东先后多次缩小农产品统派购范围，从原来的118种减少为11种，同时调整购留比例，减少收购基数，大大活跃了农村市场。1985年又进一步全面放开生猪、蔬菜、水产品、禽蛋等主要副食品价格，粮油也按全国部署改征购为合同定购。这样，除粮、油、甘蔗、烟、麻、国营木材6种农村产品保留一定数量国家定价外，农产品统派购范围从原来的118种减到1985年底的5种（粮、油、糖、烟叶、麻）。到1988年除粮食定购部分外，都已放开经营。最后粮食于1992年取消统购。到1990年，国家指导价和市场调节价成交的比重，在农副产品收购额中已占92%，在农业生产资料零售额中已占84%；日用消费品价格已全部放开，实行市场调节。

由于对不合理价格进行调整，特别是多种价格的放开，使大多数商品能通过价格机制进行自动调节，从而在很大程度上改变了价格被扭曲及由此产生的逆调节和机制混乱的弊端。农产品价格的放开、搞活，不仅有效地解决了农产品价格长期偏低的问题，而且显著地刺激了农民的生产积极性，使广东的农产品产量和农民的生产效率都有很大提高，也就使企业经营者有可能在较大的范围内，按照价值规律的要求和市场需要来组织商品流通。

生产资料价格方面，中央、省管的品种从1446种减少为1121种。从1984年起并开始普遍实行“双轨道”价格，允许计划外生产资料价格随行就市。全省主要物资属国家定价的到 1985 年已只占 44.2%，指导价占 24.3%，市场调节价增加到占 31.5%。企业方面，韶关钢铁厂、广州钢铁厂实行承包经营责任制，率先在全国进行价格体制的改革，以及采取“以路养路”“以桥养桥”“以电养电”“以电信养电信”等一系列大力发展基础设施的有效措施。认为生产资料不是商品的旧体制、旧观念已被突破，生产资料已愈来愈受市场机制的调节。工业消费品方面，从 1982—1984 年小商品已全部放开，大部分列管商品也通过浮动价形式加强了灵活性。中央、省管理的品种从 392 种和减少到 78 种，高档消费品已基本放开，日用消费品已全部放开。一些大商品如缝纫机、收录机、电风扇、手表、自行车、电冰箱、洗衣机、铝锅等重要商品这几年也相继放开。到 1986 年底，实行国家统一价的只 9 种，其余实行浮动价，此外都采取企业定价。商品零售总额中国家定价比重已从 1978 年的占 97.2% 减少到 1986 年的占 20.3%，市场已改变了国家定价的一统天下的僵硬状态，价格反映价值和供求的适应性已大为提高，促进了生产和流通的活跃。

计划投资体制方面，活跃的市场流通，推动着广东经济的快速发展，但也凸显了经济高速发展与基础产业滞后的矛盾。行路难、过桥难的现象处处可见；通信更是难上加难，“电话没有单车快”。于是，改革高度集中的计划投资体制，“谁投资，谁受益”。20 世纪 80 年代初期，广东开始试点“以路养路、以桥养桥、以水养水、以电养电”等举措，逐步取得成效、积累经验，并在全省铺开。从 1987—1996 年，广东集资建了 6000 多座桥，穿越广东的 10 条国道，没有一个渡口，跨江渡河，畅通无阻。过桥交钱，也慢慢地成了全国各地人们的习惯。1986 年 12 月，广东第一条高速公路——广州至佛山段正式动工。1989 年 8 月建成通车。1987 年 1 月 25 日，国内第一条利用自筹资金进行双线建设的铁路——广州至深圳铁路全线铺通并运行。1988 年 8 月 28 日，番禺洛溪大桥正式通车，备受中外专家称赞。通过计划投资体制改革，行路难、过桥难、通信难的问题不仅得到了有效解决，而且以空前的速度和规模发展了广东的交通、通信事业。

四、广东积极探索财政、外贸体制改革

我国的财政体制改革是跟整个经济体制改革一同起步的。党的十一届三中全会以后，在广泛深入地进行农村经济体制改革的同时，首先在财政体制方面揭开了城市经济体制改革的帷幕。以此为起点，我国的财政体制改革开始启动。

针对传统经济体制存在的中央集中过多、统得过死以及企业缺乏活力的弊病，这一阶段改革的主要内容便是着重于调整国家与企业、中央与地方的收入分配关系，特别是扩大企业和地方的收入分配份额和经济管理权限，调动企业和地方的积极性。在国家与企业之间的分配关系方面，实行了企业基金和利润留成制度，从而改变了传统体制下企业收入完全上缴国家的局面，初步使企业具备了独立的经济利益，以此为基点也使企业在生产经营管理方面具有了初步的自主权。在中央与地方的财政关系方面，实行了“划分收支、分级包干”的“分灶吃饭”的预算管理体制，明确了中央和地方的收入分配界限，改变了传统体制下中央统收统支的格局，增加了地方的可支配收入，扩大了地方的经济权限。从 1980 年起，除北京、天津、上海三个直辖市继续实行“总额分成、一年一定”的体制以外，中央对各省、自治区实行了“划分收支、分级包干”的财政体制，改“一灶吃饭”为“分灶吃饭”。财政体制改革预设目标有两个：一方面希望扩大地方财权，为地方注入活力，调动地方发展经济的积极性；另一方面希望增强地方政府增收节支的积极性，承担起财政平衡的一部分责任。

财政、外贸体制改革，是经济体制改革的重要组成部分，而广东在这两个方面都进行了有益的探索，既为广东省对外贸易发展打下坚实的基础，也为全国的改革提供了经验，做出了示范，为全国的外贸体制改革积累了经验。

第二节　实践出真知：广东经济体制改革经验总结与提升

从党中央、国务院对广东实行“特殊政策、灵活措施”政策，广东为全国的改革积累了丰富的经验。认真总结这一经验，具有十分重要的现实意义。

一、思想上不断清除“左”的影响

党的十一届三中全会后，我党重提进行经济体制改革的任务，不久这种改革首先从农村开始。正确认识和处理计划与市场的关系，是经济体制改革的核心问题。党的十二大提出“计划经济为主，市场调节为辅”，初步改变了计划与市场相对立的传统认识。十二届三中全会指出社会主义经济是在公有制基础上的有计划的商品经济，就从理论上突破了把计划经济同商品经济对立起来的传统观念，为我国经济体制全面改革提供了新的理论指导。党的十三大提出，社会主义有计划商品经济的体制，应该是计划与市场内在统一的体制。这样，就肯定了计划与市场都是调节的手段，进一步否定了计划与市场相对立的观念。1992 年初，邓小平视察南方时指出：计划和市场都是经济手段。这就从根本上解除了把计划经济和市场经济看作属于社会基本制度范畴的思想束缚，使我们在计划与市场关系问题上的认识有了新的重大突破。1992 年 10 月召开的党的十四大郑重提出我国经济体制改革的目标“是建立社会主义市场经济体制”。1993 年 11 月，党的十四届三中全会把党的十四大确定的经济体制改革的目标和基本原则加以系统化、具体化，对社会主义市场经济体制若干重大原则、方针和内容作了较为明确的规定，全面构筑了社会主义市场经济体制的基本框架。会议明确指出“要在本世纪末初步建立起社会主义市场经济体制”。社会主义市场经济目标模式的确立，在理论上为我们选择更有效率的社会主义实现形式提供了一次历史性的机会。这也是中华人民共和国成立以来特别是党的十一届三中全会以来，我国经济体制改革的最基本经验。处于改革开放前沿的广东，率先进行社会主义与市场经济相结合的探索。如，1981 年，中央召开工作会议，中心议题是讨论国民经济的调整，会议涉及广东办特区的问题。省政府主张把发展与调整统一起来，有机地结合起来，调整的目的，仍是为了发展，为了发展得更快一些。当时经济调整，广东遇到的困难是比较大的，但由于省委政策正确，全省广大干部群众支持，使广东和特区的经济在那几年获得高速增长，真正在全国“先行一步”，实现了中央对广东在改革开放中先走一步的要求。随后又抵制了“租界风波”中的怀疑特区的观点：1981 年 7 月，中共中央、国务院批转的《广东、福建两省和经济特区工作会议纪要》明确提出：“这些疑问是没有根据的。我国特区是经济特区，不是政治特区，特区内全面行使国家主权，这和不平等条约产生的租界、殖民地在性质上根本不同。”可见我国在创办特区之初就已明确了特区的性质。1982 年 2 月末，针对这些问题，中央书记处在北京召开了广东、福建两省座谈会。任仲夷等省委领导人正确贯彻落实座谈会精神，保证了广东改革开放的继续进行。1984 年春节期间邓小平到广东、福建等地视察，在几个特区挥笔题词，肯定了特区开放的经验，并明确指出：“除现在的特区以外，可以考虑再开放几个港口城市，如大连、青岛。”① 于是，党中央很快就作出决定，出现了我国沿海 14 个开放城市，中国对外开放的步伐进一步加快。

二、执行中始终坚持实事求是的方针

中央确定“特殊政策、灵活措施”后，广东如何贯彻和用足、用好、用活这个“特殊政策、灵活措施”？在贯彻落实“特殊政策、灵活措施”的过程中，以任仲夷为班长的省委一班人，按照一切从广东的

①《邓小平文选：第三卷》，人民出版社，1993 年，第 52 页。

实际出发，根据具体情况，相机办事。在政治上和总的政策上，始终和中央保持一致。但在具体操作过程中，因地、因时、因情况制宜。特别在改革开放之初，国家和地方的很多政策、规定都还是陈规腐制，要想迈出改革开放的脚步，必须善于变通。广东省委认为，中央给广东、福建特殊政策，灵活措施，就是允许这两省在改革开放工作中，在执行某些政策规定时，有灵活“变通”的权力。因此，广东省委认真总结了许多生动的经验、鲜明的观点。如，改革开放刚刚开始，就有干部反映“特殊政策不特殊，灵活措施不灵活，先走一步不先走”。根据中央的“对外开放，对内放宽，对下放权”，广东省委提出三个“更加”（对外更加开放、对内更加放宽、对下更加放权）和三个“更严”（纪律更严、执法更严、党的生活更严），反对“三特”（特权、特殊化、特殊党员），允许“变通”，不许“变相”“排污不排外”，等等，脍炙人口，又是根据实际需要而提出的具体有益的口号。中央提出“八字方针”，要“调整、改革、整顿、提高”，与开放搞活矛盾很大，广东省坚持掌握两手抓，该退的要退够（如基建等），该进的还要快进（开放搞活）。1982 年初中央提出严厉打击经济犯罪活动，广东省里提出“两个坚定不移”的方针（打击经济领域的犯罪活动坚定不移，对外开放和对内搞活经济坚定不移），并强调对外要“有所引进，有所抵制”，使改革开放初步顺利展开。由于省委领导坚持从广东实际出发，真正实施了中央确定的“特殊政策、灵活措施”，才确立了广东在改革开放初期的“排头兵”地位。

三、认识上自觉运用价值规律，确立市场经济观念

建立社会主义市场经济，实现我国经济体制的根本改革，是邓小平改革思想的核心。早在 1979 年，邓小平就指出：“社会主义也可以搞市场经济。”“这是社会主义利用这种方法来发展社会生产力。把这当作

方法，不会影响整个社会主义，不会重新回到资本主义。”① 1984年邓小平第一次视察南方时再次指出，“社会主义也有市场”。

市场经济是以市场机制去配置社会资源，要建立市场经济体制，就必须大力培育和发展市场体系，使市场在国家宏观调控下对资源配置起基础性作用。改革开放初期对我国经济体制改革有过几种提法：开始提计划经济和市场经济相结合，以计划经济为主；接着提有计划的商品经济；后来又提在计划经济宏观控制下的市场调节，这种提法持续的时间比较长。当时也没有说经济特区可以搞市场经济，但是说过市场调节的范围和幅度在全国要小一些，在经济特区可以大一些，这样特区基本上就是搞市场经济。因此，广东建立和健全市场体系起步较早，尤其是经济特区，建立伊始，就明确规定“以市场调节为主”，要跳出现行体制之外。广东从1979年起，就把大部分农副产品和日用工业品的价格放开或实行浮动，对生产资料则实行双轨制。长期以来价格背离价值的状况得到明显改变，市场机制调节价值的作用得到发挥。各地在大力发展消费品市场、生产资料市场的基础上，逐步推进金融市场、劳务市场、人才市场、房地产市场、科技市场、信息市场等要素市场的发育和成长。广东经济运行开始由产品经济轨道转向市场经济轨道，市场机制已初步形成并发挥作用。

1984年10月，党的十二届三中全会通过的《关于经济体制改革的决定》（下简称《决定》）中写道：就总体说，我国实行的是计划经济，即有计划的商品经济。《决定》的提法没有直接否定计划经济，而是以重新解释计划经济的方式提出问题。先说社会主义经济是计划经济，再说社会主义计划经济是有计划的商品经济，落脚点放在商品经济。这反映了当时的认识阶段，也是改革者的一个策略。它使中央的提法前后保持衔接，既有利于全党达成共识，又从实质上确定了中国改革的市场取向。发展商品经济，实质上就是要发展市场经济。这个决定虽然有不够完善的地方，但毕竟实现了社会主义理论的重大突破。邓小平高度评价

---

①《邓小平文选：第二卷》，人民出版社，1994年，第236页。

说，它“是马克思主义基本原理和中国社会主义实践相结合的政治经济学”。党的十二届三中全会通过关于经济体制改革的决定，标志着中国改革总体思路的一次重大突破，从批判“社会主义商品经济论”转到肯定社会主义经济是“有计划的商品经济”。邓小平南方谈话后，广东由20世纪80年代中期的“有计划的商品经济”过渡到90年代的市场经济体制，初步建立起市场经济体制的基本框架。各地全面推进和深化经济体制改革，在国有企业和政府经济管理部门进一步深化改革产权关系投资机制、财税体制、市场机制等关键问题上，建立起较为完善的市场体系，包括以公有制为主体，多种经济成分平等竞争共同发展的所有制体系；以资本为纽带的国有资产监督管理和营运体系；以商品市场为基础、要素市场为支柱的价格体系和市场体系；新型的社会保障体系；适应社会主义市场经济体制需要的法规体系；等等。

第三节　思想文化变革：广东精神文明建设奠定基础

一、广东思想文化变革的历史考察

历史上，由于广东远离封建政治中心的独特历史和地理位置，加上其中国历史上最早的、长期的对外贸易、对外交流等特殊地位，造成其近现代以来的独特思想文化地位，广东对中国近现代文化、思想、变革、革命和经济等方面的贡献以及对近现代中国的深远影响、改变是中国其他许多省市难以比拟的。岭南文化一直以来就以其开放性、务实性、平民性、重商性等品质，引领近现代中国文化的潮流，改革开放初期，岭南文化是促进广东经济社会飞速发展的潜在支持力量；改革开放以后，广东更是为全国提供了许多文化发展和经济建设的经验。广东的文化娱乐业、传媒业、影视业、旅游业、出版发行业、印刷业等领先全国，不同程度地改变了中国人的生活习惯和思维习惯。

广州是中国古代以来最早对外开放的城市、是中国海上丝绸之路的第一大港口。广州在贸易中心的特殊地位不仅促进了广州经济的发展，也为成为中国近代民族资本主义、民族工业的发源地、中国近现代革命思想、革命活动的发祥地和策源地奠定了基础。可以毫不夸张地说，近代以来，广东的岭南文化曾经是推动中国历史演进的主要区域文化力量。从洪秀全到康有为、梁启超到孙中山这些中国近代史上的风云人物，全部出现在广东。从 1840 年鸦片战争开始到 1927 年北伐战争成功，广州是反抗西方列强侵略的前线，新事物传入的窗口，近现代维新、革命的策源地。广东人的思想推动了这一时期中国社会阶级结构、社会面貌及人们思想观念的巨大变革。在这期间，发生于广东的许多事件对中国社会产生了极其深远的影响。

从文化的角度看，在 19 世纪 40 年代的广东，洪秀全、杨秀清创立了拜上帝会，其教义吸收了西方基督教的平等思想，同时又融合中国古代的大同思想。洪仁玕还提出了带有资本主义色彩的救国和治国方案《资政新篇》，主张学习西方科学技术，革新政治，发展资本主义。这是中国人民受西方思潮影响，改造中国的第一次尝试。资产阶级维新运动的先驱康有为、梁启超著述讲学，提出和宣传维新变法思想，推动了后来的资产阶级改良运动。康有为开办了“万木草堂”，培养了一大批维新运动的人才。伟大的民主革命先行者孙中山先生着手推行三民主义，后来又在此基础上发展为新三民主义，系统地提出了中国民主革命的理论纲领。20 世纪 20 年代中期，毛泽东在广州较系统地提出了中国新民主主义革命思想，使毛泽东思想在此萌芽。可以说，近现代历史上对中国社会产生巨大影响力的思想理论几乎都与广东有着十分密切的关系。正是在中国近现代思想史上独领风骚的广东的这片热土上，留下了林则徐、洪秀全、康有为、梁启超、孙中山、毛泽东、周恩来等近现代史上的风云人物可贵的思想火花和深沉有力的足迹。广东长期是历史上最先得改革开放风气之先的省份，作为新时代改革开放的先驱，广东人更是以“敢为天下先”的大无畏精神从 20 世纪 70 年代末以来，在中国的思想、经济、科技和文化教育等各领域创造了无数“中国的第一个”。20世纪末，广东成为改革开放的先进地区，并因此在广东文化中继续注入新的现代因素，对于中国的改革全局产生了强烈的示范作用。

文化的先进性必然导致对原有观念、制度和秩序的冲击，从而使得思想武器转化为政治武器，思想革命演变为政治革命。广东是近代民主革命的策源地。晚清以来，广东政治人才群起，具有进步意义的政治活动，都离不开广东或广东人的推动和参与。中国历史上规模最大的农民起义，即太平天国运动是在广东策划的。从三元里抗英到辛亥革命的发生，广州是反帝反封建的最前沿。广东人孙中山早就注意到，广东“得风气之先，人心倾向革命”，他所领导的革命活动，从1895年广州起义，到1911年广州“三·二九”起义，大多与广东有着直接的关系。民国成立以后的革命运动，如二次革命、护国运动、两次护法运动，仍以广东为根据地。1924年后，国民革命蓬勃展开，北伐军自广东誓师，统一中国，广东始终是中国近代革命运动的策源地。中国现代新式革命军队也诞生在此。被誉为世界军校四大名校之一的黄埔军校所培养的许多优秀人才，成为领导、掌握和影响中国革命的风云人物。近代资产阶级戊戌维新变法运动在此酝酿。无论是中国的买办资产阶级、民族资产阶级，还是中国的无产阶级都在此诞生，并向上海、天津、福州及全国各地繁衍发展。三大阶级的形成，打破了中国封建社会固有的阶级格局，尤其是中国无产阶级的形成，为中国社会后来的一切演变，包括当时和未来的发展都播下了优良的种子。广州还是现代史上中国工农运动的重要活动中心、培养工运农运干部人才的摇篮、国共合作的“初成地”，是国民革命的大本营，也是大革命之后中国共产党独立领导工农武装在城市建立革命政权的尝试地。

广东是中国历史上最早对外开放的省份，广州有两千三百多年的历史，对外贸易就有至少两千年历史，是中国最早对外开放而且从未关闭过的外贸城市，也是中国封建时代唯一的长期未中断过的对外开放窗口。近代中国被迫打开国门之后，一直被视为边缘文化的岭南文化充分显示其强大生命力，当清末很多人还在死抱着“中央帝国”唯我独尊思维的时候，广东人就已经竞相向西方学习现代科学与民主思想，寻找救国强国的真理了；当“文化大革命”后很多人还在争论“姓资还是姓社”时，广东人早已实行“特殊政策、灵活措施”政策先行一步了。

回首千年，广东曾以海上丝绸之路的发源地而闻名于世；回首百年，广东又以产生了中国第一位站在时代前列的世纪伟人孙中山，并作为中国近代民族民主革命的策源地而载入史册；回首四十年，广东更是作为在中国伟大的改革开放中先行一步的前沿地而举世瞩目。这对广东在中国思想上的特殊地位作出了真正准确的定位。

二、培育新时期广东人精神

“新时期广东人精神”是广东人民在长期的共同生活和共同社会实践中形成的，为大多数社会成员所认同和接受的思想观念、价值取向和道德规范，是中华民族精神、岭南历史文化、改革开放实践和时代特征的综合反映和集中体现。广东人精神就是在岭南文化传统的长期浸润之下形成的、具有明显广东地域特色的精神品格。四十年来，广东一直是改革开放的前沿地。得改革开放风气之先的广东人民，大胆探索，大胆创新，大胆实践，谱写了改革开放和社会主义现代化建设的辉煌篇章。改革开放和现代化建设的生动实践，为“新时期广东人精神”的发展提供了广阔背景和现实基础，使广东人精神在深化改革、发展社会主义市场经济和对外开放、学习国外优秀文化成果中逐步得到丰富、优化和提升，产生了崭新的精神特质，体现了鲜明的时代特征。

思想文化变革的心态决定了广东宽松的文化氛围，轻松的文化心理，开阔的文化视野，多样的文化生活。广东面对庞大的改革开放新群体，在包容他们的存在、汲取他们的文化的同时，又将融合本土文化而发扬光大。

三、加快建设广东精神文明

在改革开放初期，对精神文明建设的重要性和必要性，基本内容和要求，具体做法和措施，领导建制和队伍组织等方面，都还处于一般的认识和初步的实践过程之中。围绕全面提高人的思想道德素质和科学文化素质，改革开放后广东省各地开展了许多创建精神文明的实践活动，并在精神文明建设的理论探讨和实践经验的总结、升华方面，做了大量的工作，推出了一批在全省全国有一定影响的研究成果。

社会制度不同，精神文明的性质也存在差别。然而，性质上的差别并不意味着就是水火不容。精神文明是不可能专属于个别民族的。它是全人类创造的优秀的精神财富，当然也应由全人类共享。事实上，任何民族的文明都是在与其他民族相沟通的过程中得到发展的。广东毗邻港澳，华侨众多，对外交流频繁，这是天然的优势。发挥这种优势的作用，不仅对于发展经济有重要意义，而且对于精神文明建设也有重要意义。1982 年 5 月，任仲夷在接受《世界经济导报》记者采访时，提出了著名的“排污不排外”观点。各市、县根据省委关于“排污不排外”的指导思想，积极引进和吸收外国的先进技术、管理知识，以及适应社会主义市场经济发展需要的观念和文化，丰富了社会主义精神文明建设的内涵。对西方发达国家的一些新思潮、新观念不简单粗暴地乱贴姓“社”、姓“资”的标签，而是鼓励干部群众大胆地更新不合时宜的观念，允许和理解探索中出现失误和偏差。对的就开放、引进，错了就改、就关。例如对待港台文化就是一个明显的例子。改革开放之后，港台文化通过众多的渠道涌进了广东，出现了流行音乐热、香港电视热、跳舞热、卡拉 OK 热，等等。对此，广东省实行了“扶持有益的、允许无害的、抵制有害的、打击犯罪的”原则，逐步建立和健全了各级社会文化管理机构，先后制订和修订了一系列管理条例，并定期对社会文化分门别类地进行检查和整顿。对群众多姿多彩的社会文化生活则以疏导为主，少行政干预，鼓励开拓，只要不宣扬资本主义、封建主义的腐朽思想，不触犯法纪，可由群众在比较中鉴别、选择，以满足群众日益增加的文化生活的需要。改革开放初期，广东群众从外来文化中吸取了大量的现代观念和商品经济信息，这也是广东一直在全国“开风气之先”成为改革开放“排头兵”的原因之一。

广东精神文明的实践告诉我们，精神文明建设这一手抓不抓、硬不硬，主要看效果，看是否促进了生产力的发展，看是否提高了人的素质，是不是与物质文明协调发展、和谐统一，而不能单纯看机构、看编制、看投入的人力和物力，更不能用政治学习时间长短、理论教育内容、次数的多少作为唯一的评价标准。从我国现存的主要矛盾、基本矛盾和现代化建设的总体要求来看，毫无疑问我们应该把主要的人力、物力、精力投入物质文明建设中去，同时抓好精神文明建设。广东的改革开放，两个文明建设就是这样走过来的。

第一章　大胆改革：广东生产力新发展

1980年广东省国内生产总值仅245亿元，1985年达到553亿元，国民收入从217亿元上升到467亿元，财政收入亦翻了一番。广东从一个发展速度长期低于全国平均水平的省份，一跃成为发展最快的省份。据有关资料统计，到1985年底，深圳、珠海、佛山的市场物资调节量已经达到了85%以上，企业用人基本放开，各级财政已实行包干，乡镇企业完全由市场调节。另外，国有企业实行厂长负责制，小型国有企业实行承包等。正如1984年任仲夷对一些同志所说，广东的改革开放已经不可逆转，谁要走回头路，必然要碰壁，必然要遭到人民的坚决反对。广东的市场培育，到1985年已基本进入顺境，走上了一条健康发展的轨道。市场经济已经生根开花，并在全国引发经久不息的“珠江三角洲热”。

第一节　尊重价值规律，发展商品经济

党的十一届三中全会后，全党工作着重点转移到社会主义现代化建设上来。在我们党作出这一重要战略决策后，任仲夷从中共辽宁省委第一书记调任中共广东省委第一书记。他作为改革开放前沿阵地广东省的主要领导，坚决执行党的这一战略决策，大力发展经济，为广东省的改革开放事业作出了突出贡献，也为内地其他省份的改革开放提供了宝贵经验。

一、经济建设要自觉运用价值规律

价值规律又称“价值法则”，是商品生产和商品交换的基本规律。价值规律的主要内容和客观要求是，商品的价值量由生产商品的社会必要劳动时间决定，商品按照价值量进行交换。

在改革开放以前，我国的经济体制是产品计划经济体制。这种经济体制强调计划，是以计划体制作为整个体制的核心。我国施行这种计划体制主要是借鉴苏联的计划经济体制模式，并在中华人民共和国成立初期的社会主义改造基本完成前后逐渐确立下来。不可否认，它在我国的前几次五年计划中发挥了积极作用。但是，这种纯粹的计划调节是排斥商品生产和商品交换，排斥市场和价值规律的，违背经济规律必然会阻碍生产力的发展。计划经济体制与生产力的不适应在社会主义建设过程中逐渐显现，导致了劳动者在生产中缺乏积极性、主动性和积极性，生产处于低效和比例失调的状态。

改革开放初期，任仲夷来到广东主持工作。中央调他来广东主持工作的意图很明确，就是要大力推进改革开放，搞好经济建设。他深知责任重大，广东作为改革开放的前沿阵地，经济建设搞得好不好对全国其他省份搞好改革开放有很大影响。他也知道要搞好经济，就一定要按照价值规律办事。否则不会从过去的弯路中走出来，更不可能使经济飞速地增长。因此，他在主政时期，十分强调遵守价值规律的重要性，并以此作为工作的重点来抓。任仲夷认为，价值规律是商品经济的基本规律。“在我国社会主义的初级阶段，甚至高级阶段，商品经济都是必不可少的客观存在，因此，我们必须花大力气学会运用价值规律，善于运用价值规律”。为了强调这一观点，他在正式会议的讲话中，以及在回答记者的提问中，多次提到注重运用价值规律的必要性和重要性。此外，他在《羊城晚报》和《经济日报》发表的“经济建设要自觉运用价值规律”和“谈社会主义初级阶段的价值规律”两篇文章中，也对运用价值规律进行了详细的论述。

按照中央的要求，广东率先对传统的计划经济体制进行了改革，大力发展商品经济和商品市场，实行放权搞活的改革路子。对不利于社会主义生产力发展的计划体制进行改革，发展了商品经济，使价值规律得到尊重，逐步形成了一套以计划和市场相结合，充分发挥市场价值作用的新的经济运行机制。①

二、计划调节和市场调节相结合

十一届三中全会以前，人们普遍认为，搞社会主义经济就是搞计划经济，搞市场经济就是资本主义，这种观点很片面。这种观点，把计划经济与市场经济打上了不同的政治烙印，自然只讲计划经济，不讲市场经济，只强调计划指令，忽视了市场调节。当时在理论界，就社会主义经济中的计划调节和市场调节关系也展开了广泛的讨论。学者们对社会主义经济的性质有着种种的看法和表述，但持完全否认社会主义经济具有商品性（市场性）的观点是极少的。

任仲夷认为，改革经济体制，把经济工作做活，一个重要问题是要把计划调节和市场调节结合起来。国家计划不可能包罗万象，必须在实行计划调节的同时，正确地利用价值规律，运用市场调节的作用。要充分发挥经济合同、税收、信贷等经济手段的作用。提倡企业之间的社会主义竞赛和必要的竞争，反对“只此一家，别无分号”的思想和做法，使产供销各方都有一定的选择余地。计划、财贸、物资、劳动等，无论哪一方面，都不要统得过死，一定要给企业以必要的主动权，使他们能够根据市场情况及时灵活地安排自己的经济活动。②

任仲夷经常强调，要加快国民经济的发展，就要坚持计划调节和市场调节相结合的原则。他指出，过去市场调节不准搞，计划调节也没搞好，而计划与市场是可以结合的，“现代经济的巨大规模和复杂性，不可能只靠领导机关制订计划来解决包罗万象的所有问题。计划本身也必

①向明：《改革开放中的任仲夷》，广东教育出版社，2000 年，第 269 页。
②向明：《改革开放中的任仲夷》，广东教育出版社，2000 年，第 280 页。

须考虑市场情况和价值法则的作用。所以，我们在坚持计划调节的同时，必须重视市场调节，自觉地利用它，把经济搞活”。

“我们所说的市场调节，是在国家计划指导下，自觉地利用价值法则的作用，使经济比例得到一定程度的自动调节。市场调节，不可避免地要引起某些竞争。在正确引导下，有竞争不是坏事，它可以促进技术的进步，管理的改善，生产的发展。

“实行市场调节必须具备前提条件，是企业要有一定的自主权。所以，我们必须把扩大企业自主权的试点认真抓好，并为进行进一步的改革做好准备。”①

不难看出，任仲夷在“计划调节和市场调节相结合”这一命题上确实进行了深入的研究。他提出这个观点，对提高遵循经济规律的自觉性、对建立社会主义的市场经济都起到很大的促进作用。著名理论家、原中共中央党校哲学研究室主任吴江，对任仲夷这个观点有很高的评价。他在《十年的路》一书中这样写道：“据我所知，这是我国经济工作中第一次提出‘计划调节和市场调节相结合’的问题，这是讨论生产目的问题的一个重大成果。”

三、运用中央赋予的权力，突破不合适的陈规旧制

任仲夷担任广东省委第一书记期间，广东省作为全国改革开放的前沿阵地，率先进行改革开放。而当时的广东人民刚从“十年浩劫”的阴影中走出来不久，怎么样带领广东人民搞改革，没有历史经验可以参考。任仲夷认为党的政策是党的生命，十一届三中全会以来的路线、方针、政策非常正确，大得人心，我们应该像珍惜自己的生命一样，珍惜爱护党的正确政策。是否真正执行中央的政策，不是看是否按中央的文件、指示一字不差地照抄照转，而是看是否真正结合本地区、本单位的实际情况，因时、因地、因事制宜地创造性地去执行。②

①张岳琦，李次岩：《任仲夷论丛：第一卷》，广东人民出版社，2000年，第162页。
②向明：《改革开放中的任仲夷》，广东教育出版社，2000年，第362－363页。

（一）实行特殊政策灵活措施

1979 年 7 月，中央发了中法〔1979〕50 号文件。文件说："中央决定，对两省对外经济活动实行特殊政策和灵活措施，给地方以更多的主动权，使之发挥优越条件，抓紧当前有利的国际形势，先走一步，把经济尽快搞上去。这是一个重要的决策，对加速我国的四个现代化建设有重要意义。"特殊政策、灵活措施的内容是什么呢？1980 年 9 月 28 日《中央书记处会议纪要》指出："所谓特殊政策和灵活措施，一是增大地方的权力，二是广东、福建两省对外更加开放。"1981 年 7 月的中央 27 号文件，又进一步把特殊政策、灵活措施的内容改为"对外政策更加放宽，扩大两省的权力"。从具体政策来看，最主要的有四条：一是财政和外汇包干（五年，到 1985 年），二是省内计划的编制"以地方为主"，三是试办经济特区，四是对外经济活动的审批权比较大。①

任仲夷深刻领悟中央对广东实行特殊政策的指导精神，也深知改革开放的紧迫性和重要性。1980 年 11 月正式主持广东省委的工作后，就立即召开广东省委工作会议，传达中央领导同志对广东工作的重要谈话，说："党中央、国务院对广东的工作是非常重视的，发过多次指示，给了广东很大的权力，也提出了很高的要求。"并对如何贯彻执行党中央的特殊政策提出了自己的想法："必须按照中央领导同志的要求，把广东的经济进一步搞上去，把人民生活进一步搞好。要把经济搞上去，必须发挥广东的优势。广东的优势，不光是自然条件好，中央批准广东实行特殊政策和灵活措施，这本身就是一个优势，所谓特殊政策和灵活措施，主要表现在两个方面：一是中央授权广东独立自主地解决问题，增大了地方的权力；二是允许广东对外更加开放，要使广东成为国家对外联系的枢纽和橱窗。实现这两条，要求我们的思想要更加解放。如果思想不解放，哪一条也做不好。我们的思想必须适应实行特殊政策和灵活措施的新情况。中央给了我们这样大的权力，现在就看我们

①张岳琦，李次岩：《任仲夷论丛：第二卷》，广东人民出版社，2000 年，第 68 页。

敢不敢用这个权力，会不会用这个权力。我们应当大胆地使用它，并且学会善于使用它。”①

1981年6月10日任仲夷在中央召开的关于广东、福建两省工作会议上的发言，认为实行特殊政策和灵活措施，决不仅仅是两省地方性的问题，而是全局性的问题，关系到我国经济体制改革和四化建设的全局，有着很深远的意义。他说：“一个国家，若能为世界创造一种好的经验模式，提供一种优越的制度，那就是莫大的贡献。历史上，曼谷骑兵曾征服过许多国家，但它没有给人类提供新的先进的制度。拿破仑虽然失败了，但他所代表的法国资产阶级革命，给当时的许多欧洲国家提供了一种新的制度，即资本主义制度。列宁领导的俄国十月革命，给世界创造出了崭新的社会主义制度。这都是对世界历史的伟大贡献。现在的问题是，苏联的模式有严重的缺陷。所以，不少人在摸索如何进行改革，但他们受到种种条件的限制，影响还不是很大。如果我们中国这样一个伟大的、完全独立自主的社会主义国家，能够创造出一种新的社会主义经济模式，使社会主义制度的优越性能够充分发挥，那个影响就大了。社会主义在世界上的形象就会更加光辉。那将是我们中国对共产主义运动和对人类历史的重大贡献。”②

按照中央的决策，经过全省广大干部和群众两年多的努力，执行特殊政策和灵活措施取得了明显的成效。

一是工农业总产值以较高的速度持续增长。1981年比上一年增长9.2%，与1978年比，三年累计增长23.8%。其中工业总产值，1981年比上一年增长11.5%，三年累计增长25.9%。财政收入，前两年由于农产品提价等特殊因素，1981年比上一年增长8.9%。为国家贡献（包括定额上交、中央借款、财政购买国库券）14.2亿元，比上一年增长42%。全省货源的外贸出口总值，1980年比上一年增长21.9%，三年累计增长1.2倍。

二是对外经济合作取得重大成果。签订了1.3万多份合同，按合同

①《南方日报》，1980年11月22日。

②向明：《改革开放中的任仲夷》，广东教育出版社，2000年，第317页。

可利用外资26亿多美元，实际已到手利用的有5.5亿多美元。通过利用外资，办了一批新企业；发展了省港之间的公路和水上运输；解决了一部分原有企业任务不足、原料缺乏的问题；引进了2万多台设备，有些是省内或国内一流水平的，仅电子工业方面就引进了48条装配生产线和6条元器件生产线；农业方面引进了一批猪、牛、鸭优良品种和一些先进的畜牧业生产设备；扩大了就业，仅来料加工这一种形式就安置了21.5万多人；在对外合作中，获得了一批技术资料，培养了一批技术人员和技术工人。

三是经济特区建设初步打开了局面。建立了比较精干的领导班子，制定了经济特区条例和一些单项法规，安定了边境。全省三个经济特区中，汕头起步较晚。深圳利用外资至1980年底已签约989项，计划投资77亿港元，实际已投入使用的约有12亿港元。已建成工厂297座，1980年产值达1.9亿多元，比1978年增长近3倍。在电子工业等方面引进了一批比较先进的技术，有的将为我国填补空白。深圳的蛇口工业区，作为一个小型现代工业城镇，正在原来的一片海滨荒滩上建立起来。深圳市1980年的外汇收入比1978年翻了一番。农民收入也大大提高。多年来深圳劳动力不断外流的现象在1980年已基本停止，并开始有一部分人自动返回家园。珠海市发展也很快，引进项目已达278项，可利用外资3亿多美元；1980年与上一年相比，工农业总产值增长16.8%，工业总产值增长23.7%，财政收入增长1.5倍，外贸出口收汇增长40%（比1978年增长1.2倍）。

四是人民生活水平有了提高。1980年职工的平均工资比上年增长10%，比1978年增长40%。农民集体分配收入达到人均121元，比上年增长16%，比1978年增长56%。城乡人民储蓄达到46亿多元，比上年增长45.7%，比1978年增长1.6倍。三年来全省共安置城镇待业人员134万人。①

---

①张岳琦，李次岩：《任仲夷论丛：第二卷》，广东人民出版社，2000年，第68－70页。

（二）对中央政策要用准用活用足

1. 要善于用新政策突破旧规定

1980年5月21日，在辽宁省工业交通会议上，任仲夷就提出：“要全面理解和掌握中央的政策，从实际出发，灵活运用这些政策去解决工作中的矛盾。首先是，要善于运用中央颁布的新的政策和办法去突破旧规定。我们多次发现这样的事情：党中央、国务院在文件中已经作了明确规定的改革措施，许多同志还在那里研究，还在进行‘可不可以突破’的争论。所以如此，是因为有些旧规定执行了半辈子，在脑海中印象深，忘不了，而新的规定则印象浅，记不住，或者根本就没学，没看。我们要求各部门的同志尽可能全面了解、掌握中央的政策，特别是新的规定。要善于运用中央在经济改革方面的每项新政策、新规定，去解决那些已经废除和尚未废除的旧规定造成的矛盾，推动经济工作前进。”①

2. 敢于使用与善于使用特殊政策

1980年11月18日，任仲夷到广东几天后进行的广东省市局以上党员干部会议上，提出：“我们的思想必须适应实行特殊政策和灵活措施的新情况。中央给了我们这样大的权力，现在就看我们敢不敢用这个权力，会不会用这个权力。我们应当大胆地使用它，并且学会善于使用它。不但省里要这样，各地区、各部门都要这样。”这里说的“大胆地使用”就是要“用足”，“善于使用”就是要“用准”“用活”。②

3. 要珍惜中央赋予的权力

1982年4月1日，在广东省三级干部会议上，任仲夷讲道：“真理向前多迈半步就等于谬误。把经济搞活也一样。如果不争气，借口灵活而胡来，该服从的几种统一也不服从，该完成的上交任务也不完成，结果就要走向反面。希望同志们珍惜中央给予我们的实行特殊政策和灵活措施的权力，既要大胆使用这种权力，更要正确使用这种权力，一定要

①向明：《改革开放中的任仲夷》，广东教育出版社，2000年，第368页。
②向明：《改革开放中的任仲夷》，广东教育出版社，2000年，第369页。

兼顾国家、集体、个人三者利益，并把整体利益和全局利益放在前头。”在这里，任仲夷主张既要“大胆地使用”，用足、用活，更要“正确地使用”、用准，并着重强调了“用准”中央给的政策。

1984年4月20日，任仲夷动手术住在医院里，仍念念不忘用准、用足、用活中央政策的问题，他在写给林若、梁灵光和中共广东省委常委的信中，还再三叮嘱：“要把中央给的权力梳理起来，让有关部门都知道，熟记善用。中央给了权力，我们要敢用、善用、充分地用，不失时机地加快我们省现代化建设事业的发展。”

任仲夷再三强调的对中央政策要“正确地使用”“大胆地使用”“充分地用”“善于使用”等精神，逐渐变成了“用准、用足、用活”的“三用”原则。①

中央的规定，特殊政策的内容主要有几个方面，一是对外开放，二是对内政策更加放宽，三是扩大地方的一些权力。实践是检验真理的唯一标准，五年过去了，实践证明，广东实行特殊政策和创办经济特区取得了成功。

自从实行特殊政策以后，广东的经济发展速度逐渐加快了。1978—1983年，全省工农业总产值平均每年增加8.8%，1980年以来平均每年递增10%以上。经济特区的发展速度更快一些，深圳特区的工业产值，五年增长11倍，财政收入增长10倍。商业、服务业、旅游业等，在广东发展得更是特别迅速。社会商品零售额、集市贸易成交额、旅游业收入等，均已跃居全国前列。这些行业的发展并不直接反映到工农业产值的增长上，但却活跃了整个社会经济。有没有这些行业的相应发展，对于人民生活的丰富和社会的繁荣来说，那是大不一样的。这几年执行特殊政策，不仅带来了经济的增长，而且为以后的发展打下了基础，准备了后劲。1983年广东全省用于技术更新改造的资金比1978年增长了9倍，基建投资也有很大增加，引进并已投入使用的外资达11.5亿多美元。利用这些内资和外资，改造了一批老企业，建设了一些影响重大的

---

①向明：《改革开放中的任仲夷》，广东教育出版社，2000年，第369－370页。

公路、桥梁、港口、电厂、矿山，建成了一些技术比较先进的新企业。所有这些建设，对广东今后经济和社会的发展都将发挥重要作用。在生产发展的基础上，全省职工的工资收入增长62.4%，农民人均收入增加104.8%，城乡人民储蓄增长3.5倍。教育科学以及整个精神文明建设，也都有明显的进步。①

（三）改革就是要突破不合适的陈规旧制

要创造性地执行中央的政策，就必须解放思想，突破那些与新形势、新任务不相适应的陈规旧制。

关于如何破除不合适的陈规旧制，把经济搞活，任仲夷在1980年5月21日召开的辽宁省工业交通工作会议上，提出了要实行四个“打破”：

第一，打破保守思想。思想僵化、保守，是把经济搞活的最大障碍。我们不仅要坚决批判、摒弃林彪和“四人帮”的极“左”路线，而且要敢于纠正某些“左”的东西，还要坚决打破长期形成的狭隘、保守的小生产习气，改变孤陋寡闻、眼界不宽的状况。搞现代经济，脑筋要活一点，视野要广一点，想的要远一点。

第二，打破条条和块块的纵横分割。由于自给自足的小农经济的传统影响，我们经济工作中一直存在着割据的习惯。资本主义已经在跨国公司，而我们一国一省之内，却在地区之间、行业之间搞得壁垒分明，纵横分割，互相不能通融，不能协作，不能办事。要想进一步把经济搞活，必须打破这种条条块块的分割。要提倡行业之间、地区之间、企业之间、工农之间、工商之间、不同所有制的企业之间，进行广泛的经济合作。可以互相搞补偿贸易、来料加工、来件装配、联合办厂。你有钱，我有人，或者你有技术，我有资源，可以合作办厂；城市有技术和设备，农村有劳动力和地皮，甚至还有资金，也可以合作办厂。本着两利的原则，经济发展水平较高的地区可以到经济发展水平较低的贫困地

①张岳琦，李次岩：《任仲夷论丛：第二卷》，广东人民出版社，2000年，第44页。

区去投资，利用当地的资源和劳力，开辟新的生产门路。有些事，一家办，谁也办不了，联合起来就办成了，对大家都有利。这样可以把分散的资金、设备、技术、人力、资源，通通动员起，联合起来，利用起来。大家各献所有，各显所长，各尽其力，各得其利，充分挖掘社会经济潜力，以取得更好的经济效果。

商业活动，采购和推销活动，也要打破地区界限。辽宁是国家的重要工业基地之一，许多产品要向全国推销。要培养有才能的采购和推销人员。要学会利用商业广告来宣传和推销自己的产品。

第三，打破多余的中间环节。现在中间环节多，助长官僚主义，影响工作效率，妨碍经济搞活。由于中间环节多，对许多中间产品层层加税，层层设卡，严重束缚了生产的发展。今后，工厂与工厂之间、工厂与商店之间，凡是有条件的，尽可能直接进货，摆脱一切不必要的中转手续以及批发、仓库等中间环节。工商基层单位直接选样订货是个好办法。按经济原则建立公司，公司所管辖的某些工厂之间，像一个工厂内部的各个车间一样，直接调拨半成品和中间产品，由公司统一拿出成品，这也是减少中间环节的一条途径。可以试点，总结经验。

第四，打破各种妨碍把经济搞活的不合理的旧框框。过去，这样的框框是很多的，例如工业品不准工厂自销，农村社队不准办商业，生产资料不准进入市场，有些钱宁可闲着也不准借贷，等等。现在，有些框框已经开始被打破了，有些还没有被打破。这类框框，凡是应当破且我们又有权破的，都要坚决打破，以进一步解放生产力。①

（四）允许变通不许变相

在 1980 年 5 月 21 日辽宁省工业交通工作会议上，任仲夷对于如何进一步把经济搞活，系统地提出了实现农工四个打破（打破保守思想、打破条条和块块的纵横分割、打破多余的中间环节、打破各种妨碍把经济搞活的不合理的旧框框）、坚持两个结合（计划调节和市场调节相结

---

①向明：《改革开放中的任仲夷》，广东教育出版社，2000 年，第 368－370 页。

合)、强调一个变通。任仲夷讲话中提到的“变通”，就是他关于创造性执行上级政策的另一创造性观点，是与“变压器”说一脉相承，是一种思维方式、工作方法。①

任仲夷说：“我们所说的变通，就是要全面理解和掌握中央的政策，特别是新的规定，从实际出发，灵活运用这些政策去解决工作中的矛盾。要善于运用中央在经济改革方面的每项新决策、新规定，去解决那些已经废除和尚未废除的旧规定造成的矛盾，推动经济工作的前进。”

变通观点是任仲夷关于如何创造性地执行中央政策的重要组成内容，因此，他多次在正式会议上提出“变通”观点，并作有力的论述，大力推广。

1980 年 11 月 24 日，任仲夷在中共珠海市委汇报工作上讲话，认为遇到大问题，“该请示的一定要请示。但是，大量的问题还是靠你们自己独立负责地去解决。有些问题，要在党中央的路线、方针、政策的原则之下，变通解决。要敢于变通，善于变通。只要对国家、对人民有利的事，你们就大胆办，办的过程中有点毛病，也不要紧，接受教训就是了。”②

1981 年 1 月 16 日，任仲夷在中国共产党广东省代表会议上的讲话，指出：“省对各地市、省直部门对所属企业单位，都应继续注意不要统得过细、过严、过死。只要把总的要求、总的原则掌握住，具体工作，要放手让下边去干；集体想办法，放手让下面去想，允许人家变通，不要滥加干预。这里应当指出的是，我们所说的变通，是为了从实际出发，更好地执行党的方针政策，决不许变相地违反党的方针政策。各地市要加强全局的观念，服从必要的统一指挥。”③

1984 年 6 月 14 日，任仲夷在中共广东省委召开的市地委书记上的

①王廉：《任仲夷评传》，广东人民出版社，1998 年，第 116－117 页。
②向明：《改革开放中的任仲夷》，广东教育出版社，2000 年，第 375 页。
③向明：《改革开放中的任仲夷》，广东教育出版社，2000 年，第 376 页。

讲话，指出："解放思想，要求我们对原有的规定用于从实际出发，创造性地去执行。要敢于变通。我过去多次讲过，变通不应形成变相地违反政策。在正常工作中，必须严肃认真地执行现行政策的规定，在执行中发挥积极性、创造性。但是，至少有三种情况允许变通。第一，政策规定有许多条，为了办成于国于民都有利的事情，有时要多方查阅各种规定，这一条不行就用那一条，要积极找根据把好事办好，而不应到处找根据去卡，使好事多磨。第二，政策规定本身有幅度、允许灵活的，则应向有利于生产发展和搞活经济方面去理解，灵活执行，而不应相反。第三，确实利国利民的改革，如果从现有文件中找不到根据，还可以试点，在试点中允许突破现有规定。万里同志说，中央的'红头文件'是从哪里来的？还不是从实践中来的，从群众中来的！农业的联产承包，就是先有实践，后有'红头文件'。如果大家只能办'红头文件'中规定了的事，不再有所创造，有所突破，我们的事业也就不能前进了，新的'红头文件'也就无从产生了。"①

第二节　狠抓农业联产承包责任制，深化农村体制改革

农业，之所以成为我国现代化经济建设的一个战略重点，首先取决于农业在国民经济中的地位和作用。农业上去了，意味着农业生产劳动率和农副产品商品率有了较大的提高，意味着农业的日益现代化，从而可以为工业建设和其他方面的建设提供更多的农副产品，能为轻工业提供更多的原材料，能为重工业和轻工业的发展提供广阔的市场、建设资金以及充足的劳动力资源。另一方面我国的农业长期处于落后状态。因此我们要不遗余力地深化农村改革。

实现农村经济现代化，是一个伟大而又艰巨的历史过程。1981—1985 年，对于广东农村经济的发展来说，是一个重要的转变时期：开

①张岳琦，李次岩：《任仲夷论丛：第二卷》，广东人民出版社，2000 年，第 221 页。

始从封闭式的、发展极其缓慢的自然经济或半自然经济基础，向开放型的或比较发达的商品经济基础转变。

一、实施“包专联通”责任制

就农业生产组织方式而言，从 1978 年起，全国大多数省区都有不少自发的改革，四川、河南、贵州都有出色的表现。由于广东省农村改革相对滞后，干群意见很大。对于农村改革的进程，如实行农村联产承包责任制等，当时的阻力都很大。所以任仲夷刚到广东就询问广东农村改革情况，一上任就抓联产承包责任制。

广东在贯彻中央 75 号文件前后，农业生产体系发生了很大变化。据广东省农委统计，到 1980 年末，全省搞包产到户、包干到户的生产队占总队数的 40. 9%，分田单干的占 5. 9%。其中，梅县地区包产、包干到户的占 87. 8%，汕头地区占 66. 1%，惠阳地区包括分田单干占 79. 7%。海南行政区、自治州和湛江地区包产、包干到户加上单干的占 40%～60%。

但是下一步该怎么办？当时在广东，从上到下，对“包”字尤其是对“双包到户”确有一番争论。谁是谁非？谁也说服不了谁。

但是任仲夷对有关“包”字的争论，态度一贯是鲜明坚定的。到广东后约两个月的时间，在 1981 年 1 月 16 日的中共广东省代表会议上，他就明确提出：“农村政策一定要稳定，凡是有利于生产发展，为群众所欢迎的政策，都不要轻易变动。当初最重要的是贯彻好去年中央关于完善农业生产责任制文件精神。已经包产到户的，即使是本来可以不包的，只要群众满意，又能增产，就不要硬改过来。不管是哪一种责任制形式，都要稳定下来。”他果断强调：“不要再争论不休、变来变去了。应在稳定中逐步完善、健全、提高。”①

1981 年 1 月 22 日，在中共广东省地、市、县委书记专门研究农业

①张岳琦，李次岩：《任仲夷论丛：第二卷》，广东人民出版社，2000 年，第 221 页。

问题的会议上，任仲夷再次肯定了包产到户的做法。他得出的结论是："实行包产到户的地方，绝大多数都增产增收，国家、集体、个人都多得。应当说，在这些地方，生产关系上所做的这一调整，使我们党和农民的关系密切了，绝大多数农民是拥护的。"因此，他再度重申："现在实行的不管是哪种责任制，都要稳定下来，不要总是争论不休，动动摇摇，以致造成人心惶惶，耽误生产。"经任仲夷再三鲜明地表示坚定支持"包产到户"的政策，广东省关于"包"字的争论，可以说基本上平息下来了。①

1981年，任仲夷还在广东省地、市委农业书记会议上强调，农村改革经营制度，林区亦可实行。同年6月，省委、省政府发出《关于稳定山权林权和落实林业生产责任制的决定》和《关于加强对包干到户社、队领导若干问题的指示》等四个农林业方面的文件。广东从完善联产承包责任制开始的农村改革，在1981年已步入各行各业"以经济建设为中心"的历史性时代。从1981年起，广东农村改革很快追赶上全国步伐，到1983年底，全省有99%的生产队实行了联产承包责任制，农村面貌为之一新。尤其是历史上便具有商品意识的珠江三角洲农民，不仅跟上了全国形势，而且在农村商品化生产上，后来居上。此后十多年间，在全国处于领先地位。②

农业经济体制改革，是一场伟大的变革。什么是现阶段中国社会主义农业发展的可行道路？任仲夷根据广大农民和农村基层干部在实践中的探索、创造，归纳为"包专联通"几个字。

1981年1月22日，在中共广东省地、市、县委书记会议上，任仲夷不仅坚决支持"包产到户"的政策，而且肯定和发展了惠阳地区群众"一包二联"的创造，将农村经济体制改革引向深入一步。他指出："已经包产到户的地方，今后要在群众自愿的前提下，逐步建立和扩大某些集体经济成分。比较好的办法是在专业化分工的基础上，实行经济联合。包产到户后，如果不搞这种联合，那就会出现一家一户自给自足

①张岳琦，李次岩：《任仲夷论丛：第二卷》，广东人民出版社，2000年，第223页。
②向明：《改革开放中的任仲夷》，广东教育出版社，2000年，第439页。

的自然经济状态。应当引导农民逐渐实行这样的一种生产组合形式：根据各户不同的技术特长和其他情况，合理分工，发挥各个农民不同的专长，实行专业化生产，各专业户在自愿互利的基础上实行联合。这种联合开始可以比较松散，以便于实行这种联合既可以发挥包产到户能更多地调动个人积极性的长处，又可以克服一家一户自给自足经济的弱点，同时又可以保持并不断扩大集体经济的成分。”

这段话就包含了“包、专、联”三个步骤。

首先是“包”：包括各种经济承包责任制，主要是“包产到户”。

其次是“专”：根据各户不同的技术特长和其他情况，合理分工，实行专业化生产。

第三是“联”：各专业户在自愿互利的基础上实行联合。这种联合开始可以比较松散，以便于实行这种联合既可以发挥包产到户能更多地调动个人积极性的长处，又可以克服一家一户自给自足经济的弱点，同时又可以保持并不断扩大集体经济的成分。

1981 年 8 月，任仲夷在韶关地区做调研时提出要抓好“责专联”。他说：“‘责’就是不断加强和完善生产责任制。各种生产责任制要稳定，一般不能轻易改变。个别地方确实不适应目前情况，要因地制宜地改。不管实行哪种形式的生产责任制，一定要保证增产增收（‘责’就是生产责任制，就是通常所说的‘包’）。‘专’就是提倡专业分工，提倡专业承包，搞专业化、专业队、专业组、专业户、专业工。社会主义的专业分工应该有条件比资本主义分工得更合理更细，发展速度更快。‘联’就是经济联合，经济协作，联合办事业。农、工、商要联合，地区之间，社与社、队与队，甚至户与户之间都可以搞经济联合。”

在 1982 年 6 月 18 日的中共广东省地委农业书记会议和 1982 年 12 月 22 日的中共广东省地、市委书记会议上，任仲夷对群众在实践中创造的包产到户、专业承包等生产责任制，以及在此基础上组织新的联合，从理论的高度进行了充分的肯定。

任仲夷还指出根据广东的情况要抓三个环节：

一是进一步抓好承包专业化，特别是要突出地抓好以农户为单位的专业承包。但是家庭联产承包不是唯一形式，也要发展小组承包或更大形式大联合承包。在此基础上，引导农民自觉自愿实行各种形式的联合，扩大生产规模。

二是要大力发展农村商品经济，使越来越多的农业产品商品化。大力促进农村自给自足的自然经济向商品经济发展，不断提高农产品的商品率。放宽政策，疏通商品的流通渠道。一个办法是国营商业和供销社加强收购工作；再一个是帮助农民发展农工商、产供销相结合的经济；还有一个是允许个体运销、个体贩运或自愿组织合作贩运。还要允许资金、技术、劳动力流动，进一步把经济全面搞活。

三是要使经济技术服务社会化。例如技术指导、良种培育、农机修理、植物保护、禽畜防疫等都要由社会化的专业公司来服务。这本身也是一种联合。

通过承包专业化、越来越多的农产品商业化、经济技术服务社会化的途径，将自然而然地把各个农户和农村的各项事业，有机地结合成一个合作的整体，并同整个社会主义国民经济紧密地联系起来。

由于农村商品经济的发展，需要疏通商品的流通渠道，所以需要增加一个“通”字，这就是任仲夷总结的中国农业经济发展的道路：包、专、联、通。①

二、保持“三个稳定”，抓好“三新”

在深化农村改革的过程中，任仲夷不断总结经验，提出了农村改革要保持“三个稳定”，抓好“三新”的新观点。

1. 三个稳定

一是政策稳定。农业靠政策，一要靠政策的正确性，二要靠政策的稳定。保持政策的稳定是广大农民的强烈心愿，是发展农业生产力的客观要求。政策的不稳定必然造成生产力的破坏。但是稳定政策，并不是

---

①向明：《改革开放中的任仲夷》，广东教育出版社，2000 年，第 440 页。

说不管什么问题都一成不变，也不是不能做任何调整。在这个问题上，任仲夷主张稳中求变，“变”应当向着能调动群众积极性，更有利于生产发展的方向变。对有些规定，从全局着眼，需要进行调整，但调整之前一定要充分地调查研究，走群众路线，尽可能调整得合情合理，更符合党在农村的基本政策。同时还应该做好宣传工作，使农民群众理解调整的必要性，从而自觉地接受新的规定。

二是稳定生产责任制。实践证明，十一届三中全会以后推行的生产责任制，极大地调动了广大农民的生产积极性，有力地推动了生产的发展。过去多年来的弊病是，公有制和吃“大锅饭”分不开。实行包产到户等几种形式的责任制以后，把公有制和吃“大锅饭”分开了，而把公有制和个人积极性结合起来，这就使社会主义公有制的优越性真正得到了发挥。专业承包的责任制形式，不仅体现了“按劳分配”，而且有利于“各尽所能”，它使个人技术专长得以充分施展。农村里长期被埋没的能人巧匠，有了选择任务、发挥作用的机会，使生产力得到进一步解放。每个地方，究竟采用哪一种形式，要因地制宜。在这个问题上，任仲夷认为经济比较发达的地区和经济发展水平较低的贫困地区，实行生产责任制的具体形式、具体做法应该不同。领导上对不同地区要分类指导。有些实行包产到户、包干到户的地方出现了基层组织瘫痪等新问题，只要领导重视了，并认真去抓，是不难解决的。要教育我们的干部，不能因为出了一点问题，就对实行责任制的信念发生动摇；更不能把什么问题都说成是实行生产责任制带来的。责任制一定要稳定，让农民放心。稳定责任制和完善责任制是一致的。完善了，才能稳定。

三是稳定粮食种植面积。广东省粮食种植面积，特别是水稻种植面积不能再减少了，必须稳定在现有水平上，这是关系国计民生的大问题。如果只从经济合理上考虑，全省作物布局本来还应当作进一步调整。但是我们不能不正视一个现实：全省人民的吃饭问题。如果我们不稳定粮食种植面积，造成粮食危机，那就不仅是经济问题，而是政治问题了。个别地方，确实还必须调整作物布局，当然还可以作小调整。但是，从全省来讲，粮食种植面积不能再减少了。个别地方经过批准减少了粮食面积，应当从本地区其他地方增加相应的粮食面积补上去。

2. 抓好“三新”

在如何抓好“三新”的问题上，任仲夷总结了三点。

一是推广新技术。农业要实行现代化，必须大量采用新技术。农业也要重视技术引进。已经引进的新技术要积极消化、推广。还要普及现有的技术，包括各种传统技艺。例如，种菜好像很普通，但许多农民都种不好，不如菜农。养鱼，都会养，但真正养得好的也不多，这类技术都要推广，各地都要狠抓改良品种、改良耕种方法、改良农业机械、推广配合饲料等等。重视技术，就必须重视人才，首先要把本县、本社、本队的技术人才、能人巧匠组织起来，发挥他们的作用。本地区没有的，还可以到别处去聘请。各级农科部门，在推广、普及农业技术方面，负有重要使命。

二是组织新的联合。有些地方，耕地包产包干到户以后，在养殖业、农副产品加工业等方面，根据自愿、互利、民主、平等的原则，组织了新的联合体。有农户之间的联合体，有社、队与农户之间的联合，有各专业部门与农民的联合。这是农业生产实行责任制以后出现的一种重要的、必然的发展。新的联合体，使原来互相分离的资金、技术、土地、劳动力等生产要素紧密结合起来了。联合本身产生了新的生产力。对这方面的实践经验，我们应当高度重视，认真总结，逐步地、积极地推广。

三是开辟新的生存领域。在20世纪80年代初期的几年，大多数地方都开始改变了只种粮食的“单打一”的生产局面，发展了多种经营。但是，总的来看，多种经营的巨大潜力还远没有充分发挥出来。山林、水面并没有充分利用，林业、饲养业、畜牧业、渔业都还没有充分发展起来，不少地方生产门路还不够多，只有广辟新的生产领域，全面发展农林牧副渔各业，努力办好社队企业，大力开展多种经营，农村才能进一步繁荣起来，农民才能真正富裕起来。粮食构成的改变，是发展的必然趋势，肉多、鱼多、奶多、蛋多，人们的粮食消费就会大大减少。所以，从长远来看，解决吃饭问题，也不能只靠种粮食，还必须靠发展多种经营。①

三、农副产品市场抓“放”“管”

实行改革开放以后，人民群众是满意的，但有两条不满意：一是社会治安不够好；二是物价不稳定。物价不稳定也会引起政治不安定。在某种意义上，比解决社会治安问题更复杂。物价是个大问题，它关系到生产、市场、生活等各个方面。任仲夷认为要把市场搞活，把经济搞活，就要抓好两个字：“放”和“管”。

一是“放”字。要在“放”字上做文章，思想再解放一点，政策再开放一点。要承认我们现在的思想还解放不够，该放的还要敢放。

二是“管”字。只放不管不行，要加强管理。为了放得更好，必须加强管理，活而不乱。农贸和各条渠道都要管理，光靠行政管理办法不行，还必须用经济办法管理经济。行政管理违反经济规律，最后也管不了。一个是政府管理，一个是群众管理，乡规民约，土政策应为总政策服务。光从本位利益出发，不是价值规律。行政办法、经济办法两者并重，在某种意义上，经济办法更重要。②

在任仲夷看来，发展农副产品市场，是从自给自足经济走向商品化生产，从农业社会迈向工业社会的重要条件。没有农业商品化，就没有城市化、工业化和现代化，农业只有成为市场的农业，才能发展成现代农业。

四、乡镇企业促进珠三角全面起飞

（一）乡镇企业异军突起

中国乡镇企业的前期叫社队企业，从1984年起改称乡镇企业，但

①张岳琦，李次岩：《任仲夷论丛：第二卷》，广东人民出版社，2000年，第414－417页。

②摘自1981年6月4日任仲夷在广东省人民政府召开的物价座谈会上的讲话。

成为一种企业制度，是从1978年土地经营革命开始的。

乡镇企业的发展起步第一阶段是1958年“大跃进”时在人民公社中推行的“农村工业化”。第二阶段是“农村独立经济形式”，鼓励生产队、大队、公社层层发展社队企业，以形成“供给型经济”规模。第三阶段是在广东，鼓励、支持外资大量进入，改变投资及所有制结构，增强社队的集聚能力，进而推进农村工业化、城乡现代化，“借助外力”走市场化道路。

20世纪80年代，在任仲夷主粤期间，广东省委、省政府对社队（含街道）企业有了高度的认识，社队企业一枝独秀。到了80年代中期，乡镇企业成为后起之秀而引起国内外注目。1984年，《中共中央关于经济体制改革的决定》发表，肯定了农村经营制度改革，促进了全国乡镇企业迅速兴起。1985年，国家正式把农村发展乡镇企业定为基本国策，认为它“是国民经济的重要组成部分”。任仲夷于1985年离休时，广东的乡镇企业正乘风破浪地前进。

早在1982年，广东省委、省政府发出《关于整顿社队企业的指示》，要求各级党政部门，都要认识社队企业在国民经济中的重要地位和作用，关心和帮助社队企业健康迅速地发展。认为社队企业是农村工业化的主要形式，是国民经济的重要组成部分。这期间，《南方日报》《羊城晚报》《人民日报》等报纸杂志上刊登了任仲夷的一些谈话，阐述他发展社队企业及提高经营管理水平，支持多种经营的观点。1985年与1980年比，五年间珠江三角洲的国民收入增长了1.5倍多。①

广东乡镇企业的发展，以珠江三角洲地区最为迅速、最为繁荣。珠江三角洲乡镇企业发展的方式，被称为“珠江模式”。珠江三角洲毗邻港澳，因此，在发挥乡镇企业优势的同时，以引进港澳和国外资金、技术、人才，发展外向型经济为特色。

在“珠江模式”中，被称为广东“四小虎”的中山、南海、顺德、东莞四个市，经济发展的道路代表了四种不同的类型和模式：

---

①王廉：《任仲夷评传》，广东人民出版社，1998年，第42－47页。

一是中山模式。以发展地方国有企业为基础，带动乡镇企业全面发展。集体经济、股份制经济和企业集团具有强大经济实力。中山市的企业集团化、股份化和以发展“高科技、高档次、高附加值、高创汇”的工业发展道路，为广东优化产业结构、加快工业化进程提供了重要的经验。

二是南海模式。以国营、集体、联户、私营、个体五个轮子一齐转的发展战略而著称。工业由传统工业转向新兴工业，形成了一批专业化的生产基地，如“纺织城”“制衣城”“玩具城”“制鞋城”以及“铝型材生产基地”“建材、包装基地”“皮革生产基地”等。

三是顺德模式。以集体镇办企业为主，带动乡镇企业发展。在镇办企业中，形成产值大、市场占有率高、实力雄厚的骨干企业，并积极发展集体企业和集体经营，依靠科技进步促进经济增长。它们非常重视引进外资和先进技术，以提高工业技术水平，建立了以家用电器、机械、燃气用具、电子电信为龙头的多行业、多门类的工业体系和一批规模大、档次高、质量优的工业企业。

四是东莞模式。以“三来一补”为先导，带动乡镇企业发展。东莞与香港经济紧密相连，形成了“前店后厂”关系。

（二）乡镇企业促进珠三角全面起飞

珠江三角洲乡镇企业的异军突起，促进了珠江三角洲经济的全面起飞。1985 年，珠江三角洲的人口不到广东省的 16%，土地面积不到全省的 11%，但其工农业总产值却占全省的 28.5%，工业总产值占全省的 31%，外贸收购总产值占全省的 42.7%，创汇收入占全省的 25.6%。

“在广东，当初搞改革也并非一帆风顺，尤其在珠江三角洲，社会主义商品经济之所以很快发展，首先是指导思想和理论观点先行，并且能贯彻始终。在这方面广东有两位代表人物，一位是卓炯，一位是任仲夷。

“任仲夷在他主持广东省委工作及离休后，一直强调价值规律这个商品经济的核心，并运用到实际工作中去。他和广东的其他党政领导一起，本着实事求是的原则，在改革开放的总方针和经济发展的总体规划下，大胆探索，积极试验，敢于把上级制定的政策、计划以及领导的指示等等，同本地区的实际情况结合起来，创造性地贯彻执行。正是有了思想解放和自主发展的优势和条件，珠江三角洲这片土地上，才有可能培养出一大批具有新观念、新作风的干部和群众，才会出现今日你追我赶、各显神通的热闹景象。”①

1981—1985 年，广东的农村改革取得了伟大的成就，这五年，广东农村的发展有如下一些特点。

1. 增长速度快

1985 年全省农业总产值达到 233.74 亿元（含村办工业），比 1980 年增长 65.5%，平均每年递增 10.6%（“五五”期间年平均增长率仅为 3%）；粮食、蔗糖、油料作物、水果、三鸟、生猪等生产大幅度增长。

2. 商品化程度有较大提高

全省农产品的商品率，由 1980 年的 47.1% 提高到 1985 年的 59.9%。

3. 农村工业有较大发展，改变了过去农村单一的经济结构

全省乡镇企业 1980 年有 10.1 万户，1985 年增加到 73.6 万多户；从业人员由 215 万人增加到 420 万人。这是改变农村经济面貌的一支十分重要的力量。乡镇企业总收入由 89 亿元增加到 198 亿元，翻了两番。

4. 农村劳动力开始向第二、第三产业转移

1985 年全省农村劳动力从事第一产业的有 1742.6 万人，占农村总劳力的比重由 1980 年的 89.8% 下降为 77.3%；从事第二产业的劳动力 275.85 万人，其占总劳动力的比重由 1980 年的 7.1% 上升为 12.2%；从事第三产业的劳动力 112.24 万人，占总劳动力的比重由 1980 年的 1.7% 上升为 5%。

5. 农村居民生活得到了改善

1980 年全省农村人均收入为 274 元，1985 年提高到 495 元；1980 年农村人均住房面积为 12 平方米，1985 年增加到 16.8 平方米。②

---

①摘自《童大林纵论改革和改革者》，1992 年。

②曾牧野：《沿海新潮与广东改革》，广东高等教育出版社，1999 年，第 340－341 页。

第三节　以企业改革为核心，积极推进城市经济体制改革

一、城市发展的多种形式

20 世纪 50 年代，国家对城市建设与工业发展有过很大的决心，但未取得理想的效果。改革开放初期，在农村改革的同时，国家在城市的改革主要限于企业扩权、劳动就业、兴办各种集体经济等。综合改革试验是 1981 年从沙市开始的经济体制改革，主要内容是对生产、流通、交换、分配等各方面给予配套改革，但未触及城市主导本身，缺乏城市及生态主导意识。

1982 年，国务院选择江苏常州进行综合试点改革，是以搞活企业、搞活流通为中心，取得了一定的成效，但是仍没有改变城乡二元结构。到了 20 世纪 80 年代中期，城市综合改革涉及较深层次。国务院在大城市试点中选择了重庆，市县合并，撤专区设市。

20 世纪 80 年代中期，全国各地都开始准备进行城市改革，广东也不例外。但是广东人多、县大，经济发达，和一些内地省区不一样。任仲夷认为可以多设市，但是撤区立市，统一政府政令，发展城市经济，发挥中心城市功能作用，还有不少关系需要理顺。

任仲夷强调城市改革要根据具体情况实施，他认为广东城市基础差，兴城首先要立“市”（产业），“市”兴城旺，城旺“市”，应从开始起，搞好城市规划以避免出现或少出现今后城市改造中令人难堪的事。他在很多场合对干部讲，不要等待上面什么时候批准设市才去“建市”，建市是一个历史过程，可以“自己为‘市’”，先按照城市的内涵与功能来建设和管理。他还说“市”只有大小之分，不应有“市”与“非市”之别，建市就要像个“市”，不要搞得似“市”而非。

谈及大城市与小城市之间的关系，任仲夷不主张大鱼吃小鱼，硬拼

成大城市。城市太大，太拥挤，问题很多，要多发展卫星城。卫星城之间的距离以及城市规模、功能的确定，应该有科学依据，符合经济社会发展规律，不要追求单一模式。

任仲夷的城市观包含了三方面的内容：一是从社区整体事业出发，精心设计，严谨建设，创造良好社区生态；二是要注意城市自然生态与社会生态协调统一，从而把城市建设成现代化程度较高的、功能适宜的文明社区；三是要研究县镇一级经济，它们是政治经济实体，要很好地管理和经营。①

二、价格改革的尝试

价格改革是我国经济体制改革的重要组成部分。积极而又稳妥地进行价格改革是经济体制改革成败的关键。1978 年以来，广东的价格改革是成功的，效果是显著的。通过改革，促进了生产，促进了流通，促进了市场的繁荣。

1980 年 1 月和 9 月，广东省人民政府两次发文件（《关于农副产品采购若干问题的决定》和《关于疏通商品流通渠道，促进商品生产，搞活市场的十二条措施》）开放农副产品部分购销价格和市场以后，广东多年来有价无市的香蕉等水果和蔬菜源源上市了，鲜肉、禽、蛋、鱼虾回来了，由此结束了凭票限量供应的年代。但物价曾一度上涨，人们长期形成的“物价稳定”的观念和心理受到极大冲击，对开放市场和价格的利弊，成了社会上热门的话题。

1981 年 6 月 4 日，任仲夷在省政府听取省物价局的工作汇报时，与几个负责的同志分析了当时的物价形式。针对贯彻国务院《关于严格控制物价、整顿议价的通知》以后，一方面对冻结物价起到了积极作用，另一方面又出现了购销倒挂、增加财政补贴、职工生活保不住等问题，会议认为，必须坚持价格改革先走一步，并议定对一些不合理的购

---

①王廉：《任仲夷评传》，1998 年，广东人民出版社，1998 年，第 75 – 79 页。

销价格，应当按照价值规律的要求进行调整。任仲夷对此表示同意并充分肯定了省政府和主管部门的举措。他强调，研究物价问题，要研究物价的发展趋势，要在“放”上做文章，思想再解放一点，政策再放开一点。“同时要加强管理，只放不管不行。”“但光靠行政管理也不行，还必须用经济办法管理经济。”“行政管理违反经济规律，最后也管不了。”广东的价格改革，始终处于先行的地位，价格改革与搞活经济、加强管理相伴而行，并且始终注意遵循价值规律。①

广东的价格改革，从 20 世纪 80 年代初开始，就采取“调放结合，以放为主”的方针。在 1985—1986 年间，就基本上形成了“市场调节价”为主体的价格格局：工业消费品大约有 90% 是实行市场调节价；农副产品大约有 80% 是实行市场调节价；生产资料产品价格（如钢铁、水泥等）也放得较早，约有 70% 实行议价交易。②

三、商业向着多经济形式、多流通渠道、少中间环节的方向改革

改革要贯穿四个现代化的整个过程，贯穿各个领域的工作中。广东实行特殊政策，我们在改革问题上必须更坚决更积极，而不可以消极观望、踌躇不前。

任仲夷强调搞活经济，要坚持以国有经济为主导，同时发展多种经济形式。凡是阻碍发展多种经济形势的旧的规定，都应进行改革。商业工作要向着多经济形势（国营、集体、个体）、多渠道、少中间环节的方向改革。国营商业必须普遍建立健全经济责任制，扩大它们的自主权，把责、权、利统一起来。供销社体制改革要加快步伐。另一方面，必须发展集体和个体商业、服务业。有许多零散的和国营商业不易经营得好的小商业和服务业，主要应当用集体的和个体的办法去办。它们环

---

①李美清：《任仲夷谈广东实行“特殊政策和灵活措施”》，见《当代广东》，1998 年第 4 期。

②曾牧野：《市场经济与体制改革》，广东人民出版社，1999 年，第 213 页。

节少，机动灵活，服务周到，只要我们管理、引导得好，它们的发展可以在活跃城乡物资交流、改善商业服务工作状况方面，发挥重要作用。①

四、体内循环与体外循环双轨推进

从20世纪80年代初期开始，广东的经济政策与企业制度分两条线进行，一条是把国有企业本身搞好。要认真独立核算，努力按价值规律和经济规律来经营，对有些国有企业的管理权尽可能下放，除关系重大的大型国有企业，省里不管，交给市县。另一条就是在当时国有企业尚不能进行彻底改革的条件下，于国有经济之外大力发展机制灵活的乡镇企业、私营企业和三资企业。这两条线是办企业的双轨制。它准备和促进了广东从计划经济向市场经济的过渡。对各种企业来说，独立经营，加强管理是自身的问题，属体内循环；政府不干预企业内部的生产经营，而是从基础设施和政策法规上为企业的经营发展创造条件，帮助企业建立和开拓市场，这对企业来说，属于外部环境，属体外循环。

任仲夷的“体内循环与体外循环”思想，是多年从改革上思考的结果。由于任仲夷与他的领导班子，以及广大干部群众结合广东实际，创造性地执行中央改革开放政策，到1985年，全省财政包干体制、企业责权利体制、商业供销系统随行就市价格营运体制、农村长期承包体制已基本建立起来，这实际上就是任仲夷说的“体内循环与体外循环”机制。②

五、实行生产责任制，加快企业改革步伐

企业改革是城市改革的核心内容。企业改革的成败关系到社会主义商品经济体制微观基础的建立，关系到整个社会资源的优化配置和整个

①摘自1983年2月3日任仲夷在中国共产党广东省第五次代表大会上的报告。
②王廉：《任仲夷评传》，广东人民出版社，1998年，第140－141页。

社会经济的发展。如果企业改革不成功，企业不能在市场中有效运行，不能在资源配置中发挥重要的作用，整个经济体制的改革就不可能得到成功，生产力也不可能得到进一步的发展，所以企业改革是关系全局的极其重要的任务。

1. 为企业松绑

20 世纪 80 年代初，广东的国有企业较少，所以广东的企业改革难度相对来说比较小。但是由于底子薄，从一开始就推行市场企业制度显得尤为重要。所以，任仲夷主政广东后，就决定按市场经济规律办事，按价值规律办事。广东省委、省政府从 1981 年起，在全省推行企业自主权改革的同时，还根据广东实际情况，认真抓财政税收的改革。从 1981 年起，全省（经济特区、海南、广州除外）实行“划分收支、分段包干、权责结合”的财政管理体制。从 1981 年起，广东基本上在最敏感的税收、粮油购销和分配上采取了“包、定、放”的做法，“放水养鱼”政策成为社会生产机制的雏形。

任仲夷这一时期的经济思想，主要表现在要求给企业松绑的同时，全面地推进财税分配制度的改革，使企业逐步建立起新型的适应市场的生产、销售、分配、组织机制。从 1981—1982 年，任仲夷在全省每一次工交系统的会议上，都要讲如何按经济规律实行科学的经营管理，如何减少对企业的行政干预，如何更好地发展生产，与时代同步等问题。①

2. 企业改革要抓好“一个下放，两个结合”及“包、联、通、创、学”

中央 1980 年发出有关文件指出：广东经济体制改革要“促进全国的经济体制改革”，广东应成为“进行全面经济管理体制改革的一个突破口”。用中央的这些要求来衡量，广东省不仅没有促进全国，没有起到突破口的作用，而且落后在其他一些省市的后面。

（1）“一个下放，两个结合”。

经济体制改革，究竟怎样改？朝着哪个方向改？任仲夷总结广东改

---

①王廉：《任仲夷评传》，广东人民出版社，1998 年，第 40－41 页。

革开放以来两年的经验教训，把改革的方向概括为“一个下放，两个结合”。

“一个下放”就是下放权力，把相当一些经济权下放到企业。“两个结合”就是把计划调节和市场调节结合起来，把经济手段和行政手段结合起来。“一个下放，两个结合”，乃是针对我们经济工作多年存在的弊病而进行的根本性改革。按照这个方向，还要采取很多具体的改革措施。例如政企要分开、经济要联合、流通渠道要增加、中间环节要减少、企业自主权要扩大、多劳多得的原则要落实等等。

（2）“包、联、通、创、学”。

广东按照“一个下放，两个结合”的方向进行改革，取得了很好的效果。但是总的来说，改革的力度和深度还是不够。因此任仲夷根据日常接触到的情况，把主要要抓的问题概括成“包、联、通、创、学”五个字。

第一是“包”。

无论是工业、农业，“包”字都灵。事实上，许多重要的改革都和“包”字有关。扩大企业自主权，在任务上和上缴利润方面都有“包”的因素。农业责任制，不管是小段包干、专业承包，还是包产到户，都离不开一个“包”字。广东实行特殊政策，灵活措施，基本的一条也是“包”。广东省清远县的经验，也是“包干”。实践证明，“包”能促进经济的发展，收到显著的经济效果。

“包”之所以有效，是因为它打破了经济工作中的一大弊病——吃“大锅饭”，对改进经营管理的推动作用很大；它使上级机关对基层不再事事干预，使官僚主义祸害大大减少；它使人们目标明确，责任清楚，能够非常有效地调动干部和群众的积极性、创造性，发挥他们的聪明才智。

针对“包”的形式的多样性，任仲夷总结了四种形式。第一种是上缴利润包干或利润留成。韶关冶炼厂实行逐年递增 6% 的利润包干办法，1980 年包干 700 万元，执行的结果是实现利润 1200 万元，超额 71%。第二种是减亏包干。广钢和韶钢，原是广东省两大亏损户，十多年来，平均每户每年亏损1600万元。对它们实行逐年递减的减亏包干办法之后，韶钢包亏900万元，1980年只亏损700万元；广钢包亏850万元，盈利38万元。第三种是自负盈亏。自负盈亏实际上是一种大包干制。不仅集体所有制企业实行自负盈亏有效，全民所有制企业也可以实行自负盈亏，以税代利。广东省八个自负盈亏的试点单位效果都非常显著。第四种是行业包干。这个是由单个企业包干发展而来的，有更大的优越性。广州市冶金系统长期亏损，财政部对它们实行包干后，规定1980年对冶金局系统只补贴1290万元，包的结果是，1980年就实现了全行业扭亏为盈。总之，各种形式的包干办法，都取得了明显的经济效果。

包干要见效，必须层层包，一直要把责任落实到个人。企业承担包干任务后，必须切实加强经营管理，健全责任制。首先从厂长责任制抓起，逐步把车间主任、班组长，以及每个环节、每道工序、每个工人的责任制都建立、健全起来。在明确责任的同时，要赋予每个单位、每个人以履行职责所必需的权限，并明确奖惩方法，从而把经济效果、经济责任、经济利益紧密地结合起来。

第二是“联”。

任仲夷认为在改革的过程中需要打破地区之间、部门之间、行业之间、不同所有制之间的分割和界限，广泛实行经济联合。通过联合，可以挖掘很大的经济潜力。有些企业有较高的生产技术、管理水平和品牌，但是没有资金、劳力和厂房来扩大生产。另外有些企业有闲置的资金，有些有闲置的厂房，有些有多余的劳力。如果能把这些企业很好地联合起来，就可以扩大再生产，大家都能获得经济效益。

不仅工厂与工厂之间可以联合，工厂与农村、工厂与商业、工厂与科研单位都可以进行联合。

在联合当中要注意保护竞争，通过竞争推动联合。为了保护竞争，省内各地区之间不能搞壁垒，不能用行政手段保护落后。一定的竞争是推动技术进步和生产发展的力量。联合起来以后，也不要搞垄断，不要搞独家经营。

联合的方式有两种：一是在互利的条件下自愿联合。另一种是由政府和经济领导机关，采用行政办法和经济办法，对企业进行专业化改组。这种改组，是以重点城市为中心，按产品、按行业，把有关企业联合起来，组织起来，形成各种专业公司，公司内部各企业之间实行专业化协作，组织“一条龙”生产，可以先从主要城市和名牌产品搞起。

经济联合不要只限于省内，可以而且应当突破省界，搞更大范围的联合。我们特别要自觉地、有意识地同离我们比较近、经济联系又比较密切的中南各省进行联合，同具有先进技术和先进管理经验的上海进行联合，同具有强大基础工业和丰富资源的东北三省进行联合。

同外资合作、合营。搞“三来一补”，实际上也是一种联合。广东具有搞这种联合的特殊条件。我们要充分利用这个有利条件，推动广东省国民经济进一步发展。

第三是“通”。

任仲夷把“通”总结为“要打通环节，沟通关系，排除堵塞和障碍，解放生产力，促进生产的发展”。

改革开放以来，广东省经济战线离不开各个部门之间的协调与协作。但是还是存在一些内部矛盾，这些内部矛盾是我们顺利进行经济活动的障碍。为了解决这个问题，一方面要继续教育干部，增强党性，树立全局观点，改进思想作风和工作作风，反对本位主义和官僚主义；另一方面要改革体制，改革不合理的规章制度。特别要坚决砍掉办事过程中那些不必要的中间环节，简化办事手续。

要进一步沟通工商关系。工商之间要互相支持，密切合作，协商处理好价格、利润、购销等方面的问题。工业要努力向商业提供物美价廉、适销对路的产品。商业要支持工业生产，按合同积极组织产品的收购和推销。商业不收购的产品，允许工业部门自销。商业部门要继续按照多渠道、少环节的原则进行改革。

要进一步沟通工贸关系。工业企业应当努力加强经营管理，降低产品成本，提高产品质量，为外贸出口提供更多更好的产品，减少以至消灭外贸亏损。外贸部门要扶持工业生产，积极收购和组织工业品出口。

外贸部门不经营或不收购的产品，应允许工业部门自找门路，经过正当渠道出口。

要进一步沟通工业和财政、税务部门的关系。工业企业一定要严格执行国家的财政税收制度，保证按规定上交税款，并要努力发展生产，使上交税款不断增长。财政、税务部门要多从如何鼓励和刺激生产上想办法，做工作。对有些产品要实行薄税多收政策。薄税政策促进了生产，产品数量多了，最后还是能增加税收的。

只有工农商、内外贸、财税银这些部门的关系沟通好、协调好了，才能对经济发展产生强大的推动力。

第四是要“创”。

任仲夷十分强调创新的作用，认为在改革中技术要创新，产品要创新，要不断创造出更多更好的产品，以满足人民物质文化的需要。

广东外汇较多，要充分利用地方外汇，充分利用毗邻港澳的有利条件，多引进一些新技术，促进广东省工业发展。更重要的是，要充分发挥自己的科研力量的作用。科研部门和生产部门要密切合作，围绕经济建设中的课题开展科研活动。对研究出来的科技成果要积极组织推广。各地各部门都要制定鼓励新技术、新产品的政策和规定，加速广东省工业产品的升级换代。生产的目的是满足人民物质文化生活的需要，所以特别要大力发展适销对路的消费品。

第五是“学”。

任仲夷把“学”总结为“学上海，学先进”。

学上海，要结合自己的实际，扎扎实实地学习，不搞形式主义。着重学习上海的企业管理、先进技术、经济结构和创新精神。为了学得好，先要认真找差距，从综合性经济技术指标，到每项主要产品的成本、消耗、质量等具体指标，都要进行对比，从而找出自己的主要薄弱环节，确定学赶目标。学了上海的经验要消化，把它变成自己的东西。在学习的基础上，要勇于创造，创造出具有自己特点和特色的新产品来。

广东省毗邻港澳，应当充分利用这个条件，通过各种渠道，学习港澳和外国的先进企业管理经验和先进技术。①

3. 以改革的精神推行利改税

利改税的好处是能使国家和企业在利润分配上的关系稳定下来，并能自动调节，只要生产得到发展，国家和企业的利益都能稳步增长。1983 年，广东省开始实行利改税的第一步改革，即在一些企业里进行了试点。第一步改革的效果是显著的。然而有些地方和企业对利改税的第一步改革并不是那么积极，主要是对实行利改税的重要意义认识不足，对具体办法也了解得不清楚。同时，因为搞利润包干办法尝到了甜头所以不想改。

针对这种情况，1984 年初，广东省召开省党代会，又一次明确地提出了利改税的好处。这是利改税的第二步，这一步很关键，是城市经济体制改革的一个重要组成部分。为此，任仲夷提出广东省要按照国务院的统一部署，做好实施的准备工作。

实行利改税的第二步，就是要处理好国家、企业和个人的关系。三者都要兼顾，不能只强调一方面。利改税第二步改革照顾了企业的利益，国家财政少得了一点，但这是暂时，通过改革，企业搞活了，生产发展了，国家财政收入还是会增加的。

关于实行利改税第二步改革后如何处理好过去已经批准实行利润包干办法的企业的问题，任仲夷认为总的原则是按国务院的规定办。凡是经过省政府批准实行利润递增包干等办法的企业，已经到期的，应按照利改税办法执行；尚未到期的，如搞得好，效果又显著的，现在也要做好利改税的第二步的准备工作，到期后改过来。

实行利改税第二步后，各级部门要加强对税收工作的领导，要支持税务部门的工作，要培养训练现有的干部、职工，提高他们的素质。

在利改税时，不要把它和责任制对立起来，不要否定“包”字。

从实践来看，实行经济责任制，效果十分突出，成绩显著。广东省过去一直把利改税作为责任制的一种形式进行试点，从来把两者看作一

①张岳琦，李次岩：《任仲夷论丛：第二卷》，广东人民出版社，2000 年，第 349 – 362 页。

致的。我们所说的“包”，就是要使企业有责、有权、有利，这样企业既有活力，又有压力，也有动力。让企业按基数递增上缴利润，或者按照全额比例上缴利润，或者按照一定税率上缴税金，过去都叫“包”。因为上缴利润或交纳税金都是一种责，都是要企业“包”下来。任仲夷认为“包”的内容比交税还广，因为“包”还包括要求企业对产品品种、质量负责。所以对企业来讲，利改税实际上就是让企业把交税的任务包下来。任仲夷提出在宣传、推行利改税的时候，不能把它和“包”对立起来，不应该和经济责任制对立起来。

实行利改税以后，税仍然不能包括一切，其他责任制形式还要存在。例如对产品品种和质量的保证，还必须作为一种经济形式让企业包起来。

当初我们的企业自主权很少，在人、钱、物、产、供、销方面，被管得很死。针对这些问题，任仲夷认为，为了把经济搞活，在实行利改税之后，应当给企业一些自主权，包括一定范围的干部任免、职工招考、某些产品的自销、某些产品价格的浮动等等，还要认真实行政企分开。

任仲夷还强调要尽可能加快利改税的进度，同时注意从实际出发，态度积极、步骤稳妥、工作扎实，并且要做到具体情况具体分析，把工作做细。利改税关键在于贯彻“不挤不让”原则，把其他形式的责任制变成所得税，要进行认真换算，换算好了，企业能接受，财政也不会减少收入。

六、搞活经济的同时管理必须跟上

进入20世纪80年代以后，全国工作处于调整和改革过程中，一系列经济立法，市场、价格、货币的管理等等，都需要逐步建立和完善。广东省的这种转变更剧烈一些，各方面的管理工作更应该迅速跟上。

首先，要认真整顿物价，加强市场管理。市场机制是否健全是经济发展快慢的一个关键环节。广东省经济的一个特点是商品经济比较发达，市场调节的比重较大。这个特点同当初价格偏离价值的价格体系存在尖锐的矛盾。在物价、工资制度尚不能进行大改革的情况下，任仲夷主张通过大力发展生产和加强市场管理来维护物价的相对稳定。当初物价问题，最突出、最尖锐、群众意见最大的是农副产品价格太高。针对这个问题，任仲夷主张大力发展农副生产基地，并采取各种必要的经济手段和行政手段，保证农副产品收购任务的完成。另外对农副产品的议购价格和市场价格必须规定最高限价，但是最高限价必须定得合理，使生产者有利可图，有生产积极性。对进行非法倒卖的二道贩子必须坚决取缔，为此，市场管理人员队伍必须加强。

按照中央 1981 年发出的有关文件精神，广东对外经济贸易活动既要搞活，又要加强统一领导和归口管理。对外经委是省对外经济贸易活动的综合部门，要切实加强和不断改进工作，注意发挥其他各个对外经济贸易部门的作用，与各地区、各部门加强联系和协调，搞好广东省对外经济贸易工作的综合管理。

广东省的工商企业在实行经济包干以后，增产增收的效果很明显。任仲夷还提出包干不能只包利润，对企业的经营方向、产品质量、产品价格等都要管。必须采取措施规定商业企业不准放弃人民生活必需但盈利较少的经营项目而去专做利润高的买卖，并且不准顺便涨价。另外，包干尽量不要包死。

企业要普遍加强经营管理。长期以来，工业在一定程度上是靠低廉的农业原料、低廉的职工生活费用和低工资来维持较高的积累的。现在这些条件已经发生了变化，农副产品价格提升，工人的工资和奖金也在提高。进入 20 世纪 80 年代以后，广东省工业生产的一大问题是亏损面扩大了。针对这种状况，任仲夷认为今后靠工农业产品价格剪刀差来维持工业积累的条件将继续减少。工业增加盈利的唯一途径是实行技术改造，加强经营管理，提高经济效果。

农业实行责任制以后，特别是有些地方实行包产到户、包干到户以后，适应新情况的各项管理必须紧紧跟上。广东省政府为此发了八条规定。实行包产到户、包干到户的地方，基层政权必须保持稳固，集体财产必须得到维护，统购派购任务必须保证完成，军烈属和五保户必须得到有保障的照顾，公益事业和集体经济仍要逐步发展。

任仲夷主张在把经济搞活的同时，各方面的管理必须跟上。如果长期跟不上，也会引起严重的后果。所以他提出广东省不仅要坚持对外开放，对内放宽，对下放权，对上还要让党中央和国务院放心。①

①摘自1981年10月5日，任仲夷在广东省三级干部会议结束时的讲话。

第二章 对外开放：彰显广东独特优势

为解决工业化启动必需的资金、技术和产业问题，为全国对外开放提供经验，广东解放思想，大胆充分利用中央给予的特殊政策和灵活措施，充分发挥区域优势，实施对外更加开放的战略。20 世纪 70 年代末 80 年代初，广东的对外开放以办好经济特区（深圳、珠海、汕头）为突破口，大力开展“三进三出”（“三进”是指三个引进，即引进外资、引进先进技术、引进人才和智力；“三出”是指三个出口，即商品出口、劳务出口和“风景出口”），实施“两个充分利用两个鼓励”（充分利用外资，充分利用外汇；鼓励投资，鼓励出口）。对外更加开放战略的实施，推动广东从封闭走向开放，从农业社会迈向工业社会，也使得广东初步成为我国对外开放的“实验田”和“排头兵”。1979—1985 年，广东累计实际利用外资达 28. 24 亿美元。其中，“六五”时期，实际利用外资年均增长 14. 47% ，是广东利用外资高速增长的重要周期之一；同期，广东出口总额达 126. 4 亿美元，比前五年增长 66. 3% ，年均增长 4. 2% ；“三来一补”工缴费年均递增 26. 9% 。对外开放格局的初步形成为广东经济发展提供了资金、技术、智力和市场支撑。

第一节 开放是建设社会主义商品经济的必然要求

商品经济是一种开放型经济。随着经济全球化日趋深化，其开放特征更加明显。要建立中国特色的社会主义商品经济就不能在封闭的环境下进行，必须利用自身优势主动融入全球经济大循环，充分利用国际国内两个市场两种资源。为此，任仲夷认识到，广东要发挥好对外开放先行一步，为全国提供经验和示范的作用，就必须率先解放思想，摆脱

“左”的思想束缚，形成与实行特殊政策、灵活措施相适应的思维理念，敢用、善用、充分利用好中央给予的特殊政策和灵活措施。

一、对外开放先行一步是历史赋予广东的重任

商品经济是开放经济，它要求各种资源可以按市场原则自由流动，它不承认任何人为的条块分割和闭关自守。我国要建设成为中国特色社会主义商品经济，就必须实行对外开放，通过参与国际分工、国际交换发展社会生产力，加速社会主义商品经济模式的建成和现代化事业的实现。视野开阔的任仲夷较早地认识到了这一点，他在不同场合一再强调，在开放经济条件下，世界上没有一个国家拥有发展经济的一切有利条件，都要不同程度地参与国际分工和国际交换，与世界经济的大环境发生着这样那样的联系，开展对外经济、技术、文化交流，对任何国家和民族来说，都是社会进步的必要条件。历史经验和许多国家的经验也都证明，任何一个国家、一个民族，如果关起门来，不同其他民族进行经济、文化交流，那是一定要落后的。能够把外资和先进技术大批引进来，把自己的经济发展起来，是一种很重要的本领，要靠自己的智慧和力量求发展，同自力更生并不矛盾。我国第一个五年计划期间发展快，搞了156项重点工程，就是由于大规模地利用了来自苏联的资金和技术。对外开放应成为我国今后基本路线的重要组成部分和长期采取的一项基本国策。

但改革又是新事物，没有经验可资借鉴，中国这么大，不能一刀切，一哄而起，必须选择突破口，以便为全国提供一定的示范和带动作用。任仲夷认为，广东所处的区位使广东成为世界看中国、香港看内地的橱窗。广东发展如何直接影响着世界对中国社会主义建设的看法，广东要担当起积极作用的橱窗功能，就必须承担起历史赋予的对外开放先行一步的重任，通过对外开放来加快经济社会发展，并将加快对外开放作为全面经济改革的突破口，“促进全国的经济改革”。

1. 搞强搞好广东经济，为全国现代化建设进行“先行一步”的探索，“闯出”一条新路子来

广东对外开放的实践，是肩负着中央要求广东在全国先行一步，“杀出一条血路来，创造经验”的使命进行的，是党的十一届三中全会经济体制改革重大决策的一个具体步骤。1979—1981 年期间，中央前后下达了三个文件和系列纪要，以及一批关于特区和海南岛问题的专门文件。以上文件明确指出，广东应充分发挥优势，“先行一步富裕起来，成为全国‘四化’建设的先驱和排头兵，为全国社会主义经济建设和体制改革探索道路，积累经验，培育干部”。要求“广东充分利用和发挥优势，尽快把广东的经济搞活，闯出一条道路，使广东成为我国对外联系的枢纽”。①

可以说，广东的对外开放是在执行中央上述指令中以“排头兵”的使命来展开的。为此，任仲夷要求广大干部要加强对“特殊政策和灵活措施”的认识。他说，实施特殊政策是全党工作的一个重要部分，不能理解为广东为了地方利益要求特殊，国家各部门给予的“照顾”，而是党中央从“四化”建设的全局出发所作出的战略决策。在广东实行特殊政策、灵活措施的决策，关系到我国经济体制改革和“四化”建设的全局，有着很深远的意义。广东必须按照中央的决策，作先行一步的探索，为全国的改革开放闯出一条新路子。

2. 广东的开放探索不仅具有全国性甚至具有全球性的意义

1981 年 6 月 10 日任仲夷在中央召开的关于广东、福建两省工作会议上发言时指出，实行特殊政策和灵活措施，决不仅是广东、福建两省地方性问题，而是关系到我国经济体制改革和四化建设的全局，有着很深远的意义。一个国家，若能为世界创造一种好的经济模式，提供一种优越的制度，那就是莫大的贡献。正是基于对广东率先开放重要性的清醒认识，任仲夷和广东省委领导班子在党中央和邓小平的支持下坚定不移地廓清错误认识，排除各种干扰，承受住巨大的压力，带领全省干部

①《中央对广东工作指示的汇编（1979—1982）》，第 18 页。

群众坚决实行中央给予广东特殊政策、灵活措施的决策，坚持对外开放，敢于探索，善于总结，勇于纠错，使广东在改革开放中杀开一条血路，真正先行一步，为中国改革开放提供鲜活的经验。

二、解放思想，形成与实行特殊政策、灵活措施相适应的思维理念

为保证“特殊政策和灵活措施”在广东的贯彻落实，中央明确指示，广东要进一步解放思想，在深思熟虑、周密计算的基础上，发挥创造力和闯劲，要以很大的魄力去打开局面。但在改革开放初期，人们的思想往往受“左”的束缚，跟不上改革开放的形势。思想解放与否，就成了能否正确执行十一届三中全会以来党的路线，能否很好地执行中央给予广东的特殊政策的重大政治问题。

为尽快形成与实行特殊政策、灵活措施相适应的思维理念，任仲夷在执政广东期间多次强调，广东“要想在改革开放中做到‘先行一步’，首先必须思想解放先行”，“广东实行特殊政策、灵活措施，必须解放思想”①，因为在破除阻碍改革和开放的旧观念、旧框框之前，开放和改革是很难进行的②，只有进一步解放干部和群众开创新局面的手脚，才能把广大干部群众的积极性、创造性调动起来，才能进一步解放生产力。1981 年 4 月，中共广东省委举行务虚学习会，提出进一步解放思想；同时提出三个“更加”：对外更加开放，对内更加搞活，对下更加放权。

“松绑放权”促进解放思想的同时，为更好地把握住解放思想的方向，任仲夷提出了解放思想的基本要求。他说，解放思想，主要是从多年来“左”的指导思想束缚下解放出来，同时也要防止和反对右的倾向。解放思想的基本要求是既要脚踏实地，又要解放思想，也就是说要

---

①张岳琦，李次岩：《任仲夷论丛：第二卷》，广东人民出版社，2000 年，第 17、19 页。

②任仲夷：《解放思想，积极改革，更加开放》，见《红旗》，1984 年第 17 期。

敢于实事求是，敢于从实际出发，研究新情况，解决新问题，因地制宜地制定当地的具体工作方针和措施。他鼓励广大干部群众在“四化”建设中发挥创造性，决不能把政治上同中央保持一致理解为只能对中央的指示照抄照转，在贯彻执行中央、国务院的工作部署时，首先要认真学习中央的文件和指示，以便统一认识，同时要始终注意把中央部署同广东的实际结合起来，并根据新情况和新经验，在具体做法上加以补充和丰富。如在利用外资、侨资，对外经济技术合作等方面，进一步放开手脚，搞得更多些、更好些；只要“对国家对人民有利的事，要敢于变通，善于变通，大胆去办”；允许变通，但不许变相①。

为增强解放思想的动力和能力，任仲夷要求广东广大干部群众要树立马克思主义的坚定性，树立开创社会主义现代化建设新局面的决心，做好充分的知识和政策准备。为了进一步解放思想，各级领导干部必须注意研究新经验，学习新知识；不仅要注意阅读政治性的新闻、报道和文章，还要注意阅读经济与科技方面的新闻、报道和文章，了解和研究国外重要的经济技术观点和信息；充分利用开放政策给社会主义精神文明建设带来的积极影响，自觉地吸收国外先进的科学技术知识和优秀的文化成果，学习世界各民族文化中的好东西，特别要及时了解世界最新的经济技术信息，改变一些人长期闭目塞听、孤陋寡闻的状态，摒弃长期以来闭关锁国、固步自封的封建落后的保守思想。坚持“排污不排外”，不要把凡是来自资本主义社会的东西都看成是有害的，否则就会使我们和外部世界完全隔绝开来，就不能学人之长、补己之短，永远使自己处于落后挨打的地位。如果不从思想上解决这个问题，要想进行真正的改革开放是非常困难的，甚至是不可能的。

20 世纪 80 年代广东省委的“松绑放权”，打开了广东干部群众思想解放的闸门，广泛调动了广大干部的工作积极性，排除了各种工作疑虑，打破了思想束缚，大刀阔斧地推进改革开放，使广东从原来经济发展相对落后的省份，一跃成为全国改革开放和现代化建设的“排头兵”。

---

①张岳琦，李次岩：《任仲夷论丛：第二卷》，广东人民出版社，2000 年，第 221 页。

三、敢用、善用、充分利用好中央给予的政策

面对经济条件薄弱，基础设施落后的发展条件，任仲夷认识到要把经济搞上去，就必须发挥广东的优势。就当时环境而言，中央批准广东实行特殊政策和灵活措施是最大的优势。广东省委要求各级部门、各地区不仅要大胆使用，而且要学会善于使用好这一优势。

首先，广大干部要认真学习、深刻理解好中央的文件精神，切实抓好会议精神的贯彻，并应责成一些同志具体抓落实。

其次，省里该下放的、能放的权力都应该大胆下放给各地区、各部门、各单位，放宽它们的手脚，进一步解决好权力过分集中、控制过死的问题。为发挥中心城市的带动作用，首先进一步加快对这些城市下放权力的工作步伐。各部门要有针对性地制定相关对策对特殊政策和灵活措施进行细化，对阻碍特殊政策和灵活措施利用的规章制度进行调整和改革，使特殊政策真特殊，灵活措施真灵活，充分利用外资，充分利用外汇，把广东经济搞活搞快。

第二节　充分利用独特优势和政策优势，办好经济特区

一、办好经济特区是对外更加开放的重要组成部分

任仲夷具有“特区情结”，可以说，是创办特区的先行者之一。他在辽宁工作时就很希望将大连建成一个对外开放的特区，并多次向中央领导反映他的希望和建议。1980 年 8 月 26 日，第五届全国人大常委会第十五次会议通过决议，批准国务院提出的《广东省经济特区条例》和《福建省厦门经济特区条例》，决定在广东省深圳、珠海、汕头和福建省厦门设置经济特区。

由于长期闭关锁国，人们的思想观念封闭落后，对特区的创办持怀疑态度，不少人对办特区不理解，甚至提出种种非议，认为搞特区是搞“租界”，“特区除了国旗是红色的以外，已经没有社会主义的味道了”，“在社会主义国家兴办主要是同资本主义国家发展经贸关系的经济特区，马列主义的著作中没有讲过，其他社会主义国家无此先例”。一些人对发展特区忧心忡忡，外省的干部不敢到广东来，广东有些干部也心存疑虑。面对各种指责和非难，任仲夷和当时省委班子利用各种机会和方式，以自己的认识和理解为特区正名，消除模糊的误解，反驳不实的指责。1981 年 5 月，任仲夷在省委常委会上指出：“有的同志怀疑办特区会有损主权，会变成殖民地，我们要肯定回答不会。办特区是对主权的运用，是行使主权的表现。”他认为，现在对外开放，办特区，利用外资，和旧中国的被迫开放门户、丧失主权有着本质的区别。今天的对外开放，完全是为了我们国家和人民的利益而自主实行政策。无论是在内地还是在特区，都只有中国政府行使主权，是在平等互利的基础上进行的。1983 年 4 月 25 日，在省委常委会上，任仲夷说：“搞特区不是走资本主义道路，不会损害社会主义，而是大大地有利于社会主义。”1982 年，当有人由于经济领域犯罪严重而对改革开放和建立特区的正确性产生怀疑的时候，任仲夷提出了“排污不排外”的著名观点。他说，越是对外开放，越要坚持排污不排外的原则，不但要排除和抵制外来的污，更要排除和洗涤我们内部原来就有的污。任仲夷的高明之处在于他认识到制约今天中国发展的，很多不在于外来的资本主义制度，相反，却来自于我们这个民族历史上几千年遗留下来的陋习。任仲夷认为，一些文明成果是人类社会共有的成果，所以资产阶级国家使用过的，我们也可以应用于社会主义人民民主的国家。

任仲夷敢于努力为特区“正名”，是基于其对建设特区的意义有比较清醒的认识。他在特区创办之初就提出特区的三个作用：在对内对外方面，起几个窗口的作用；在开放改革方面，起先走一步的试验基地的作用；在香港回归祖国问题和解决台湾问题上起到积极作用。

首先，任仲夷强调，创办经济特区的一个特别重要的目的，是通过实践，探索和创造出更多的具有普遍意义的建设有中国特色社会主义的经验，以便在全国推广。他在1980年12月12日向谷牧副总理汇报工作时说："我们建设特区，不单单是为国家挣几个外汇，更重要的是取得建设特区的经验，取得改革体制、搞好经济工作，实现计划调节与市场调节相结合，以及党应当如何领导经济工作等一系列的经验……特区建设好了，对全国有很大的贡献，对全国有很大的意义。"他认识到，深圳作为改革开放的"试验区"，在扩大开放、深化改革上，担负着许多任务。深圳对国家的贡献主要不在于上交多少财政款项，而是为全国的改革开放摸索可行的经验，最根本的是要在体制改革方面摸索、创造出一些可供全国参考、推广的经验。特区对外开放的成功经验对于广东全省以至全国的改革开放都起了借鉴、启发和促进作用，为加速我国的现代化建设提供了经验。特区建设是一件新的事情，广东接受建设特区的任务，是很艰巨、很光荣的，是中央对我们的信任。

其次，任仲夷认为，特区的建设将促进我国现代化建设。通过建设特区，可以更多更方便地引进外资、侨资，引进先进技术和先进设备；可以更好地学习外国在经验管理方面的先进经验，培养一批人才；可以更多地为国家积累"四化"建设所需要的外汇；可以使特区这个局部地方加速实行现代化，为全省以至全国提供现代化的经验借鉴。

再次，任仲夷以其宽广的视野和政治远见，认为搞好特区有稳定港澳，促进台湾回归，完成祖国统一大业的重要作用。他说，广东的对外开放关系到香港的回归。必须搞好特区，才有利于收回香港。香港《明报》曾刊文说，如果深圳特区的现代化水平能追上香港，经济一样繁荣，那么，"1997年，香港不管归谁，也不会困扰人心了"。所以，必须搞好特区，才有利于收回香港。特区搞好了，使香港人看到，回去无非是像特区那样，也很好。所以，搞好特区对于稳定港澳和促进台湾回归祖国，完成祖国统一大业都有重要的作用。正如中共中央1981年发出的有关文件所指出的，广东、福建两省工作搞好了，"在政治上是关系到稳定港澳人心，争取台湾回归祖国的大事"。

办经济特区既是我国对外开放的一个重要组成部分，又是广东实行特殊政策的一项重要内容，为保证特区建设的顺利进行，广东省委把特区工作摆到省委的重要议事日程，进一步加强了对特区工作的领导，并围绕中央工作精神，制定了一系列推进特区建设的具体措施。

1. 既要进一步解放思想，又要脚踏实地

任仲夷认为，要办特区必须首先要从理论上搞清楚，搞特区不是走资本主义道路，而是大大有利于社会主义，消除“两头怕”。一头是有些同志面对特区的快速发展，害怕特区“香港化”（即资本主义化）；二是港澳台和外国投资者怕我们政策多变，而举步不前。这种“两头怕”现象必须认真解决。要肯定，特区是在我们党和政府领导下办的，决不会丧失主权。搞特区不是走资本主义道路，不会损害社会主义，而是大大有利于社会主义。另一方面又要使外商和港澳台同胞相信，我们办特区的政策是坚定的、可信的，不会损害客商的合法利益。

在扩大开放、深化改革的伟大实践中，深圳作为经济特区，今后还要“特”下去，所谓“特”，不是指特殊政策，而是特别敢想敢干，特别敢闯敢创之特。要像过去一样，本着“三个有利于”的原则，继续以敢为天下先的精神和勇气，走在全国的前列，并且勇于争当排头兵。勇于实践，勇于探索，这样就能在各项工作中先行一步，继续和更好地发挥经济特区的作用，就能对党和国家做出更大的贡献。

其次，办好特区既要解放思想，又要脚踏实地。进一步解放思想，把视野放宽些，想得更远些，步子迈得更大些。既要充分利用毗邻港澳的优势，又不能完全依赖；不仅要和中小资本家打交道，还要敢于和国际垄断资本集团与跨国公司打交道；在建设项目方面，要严格按照中央有关“经济特区建设，要充分利用现有的基础，先上那些投资少、周转快、收效大的项目，在发展加工出口工业的同时，有条件的，要逐步发展住宅、旅游等事业”的精神，可以先搞容易的、赚钱快的，既不嫌弃小的，也要敢于搞比较大的；特区建设要严格按照城市规划去搞，不能东一块西一块，搞无政府主义，要一片一片地搞，逐步扩大；要加强利用外资的规划和外资流向的引导，在能源、交通、通信、精密工业、先进电子工业等方面，要有意识地吸引外资；允许外国金融资本到特区来办银行，有了外国银行，才能大量吸引和筹集外资；在引进港澳资金和侨资时要坚持自己的条件，落后的、污染大的项目，我们要坚决拒绝。

2. 扩大特区的权力，让特区真正“特”起来

在试办特区中，任仲夷认为必须树立起让特区更“特”的指导思想，才能更好更自觉地执行中央关于建设特区的政策措施，特区要大发展，一定要做到“特殊政策真特殊，灵活措施真灵活”，要让特区真正“特”起来。1981 年 3 月，任仲夷在广东省对外经济工作会议上强调：在贯彻落实中央对特区政策为前提和原则的基础上，结合广东实际和发展需要，创新性实施，以获得更好的效果；要积极办好深圳、珠海以及汕头经济特区，这几个特区应该比全省其他地方更特殊一些，更灵活一些，它们应比全省更先走一步，要为全省甚至全国提供某些经验。在研究特区问题的省委常委会议上，任仲夷也反复强调，办好经济特区，是对外开放的重要方面，各部门都要支持特区建设，“只要省里能办到的一定支持，属中央的，共同向中央申请”；中央给广东特殊政策创办特区，要充分利用好政策；特区对引进外资和先进技术要更加放手，以加快经济发展速度；凡是没有风险的项目都要批准，而且要快批准，放手去干。一是有关联检、海关方面的政策要放宽；二是财政、税收、外汇管理要放宽；三是一些批准权限如引进项目、土地使用等的审批权下放给特区；四是各种生产要素进出比较自由。建设特区，不仅特区管委会，深圳、珠海、汕头市委要集中力量去抓，而且从省委、省政府到地委和省直各部门都要大力支持，开绿灯，想方设法把特区办好。

就海南特区建设问题上，任仲夷认为海南岛的发展要用开放促开发，所以必须要把办特区的政策扩大到海南岛。海南岛在对外开放过程中要认真、大胆使用好中央关于“在进出口贸易上，主要是对香港的出口，应让海南有更多一些自主权。对外经济活动可参照深圳、珠海的办法，给以较大的权限”的文件规定，实行生产资料和部分生活资料进出口免税，引进外资给予优惠，扩大海南对外经济活动的审批权限，简化人员出入手续，吸收外资搞综合开发，包括基础建设。

3. 排污不排外

在创办经济特区过程中，面对许多新事物，面对来自各方的非议，任仲夷既坚持贯彻中央的指示，又反复强调两个坚定不移。既坚定不移地坚持改革开放，又坚定不移地打击经济犯罪。对各地干部更多的是鼓励，在思想上给他们鼓劲。1982 年 2 月，任仲夷在广东、福建两省座谈会上提出，应当划清因经验不足而造成工作失误和违法犯罪的界限；划清走私贩私、投机倒把同正确实行特殊政策、灵活措施的界限。这期间，任仲夷提出了“排污不排外”的观点。他形象地比喻说，实行改革开放，如同在长期封闭的墙上打开窗口，随着新鲜空气进来的，也难免有少许污浊的气息和蚊子、苍蝇跟进来。广东“近水楼台先得月”，但也会先污染。但污有“内污”“外污”之分，排“污”主要应当重视排“内污”。盲目排外是错误的、愚蠢的；自觉排污是必要的、明智的。排“外污”，更要排“内污”，只强调外来的一面还不够，还必须看到我们内部这一面。蚊蝇有从外面飞来的，也有内部滋生的。古语说：“物必自腐而后虫生之。”① 在对外开放过程中，必须坚持排污不排外，即不盲目排外，但要自觉排污。

为此，文化方面的政策应和经济上的对外开放相适应。一方面要高度重视并坚决抵制资本主义腐朽思想的侵蚀，对各种刑事犯罪活动，包括走私贩私等经济犯罪活动，一定要坚决打击；另一方面，又要看到和充分利用开放政策给社会主义精神文明建设带来的积极影响，自觉地吸收国外先进的科学技术知识和优秀的文化成果，学习世界各民族文化中的好东西，特别要及时了解世界最新的经济技术信息，改变一些人长期闭目塞听、孤陋寡闻的状态，坚持排污不排外。

4. 强调加强团结，反对三“特”

为真正把经济特区建设好，任仲夷一再强调，深圳、珠海、汕头搞特区，领导班子要团结，拧成一股绳，不要互相扯皮，内耗能量。其次，要提高抗腐蚀能力，不能搞特殊化、搞特权；对中饱私囊的党员、

①关山：《任仲夷谈邓小平与广东改革开放》，见《小平百年诞辰》，2004 年，第 11 页。

干部要坚决查处。强调特区各级部门要严格贯彻《关于党内政治生活的若干准则》精神，坚决反对三“特”，即：反对领导干部搞特权，反对搞生活特殊化，反对特殊党员。任仲夷说，不反对三“特”就建设不好特区。

5. 加强立法工作，提高办事效率

为保障特区建设的顺利进行，任仲夷强调特区的法律、条例、规定，各项细则要逐步完善；改革领导方法和工作作风；精简机构，提高办事效率；尽量少开会，多接触些实际工作，多解决些实际问题；加强干部队伍和技术人员的培训。

6. 控制人口增长和提高人口素质

随着特区各项事业的发展，尽管从全国各地引进大批人才，但从今后发展需要来看，人才不足和人口素质不高，仍然是制约深圳发展的严重问题。为此，任仲夷和广东省委班子深刻认识到控制人口增长和提高人口素质对加快特区发展的迫切性，明确指示深圳必须把提高人口素质提到重要日程上来，要在这个问题上花力气、下功夫。

任仲夷还就提高特区人口素质制定了如下主要办法措施：一是引进，根据深圳发展的需要，经过认真的考察与挑选，从外面吸收人才；二是靠自己，有计划地培养与训练各种技术与业务人才；三是重视学校教育，从幼儿教育、中小学教育做起，从娃娃和儿童少年做起；四是严格控制深圳人口的增长，要通过改革，真正建立起机会均等、公平竞争的环境，在解决分配不公问题上创造出好办法，总结出好经验来。

二、协调好特区与周边地区的关系

为建设特区创造一个良好的外部环境，任仲夷提出特区在对外开放过程中，必须在国家政策允许的范围内，根据自愿、合作的原则，加强与兄弟省市的合作，密切往来，互通有无。协调好特区与周边地区的关系，对发展广东的经济有非常重要的作用。

为此，特区城市要善于利用对外开放的优势和吸引力，积极同省内外其他城市和地方搞内联，向更广的腹地发展和争取更多的合作伙伴，扩大发展空间；实行门户大开，不封锁，欢迎合作，欢迎投资，欢迎物资交流。利用对外开放的条件，积极争取国家各部门的支持与合作，尽可能上一些举足轻重的大项目。

在党中央、国务院的高度重视和大力支持下，广东省委突破旧观念、旧框框、旧规定的束缚，有力地保证了特区的创建和发展在改革开放的正确航线上扬帆奋进。“六五”期间，经济特区共完成基建投资79亿元（包括外商直接投资），“五通一平”等基础设施建设大部分已完工。一些深水码头、直升机场、变电站已建成交付使用，部分工业区标准厂房、商业开发中心及旅游设施建设也基本竣工。特区与外商签订各种形式合同2900多宗，合同规定客商投资额45亿美元，实际利用外资12亿美元。引进项目以工业为主，同时积极发展商业、外贸、旅游和科学文化事业。1978—1985年，广东几个特区国民经济实现了年均超20%的高速增长。深圳更是创造了“深圳速度”的奇迹，使深圳在国家没有多少投资的情况下，从一个边陲小镇，主要依靠政策，仅用四五年的时间，就发展成为一座新兴的现代化城市，成了东方一颗耀眼明珠。利用近30亿港元，引进设备25 000多台，工业产值增长11倍，财政收入增长10倍，人民生活显著改善，社会秩序和社会风气良好。

经济特区的创办，不仅为广东经济发展作出了贡献，更重要的是为我国扩大开放探索出了经验。特区的飞速发展，起到了重要的示范作用，不但坚定了全国人民办特区的信心，而且推动着整个中国在全方位改革开放的轨道上迈出坚实的步伐。

首先，特区的飞速发展，证明了中央设立特区政策的无比正确性，试验的无比成功坚定了全国人民建设特区和对外开放的决心。1984年邓小平同志在视察深圳和珠海后说：“深圳的发展和经验证明，我们建立经济特区的政策是正确的。”“珠海经济特区好！”“把经济特区办得更快些更好些。”这些简短有力的话语闪烁着思想的光芒，充分肯定了兴办经济特区的决策和实践，并对其进一步发展提出了明确要求。“我们建立经济特区，实行开放政策，有个指导思想要明确，就是不是收，而是放。”“除现在的特区之外，可以考虑再开放几个港口城市，如大连、青岛。这些地方不叫特区，但可以实行特区的某些政策。”① 1992年春邓小平同志在深圳视察期间，明确指出；“对办特区，从一开始就有不同意见，担心是不是搞资本主义。深圳的建设成就，明确地回答了那些有这样那样担心的人，特区姓‘社’不姓‘资’。”在之后的考察中，邓小平同志发表了“党的基本路线一百年不动摇”“要逐步实现共同富裕”“社会主义的本质是解放和发展生产力”② 等著名论述。

其次，特区实践的成功又促进了进一步对外开放。1984 年 5 月 15 日，中共中央、国务院决定在兴办深圳、珠海、汕头、厦门 4 个经济特区的基础上，进一步开放大连、秦皇岛、天津、烟台、青岛、连云港、南通、上海、宁波、温州、福州、广州、湛江、北海等 14 个沿海港口城市；1985 年 2 月，又把长江三角洲、珠江三角洲开放为沿海经济开发区。到 1985 年，广东拥有 4 个进一步开放的城市（汕头、珠海、广州、湛江），3 个经济特区（深圳、珠海、汕头），1 个实行特区政策的海南岛，成为全国所有沿海省份中最多特区的省份，成为广东加快社会主义现代化建设的一个特殊有利条件。“六五”期间，广东在继续加快深圳、珠海、汕头和海南岛的开发建设的基础上，按照中央精神，划出珠江三角洲为经济开放地带，形成了广东多层次、多渠道、多形式的对外开放型经济格局。经济特区和开放地带在广东发展对内对外经济联系方面起着重要的“技术的窗口，管理的窗口，知识的窗口和对外政策的窗口”和“扇面”作用。

1988 年 4 月 13 日，第七届全国人大一次会议通过原隶属广东省的海南行政区正式改制为省，同时通过了《关于建立海南经济特区的决议》，划定海南省为海南经济特区，实行更加开放的政策，办成中国最大的经济特区；1990 年 4 月 18 日，我国政府宣布开发、开放上海浦东，同年 6 月正式批准成立浦东新区；1992 年国家进一步开放 6 个沿海港口城市、13 个内陆边境城市和 18 个内陆省会城市，批准设立保税区。

---

①《邓小平文选：第三卷》，人民出版社，1993 年，第 371 页。

②《邓小平文选：第三卷》，人民出版社，1993 年，第 373 页。

邓小平同志视察南方及党的十四大召开后，开放的春风，从珠江到黑龙江，从长江口延绵到丝绸之路，全方位、多层次、宽领域的对外开放格局逐步形成，增强了我国的综合国力，有力地促进了建设中国特色社会主义的进程。实践的发展以其不可置疑的事实证明，中国的对外开放政策是正确的，是中国走向世界的必由之路。

再次，经济特区建设局面的初步打开，不仅为广东今后扩大开放提供了体制、资金、人才、管理和技术上的准备，而且为全国的对外开放起了探路和示范作用，为推进全国的改革开放作出了历史性的贡献。经济特区的成功创办不仅证明了中央特殊政策和试办经济特区决策的正确，而且对全国的经济体制改革产生重要的影响，对我国现代化建设作出了历史性贡献，达到了中央提出的“为全国经济建设和体制改革探索道路”的设想目的。一些推及全国的重大改革，是由广东先行一步，提供了实验性、探索性的经验。如开放 14 个沿海城市，就是邓小平视察和肯定特区的经验以后作出的。又如利用外资的某些形式和方法，建筑施工招标承包制，减少指令性计划、扩大市场调节的范围，取消对蔬菜水果及大部分农副产品的统购包销和价格管制等，两省和经济特区在这些方面都为全国的改革探了路，提供了经验。在邓小平同志南方谈话精神的激励下，1992 年后各个特区提出了在全国率先建立社会主义市场经济体制的目标，在建立现代企业制度、完善市场体系、转变政府职能、完善社会保障制度、建立适应市场经济的法规体系等方面继续进行大胆探索。

经济特区的建成和发展，标志着我国改革开放向前迈出了重大的一步，推动了一个时代到来——在对内开放中，同时拉开对外开放的帷幕，打开了对外开放的窗口。特区建设的实践表明，特区发展靠的“不是收而是放”① 的指导思想。只有用改革开放的思想抓经济，按经济规律办事，才能加快发展。四十年来，中国经济特区作为改革开放的

①任仲夷：《改革开放中“先行一步”的探索》，见《半月谈》，1998 年第 20 期。

“窗口”和“排头兵”，创造了举世瞩目的奇迹。从这里，中国向世界敞开了博大的胸怀；从这里，中国掀起改革、腾飞的巨澜。

第三节　大力开展“三个”引进，抓好“两个”利用

1979 年广东的 GDP 只占全国总量的 5%，不论是总量还是人均水平在全国的排名都是靠后的。中央提出要把广东建成社会主义中国对外的窗口。1981 年 7 月中央对广东的要求是很高的，明确指出：广东应充分发挥优势，“先行一步富裕起来，成为全国‘四化’建设的先驱和排头兵，为全国社会主义经济建设和体制改革探索道路，积累经验，培育干部”①。根据中央总的要求和广东的实际情况，1983 年 2 月 3 日任仲夷在广东第五次代表大会上提出的奋斗目标是：在不断提高经济效益的前提下，到 2000 年，全省工农业总产值由 1980 年的 339 亿元，增长到 1356 亿元，每年平均递增 7.2%，力争超过这个速度，提前实现翻两番，达到小康水平。

但由于中华人民共和国成立以来，国家对广东投资比较少，大项目建的不多，铁路、公路不发达，质量很差，和东北各省没法比，和山东、江苏省也没法比。20 世纪 60 年代初曾处于领先地位的广东，在教育水平上开始落后于全国，且差距越拉越大。其中，高等教育居于全国下游，已退到第 22 位。20 世纪 80 年代初，能源交通紧张、通信设施陈旧、企业管理水平不高、经济效益比较差、教育事业特别是高等教育落后于全国的平均水平、人才不足等问题对广东经济发展已产生严重阻碍和制约作用。

任仲夷等老一代广东省委、省政府领导认识到，只有想方设法尽快解决以上问题，广东经济发展才能取得突破，但以上问题的解决不能仅

①张岳琦，李次岩：《任仲夷论丛：第二卷》，广东人民出版社，2000 年，第 84 页。

靠国家的支持，主要还是靠自己解决。在自身资金积累不足，经济基础薄弱的条件下进一步加快引进外资、引进技术、引进智力的步伐就成了解决以上问题的重要途径。要实现发展目标，就必须发挥广东的优势，利用中央给的政策，实行对外更加开放的政策，积极扩大对外经济贸易和技术交流。在全国率先采取引进外资搞基础设施建设的做法，一举改变基础设施滞后的状况。当时，相对于全国其他省区而言，广东的优势主要是区位优势和政策优势。前者是指广东地处南中国沿海，毗邻港澳，对外交通方便，信息也比较灵敏；另外，华侨众多，他们许多人关心家乡的建设，在促进中外合作与交往中起着重要作用。其中毗邻港澳是广东得天独厚的“搬不动”的优势。经过20世纪六七十年代的发展，香港已成为一个具有很高开放度的国际大都市，是国际金融中心、贸易中心和信息中心。这使珠江三角洲有可能通过开放来利用香港的资金、信息、市场、管理人才和经营经验，借助香港国际化功能走向国际市场；同时，国际市场的激烈竞争、劳动力及土地费用的昂贵，使香港面临一个产业调整与升级任务，急需将劳动密集型的产业转移出去。而毗邻香港、劳动力及土地费用便宜、通用与香港同一语言的珠江三角洲占尽了“地利”与“人和”的条件，成为香港转移劳动密集型产业的理想之地。这种特殊的外部环境，使珠江三角洲一开始就成为开放的“热点”。后者是指中央给予广东的特殊政策和灵活措施。主要是：一是中央授权广东独立自主地解决问题，增大了地方的权力；二是允许广东对外更加开放，要使广东成为国家对外联系的枢纽和橱窗。

广东只有充分利用自身优势，充分利用中央给予的特殊政策，才能争取广东的建设搞得更快一些，才能担负起中央赋予广东的历史重任。为此，任仲夷明确提出了大力开展“三个”引进，狠抓“两个”利用的对外开放战略，即大力引进外资、引进先进技术和设备、引进智力；充分利用外资（还有侨资和港澳投资），充分利用外汇。

一、加快引进外资、外技和外智步伐

1. 解放思想，充分利用外资

对外开放，利用外资，可以弥补广东建设资金的严重不足，所以，执行对外开放政策，做好利用外资工作，对于振兴经济有着启动的作用。可以弥补技术、管理经验的普遍不足，通过引进国外的先进技术和管理经验，以他人之长补己之短；不断扩大对外开放，还可以使广东获得更多重要信息，扭转过去对于国际经济事务“瞎子摸象”的情况，更好地加强与国际经济的合作，增强自己的竞争能力。任仲夷因此强调，利用外资要解放思想，克服种种不必要的思想顾虑，既要防止吃亏上当，但也不能因噎废食；不要怕外商赚钱，只要双方互利就行。凡是对广东有利又无风险的引进外资的建设项目，就要积极搞，加快审批程序，争取时间，不要贻误时机。但对重大项目不可草率上马，一定要认真研究可行性，一定要对可能产生的风险和各种后果作周密估计。

2. 充分利用外汇，加大引进先进技术和设备步伐

外汇多是广东的一个优势，必须用好用活，并保证能收到明显的效果。任仲夷强调，既要会赚外汇，还要会用外汇。每用一块钱的外汇，都要用心研究怎样把它用活，用得合理，周转得快些，一块钱当几块钱花，用一块钱赚回好多块钱。不会用就花冤枉钱，把好不容易挣来的外汇又浪费掉了。要用活外汇，除了继续进口必要的农业生产资料、轻工业原料、燃料和一部分调节市场供应的商品外，必须有计划地进口适用于广东的先进技术和先进设备，用以武装广东的工业、农业、交通、邮电通信等各部门，逐步提高广东国民经济的现代化水平。自己能加工装备的，就不要进口成品，自己不能完全制造的，可以进口原料和半成品，进来自己加工；既可以发展我们自己的工业，增加就业人数，满足市场需要，又可以通过成品出口，再赚外汇。

任仲夷提出，对外汇的使用既要加强管理，又不要把手续弄得很繁琐。简化使用自有外汇的审批手续，使持有外汇的单位能够灵活机动地

使用外汇。属于地方、企业所有的外汇，应当给他们使用权，允许他们通过省在港澳机构的渠道，按照国家政策，很方便地进口自己所需要的东西。上级可以给他们规定外汇的使用方向和原则，让他们自己掌握，在一定数额之内，不必一笔一笔地现用现批。外汇管理部门对外汇使用情况定期检查、分析，发现问题及时纠正，指导外汇的使用。

在加大引进先进技术和设备步伐方面，任仲夷等广东老一辈领导制定了一系列促进措施：一是推动外资利用和引进技术从主要引进小型项目和简单技术的低级阶段，向引进大型项目（包括能源、交通、通信等项目）和先进技术的高级阶段发展；利用好手中的外汇，下决心把几大件搞上去，争取在技术上、产品质量上名列前茅，但要防止重复建设。引进项目既要考虑技术的先进，又要考虑经济效益，有时可以着重于其中的一点，有时必须综合考虑。当然，对小型项目和一般适用技术的引进，也不放松。利用对外进一步开放的有利条件，把学校、科研机构、医院、广播电视、文化体育设施等方面的建设促上去。如有可能，尽量装备一些先进的现代化建设的设备。

二是必须充分发挥经济特区和进一步开放城市在引进外资、引进技术、引进智力方面的积极作用。而利用外资、引进先进技术，进行老企业的技术改造应该成为进一步开放城市的重点。充分利用中央的优惠政策，力争把现有的主要企业有计划地改造一遍，同时，对“四化”建设有重要作用的中小项目，这些城市对内也要开放，在重视外引的同时，还要重视内联，并把二者结合起来。加强与内地大工厂、科研机构联合，弥补广东基础工业薄弱、技术人才缺失的不足，增强对引进技术的消化吸收能力。

三是调动各行各业积极性，引进真正先进的技术。外经工作必须坚持发展生产、搞活经济的方针。要多从引进技术、对现有企业进行技术改造上做文章，提高我们产品的竞争能力。对这一点必须紧紧抓住。除特区和开放城市外，其他城市和地区也要抓好引进技术的工作。要加强对干部在此方面的培训，提高他们的素质。

四是在企业引进技术、加快技术进步方面，要下更大的功夫和决心。除了搞好面上的一般的技术引进和技术改造外，近年内要千方百计地争取引进几项最先进的技术和比较重要的项目。要放手让各个地方和单位在引进先进技术方面积极主动地找门路，谁有门路引进先进技术，省里各部门都应当积极支持、帮助他们，促其尽快实行。切勿关卡重重，好事多磨，失时误事。

20 世纪 80 年代初期，广东到处都呈现出引进先进技术、建设新项目、开发新生产领域的生机勃勃、一片兴旺景象。“六五”期间，广东通过“三来一补”“直接投资”“对外借款”等多种渠道引进设备，价值共达 12.13 亿美元，引进了一批比较先进的技术设备。如深圳在此期间引进了各种设备 3 万多台（套），约有 40% 是比较先进的。引进的设备主要有电缆电线拉线机、卫星电视地面接收设备生产技术等，如新会县涤纶厂、广州电冰箱生产线等项目都具有 80 年代先进水平，有些填补了我国的空白，有些还是国内的公关项目。“六五”期间，开发的新产品近 1 万个。先进技术设备和管理经验的引进，使电子（仅电子工业方面就引进了 48 条装备生产线和 6 条元器件生产线）、家用电器、轻纺、食品、机械、印刷装潢等行业得到技术改造，大批企业得到了设备更新，产品质量得到了提高，促进了产品的升级换代和竞争能力。通过引进技术、资金和吸收国外现代化管理经验，提高了企业技术管理水平，改造了一批老企业，建成了一些技术比较先进的新企业。此外，农业方面也引进了一批猪、牛、鸭优良品种和一些先进的畜牧业生产设备。

3. 多形式引进智力和人才

从国外邀请专家来广东工作、讲学，进行学术交流；派人到香港和外国去接受技术和管理方面的培训，让我们的技术人员、企业管理者能够更多地接触外界；利用港澳的机构提供咨询和信息；从港澳和国外引进有价值的书刊资料，并很好地加以利用；电台、电视台可以从香港和外国引进一些知识性、信息性的节目；聘请外籍华人来办大学，等等。通过多形式引进智力和人才使广东在对外合作中，获得了一批技术资料，培养了一批技术人员和技术工人，在一定程度上缓解了人才短缺的制约问题。

在引进外资、外技和外智一方面，广东充分利用毗邻港澳、华侨众多的有利条件，但也不能仅限于此。既要重视港澳，又要面向世界，把视野放宽些，使合作和交往的范围逐步扩大。

二、大力发展“三来一补”

开放初期，为更好地利用现有资源和经济基础条件，广东鼓励大力发展“三来一补”（即来料加工、来样加工、来件装备、补偿贸易，主要是来料加工）。任仲夷认为，发展进料加工，可以充分发挥现有工业生产能力，有利于增加出口，有利于从技术上提高广东的工业，有利于增加财政收入，有利于扩大就业和改善人民的生活，所以对“三来一补”特别是对来料加工，还要用更大的力量积极去办，并给予产品供出口的进料加工享受与来料加工同样的免税待遇，鼓励企业通过搞来料加工逐步拿到先进技术和先进设备。

广东通过大量发展外商投资企业和运用“三来一补”方式，利用海外的资金、渠道和技术，增加出口商品的生产和实现了出口替代。“三来一补”方式成了广东发展外向型经济的一种重要形式，“三资”企业出口额在全省出口贸易额中所占比重呈逐年上升趋势，并已成为广东发展出口导向产业的重要生力军（表 1）。“三来一补”经济的发展，扩大了就业，1983 年，仅来料加工这一种形式就安置了 21.5 万多人。1979—1983 年，全省通过“三来一补”收到的工缴费达 5 亿多美元。

表 1　1980—1986 年，广东出口贸易方式构成

年份	出口总额		“三来一补”方式		“三资”企业出口	
	金额/万美元	比重/%	金额/万美元	比重/%	金额/万美元	比重/%
1980	21 440	100	8900	4.15		
1984	24 8731	100	26 938	10.8	7531	3.0
1985	303 500	100	28 120	9.3	22 300	7.3
1986	429 000	100	36 300	8.5	38 900	9.1

资料来源：根据 1980—1987 年《广东统计年鉴》相关数据整理。

“六五”期间，广东利用外资形式，从单一初级形式走向多种形式并重。从“三来一补”开始，发展到以直接投资经营（包括外商独资经营及与我方合资、合作经营）为主，并积极谨慎地借用境外资金、对外发行债券和股票，开展租赁业务等。“三来一补”实际利用外资占总额的比重，由1980年的40.9%下降为1985年的12.6%。

三、抓规划、抓项目，加强利用外资的计划性

为实现有效利用外资，任仲夷提出，对外经济合作、利用外资，一是要加强计划性，注意综合平衡。要有计划地多引进属于短线的、技术先进的、耗能少而又不污染的项目。从全省来看，引进外资，不只限于工业、农业，应将外资利用扩大到交通、邮电，甚至科教文卫等领域。鼓励华侨、港澳同胞资助家乡办学，以加快广东教育事业的发展。除了继续做好旅游、房地产等方面的外资引进外，更要在工农业的技术改造方面增加引进，多搞一些能够提高广东经济、技术部门现代化水平的项目。要有意识地多引进那些有利于广东现有企业技术改造，有利于提高广东工农业现代化水平的技术和设备。特别是在节能和交通、通信的改造方面，要积极引进外资和引进技术，尽快做出成效。相关部门要尽快提出一个对外合作计划，在引进外资、引进技术、利用外汇方面做一个规划，列出最需要引进的项目和技术单子，必要时可以公开，以吸引客商与我们合作。

利用外资计划性的加强，引导力度的加大，多元化、多渠道方针的积极贯彻，使外资的流向能与广东经济发展的需要基本保持一致，吸收外资也从非生产性项目转向以生产性项目为主。“六五”期间，前三年吸收外商投资刚刚起步，引进外资项目是以商业、饮食服务业、旅游、房地产等非生产性项目居多。这些项目投资少，资金回收快，有利于资金的积累，这也是利用外资初级阶段的一般发展过程。后来两年，广东利用外资已具一定规模，各地引进外资时都开始注意到合理的投向，注意引进能源、交通、工业等生产性项目。当年所签生产性项目合同金额

由1980年的36.7%上升到1985年的63.3%。

二是要抓规划、抓项目。首先是抓规划。充分利用三个特区、一个海南岛、一个三角洲经济区在引进外资、引进先进技术和引进先进管理经验方面的有利条件，带动和支援广大山区，把全省的经济进一步搞活，加快广东“四化”建设的步伐。为此，三个特区和广州、湛江、汕头和珠海要尽快提出进一步开放和改革的具体方案，上报省委或中央、国务院。四个城市和三个特区引进项目一定要从自己的实际出发，各有侧重，不能一窝蜂，但可以保持适度的竞争，防止引进外资出现重复建设问题和在引资过程中受骗上当问题。开放城市在重视经济技术开发区的规划和建设的同时，应将近期内利用外资、引进先进技术的重点放在老企业的技术改造上。要充分利用中央给予的低价用汇、进口免税、税前还账、统筹还账等优惠政策，在近两三年内把现有的主要企业有计划地改造一遍。同时，争取开展一批对“四化”建设有重要作用的中小项目。其次是抓项目。引进外资建设项目是长期任务，但短期内也必须有所进展。既要重视中小型项目，也要大胆搞较大的合作项目；既抓长期见效的，也抓短期能够收益的。对深圳开发和高速公路建设等较大项目，各有关部门都要持积极态度，促进合作成功，为吸引较大的投资开个好头。

四、改善投资环境

20世纪80年代初，广东实施对外开放战略，发展外向型经济，既面临着良好的国际机遇，也遇到国际竞争对手的激烈挑战。80年代以来，亚太地区日益成为国际直接投资的热点，我国虽同属亚太地区，但亚太其他地区的发展中国家和地区在利用外资方面，同广东存在着直接的竞争关系。以任仲夷为核心的广东领导集体在了解分析亚太其他地区改善投资环境的新动向，并在比较中找出广东差距的基础上，制定了一系列改善投资环境的战略措施，提高了广东对外资的吸引力。

1. 改善基础设施

基础设施是吸引国际直接投资的重要物质条件。任仲夷认为，交通落后是阻碍进一步开放和开发的大问题，必须花大力气改善广东的交通条件，而解决广东的交通问题，必须水、陆、空一齐上，大、中、小一齐上，国家、集体、个人一齐上；其次，为适应进一步开放的形势，广东必须加快能源建设，缓解能源制约。除积极支持核电站等国家重点项目的建设外，还应鼓励各市、地和大企业自办电厂。水电资源丰富是广东的优势，要大力发展。

2. 制定有针对性的优惠措施

任仲夷认为，对港澳同胞、华侨和外国人来广东投资，要持热情的、积极的、欢迎的态度，不要怕他们赚钱，只要双方互利就行。为了鼓励投资，充分利用外资，必须制定适当的政策，采取有效的措施，增加对外资的吸引力，而制定有针对性的优惠措施是重要方面。在税收方面，在国家授权的范围内，在综合权衡引进外资成本收益的基础上，对中外合作企业的所得税率，要根据各地不同的情况和不同合营企业的不同特点，不断地进行调整，该降低的要降低。提高优惠程度，制定合理的收入分成比例，所需生产资料进出口减免关税等。

特区实行的政策和办法要有选择地逐步推广到广州以及其他中等城市。例如，商品进出口的某些便利权，对客商的某些优惠办法，较低的所得税率等，都可以考虑在广州实行，或稍加改变以后实行，广州的政策可以一项一项地放宽，以加速广州的现代化进程，进而带动全省。深圳、珠海、汕头三市，引进外资在特区范围外建的工厂，必要时，经特区管委会批准，也可以享受特区内企业的某些待遇。省里有权决定的就定，需要国家批准的就积极报告、争取。这样做，会使广东的经济发展更快些。

3. 提高办事效率

任仲夷认为，加强管理是为了更健康地实行开放和搞活经济，在加强管理时，必须强调提高效率。为了提高引进外资的效率，避免贻误时机，要适当下放审批权限，减少审批手续，不要层层设卡，人为地造成“好事多磨”，甚至使应办的事办不成。首先，权限集中的事情，项目审批和协调要抓紧要快，不要拖拉，不要误事，克服官僚主义的延误；

领导机关要主动为下面解决问题。其次，要精简机构，解决互相扯皮、工作效率不高的问题；大力简化审批手续，提高工作效率；增强服务精神，解决官僚主义和官商作风问题。再次，广东干部要善于学习和总结，提高从政水平。任仲夷说，一切有关的干部都要了解、熟记并善于运用中央、国务院所制定的政策，以加快利用外资的步伐。在实行对外更加开放的政策过程中，由于我们的知识和经验都准备不足，必须注意学习，认真研究有关资料，听取专家意见，听取爱国华侨、港澳爱国人士和其他朋友的意见，特别要注意从自己的实践中总结经验。

五、既要重视港澳，又要面向世界

1982 年 1 月，任仲夷在地市委书记会议上提出经济技术合作的对象，既要注意吸引港澳资金和技术，同时又不要局限于港澳，也要吸引日本、欧美的资金和技术，加强与这些国家的经济往来和经济合作。引进港澳资本和技术，广东是“近水楼台”；引进日本、欧美的资金和技术，广东要学会“长袖善舞”。

1. 必须高度重视侨务工作

广东毗邻港澳，华侨多，国际交往十分方便，具有利用侨资的特殊有利条件。如果广东不去积极利用，利用得少或利用得慢，那就是广东的重大失误。反之，如果广东利用得好，广东的经济在调整期间从整体来看就不仅不会后退，而且完全能够前进一步；前进的步子不仅不会太慢，而且会是比较快的。因此，广东在对外开放过程中，应该发挥“近水楼台”的优势，充分利用侨资和港澳投资。

作为我国主要的侨乡，广东在对外开放过程中要更好地发挥“近水楼台”的优势，在“四化”建设中先走一步，就必须切实做好侨务工作，认真落实“一视同仁，不得歧视，根据特点，适当照顾”的政策，解决好历史遗留问题和现实问题，充分保护和发扬侨胞爱祖国、爱家乡的积极性。华侨身居海外，接受世界上的新知识、新技术比较早，是中外经济、文化交流的重要媒介。侨务，不仅仅是侨务部门的工作，必须把它看作是各个部门的共同任务。全省各级党组织都必须重视侨联和侨务部门的建设，重视和关心侨务工作，高度重视侨务政策的落实，进一步把侨务工作做好，更好地为“四化”建设服务，为统一祖国的大业服务。

实行对外更加开放的政策，还须广泛团结党外朋友、爱国华侨和港澳爱国同胞。各级党委和各级负责干部，都要提高对统战工作的认识。要敢于同党外人士交朋友，并且要成为真朋友，建立鱼水相依、荣辱与共的关系。对华侨和港澳同胞的爱国心要有足够的估计。一定要真心实意地团结他们。认真做好对华侨和港澳同胞的团结工作，做好统一战线工作。可以通过给予相应的荣誉，通过一定的形式来鼓励华侨和港澳同胞投资广东经济发展的热情，表彰他们爱国、爱家乡的热诚。

与此同时，任仲夷又以其战略眼光，明确提出，对港澳既要充分利用，又不能完全依赖，港澳不要的、技术落后的、污染环境的、挤占出口配额的企业，我们也不要。深圳应当建立自己的机场和港口，什么都通过香港也不行。深圳要敢于和国际垄断集团打交道，敢于和跨国公司打交道等。任仲夷的这些观点，都在深圳得到很好的践行，对深圳的进一步发展，与国际经济接轨，起到了巨大的作用。

正是有效发挥了毗邻港澳、华侨众多的优势，广东的珠三角地区成功抓住港澳产业调整与转移的机会，吸引港澳资金、设备、技术的投入，成为港澳劳动密集型产业转移的最佳理想地，粤港澳形成了“前店后厂”的模式，不仅极大地促进了粤港澳三地的经济联系和发展，而且使广东特别是珠三角在开放方面先行一步，在四个现代化建设中先行一步。

2. 重视对欧盟资本的利用

为实现对外经济合作的多样化，任仲夷指出，在利用好港资侨资的同时，广东的对外经济技术合作应进一步放开手脚，搞得更多些、更好些，要向世界更广大的地区发展。中东资金多，西欧有技术而且较容易转让，都是广东应当特别重视的地区。“六五”期间，虽然来自港澳地区的资金在广东利用外资总量中仍占主导地位，其合同金额占当年所签合同总额的93%，但来广东进行各项经济技术合作或直接投资经济活动的外商已扩展到20多个国家和地区。

“三个”引进、“两个”利用的全面展开，打开了广东对外开放的局面。1980—1985年，广东实际利用外资年均增长52.18%，截至1985年底，广东累计实际利用外资达61.95亿美元（表2）。外资的利用，成为广东经济发展的重要因素之一。

一是弥补了广东建设资金的不足。20世纪80年代，广东建设资金的40%来源于外资，其中全省高速公路建设资金的三分之二、电力建设资金的三分之一来源于外资。广东先后利用外资修建了一大批的桥梁、道路、港口、码头、能源、通信项目，使广东的能源、交通、通信的紧张状况得到了很大程度的缓解。

表2　1979—1986年，广东利用外资情况

年份	实际利用外资（亿美元）	年递增率（%）	外商直接投资（亿美元）	年递增率（%）	外商直接投资占实际利用外资总额的比重（%）
1979	0.91		0.31		34.1
1980	2.14	135.2	1.23	296.8	57.5
1981	2.88	34.6	1.73	40.3	60.1
1982	2.81	-2.4	1.71	-1.2	60.9
1983	4.07	44.8	2.45	43.3	60.3
1984	6.44	58.2	5.42	121.2	84.2
1985	42.7	42.7	5.15	-5.0	56.1
1986	55.4	55.4	6.44	25.0	45.1

资料来源：根据广东统计局主编《广东统计年鉴1980—1987年》相关数据计算得出。

二是对外协作的进一步开展，促进广东运输邮电事业的蓬勃发展。“六五”期间，广东运输邮电业利用外资达15 580万美元，年均增长79.6%。铁路、民航部门与港商合作，经营包括出租车在内的综合性服务业。广州远洋运输公司、广州港和广州汽车运输公司等单位通过与港商合作经营客运、远洋运输和集装箱运输项目，大力发展外贸运输业，远洋运输水运货物周转量和旅客周转量分别比1980年增长2.6%。远洋运输从过去7个国家（地区）的10个港口，发展到1985年的114个国家（地区）的749个港口。邮政部门也和世界36个国家和地区62个邮政局建立直接交换邮件关系，截至1985年，广东已与29个国家（地区）的33个邮政局建立了直接交换特快专邮业务。

三是带动了广东对外贸易，特别是出口贸易的发展。1980年，运用“三来一补”方式所提供的出口，仅占当年全省出口总额的4.05%，“三资”企业产品的出口也只是在1985年才开始。但在1986—1990年间，“三资”企业的出口额年均增长率达76%，远高于全省年均增长29%的速度。

四是增强了区域的生产能力，促进了区域经营机制的转变。一方面，外资的引进改造了一批老企业，武装了一批新企业，促进了企业的技术进步和生产能力的提高，增强了广东的经济实力。

五是提供了新的就业机会，并培训了技术人才。广东的外商投资企业大多属于劳动密集型产业，而“三来一补”更是容纳较多劳动力的形式，从而不仅吸收了本地的剩余劳动力，而且还吸纳了大量的外来劳动力。

第四节　加快外贸体制改革，扩大对外贸易

对外开放的一个重要方面，是大力发展外贸，不断增加出口。任仲夷多次在省经贸会议上强调，必须进一步解放思想，加快外贸体制改革，同时各级部门领导要树立一个明确的思想，就是千方百计地鼓励广东的产品多出口。

一、加快外贸体制改革，健全外贸企业的经济责任制

20世纪80年代初期，广东的外贸体制改革方向是实行政企分开，扩大企业的外贸经营自主权，健全外贸企业的经济责任制。

1. 政企分开，壮大对外贸易队伍

任仲夷认为，加快外贸体制改革，必须首先实行政企分开，把经营外贸的实体放在企业和企业联合体上，可以先把企业联合起来再给外贸权，也可以选择有条件的企业先给予外贸权，以促进联合。企业有了外贸出口权，别人就会找上门来，主动跟他联合，连上级部门也愿意往那里投资。这样就会使这个企业，甚至一批企业，迅速发展起来。广东应当自觉地运用这个办法来推动生产的发展。在仔细调查、做好准备的条件下，要尽快多办几个大型的出口试点企业以增大广东出口队伍。在有领导、有步骤，经过调查研究的基础上，外贸体制改革的步子要尽可能迈得大一些。

2. 扩大企业的经营自主权

积极进行改革，扩大企业的经营自主权，提高办事效率，加快发展速度。任仲夷强调，各个部门、各级领导都要做改革的促进派，把对外经济工作和整个经济工作进一步搞活。用足、用好、用灵活中央相关文件给予广东的“有权安排和经营自己的对外贸易”“广东商品的进出口部分，由省安排”“广东地方外汇进口物资作价，由省决定”“自行安排劳动力，不受国家劳动指标的限制”等特殊政策和灵活措施，凡是中央文件规定的，我们自己能办的事情，就大胆地办。

外经、外贸部门，以及各级政府，都要进一步解放思想，积极支持和鼓励广东的产品出口。我们的政策、措施，应当促进出口，为增加出口创造条件，千万不要人为地限制我们的产品出口。外贸部门收购的产品，允许企业及其主管部门自找门路出口；对那些由于税率过高而造成出口亏损的，该减税的坚决减税；企业或各局自己找到的出口门路，只要不违反国家的规定，也要支持；对申请出口许可证者，凡是我们省有权批准的，审批手续要从宽从简，不要拖拉，凡是合理的，都要尽快放行。

3. 进一步搞活外贸工作

一是促进代理出口，外贸部门由收购经营改为代理、推销、服务，外贸部门不收购的产品应允许生产部门通过其他正当渠道出口；二是实行工贸结合、农贸结合、内外贸结合和技贸结合，在保证统一对外的前提下，要进一步把广东的外贸工作搞活；三是要加强出口基地的建设，继续办好工贸公司和农贸公司；四是大力抓好广州和珠江三角洲地区等传统出口基地的建设，充分发挥这些老工业基地的出口带动作用，在对外经济活动中，一定要给他们更多一些自主权。在继续大力发展来料加工、来料装备、补偿贸易等多种形式的灵活贸易之外，还要特别鼓励进料加工、以进养出。此外，外贸要认真落实国务院关于珠江三角洲地区鲜活商品出口直来直去以及扩大食品出口等重要指示。

随着外贸体制改革的深入，原先出口商品由外贸部门统一收购、统一出口、管生产的不懂外贸、管外贸的不抓生产的局面被打破了。按新形势发展要求，按国际市场的导向，通过贸、工、农、技的结合，产、供、销的联系，将外贸的发展与生产的发展结合起来，形成生产、流通、科研开发相统一的出口产业体系。出口商品生产体系的建立，使广东能更好地按国际市场导向和国际市场标准来组织生产，把发挥本地优势和考虑国际市场的需要结合起来，为出口提供质量高、销路好、货源稳定的出口商品，以占领更大的国际市场。出口生产体系的建设给广东对外贸易带来了新的面貌：一是在发展外向型经济中，出口替代战略的实施，优化了出口商品结构（轻纺产品比重上升，工矿产品下降。轻纺产品比重由 1980 年的 31.9% 上升为 1985 年的 39.4%，工矿产品由 26.4% 下降到 19.4%），增加了品种，改进了质量，实现了由主要出口初级产品向主要出口工业制成品的转变，由主要出口粗加工制成品向主要出口精加工制成品转变，由主要出口中低档商品向多出口中高档商品转变，降低了出口换汇成本，提高国际竞争力（表 3）。二是通过生产基地的建设，为扩大出口提供了稳定的货源。三是通过贸工农技一体化等方式，协调了各方的矛盾和利益关系，发挥了联合各方的优势和积极性，有利于减少内耗，降低生产成本，提高出口产业的整体效益。四是通过把出口生产体系的建设延伸到山区，既开发了山区资源，有利于出口商品的生产，又可以带动山区经济发展。五是改变了外贸与生产脱节的状况，有利于产销结合、政企分开，促进外贸体制的改革。

表3 广东出口商品结构变化趋势

单位:%

年份	农副土特产品	农副产品加工品	轻纺产品	工矿产品
1965	50.8	8.4	24.5	16.3
1975	42.7	13.3	25.7	18.3
1979	32.7	10.3	31.7	25.3
1980	32.0	9.7	31.9	26.4
1981	33.8	8.7	34.7	22.8
1982	33.2	9.4	34.5	22.9
1983	30.4	7.6	42.1	19.9
1984	31.4	8.3	38.6	21.7
1985	32.6	8.9	39.4	19.4
1986	30.7	5.7	50.6	13.0

资料来源：根据历年《广东统计年鉴》数据整理。

二、大力开展“三个出口”

鼓励出口，对广东具有特别重要的意义。繁荣经济，增加就业，实现现代化，使人民富裕起来，都有赖于出口贸易的发展。因此，任仲夷等领导认为，广东必须狠抓“三个出口”，即商品出口、劳务出口和“风景出口”（即旅游业）。

1. 进一步完善出口基础设施建设

增设海关、装卸点、起运点，对于促进出口，减少进出口物资的迂回运输，发展进料加工、来料加工和旅游事业，都有很大的好处。广东要很好地运用中央1980年有关文件关于“原则同意两省增设口岸和海关”的特殊政策，对要增设的海关，抓紧提出方案，报请批准。对于设立装卸点、起运点，可根据需要设立，但要切实管好用好。

2. 劳务出口要争取有较大的发展

广东要利用劳动力资源优势，积极发展对外承包工程和劳务合作业务，促进劳务出口。“三来一补”，实际上也是一种劳务出口，风险小，容易办，好处多，也要大力发展。软件行业广东有优势，必须加以重视，大力发展。对外承包工程和劳务合作的业务的拓展，推动了广东劳务出口的发展。1982—1985 年，共签订对外承包工程和劳务合作合同 149 宗，合同金额 1.42 亿美元，营业收入 1.15 亿美元。

3. 搞中国式旅游，大力开展“风景出口”

开展“风景出口”，要通过“吃”“住”“玩”“行”“买”五个字争取名利双收。“名”扬中华民族之名，不仅要通过旅游宣传中国的历史和传统文化，而且要宣传中国的成就，宣传我们社会主义的精神文明；“利”就是要赚外汇。发展“风景出口”，必须提高我们的旅游业水平，建设好旅游风景区。广大干部要努力学习旅游管理知识，提升导游、翻译的素质，丰富旅游品种，搞好景区建设和秩序的维持。旅游部门的干部要革命化、年轻化、知识化、专业化。开办旅游学校或院系，加强旅游人才的培养。利用外资和加强与别的省、市合作并举，促进旅游资源的合理开发利用。1983 年，总投资 5000 万美元的广州白天鹅宾馆全面营业，这是由中国人自行设计、自行建造、自行管理的具有现代化水平的大型宾馆，也是最早利用外资修建的五星级酒店。

“三个出口”战略的实施，极大地促进了广东出口贸易的发展。商品出口方面，1983 年比 1978 年翻了一番多（增长 124%），1985 年出口达 30.35 亿美元，比 1980 年增长 35.9%，“六五”期间，累计出口总额达 126.4 亿美元，平均每年递增 4.2%。1985 年经广东口岸入境人数达 1678 万人次，比开放前的 1978 年增长 9 倍，广东成为全国接待境外游客最多的省份；同年 11 月 15 日，第一批“香港游”从广州出发到香港，改变了过去长期限制内地居民走出境外、接触外面世界的情况。

三、技贸结合，以质取胜

不管是工业品还是农产品，出口都要以质取胜，努力实现高质量、高档次、高创汇率。工业品的出口，关键是要在企业技术改造上下功夫，争取更多产品的出口。重点出口产品，都要制定出赶超世界先进水平的目标和规划，通过开发和引进技术，搞好技术改造，限期实现规定的目标。在购买国外的大批散件和成品时，应当要求对方转让某些技术作为交换，实行技贸结合。

四、实施市场多元化战略

除巩固发展好对港澳地区和美国等传统市场出口外，应重视新市场的开拓，大力促进广东对外贸易市场的多元化，以增强应对国际市场变动的能力。任仲夷因此特别强调，对台贸易要制定若干政策，进一步打开局面；利用广东轻工产品和家用电器产品的优势，努力开拓苏联和东欧市场，可以通过与黑龙江、内蒙古、新疆等省区搞联合，促进对苏联出口。

五、加强内联，增强“走出去”的能力

为了更大规模、更有成效地开展对外经济工作，任仲夷主张，广东应该重视引进的同时，重视内联，并把二者结合起来，增强“走出去”的能力。为此，广东要争取三个方面的支持。

1. 要努力争取中央和国务院各部门的支持

广东要多向各部门汇报，多介绍情况，多做解释和说明。要热情欢迎中央和国务院各部门的同志来广东检查指导工作，主动邀请他们来，向他们汇报，虚心诚恳地请他们提意见、作指示。在工作上，尽可能照顾到中央和国务院有关部门的利益。一定要把同上级各部门的关系搞得很融洽，很协调。

2. 争取各地、市、县和省直各有关部门的支持

外经工作，还必须争取各地、市、县和省直各有关部门的支持。因为生产要靠他们组织，大量的工作要靠他们去做，靠他们的积极配合。为发挥广州等老工业基地的作用，在对外经济活动中，凡是可以下放的权力都应下放给他们，特别要做好灵活贸易审批权的下放。

3. 争取企业和基层生产单位的支持

对外经济工作，要争取企业和基层生产单位的支持，使企业和基层生产单位从对外经济工作中得到实际的利益，下放权力，调动他们努力增加出口的积极性、创造性，加快外贸经济的发展。

六、要做到四个加强

1. 加强外经干部队伍的建设

广东实行对外更加开放的政策，对外经济工作发展很快，规模日趋扩大，任务越来越艰巨，必须下大力气，尽早培养和选拔又红又专的外经人才，适应对外经济工作迅速发展的需要。首先，充分发挥现有外经干部的作用，他们拥有丰富的工作经验。随着对外经济工作的日益发展，各级党委和组织部门，还要注意选调一批党性强、作风好、有能力、有干劲的领导干部，及时充实外经部门的各级领导班子。同时，采取招考录用的办法，选拔吸收一批有文化、懂业务的中青年干部做外经工作，使外经干部队伍逐步实现年轻化、知识化、专业化。对现有干部，要加强业务考核，有计划、有步骤地进行培训，有的还可以送到国外进行考察、学习，以掌握现代科学技术、国际贸易知识和现代工商管理经验。

2. 加强经济理论研究、经济情报的收集和市场预测工作

外经干部都要学习马克思主义政治经济学，同时还要研究现代资本主义经济理论，努力造就一支有理论修养的外经干部队伍；外经干部要迈开双脚去调查，要经常掌握和分析国内外经济情报，熟悉国际市场需求变化趋势，增强捕捉时机的能力，提出发展生产、增加出口的办法和政策，在与外国进行经济贸易往来的过程中，练就真功夫，发现和培养人才；外经部门、在港澳的有关机构和省内的经济研究部门、大专院校的经济系，所有对外经济工作方面的理论工作者和实际工作者，都应当加强对经济理论和国际市场的研究，争取把广东对外经济工作提高到一个新的水平。

3. 要加强统筹、协调工作

在外经活动中，既要统制又要搞活，农工商、内外贸、产供销之间，需要紧密衔接，互相配合，不能随便压价竞销。对乱压价，只为小团体利益，轻者批判，重者处分，再重的绳之以法。

政府部门主要集中力量做好统筹、协调、服务、监督方面的工作，把具体收购经营业务尽量下放给经济实体。为增强协调能力，首先要明确划分职责范围，改进不合理的规章制度。要从思想作风、职责范围、规章制度上解决好扯皮的问题，把各方面的力量拧成一股绳，协调一致地执行好特殊政策和灵活措施，使广东国民经济更快地发展，力争使广东经济面貌年年都有显著的变化。

4. 要加强反腐蚀斗争

外经部门，特别要反对贪污盗窃，反对损公肥私，反对接受贿赂，反对走私。外经干部要认真学习《关于党内政治生活的若干准则》，严格执行党规党纪，做到在政治上和党中央保持一致，在工作上一丝不苟，在经济上一尘不染。

七、要辩证地看待进口与保护地方工业的关系

面对大批进口国外产品造成对国内市场和地方工业的冲击的责难，任仲夷认为要辩证地看待这个问题。一方面不能听任国外产品随便占领中国市场，另一方面，也应该看到，适当进口一点外国产品，有一点竞争，有一点压力，有一点借鉴，不仅无害于民族工业，反而有利于刺激民族工业的发展。世界上越是开放的地区，经济发展越快。广东进口一部分外国商品不会对全国市场构成过大的冲击和危害。

但对于省内市场紧缺的商品，特别是人民生活必需的某些农副产品，商业和外贸要互相衔接，内外贸要统筹安排，必须十分注意搞好省内外市场供应，稳定省内物价。出口换汇增加了，要同时搞好进口贸易，充分利用广东自有外汇，进口生产建设和平衡市场所需要的物资。

特殊政策、灵活措施的实施，外贸体制改革的进行，外贸决策权的下放，外汇分成制度的实行等使广东在1980—1985年间的出口贸易取

得了极为迅速的增长。从1950—1979年，三十年间广东的出口总额累计为148亿美元；从1980—1985年，六年间累计出口总额已达145.67亿美元，接近前三十年的出口额。而1984年9月国务院《关于外贸体制改革意见的报告》的颁发，政企分开，外贸经营实行代理制，实行工贸结合、技贸结合、进出口结合的外贸体制改革三原则的确定，使广东1985年的外贸出口一改以往徘徊不前的局面，转为迅速增长，1985—1987年，年均出口增长率高达31.01%。广东出口额在全国出口总额中所占比重也从1978年的14.34%上升到1991年的19.04%，成为全国出口贸易量最大、占比重最高的省份（表4）。

表4　广东1980—1991年出口总额及其占全国的比重

年份	广东出口额（亿美元）	全国出口总额（亿美元）	广东出口额占全国的比重（%）
1980	21.95	191.19	11.48
1981	23.26	220.07	10.57
1982	22.74	223.48	10.18
1983	23.99	222.26	10.79
1984	24.21	261.39	9.26
1985	29.52	273.60	10.79
1986	42.90	309.00	13.88
1987	54.44	395.00	13.78
1988	74.84	475.40	15.74
1989	81.68	525.00	15.56
1990	105.59	620.60	17.01
1991	136.90	719.00	19.04

资料来源：根据全国及广东历年统计年鉴整理（1987—1992年），广东出口总额不包括海南岛。

特殊政策、灵活措施的实施，经济特区的创办，广州、湛江两个城市的开放，经济开发区的建立，类似经济特区政策在海南岛的实行，珠江三角洲经济开放地带的划出，使广东形成了多层次、多渠道、多形式、多功能的对外开放型经济格局，一个适应扩大对外贸易和技术交流的网络基本形成。“六五”期间，与广东有贸易往来的国家和地区已扩大到140多个；对外经济合作开展活跃，引进技术设备和管理经验成效显著，经济特区和开放地带开始发挥“窗口”和“扇面”作用。

对外开放局面的打开，加快了广东经济的发展。1979年以前，广东的工农业生产的发展速度长期低于全国平均水平。从1980年开始，落后局面得到扭转，工农业生产的发展速度超过了全国平均水平。1981—1985年，广东工农业总产值年均增长13.7%（表5）。1983年全省职工年平均工资比1978年增长62.4%，农民人均纯收入增长104.8%，城乡人民存款比1978年增长3.5倍，约达80亿元。

表5 “六五”时期，广东经济增长态势

时期	社会总产值	工农业总产值	国民收入
1953—1978年年均增长（%）	7.1	7.8	5.7
“六五”时期年均增长（%）	13.9	13.7	11.7
1981年	12.0	11.2	10.4
1982年	10.4	10.7	9.1
1983年	8.0	8.3	5.1
1984年	17.3	17.1	15.6
1985年	21.0	20.7	18.6

资料来源：广东省统计局编，《广东省统计年鉴（1986）》，P19。

广东对外开放的扩大，不仅带来了经济的增长，而且为以后的发展打下了基础，形成了良好的发展势头并准备了后劲。利用外资规模的扩大，让广东的基建投资有了资金保证，一些影响重大的码头、港口、公路、桥梁、能源和通信设施得以建成使用，发展了省港之间的公路和水上运输。所有这些建设，对广东今后经济和社会的发展，都将发挥重要作用。

经过坚持改革开放，实行特殊政策、灵活措施，坚持实事求是，一切从实际出发，不但使广东经济社会发展取得了令人瞩目的成就，更为重要的是在几年的探索实践中，一大批干部接触了新情况，增加了新知识，学到了新本领，积累了新经验，培养和锻炼了一批善于搞活经济、熟悉对外经济活动的干部和能人；实行对外开放，不仅可以有力地推动广东的技术进步，促进生产的发展，同时也可以开阔人们的视野，促进改革。这就为广东今后更大的发展打下了良好的基础，开辟了广阔的前程。

实践证明，对外开放政策完全正确，它有力地推动了技术进步，促进了生产的发展，同时也开阔了人们的视野，冲破了旧观念、老框框，促进了改革。

第三章　三大产业：在调整中大发展

任仲夷调任广东省委第一书记时，邓小平等中央领导同志分别对他作了许多重要指示，希望他进一步解放思想，发挥广东的优势，搞好广东的改革开放，放手把经济搞上去，为全国闯出一条新路来。任仲夷赴任后，不负众望，勤于思考，勇于开拓，以他的胆识和智慧带领全省人民闯过了一道道难关，在广东改革开放的起步阶段，接过习仲勋的班，继续开创广东经济发展的大好局面。他的很多经济思想对于加快广东经济的发展发挥了重要的指导作用。

第一节　开创广东经济建设新局面

在改革开放初期，广东经济发展面临困难重重的局面。由于"左"的思想的影响和多方面的原因，广东经济在很长一段时期一直处于落后的状况，市场供应紧张，人民生活欠账很多。因此在这种背景下，任仲夷到任后的当务之急就是要尽快把经济搞上去，开创广东经济建设发展的新局面。他到广东一个多星期后在全省市、局以上干部会上的讲话就强调，广东的中心问题是把经济工作搞上去，"必须按照中央领导同志的要求，把广东的经济进一步搞上去，把人民生活进一步搞好"。

一、发挥优势，加快广东经济发展

广东本来具有许多经济优势，但受闭关锁国政策和计划经济体制的制约，广东主要是发展农业和轻工业，优势发挥不出来。从1966—1978年的十多年间，广东国民经济不仅落后于很多先进省市，发展速度还低于全国平均水平。同期全国的国民收入年均增长6.6%，广东只有5%；全国的财政收入年均增长6.9%，广东只有5.5%；全国的工农业总产值、工业总产值、农业总产值平均每年增长分别为8.5%、10.5%、2.9%，广东则分别为7.2%、9.3%、2.8%。

任仲夷经过调研后认为，要把经济搞上去，必须发挥广东的优势。广东的优势，不光是自然条件好，中央批准广东实行特殊政策和灵活措施，这本身就是一个优势。他指出："中央给了我们这样大的权力，现在就看我们敢不敢用这个权力，会不会用这个权力。我们应当大胆地使用它，并且学会善于使用它。不但省里要这样，各地区、各部门都要这样。省里有了权力，有些该放的，要大胆地放给各地区、各部门、各单位，把大家的手脚放开，目的是把广东的经济搞活搞快。工业、农业、财贸等各部门都要考虑，在你那个部门怎样体现特殊政策，怎样实行灵活措施，都要搞出些条条来。对关键问题，要组织力量深入进行调查研究，在弄清情况的基础上，大胆调整政策，解决问题。总之，特殊政策要真特殊，灵活措施要真灵活，先走一步要真先走，不然还是空的。"①

任仲夷还把如何贯彻特殊政策、灵活措施的做法概括为对外开放，对内放宽，对下放权，并围绕这"三放"做了大量工作。在对外开放方面，他提出两个"鼓励"和两个"充分利用"。即鼓励投资，鼓励出口；充分利用外资，充分利用外汇。在对内放宽方面，他提出在农业、工业、商业以及各行各业，都要推行和完善责任制；在对下放权方面，他提出要减少办事的中间环节和审批手续，并要求有关部门进行调查，具体研究哪些中间环节可以砍掉，同时要求给各级以办事和解决问题的权力。

任仲夷始终以经济建设为中心，把如何加快广东经济发展作为首要问题来抓。他认为："对各项工作要统筹部署，坚持以经济建设为中心，两个文明建设一齐抓。其他工作都必须服从和服务于经济建设这个中心。"② 为尽快把广东经济工作搞上去，他深入全省各地进行调查研

①张岳琦，李次岩：《任仲夷论丛：第二卷》，广东人民出版社，2000年，第12页。
②张岳琦，李次岩：《任仲夷论丛：第二卷》，广东人民出版社，2000年，第43页。

究，帮助解决实际问题。他把改革开放与经济发展有机地结合进来，认为开放和改革，二者是互相关联、互相促进的，不改革就不能很好地开放，不开放也搞不好改革，而抓好改革和开放这两件大事，是搞好经济工作的关键。因此在20世纪80年代初期，他几乎每次部署全省经济工作或涉及经济发展问题的讲话都是与改革开放联系在一起的。他要求全省在经济工作上要进一步加快三个步伐，即进一步加快引进外资、引进技术、引进智力的步伐，进一步加快改革的步伐，进一步加快能源、交通、通信等基础设施的建设步伐。并指出，我们要通过加快以上三个方面的步伐，推动全省经济的发展。在1990年以前，争取再引进几十亿美元的外资，引进一批具有国内外先进水平的技术项目，建设一批新的企业，使全省主要的骨干企业普遍得到技术改造，经济效益显著改善，争取提前2～3年（即在1987年或1988年）实现工农业产值翻一番的目标。

任仲夷对广东当时经济发展面临的困难也非常重视，并辩证地分析了广东经济发展的长远规划和近期对策，提出一方面要积极安排长远规划，力求逐步从根本上解决能源、交通、粮食等的问题，同时，又必须努力采取短期就能见效的措施，力争在现有条件下，把生产和人民生活搞好。不能什么都等到把铁路修起来，把大油田搞出来，把核电站建起来以后再干。必须考虑在能源、交通状况没有根本改善的情况下，怎样通过增产节约，通过加强经营管理，通过扩大企业自主权和实行广泛的经济联合，通过利用外资和对外经济合作等各种办法，把广东的经济搞得更活一些，更快一些。

经过几年的努力，广东经济得到了较快发展。在1983年召开的中共广东省第五次代表大会上，任仲夷代表省委提出了实现广东提前翻两番的奋斗目标："在不断提高经济效益的前提下，到2000年，全省工农业年总产值由1980年的339亿元，增长到1356亿元，每年平均递增7.2%，力争超过这个速度，提前实现翻两番，达到小康水平。"与此同时，他还提出了一系列的战略构想。他认为，广东省实现上述目标，大体也要分两步走：前十年要加强薄弱环节，调整比例关系，进行全面系统的改革，为下一步的发展打好基础；后十年进一步加快发展速度。当然，农业情况不同，不一定按这样两步来划分。“六五”计划的主要任务是：狠抓“两改”（经济体制改革和技术改造），实现“两高”（较高的经济效益和较高的增长速度）。他还要求各地区、各部门突出抓好五个环节，即继续搞好经济调整，牢牢抓住农业、能源交通、教育科学三个战略重点，集中资金加快建设；继续实行对外更加开放的政策，积极扩大对外经济贸易和技术交流；坚持以提高经济效益为核心，有重点有步骤地进行技术改造，充分发挥现有企业的作用；加快经济体制的改革，进一步搞活经济以及控制人口增长，稳定物价，进一步改善人民的物质文化生活。

实践证明，任仲夷代表省委提出的战略构想和目标是符合广东实际的。广东从改革开放以来，一直以较高的速度持续发展。改革开放的头五年，全省工农业总产值平均每年递增8.8%，商业、服务业、旅游业的发展则更加迅速。广东的社会商品零售额、集市贸易成交额和旅游收入等指标均已跃居全国前列。

二、在加快发展经济的基础上改善人民生活

任仲夷对加快经济发展的目的也有自己独到的见解，认为加快经济发展必须与改善人民的生活相联系。他时刻把改善人民生活和为人民群众办好事的问题装在心里，在多次讲话中谈及这些问题。

任仲夷到广东工作不久的一次讲话中，就提出要狠抓市场和人民生活的问题。当时正赶上全国性的经济调整。他认为，这次调整与20世纪60年代初期的调整有一个很大的不同点，就是人民生活水平不仅不能下降，而且还要逐步提高，给群众以看得见的物质利益。群众要求并不高，只要不断有进步，哪怕是微小的进步，群众也高兴。他要求广州和各个城市都要抓好城市规划、城市建设和城市管理，千方百计改善供水、供电、交通、绿化、卫生状况，要逐步使广东的城市都成为清洁的、优美的、文明的、繁荣的城市。并提出：“尽管今年财政紧张，住

宅还要尽可能多建。建房不能光靠政府，企业也应当多想办法。市场、物价问题在广东特别突出，关系到千家万户，一定要着力去抓。”① 他还根据广东外汇多的特点，要求大家动脑筋，想办法，给广东人民带来感觉得到的实际利益。要从地方分成的外汇中拿出一部分用于进口原料和成品、半成品投放于轻工市场，以缓和供需矛盾。商业部门要尽可能减少中间环节，增加流通渠道，进一步把生意做活。他指出：“广东的经济地位，要求我们主动和兄弟省市开展物资交流，互通有无，积极推销我们的产品，购进广东省所需要的商品。笼统地反对吃、用外省的东西是不对的。当然，我们首先应当努力发展本省的生产。但如一时不能自给，从外省购进一些也是必要的。况且，一个省也不可能做到什么都自给。国与国之间尚且进行贸易，一国之内为什么不可以互通有无?”②

1981 年 5 月，任仲夷在中共广东省委常委学习会上作的《实事求是地解决广东经济工作新问题》发言中论述了发展生产与改善人民生活的辩证关系。他指出：“要在安排好群众基本生活的基础上求取加快发展生产，不能再像过去那样片面强调先生产后生活，就大多数农村地区来说，首先要解决农民的温饱问题，然后才能搞大的建设；城市一定要把生活服务、住宅建设、市政建设和教育、卫生、科技、文化事业的发展放在应有的位置上，要逐步补上过去的欠账；要在抓好眼前的基础上长远规划，例如在我省，对核电站要争取，但更现实的是多搞中小水电，多办沼气，抓好能源的节约；修筑铁路要争取，眼前更现实的是要下力量搞好公路和水运，加强对多种运输手段的调度和管理；要在保证简单再生产得以正常进行的基础上和财力、物力允许的前提下安排基本建设；对现有的生产手段和组织形式要在充分利用的基础上逐步改革和提高。”③

任仲夷较早地关注到执政为民的问题。1981 年 7 月 26 日，他在中

①张岳琦，李次岩：《任仲夷论丛：第二卷》，广东人民出版社，2000 年，第 176 页。

②张岳琦，李次岩：《任仲夷论丛：第二卷》，广东人民出版社，2000 年，第 177 页。

③张岳琦，李次岩：《任仲夷论丛：第二卷》，广东人民出版社，2000 年，第 19－20 页。

共广东省委四届四次全会上的总结讲话中就专门讲了要千方百计为人民多办几件好事的问题。他提出："在加快发展经济的基础上，我们要为满足人民的需要多办几件好事。为人民办好事，一要态度积极，千方百计；二要量力而行，说到做到。当前，群众迫切需要我们办的事很多。例如，要采取措施，尽快改善市场商品特别是蔬菜和副食品的供应状况；要研究解决低工资和没有奖金的职工因物价上涨带来的生活困难；要多建住宅，着重解决无房户和严重缺房户的问题；加强城市管理，使我省各城市都有一个清洁、优美、方便、安全的生活和工作环境。"①他在讲话中还列举了一连串的要为人民群众办的好事，提出要在广州建个煤气厂，做好规划，争取几年建成，以解决群众生活所需要的能源问题；积极抓好汕头大学、海南大学和深圳大学的筹建工作，要通过增加拨款和欢迎华侨资助，多办各种学校，大力发展广东教育事业，使更多的青少年能够得到学习的机会，为"四化"建设培养更多的人才；办好电视和广播，使全省包括边远地区的群众都能听到、看到我们自己的节目；特别要进一步加强社会治安工作，这是广大人民群众非常关心的一件大事。他不仅要求省里要为群众办好事，还要求各市、县也要为群众办好事。他说："全省要为群众办几件好事，各地、市、县以及各企事业单位也要认真研究，在自己那个地方能为群众办几件什么好事。要发动群众讨论，哪些事能办，怎样保证办到。确定之后，就狠抓落实。"②

任仲夷对就业问题也十分关注。由于在改革开放初期，原有的国营和集体企业发展相对平稳，新增就业岗位有限，而外资及非公企业又还没有办起来，因此就业难成了当时事关民生的一个突出问题。1981 年，广东全省城镇待业青年有 29 万人，当年新增劳动力 20 万人，共达 49 万人。任仲夷意识到，这么多待业人员如果安置不好，闲散在社会上，将成为不利于安定的大问题。于是，他提出："必须进一步解放思想，广开生产门路，广开就业门路。当前靠国有企业安置不了多少就业人

①张岳琦，李次岩：《任仲夷论丛：第二卷》，广东人民出版社，2000 年，第 22 页。
②张岳琦，李次岩：《任仲夷论丛：第二卷》，广东人民出版社，2000 年，第 23 页。

员，必须积极兴办集体所有制企业。计划、财政、税收、物资等各个部门都要支持集体所有制企业的发展。还要允许个体户按照国家的规定进行营业。商业服务行业是一条比较宽的就业门路。现在由于商业服务业薄弱，城镇居民上街买东西、办事情，衣食住行，处处都有许多不便。把商业服务业进一步搞好，既能更好地满足人民物质文化生活的需要，又可以容纳大量劳动力，解决很多人的就业问题。建立和发展城市副食品生产基地，也是一条比较广阔的就业门路。”①

三、在经济调整中发展经济

党的十一届三中全会确立的以经济建设为中心的方针得到了全党和全国人民的热烈拥护，一场大干快上、迅速发展经济的热潮在全国兴起。但同时也出现了违背经济发展规律的现象，最突出的问题是比例严重失调。各地都不同程度地出现低水平重复建设的问题，几乎每个县都在继续发展“小化肥”“小农药”“小水泥”“小农机”“小水电”等“五小”工业，使本来就存在的短缺经济的问题更加突出。不仅能源、交通十分紧张，而且各种原料和副食品供应也远远满足不了市场需求。于是，一次全国性的经济大调整在所难免。任仲夷正是在这种背景下到广东工作的。当时广东正面临着如何坚决贯彻党中央关于经济大调整的精神，既要完成经济调整的任务，又要继续实施特殊政策、灵活措施；既要调整，又要发展；既要退够，又要前进；既要集中统一，又要搞活。这是当时广东省委必须解决的大难题。任仲夷作为省委主要领导人，他以无私的勇气和务实的精神，集中省委常委一班人的智慧，从广东的实际出发，正确处理和理顺几个辩证关系，使全省在经济调整中前进了一大步。

一是把经济调整和实行特殊政策统一起来。

1980 年 12 月，党中央在北京召开工作会议，决定进行一次大调

①张岳琦，李次岩：《任仲夷论丛：第二卷》，广东人民出版社，2000 年，第 175 页。

整。任仲夷参加了会议并阐述了他对经济调整与搞活经济的意见。他首先表示要坚决贯彻中央的决策，下决心压缩基本建设战线，凡是不符合中央规定的建设项目，一律停下来。并在摸清情况的基础上，对部分企业实行关停并转，整顿“五小”企业和社队企业。但他同时希望中央对广东的特殊政策不要改变。他认为，“在广东、福建两省实行特殊政策、试办特区，是中央的重要决策。这么重要的政策，不宜朝令夕改，轻易改变。我们希望中央和国务院有关部门都能支持和维护中央的这个政策。”① 他特别强调：“我拥护中央关于调整经济的决策，拥护压缩基本建设和对部分企业实行关停并转，拥护在八个方面实行集中统一。但是，希望保持政策的一定连续性，继续强调把经济搞活，重大的方针政策不要轻易改变。”② 任仲夷还在中央工作会议上建议中央充分考虑大规模压缩基本建设之后将引起的反应，并采取必要的措施。如相当一部分企业存在开工不足和就业困难的问题。他指出：“经济上历来有两种危险：一是票子太多，通货膨胀；一是企业关停，造成失业。这两种危险都是爆炸性的。我们在一种危险的时候，同时要注意到另一种危险，并采取相应的措施。”③

中央工作会议以后，广东马上召开了全省党代会。任仲夷在会上进一步阐述了把调整和实行特殊政策统一起来的观点。他指出：“调整，不仅从全国看是必要的，从实行特殊政策的广东看，也是完全必要的。实行特殊政策，进行特区建设，也需要把经济比例调整好，把收入和支出搞平衡，把城市骨肉关系搞协调，把物价稳定住。更重要的是越是实行特殊政策，就越应当摆脱多年来经济工作中‘左’的指导思想束缚，越应当纠正不顾实际可能、不分析经济工作中各种因素的相互关系、急于求成、欲速不达的做法，越需要实事求是，解放思想。”④ 他要求全

---

①张岳琦，李次岩：《任仲夷论丛：第二卷》，广东人民出版社，2000 年，第 161 页。

②张岳琦，李次岩：《任仲夷论丛：第二卷》，广东人民出版社，2000 年，第 161－162 页。

③张岳琦，李次岩：《任仲夷论丛：第二卷》，广东人民出版社，2000 年，第 162 页。

④张岳琦，李次岩：《任仲夷论丛：第二卷》，广东人民出版社，2000 年，第 164－165 页。

省要服从中央，“基本建设的规模、方向，省要服从国家的集中统一指挥，对下也要实行集中统一。严禁擅自乱搞基本建设。凡是未按规定程序经过批准的基建项目，一律停下来。经过批准的项目，则应集中力量，加快建设，保证建一个成一个，尽快发挥投资效果”。① 他再次强调，实行调整，并不意味着特殊政策和灵活措施的取消。并希望各地区和省直各有关部门都要认真研究怎样具体地体现特殊政策和灵活措施。

二是把“集中”和“搞活”统一起来。

任仲夷在中央工作会议中南组讨论会上的第一次发言中提出，希望中央和国务院在强调集中统一和行政干预的同时，继续强调把经济搞活，把这两者结合起来，以免使干部和群众误以为政策又“翻个”了。政策总发生“一百八十度的大转弯”，那就是“折腾”，就会引起波动和造成损失。他认为这是应当防止和避免的。他说：“我们三十年来社会主义建设的经验证明，把经济工作搞活不容易，搞死却很容易。这几年好不容易才搞活了一点，如果不注意，可能一下子退回去。我们有些部门的干部，本来就习惯于统死，一阵风退回去，那是很容易的。所以，在强调集中统一的时候，一定要注意这一点。”②

任仲夷还认为，集中统一和干预的根本目的，也是为了把经济搞活，更好地发展工农业和整个国民经济。在讨论会上，他还提出了在调整中凡是“四个有利于”的政策都应当坚持的观点，即“在强调国家集中统一的前提下，凡是有利于搞活经济，有利于发展生产，有利于增加社会财富，有利于调动群众积极性的好政策、好措施，都应当继续坚持下去，我们一定要把这次经济调整和三中全会的精神统一起来，在宣传工作上也要注意把经济调整和三中全会的路线、方针、政策和近年来在经济改革中的许多成功的经验紧密衔接起来，切不可对立起来”。③任仲夷在中共广东省代表会议上的讲话中再次提出，我们在干部中一方面要强调集中统一，同时还要继续强调把经济搞活。“该集中统一的，

①张岳琦，李次岩：《任仲夷论丛：第二卷》，广东人民出版社，2000 年，第 165 页。
②张岳琦，李次岩：《任仲夷论丛：第二卷》，广东人民出版社，2000 年，第 158 页。
③张岳琦，李次岩：《任仲夷论丛：第二卷》，广东人民出版社，2000 年，第 163 页。

一定要集中统一，不能含糊；该搞活的，一定要继续搞活，不能倒退。”① 并指出：“我们所说的把经济搞活，必须是在宏观经济计划指导和必要的行政干预之下的搞活，是有利于克服困难、有利于调整、有利于生产发展、有利于满足人民需要的搞活，一定要做到活而不乱。”②

三是把“退够”和“前进”统一起来。

任仲夷始终是以积极的态度对待经济的调整与发展问题。他认为，根据广东的实际情况，我们的经济在调整中也应有一定的增长速度。否则就不能实现中央对我们提出的先走一步的要求，也不能解决人民群众日益增长的物质文化生活需要。因此，我们既要防止和反对不顾客观条件，盲目追求高指标的错误做法，又要反对借口调整而慢慢来的消极情绪。

关于进与退的问题，任仲夷提出：“在调整中应有退有进。应退的要退够。但从整个国民经济来讲应当是进的，不应当后退，特别是生产上应该前进。讲‘退够’是指某些特定的方面。如基建规模，行政开支要退够。现在该退的要退，该退而没退的可能还有，但该进而没进的更多。特别是工农业生产。处理不好，把退和进等同起来，或把退当成主要的，不行。”③ 他坚持要在调整中前进。“退够”只是指超过财政负担能力的基本建设和某些特定的方面，除此以外，各条战线的生产都不存在“退”的问题，特别是农业、轻工、能源、交通、科学教育和住宅建设等方面，要在战胜困难中前进。要充分利用广东的优势，充分利用中央给我们的特殊政策，充分利用外资，充分利用外汇，争取把广东的建设搞得更快一些。

他强调指出：“总之，我们的目标是，通过调整，退够站稳，扬长避短，使广东的经济更稳定、更健康、更活跃。做到收支平衡、物价稳定、经济增长、生活提高，迎来更大发展的新局面。”④

---

①张岳琦，李次岩：《任仲夷论丛：第二卷》，广东人民出版社，2000 年，第 167 页。
②张岳琦，李次岩：《任仲夷论丛：第二卷》，广东人民出版社，2000 年，第 169 页。
③张岳琦，李次岩：《任仲夷论丛：第二卷》，广东人民出版社，2000 年，第 178 页。
④张岳琦，李次岩：《任仲夷论丛：第二卷》，广东人民出版社，2000 年，第 177 页。

正是由于广东在全国经济大调整的几年中实行了灵活变通的策略，坚持有退有进，使广东经济保持了平稳较快增长的态势。不仅工农业总产值的增长速度高于全国，而且各方面的建设都明显加快。1983 年，全省用于技术更新改造的资金比 1978 年增长 9 倍，并利用外资 11.5 亿多美元改造了一批老企业，建设了一些影响重大的公路、桥梁、港口、电厂、矿山。这些建设对广东经济社会的发展发挥了重要作用。

第二节 狠抓各产业的发展

国民经济是由各个产业所构成，加快广东经济的发展，也要具体地体现在各产业的加快发展。因此，任仲夷到广东后，不仅从战略上推进整体经济的快速发展，而且深入各个行业进行调查研究，抓主要矛盾，帮助解决各产业发展中碰到的实际问题和困难。

一、狠抓工业企业经济效益

工业是主导产业，广东经济能否加快发展，在很大程度上取决于工业的发展。在财政大锅饭的旧体制下，各级地方政府和企业通常是把主要精力用于如何完成生产任务，一般不大讲究生产成本和经济效果。而中央对广东实行特殊政策和灵活措施的重要内容之一是实行财政大包干，这就从客观上要求广东的经济发展不仅要做大产值的“堆头”，还必须讲求经济效益。因此，任仲夷在促进工业企业加快发展的同时，十分强调要狠抓经济效益，并提出许多重要的指导性意见。

1981 年 1 月，任仲夷在省党代会上提出，要狠抓经营管理，提高经济效果。他认为：“生产效率低、产品质量差、损失浪费大、资金和物资严重积压等问题的存在，都和经营管理水平不高有直接关系。这是一个必须引起高度重视的大问题。从眼前看，加强经营管理是增收节支，克服财政困难的最现实有效的办法。这方面的潜力大得很。”① 他还给大家算了一笔账：“通过加强经营管理，工业成本每降低 1%，我省财政就能增收 1 亿多，今年如能把工业成本降低 3%，我们的日子就好过多了。”

1982 年 1 月，任仲夷又在广东省地市委书记会议上提出，全省的经济活动都要突出抓经济效益。他提出：“只有在取得较高经济效益的基础上，才能有真正的高速度。今后，我们考虑一切经济问题，都必须从提高经济效益出发，使我省经济更好地持续发展。”②

任仲夷对广东工业企业经济效益不高的问题进行了认真分析。他认为其中有客观因素和主观因素，而我们要着重解决主观因素造成的经济效益不高的问题。他提出要继续抓好企业整顿，特别要整顿好企业的领导班子。国有企业要认真执行国有企业条例。他指出：“我们的经济发展水平还比较落后，如果没有较高的速度就不可能赶上先进水平。而不讲效益的速度是虚假的速度，是要不得的。所以，我们一定要在提高效益的前提下，力争较高的速度，要把速度和效益统一起来。”③ 针对当时很多地方国有企业亏损严重的问题，他提出，在经济工作中要突出抓好企业整顿和扭亏增盈。“经营性亏损企业，一定要限期整顿好。凡是没有前途的，办下去总要发生经营性亏损的企业，就坚决停办，能转产的可以转产。要向各个县讲清楚，不要硬去办那些当地没有条件办的企业，以致把县里有限的几个钱年年补贴到那些亏损企业里去。扭亏必须实行首长负责制，立了‘军令状’的，要算数。经营性亏损不能限期扭转的，党委书记和厂长要辞职或免职，不能马虎。”④ 设备陈旧、技术落后、产品老化是当时广东工业企业的普遍现象，不仅市县地方国有企业是这样，就连中央和省属企业也好不到哪里去。这种状况是产品成本下不来，经济效益上不去的重要原因之一。这个问题对于来自东北老

①张岳琦，李次岩：《任仲夷论丛：第二卷》，广东人民出版社，2000 年，第 73 页。
②张岳琦，李次岩：《任仲夷论丛：第二卷》，广东人民出版社，2000 年，第 311 页。
③张岳琦，李次岩：《任仲夷论丛：第二卷》，广东人民出版社，2000 年，第 320 页。
④张岳琦，李次岩：《任仲夷论丛：第二卷》，广东人民出版社，2000 年，第 337 页。

工业基地的任仲夷来说，心里是非常明白的。因此，他把技术改造和技术进步作为提高企业经济效益的重点为来抓，在各种场合的多次讲话中强调这个问题。他在一次省委常委会上的发言中，讲到“狠抓经济效益”时提到“每个企业都要根据自己的力量，积极进行技术改造。要千方百计搞新技术、新工艺、新产品，奖励职工的小发明和合理化建议，广泛开展技术革新活动。”① 就在这次发言中，他专门讲了狠抓技术进步的问题。他认为，对技术改造，我们要进一步把规划搞好，搞得更完善些，并要有条不紊地狠抓落实。要充分发挥全省科研机关、科研队伍的作用。工交部门和科研部门要更紧密地配合起来，组织好攻关，科研成果的推广和科技知识的普及。他还把技术进步与对外开放结合起来，提出“要利用我省对外更加开放的有利条件，积极引进先进技术。要组织一批人，专门调查了解全省已经引进了哪些先进设备和先进工艺（包括来料加工企业所引进的），然后组织力量进行消化吸收”。② 他还就企业人才问题包括如何充分利用现有的人才、到省外招聘人才以及自学成才等方面提出自己的看法。

1982 年 5 月 14 日，任仲夷在广东省委常委会上提出，我们在技术改造、技术革新方面，要不断前进。他认为广东省的工农业生产，特别是工业生产，到了必须在技术上狠下功夫的时候了。前几年发展生产，在很大程度上靠放宽政策，今后一个时期，为了继续发展生产，更多地要靠提高管理水平和提高技术水平。他还就如何推动技术改造提出抓好四件事，即“学、研、请、仿”。“学”就是从书本上、资料上，也可以派人出去学习先进技术。上海、北京、天津、辽宁，还有香港，经过批准，都可以派人去学。有些合作项目，在订合同时，要争取写上技术培训和技术学习的内容。“研”是自己研究。要重视自己的技术人才和技术成果，并要给科研人员和科研活动创造更有利的条件。“请”是针对需要解决的关键性技术问题，到外地去聘请专家，聘请技术人才。

①张岳琦，李次岩：《任仲夷论丛：第二卷》，广东人民出版社，2000 年，第 320 页。

②张岳琦，李次岩：《任仲夷论丛：第二卷》，广东人民出版社，2000 年，第 321－322 页。

"仿"就是对先进产品和先进的工具、设备进行仿制。广东省许多企业引进的设备和工具，其中有一些是比较先进的。应当组织全省技术力量和机械工业力量进行"技术消化"工作。这项工作做好了，可以推动我们的产品更新换代，提高我省产品的竞争能力。最后，他提出："在提高经济效益方面，在进行技术改造、技术引进方面，从上到下，从省厅到企业，都要有领导干部分工负责，一个厂一个厂、一个车间一个车间、一个产品一个产品、一道工序一道工序地具体抓，不抓出成效，决不罢休。"① 1983 年 2 月，任仲夷在广东省第五次党代会上再次强调要以技术改造推动经济发展，指出广东省经济的发展，今后若要更上一层楼，必须在继续实行正确政策、调动人的积极性的基础上，狠抓技术改造，以技术进步推动经济发展。他说："对现有企业进行技术改造，要以提高经济效益为核心，以节约能源和节约原材料为重点，下功夫改进产品结构，提高产品质量，更新现有企业的设备、厂房和生产工艺，合理利用资源，治理污染，推广行之有效的科技成果，增加短线产品的生产能力。"②

二、狠抓基础产业发展

在改革开放初期，广东的能源、交通等基础产业非常落后。电力供应严重不足，不仅生产企业用电无法满足，工厂通常每周要停三天电，即"开四停三"，就连照明用电也不能保证，省城也照样要分区轮流停电，家家户户都必备蜡烛之类的临时照明用品；交通发展也是严重滞后，全省只有京广和南宁到湛江这么两段几百公里的铁路，原材料运不进来，产品运不出去，车皮远远不能满足需要。公路运输也很不顺畅，特别是地处水网地带的珠江三角洲地区，几十公里路程要过几道渡口，从广州到中山要大半天时间。这种状况严重制约了广东经济的发展。任仲夷意识到能源短缺、交通紧张，已成为影响广东省整个国民经济的关

①张岳琦，李次岩：《任仲夷论丛：第二卷》，广东人民出版社，2000 年，第 339 页。
②张岳琦，李次岩：《任仲夷论丛：第二卷》，广东人民出版社，2000 年，第 340 页。

键性问题。广东省国民经济能否发展和发展的快慢，在很大程度上取决于这两个问题的解决程度，要顺利推进改革开放和发展经济，必须进一步加快能源、交通、通信等基础设施的建设步伐。

关于能源的问题，任仲夷首先要求从实际出发，要在抓好眼前的基础上长远规划。他还从开源、节流和合理调配等几个方面提出对解决能源问题的构想，指出："一要抓能源的增产。除尽可能增加火力发电和余热发电之外，要采取正确有力的办电政策，积极发展中小水电。除了国家办电以外，要鼓励社队集体办。对于影响农民办电积极性的政策问题（如电价问题），有关部门要通过调查研究，合理地加以解决。广东省每年如能发展一二十万千瓦中小水电，几年之后就等于一座核电站的装机容量，而且投资较小，能够逐年见效。二要抓能源的节约。这方面的潜力很大。要认真贯彻国务院的节能指令，制定具体的实施办法，要从政策上鼓励节约能源。三要狠抓能源的合理调配使用。在调整中，要把那些耗能特别高而产品又非社会所急需，或技术上、管理上落后的企业停下来，把那些被称为'煤老虎''电老虎'的落后设备停下来，把它们的燃料、电力调给耗能低的企业和设备使用，力求用最小的能耗取得最大的经济效益。"① 他还提出了能源发展的战略布局问题。指出近期抓什么，长远抓什么，必须有预测、有规划。他认为，节能一靠技术改造，二靠加强管理。从管理上说，除了抓一点一滴的节约，杜绝损失浪费以外，还有个合理安排生产的问题。他说："广东省汛期水电发得多，应当把耗电多的企业，如冶金、电石、化肥等，有计划地安排在二、三季度多生产。在能源开发方面，应当主要用来解决近几年的能源急需，努力开采。若干年之后，南海油田开发起来了，南北交通打开了，就有别的出路了。在电力方面，水电和火电有个布局问题。韶关电厂、沙角电厂要抓紧建设，核电站要积极争取，同时每年都要想方设法建设15万至20万千瓦中小水电。现有的中小水电站，水力有余的，还可以增加发电机组。小水电的配套工程、技术指导、经营管理都要进一

①张岳琦，李次岩：《任仲夷论丛：第二卷》，广东人民出版社，2000年，第172页。

步跟上。农村要大办沼气。”① 关于交通问题，任仲夷认为，交通落后，是阻碍进一步开放和开发的大问题。广东省有些地方长期闭塞、落后，一条重要原因是交通极不方便。任何一个地方，只有交通条件改善了，经济文化才能迅速发展起来。解决广东省交通问题，必须水、陆、空一齐上，大、中、小一齐上，国家、集体、个人一齐上。铁路和航空，除了争取和加快新的投资建设以外，都要挖潜，继续向经营管理、责任制和技术改造要潜力。公路，除了省里抓紧干线的改造和建设外，还要发动地方和群众来搞。广东省海岸线长，陆地上也是水多、河多，航运应是广东省的优势，必须大力发展国有航运业，同时鼓励集体、个人搞水运，允许发展水运专业户，积极疏浚河道，把大小河流搞畅通，使船只从山区直达平原，从农村直达城市，从广东的港口直达全国各主要港口，以利于搞活经济和对外开放。

为缓和当时交通运输紧张的状况，任仲夷提出要采取一些应急措施，大力发展海运、内河航运和公路运输，并要合理组织铁路运输，搞好铁路、水路、公路联运。

在如何发展广东交通运输的问题上，任仲夷提出了一整套战略构想。他认为，发展交通运输要全面规划，统筹安排，合理布局。继续加紧京广铁路南段复线和三茂线三水至腰古段的建设以及广深线的改造，抓紧穗（广州）龙（龙岩）铁路的勘察工作，争取利用外资兴建汕梅铁路。积极整治西江航道，加快码头建设。有计划地改造广州至港、澳的公路，抓紧高速公路的可行性研究。

任仲夷非常关注广东公路渡口多的问题，提议引进外资参与一些重要的渡口建设。1984 年 11 月，顺德容奇大桥建成时，任仲夷亲自参加通车典礼活动并发表讲话，他说：“修桥铺路，历来被认为是功德无量的好事。对于江多水阔的广东来说，现在建设桥梁，更是对外开放、搞活经济、发展旅游、加快社会主义现代化建设的迫切需要。党的十二大把发展交通事业列为社会主义现代化建设的战略重点之一，这是非常正

①张岳琦，李次岩：《任仲夷论丛：第二卷》，广东人民出版社，2000 年，第 312 页。

确的。就从我们广东来看，为什么至今还存在着此处买难、彼处卖难、商品流通不畅的现象？为什么有些地方一直闭塞、贫困和落后？原因当然是多方面的，其中一个重要原因就是交通不便。所以，无论是开放沿海城市，还是加快开发山区，都必须把交通建设放在重要位置上。有了桥，有了路，以及其他交通、通信条件，商品都能顺利流通，人员都能方便地往来，信息敏捷地传递。一句话，经济都能搞活，建设都能加快。应当从这样的高度，来充分认识和估价我们近年来狠抓建桥的重要意义。"① 正是在省委的高度重视和各地共同努力下，使广东在短短的几年时间里，就建成了几十座大桥，结束了广深珠等主要交通干线要靠摆渡过河的历史。

任仲夷对加快广东通信事业的发展也十分重视，他指出："为了进一步开放，通信条件也是必须优先解决的。广州的电话系统十分落后，这与广州所处的地位极不相称。在国家投资有困难的情况下，我们要积极利用外资解决广东的通信问题，应争取加快建设速度。"②

三、狠抓广东旅游业的发展

任仲夷不仅对加快物质产业发展的问题抓得很紧，而且对非物质产业的发展也非常重视。他在多次讲话中都涉及财贸、城建以及教育、科技、文化、卫生工作等如何发展的问题。旅游业也是他很关心的一个行业。他认为，广东发展旅游业有许多好条件，如毗邻港澳，四季常青等，这都是广东特有的有利条件。并指出，旅游发展了，商业、服务业、邮电、银行都要跟上。发展广东的旅游事业，也同其他经济工作一样，要结合我们自己的情况和特点，量力而行，尽力而为，敢于创新，稳步前进。广东的旅游事业应当发展得快些，为国家多创外汇，同时也创造经验，培养人才。

1981 年 9 月 3 日，任仲夷专门听取了广东省旅游局关于发展中国

---

①张岳琦，李次岩：《任仲夷论丛：第二卷》，广东人民出版社，2000 年，第 345 页。
②张岳琦，李次岩：《任仲夷论丛：第二卷》，广东人民出版社，2000 年，第 344 页。

式旅游问题的汇报。他一边听汇报，一边就如何发展广东旅游业的问题提出自己的见解。

关于旅游工作的方针问题，任仲夷认为，旅游工作要做到政治与经济相结合，名利双收，重视信誉。他指出："统一领导，分散经营，这是领导经济工作的原则，对旅游事业也适用。该集中统一的必须集中统一，不能各自为政，不能搞分散主义，不能提全民办旅游。但什么都由一家包办也不行。"① 他针对当时旅游行业管理比较混乱、旅游企业多、有的企业未经批准也在从事旅行社业务的问题，提出要整顿一下，对未经批准的要进行调查分析。搞得好的要总结经验，搞得不好的要吸取教训。可以合法化的就让它合法化，不要"一刀切"，一律关门也不行。

关于加强经营管理和提高服务质量的问题，任仲夷指出："要努力学习旅游管理这门学问。导游、翻译都要经过训练。他们应当具备比较广泛的知识，言谈、仪表、风度都要讲究。"② 他说，现在旅游商品太少，必须狠抓；旅游事业赚钱，主要是从旅游者的"吃""住""用""带"方面赚钱，很重要的一方面是向旅游者卖东西；山水风景本身收不了多少费；现在旅游者想买点称心的纪念品都很难买到；港澳同胞游七星岩连茶水、冰棒也买不到，他们批评我们不会赚钱。他还要求旅游部门要制止那些硬拉着外宾让买东西、兑换外汇券的现象，并要抓好清洁卫生和文明礼貌。

任仲夷对旅游业的人才问题非常重视，他询问了旅游局有没有办旅游学校，有没有这方面的讲师、教授后，提出："旅游部门的干部要注意革命化、年轻化、知识化、专业化。我们的干部年龄偏老，有不少人缺乏专业训练。深圳东湖宾馆港方派的副经理今年才 27 岁，他 15 岁开始当服务员，洗碗，后来读了七年书。经理是我们派的，57 岁，年近花甲，向人家学习业务，学会了也该退休了。培训人才，要两条腿走路，一是自己办专业学校，一是送到先进单位培训，到香港等地去学

①张岳琦，李次岩：《任仲夷论丛：第二卷》，广东人民出版社，2000 年，第 150 页。
②张岳琦，李次岩：《任仲夷论丛：第二卷》，广东人民出版社，2000 年，第 152 页。

习。我们要兴办培养旅游专业人才的中等专业学校，大专院校也要办。”① 他提出，除办正规学校外，还可以办些短期训练班。通过搞合资经营，可以学习外国和香港的管理方法。他还要求接待旅游者的服务人员要学外语，还要学会普通话，并要作为考核的一个科目。

任仲夷对于如何发展中国式的旅游有着自己独到的见解，他认为旅游是个大题目，值得研究。外国人到中国来，就是想看看中国特有的东西。中国不仅山川壮丽，而且有几千年悠久的历史和灿烂的文化，现在还有高尚的社会主义精神文明。通过旅游要让外国旅游者看到中国的文化和文明，扩大我国的影响。另一方面，也要照顾外国旅游者的生活和欣赏习惯，要考虑他们可以接受的程度和方式，不能强加于人。又要搞中国式的旅游，又要使外国人感兴趣，这就要创造点经验了。他指出：“既要宣传我们的文化，又要采取适当的方式，做到适当的程度。必须考虑不同国家和民族，有不同的文化要求和欣赏习惯，不要用我们的习惯和爱好强加于人。”② 他还举了戏剧和吃饭的例子来说明这个问题。例如日本的古典戏和古代日本人唱歌的那种特殊唱法，日本人看了听了很有兴趣，而我们就觉得不如听梅兰芳、马连良唱。同样，我们给外国游客光演京剧也不行。吃饭也是这样，中国饭菜不错，但不能天天让外国人吃中国饭，吃了多少顿中国饭，再给他们做一顿他们的饭，他们就会很高兴，感到像回到自己家里一样。我们到外国也有同样的感觉，西餐吃得多了，很想吃中国饭。他还认为，搞中国式的旅游，不仅要通过旅游宣传中国的历史和传统文化，而且要宣传中国的成就，宣传我们社会主义的精神文明。要让那些来我们这里旅游的人看到，中国人民在共产党领导下是精神振奋、生气勃勃、团结一致、不断前进的。办旅游事业要争取名利双收。名，不是个人的名，是中华民族之名，祖国之名。利，就是要赚外汇。旅游工作中的宣传，不是硬性说教，不是强加于

---

①张岳琦，李次岩：《任仲夷论丛：第二卷》，广东人民出版社，2000 年，第 153 页。

②张岳琦，李次岩：《任仲夷论丛：第二卷》，广东人民出版社，2000 年，第 150－151 页。

人，而是要把宣传寓于旅游过程的吃喝玩乐之中，要潜移默化地发生作用。

为进一步加快广东旅游业的发展，任仲夷提出：“发展旅游可利用外资，可以和外商搞合营，也可以和别的省、市搞合作，欢迎他们来经营。全国的山珍海味，各地的名菜，多得很。我们可以和各地合作经营，让旅游者在广东能吃到全国的风味，这就有吸引力了。”①

在任仲夷和省委、省政府的高度重视下，广东旅游业得到了迅速发展。从1981—1985年，全省投入了30多亿元，兴建和改造了一大批旅游饭店，从而较快地解决了困扰广东旅游业发展的吃住问题，大大提高了广东的旅游接待能力，使广东很快成为全国的旅游大省。广东在旅游接待人数、旅游总收入和创汇总额等旅游经济指标均名列全国前茅。

第三节　加快农村和山区经济发展

农村和山区经济在广东经济发展中具有重要地位。在党的十一届三中全会以后，广东农村经济的发展虽然明显加快，但是仍然不能适应经济发展的需要，农副产品供应严重不足，农民生活水平很低。山区经济也由于多方面的原因发展比较缓慢。如何加快农村和山区经济的发展自然成了当时省委必须面对的一个重大问题。任仲夷到广东一上任就把加快农村和山区经济发展的问题摆到重要议事日程，根据广东农村和山区发展的特点提出了许多对农村和山区工作有重要指导意义的经济思想。

一、完善政策调动广大农民的积极性

农业生产一靠政策，二靠科学，这可以说是改革开放初期的共识。

①张岳琦，李次岩：《任仲夷论丛：第二卷》，广东人民出版社，2000年，第154页。

任仲夷对此更是有一段精辟的论述。他说："发展农业主要靠两条：一是靠政策，一是靠科学。靠政策，主要是我们的方针、政策必须符合经济规律；靠科学，主要是我们在领导和指挥生产上，必须符合自然规律。我们对农业的领导，凡是按照这两条客观规律办事的时候，农业就能顺利发展，并且有较高的速度；反之，凡是背离或者严重违背了这两个客观规律的时候，农业的发展就会停滞，就会倒退，甚至受到严重破坏。实践是检验真理的唯一标准。上面这个真理，是为我们二十多年来多次的正反两个方面的经验所完全证明了的。"① 因此，他几乎在所有有关农业发展问题的讲话中都或多或少地讲到政策问题。

1981 年 1 月 22 日，任仲夷在全省地市县委书记会议上较系统地讲述了政策问题，他说："这两年农业生产的发展，主要是靠政策。现在国民经济实行进一步调整，想增加农业投资不现实，更要政策。群众讲：'政策对了头，生产不用愁。'这话的确很有道理。今后若干年内，要想把农业搞上去，使农村尽快富起来，不在政策上下功夫是不行的。各级党委，特别是县以上党委，都要认真抓政策。"② 他认为，抓政策，首先是要学习、宣传党中央自从十一届三中全会以来所制定的各项方针政策。通过学习，使各级领导干部从过去"左"的错误影响下彻底解放出来，真正从思想上、理论上理解党的政策。他还十分强调要落实政策，要求各级党委认真地坚持各项政策的执行情况，及时发现问题和解决问题。没有落实的一定要落实，没有兑现的一定要兑现。在政策上，必须取信于民。要防止出现"红眼"政策和"急眼"政策。所谓"红眼"政策，就是在形势好的时候，农业丰收了，增产的幅度比较大，有些部门一看如果按政策兑现，农民得那么多，就眼红了，就想修改原来的规定，多向农民要东西；所谓"急眼"政策，就是在形势发生困难时，粮食和副食品紧张了，账面上出现了"窟窿"，这时有些部门就急眼了，原来定的"包干""留成""奖励"都不算数了。他指出：

---

①张岳琦，李次岩：《任仲夷论丛：第二卷》，广东人民出版社，2000 年，第 425－426 页。

②张岳琦，李次岩：《任仲夷论丛：第二卷》，广东人民出版社，2000 年，第 405 页。

"不管是'红眼'政策，还是'急眼'政策，其结果都会失信于民，挫伤群众的积极性。"① 任仲夷还提出了检验政策是否正确的标准，他认为，抓政策，必须使每项政策的制定和执行符合客观经济规律，有利于发展生产和改善人民生活。"任何一项政策，制定和执行得是否正确，必须以群众是否拥护，是否能促进生产的发展，是否使国家和人民都能得到利益来衡量。能够实现这些要求的，就是正确的政策。"②

任仲夷非常强调要稳定政策。他认为，农村政策一定要稳定，凡是有利于生产发展、为群众所欢迎的政策，都不要轻易变动。他还指出："农业靠政策，一要靠政策的正确，二要靠政策的稳定。广大农民和农村基层干部，普遍赞扬十一届三中全会以来的政策好，同时又担心有变。保持政策的稳定，是广大农民的强烈心愿，是发展农业生产力的客观要求。折腾不得，折腾必然造成生产力的破坏。"③ 任仲夷对农村的对外开放也十分关注。他认为，实行特殊政策、灵活措施，在农村也应有所体现。他说："农业战线，也要研究如何利用外资、引进技术。农、林、牧、渔方面的许多优良品种，许多先进技术，我们应当引进。广东有这方面的方便条件，我们应当充分利用。在农业现代化方面，我们应当争取步子迈得快一些。"④ 依靠科学发展农业生产力。

任仲夷坚信发展农业要靠科学。他对依靠科学技术促进农业生产的问题非常重视。他认为，必须以极大的注意力，用科学技术武装农业。在充分发扬传统农业技术优势的同时，要广泛吸收和采用现代科学技术的成果，走投资省、耗能低、效益高和有利于保护生态环境的道路。他在各种场合从多方面讲述了农业科学技术的问题。

一是改良土壤的问题。1981 年 1 月 22 日，任仲夷在全省地市县委书记会议上的讲话中讲到农业要抓科学的问题，首先就是讲科学改良土壤的问题。他说："广东平均每人只有八分多田，复种指数高，地力消

---

①②张岳琦，李次岩：《任仲夷论丛：第二卷》，广东人民出版社，2000 年，第 406 页。

③张岳琦，李次岩：《任仲夷论丛：第二卷》，广东人民出版社，2000 年，第 414－415 页。

④张岳琦，李次岩：《任仲夷论丛：第二卷》，广东人民出版社，2000 年，第 413 页。

耗大。加上过去多年来对土肥科学的营养重视不够，致使土壤有机质下降到1%～2%，还有相当一部分降到1%以下，几乎变成了‘死土’。有些地方由于土壤板结，保水保肥力差，因而作物生长不良，结实率低，充实度差，产量不高。如果不在改良土壤上下功夫，农业很难有大的突破。提高土壤肥力的办法：一是大种绿肥，60年代全省绿肥曾经达到1000万亩；二是有计划地实行水旱轮作，不少地方利用低产的水稻田与花生轮作，既可以实现粮、油、钱三增加，又能提高土壤肥力，达到改土增肥的目的；三是要大搞各种农家肥，并积极发展沼气和薪炭林，使秸秆多还田。”①

二是改良品种的问题。1982年1月22日，任仲夷在广东省农科院与专家座谈时，专门讲了良种的问题。他说：“搞农业科学要把培育优良品种放到很重要的地位。良种能起很大作用。外国前些年搞‘绿色革命’，搞了种子。有了好的种子，农业就可以翻身。我们现在农业落后，种子落后是重要的一方面。”② 接着他讲了他在香港所看到的情形，内地的水果除了荔枝和天津鸭梨，其他都不行。我们运去的水果，果子越来越小，果汁越来越少，人家的越来越大，说明我们的品种落后。人家的品种越来越进化，我们是越来越退化。他认为，培育良种要加快速度。不仅荔枝、柑橘，其他各种水果都要培育良种。自己要培养，外国好的也可引进。除水果外，其他作物和猪、牛、鸡、鸭都要搞好的品种。农业要现代化，必须搞良种化。加上其他科学种田措施，良种加上良法，农业才能上去。他还指出：“培育良种——要培育、引进，因地制宜推广良种；创造良法——学习外国、外地的经验，也要引进，因地制宜地推广良法；总结良法——要认真总结农科工作好的经验，在搞好科研的前提下寻求生财之道。去年你们搞了100万元，1982年可否搞200万、300万？可以搞技术有偿转让、签合同、技术推广公司。”③

①张岳琦，李次岩：《任仲夷论丛：第二卷》，广东人民出版社，2000年，第407－408页。

②张岳琦，李次岩：《任仲夷论丛：第二卷》，广东人民出版社，2000年，第429－430页。

③张岳琦，李次岩：《任仲夷论丛：第二卷》，广东人民出版社，2000年，第430页。

三是推广农业科技。1981年11月5日，任仲夷在省委常委会上提出要搞好农业科学技术的推广问题。他指出："现在农民学习科学技术的积极性很高，但干部的水平和工作却跟不上。我们的科技推广工作要很好地适应农民渴望掌握科学技术的新形势。对少花钱或不花钱即可以推广的新技术，要积极推广。"①

1982年6月18日，任仲夷在全省地委农业书记会议上再次讲到推广农业科技的问题。他说："农业要实行现代化，必须大量采用新技术。农业也要重视技术引进。深圳光明农场就引进了一些先进的技术，不少同志看了都感到兴奋。已经引进的新技术，要积极消化。实际上，大面积的工作并不是搞什么尖端，而是普及现有的技术，包括各种传统技艺。例如，种菜好像很普通，但许多农民种不好，不如菜农。养鱼，都会养，但真正养得好的也不多。这类技术，都要普及推广。各地都要狠抓改良品种（粮、畜、禽、鱼、水果，都要改良品种）、改良耕作方法、改良农业机械、推广配合饲料等等。"②

四是农业科学布局问题。任仲夷认为，发展经济一定要抓好战略布局，农业也同样要抓好布局问题。1982年1月19日，他在全省地委农业书记会议上指出："总的讲，粮食生产不能放松，多种经营也要继续大力发展。农、工、副、商要互相推动，平衡发展，协调前进。"③几天后，他在与农科院专家座谈时又论述了农业布局问题。他给大家讲了胡耀邦同志对农业布局的看法，强调了粮食问题的重要性。他说："合理布局本身就是科学。对每种作物都要合理布局、优良品种、科学种植，产量就可提高一步，整个农业就可以有比较高的发展速度。"④

任仲夷对农业科研工作也非常重视。他提出，在可能的条件下，要尽量多拨一点农业科研经费，并应逐步使科研机构企业化，以科研养科研。他对科研机构的编制和科研人员的住房问题都亲自过问。他要求农

---

①张岳琦，李次岩：《任仲夷论丛：第二卷》，广东人民出版社，2000年，第412页。
②张岳琦，李次岩：《任仲夷论丛：第二卷》，广东人民出版社，2000年，第416页。
③张岳琦，李次岩：《任仲夷论丛：第二卷》，广东人民出版社，2000年，第313页。
④张岳琦，李次岩：《任仲夷论丛：第二卷》，广东人民出版社，2000年，第429页。

业科技人员要注重研究解决农业发展中的实际问题。他指出："广东省的农业，有许多科技问题需要我们去解决。比如，广东粮食的单产和总产怎样才能上得快一些？怎样才能使广东省粮食的产量既能上得去，又能稳得住？广东的甘蔗、水果、蚕桑等，怎样才能发展得快一些？广东的林业、畜牧、水产等多种经营怎样才能获得稳定而又迅速的发展？广东的生态平衡应当怎么办？这些都是摆在我们面前的重大课题，都需要我们研究出合乎科学规律的重大措施来。"① 他认为，很多从事农业科研和农业技术的同志都抱有钻研重大科研项目和攻克尖端技术的抱负和志愿，这当然是非常可贵的，应该受到鼓励。但都去搞尖端项目也不行。他希望科研人员要注意广大农民群众急于解决的一般项目和普通课题。

二、促进农业和农村经济全面发展

任仲夷不仅在农业生产上着重抓好政策和科学，还从多方面大力促进农业和农村经济的发展。他认为，抓农村工作，各条战线，各个部门，思想要一致，步子要协调。农业是个综合部门，不能只搞粮食，要发展多种经营，要搞工副业。他希望各条战线都要关心和支持农业。不仅农业部门要做好工作，工业、财贸、科技、文化教育等各部门的工作都要跟上去。他还在一次省委常委会上提出，各级党委和政府都要加强对农业领导，指出："有关农业的大政方针、重大措施、长远规划等重大问题，党委都要讨论。同时要发挥政府和各个职能部门的作用。"② 为把农村经济尽快搞上去，任仲夷提出要大力发展农村商品生产，使越来越多的农业产品商品化。他指出："我们要采取适当的政策，大力促进农村经济由自给自足的自然经济向商品经济发展，不断提高农产品的商品率。现在全国十亿人口当中，有八亿是农业人口。这么多人从事农业，就是因为我们的农业生产商品率太低。农民除了自食自用之外，能

①张岳琦，李次岩：《任仲夷论丛：第二卷》，广东人民出版社，2000 年，第 431－432 页。

②张岳琦，李次岩：《任仲夷论丛：第二卷》，广东人民出版社，2000 年，第 437 页。

够拿出来作为商品的农产品太少。过去由于受‘左’的影响，不是鼓励商品经济，而是害怕商品经济，连农村老太太多养几只鸡，多卖几个鸡蛋都不允许。在这个问题上还存在模糊认识的同志，都要自觉地转变认识。各行各业的同志都要支持、鼓励、帮助农村发展商品生产。流通领域的各个部门，特别应当起促进作用。”① 他还就农业生产商品率提高以后，如何解决销路问题提出三个办法：一个办法是国营商业和供销社加强收购工作；再一个办法是帮助农民发展农工商、产供销相结合的经济；还有一个办法是允许个体运销、个体贩运或自愿组织合作贩运。与此同时，他还提出，在农户从事专业承包以后，各种服务工作必须逐步实现社会化。例如技术指导、良种培育、农机修理、植物保护、禽畜防疫、信息咨询、运输保障甚至会计统计等，都要有社会化的专业公司来服务。他要求省、地、市、县各有关部门，都要自觉地适应农村经济发展的新形势，主动抓好各类经济技术服务工作的社会化。他把这种通过承包专业化、农产品商品化和经济技术社会化的途径，将自然而然地把各个农户和农村的各项生产事业有机地结合成一个合作的整体，并同整个社会主义国民经济紧密地联系起来的这样一个模式，描绘为是“新型的社会主义农业合作经济”。

在如何发展农业和农村经济的具体问题上，任仲夷也提出了一系列的有重要指导意义的意见，尤其是有关经营管理、重视人才以及拓宽生产领域等方面的观点，至今仍然管用。

关于经营管理的问题，任仲夷认为这是必须引起高度重视的大问题。如果经营管理跟不上，即使有钱、有物、有技术，也不能充分发挥作用。他提出，经营管理要紧紧围绕提高经济效果做文章。他以当时农业生产大量施用化肥、农药为例，分析了许多地方增产不增收的原因。他指出，施肥用药，一定要讲究科学，往哪里施用、何时施用、施用多少，都应进行比较精确的计算和进行经济对比，以免造成浪费，并提倡多施农家肥。他还指出：“在经营管理方面，当前除了加强生产技术管

①张岳琦，李次岩：《任仲夷论丛：第二卷》，广东人民出版社，2000 年，第 422 - 423 页。

理外，要重点抓好财务、物资、劳动管理，千方百计杜绝人力、物力、财力的浪费。要通过科学的管理，做到人尽其才，物尽其用，财尽其值。”

关于人才问题，这也是任仲夷十分关注的一个问题。他认为，科学和管理都要靠人才。有了人才，科学技术、经营管理水平才能提高，而科学技术的发展和经营管理水平的提高，又可以促进大批人才的成长。他深有体会地说：“许多事实说明，人才问题实在是太重要了。一个生产队，如果有一个熟悉生产，能组织、善谋划的队长，再有一个精明强干、精于计算的会计，这个生产队的发展就快，社员收入也高。有些生产队集体经济薄弱，长期‘三靠’，重要原因之一就是缺少好的带头人。对一个生产队来说，队长的重要性就不要说了，就是多几个能工巧匠，也能对改变生产队的面貌发生重要影响。”① 他认为，现在农村技术人才、管理人才尤其缺乏，我们要采取措施逐步改变这种状况。

关于拓宽生产领域的问题，其实质是要搞好多种经营的问题，这也是任仲夷大力提倡和多次提出的问题。他始终认为，要在努力增产粮食的同时，积极地、稳步地发展经济作物和多种经营。充分利用广东的有利条件，努力提高畜牧和水产养殖业在农业中的比重，使农业结构合理化。要向山、水、丘陵、滩涂进军，多种经营要在这些方面找出路。通过大力发展农业，要在不太长的时间内，争取使广东省蔬菜、肉、蛋等副食品和水果的供应得到改善，粮食和主要经济作物的产量显著提高，农民收入有更大增长。他指出：“每个县、社、队，都面临着这样一个战略性的任务：充分利用自然资源、劳力资源、智力资源，广泛开辟新的生产领域。只有广辟新的生产领域，多种经营，农村才能进一步繁荣起来，农民才能真正富裕起来。食物构成的改变，是发展的必然趋势。肉多、鱼多、奶多、蛋多，人们的粮食消费就会大大减少。所以从长远来看，解决吃饭问题，也不能只靠种粮食，还必须靠发展多种经营。”②

---

①张岳琦，李次岩：《任仲夷论丛：第二卷》，广东人民出版社，2000 年，第 409 – 410 页。

②张岳琦，李次岩：《任仲夷论丛：第二卷》，广东人民出版社，2000 年，第 417 页。

1982年7月20日，任仲夷还专门到省水产厅了解广东水产发展问题，并提出要运用政策和技术使广东水产发展快一点。他指出：“广东发展养鱼，有利条件很多。有些烂泥塘，种水稻不合适，产量很低，如果挖成鱼塘，就可以增加多少倍的收入；挖出的塘泥垫高田面，可以改造稻田，增产粮食，不仅是一举两得，而且是一举数得。”他认为，今后解决吃饭问题，不能仅仅在粮食上下功夫，要把粮食概念扩大，讲大粮食、大农业，逐步改变食物种类构成。除了继续抓紧水稻生产以外，还要大力发展肉、鱼、蛋、奶。他还就捕鱼、养鱼、加工保鲜以及水产业利用外资，引进技术等问题提出指导性意见。

在如何加快发展农村经济的问题上，任仲夷较早地提出了加快小城镇建设的问题。1981年11月5日，他在省委常委会上提出：“我们既要建设新农村，还要有计划地建设新城镇。把县城、公社所在地等小城镇建设好，使之成为农村经济、文化的一个个小的中心，对促进农、工、商、文教、卫生事业的发展大有好处，对实现农业现代化大有好处。因此，在讨论农村工作时，要充分考虑到新城镇的建设问题，要制定有利于小城镇建设的政策。我国有八亿农民，这是现状。但不能永远是八亿农民。将来也许只需要三亿，甚至还要少。那么其余的大批劳动力到哪里去？不能都进北京、广州这样的大城市。随着‘四化’建设的进展，工业、城镇人口会增加，但是大量的只能进小城镇。”① 对社队企业即乡镇企业的发展问题，任仲夷也非常重视。他认为这是缩小工农差别、城乡差别，实现农村工业化、城乡一体化的必由之路。

1983年6月，中共中央召开工作会议，研究集中资金保证重点建设的问题。在中共中央起草的文件中，提出了对社队企业征收较重的税收，任仲夷立即在会上发言，为减轻社队企业的税收呼吁。他说：“文件规定，对社队企业除征收累进税制外，还对税后利润征收能源、交通建设基金。一下子征收这么多，很可能要挤垮一批社队企业。从经济效益上讲，垮掉一批社队企业，未必是坏事。但是，对于社队企业的存

①张岳琦，李次岩：《任仲夷论丛：第二卷》，广东人民出版社，2000年，第413页。

在，不能只从经济观点上来看，还要从社会观点来看。首先，它关系到千千万万人的就业问题。特别是在那些人多地少的地区。每人平均只有几分地，很多人要靠‘离土不离乡’的社队企业来维持生活。如果这些人生活上找不到出路，就会影响社会安定。其次，目前社队企业普遍担负着大量的社会义务，如社队干部的补贴，民办学校的经费开支，照顾军烈属、五保户的费用，搞计划生育的钱，为保证城市蔬菜供应而给菜农的补贴，以及合作医疗补助费，等等，都出在社队企业身上。如果把大批社队企业搞垮了，就会出现许多目前还无法解决的新矛盾。而且如果大批社队企业被挤垮了，国家也就收不到那么多税了，算总账可能得不偿失。建议考虑可否对社队企业免征能源交通建设基金。”

正因为中共广东省委和任仲夷对发展社队企业的高度重视，南粤大地、特别是珠江三角洲，才出现了乡镇企业繁花似锦、一派蓬勃的可喜景象。

三、进一步解放思想，引导农民敢于致富

在改革开放前，生活贫穷是我国农村的普遍现象。为使广大人民尽快富裕起来，邓小平提出了让一部分人先富起来，先富带后富，最终实现共同富裕的富民理论。任仲夷完全拥护这一理论，并坚定地按照邓小平的富民理论指导广东的实践。当时，广东农村也和全国一样贫穷，就连经济条件最好的珠江三角洲农村，农民人均年收入也不过 200 多元，至于交通不便的山区就更是可想而知了。任仲夷到广东工作后，从打消广大干部和农民的思想顾虑入手，带领广东人民迅速走上了一条致富的道路。

1981 年 1 月，任仲夷在他到广东工作后召开的第一次全省地市县委书记会议上就提出要进一步解放思想，引导农民敢于致富：“我们要号召和引导全省农民尽快富裕起来。不要怕说富，要理直气壮地讨论和

解决敢不敢富、会不会富、让不让富的问题。”① 他认为，我们革命的目的第一步是要使劳动人民由奴隶变成主人，第二步就是要让劳动人民由穷人变成富人。在旧社会，剥削者富，劳动者穷，我们党领导穷人起来闹革命。但不能由此得出结论，任何时候都是越穷越好。他针对有的同志仍然担心，允许一部分人先富起来，可能会出现两极分化的思想，分析了什么叫作两极分化，指出一部分人无偿占有即剥削另一部分人的剩余劳动，剥削者的财富积聚越来越多，而以出卖劳动力为谋生手段的人却越来越贫困化，这叫作两极分化。在社会主义条件下，由于人们劳动的勤惰不同，能力和贡献大小不同，仍然会有一部分人因多劳而多得，生活比较富裕一些，而另一部分人的生活虽然也有提高，却不如前一种人显著。这种差别，在社会主义时期是不可避免的，也是合理的，决不应视为两极分化。在这个问题上，我们要进一步肃清林彪、“四人帮”的流毒和“左”的影响。过去长期宣传“越穷越革命”“富则修”，对人们影响很深，有的同志至今不敢理直气壮地说富起来。他特别强调要树立勤劳致富光荣的观念。他说：“在社会主义条件下，一个劳动者生活得富裕，说明他劳动得好，同时也说明他对社会的贡献大。反之，在同样的条件下，你的日子过得比别人穷，只能说明你劳动和工作不如人家好，不如人家勤俭。我在一个县里听说，那些收入上千元、上万元的农民，都是特别能干、特别勤俭的，他们起得早，睡得晚，干得多，不怕脏，不怕累。有趣的是，有些最富的户，家里摆设反而很简单，穿着也不讲究，连住房都腾出来养蚕、养蘑菇，自己宁肯住得挤一点。他们致富的诀窍，一是勤，二是俭。我看，这样的富是光荣的。社会主义制度允许人们通过劳动达到富裕，并为劳动致富创造了条件。粉碎‘四人帮’以后，我们的党中央提出要建设富庶的社会主义新农村。总之，让农民富起来，这不是奇谈怪论，更不是异端邪说，而是完全符合马列主义、毛泽东思想的基本理论，符合我们党的政策的。任何怀

---

①张岳琦，李次岩：《任仲夷论丛：第二卷》，广东人民出版社，2000 年，第 171 页。

疑、动摇都是不必要的，甚至是有害的。”① 任仲夷对劳动致富问题的鲜明态度对广东农村经济的发展产生了积极的影响，使全省农村迅速掀起了治穷致富的高潮。

任仲夷不仅在思想上帮助人们转变观念，打消各种顾虑，敢于致富，而且从多方面帮助农民致富。当一部分农民率先富裕起来以后，社会上出现了一些风言风语，也有些人开始患“红眼病”。这时候，任仲夷又及时站出来为劳动致富者说话。1982 年 7 月，他在广东省地委农业书记会议上指出：“农民靠辛勤劳动致富是件大好事，不能泼冷水。社员靠自己劳动养禽养畜，一年收入几千元，有的超过 1 万元。这有什么不好？不要一看到人家收入多就害怕，就眼红。对社员家庭养禽养畜，要继续给予鼓励和扶持。社员发展家庭畜牧业不是过了头，而是刚开头。要划清搞活农村经济同自由化的界限，防止有些人抓住农村出现的一些支流问题来否定经济改革的成果。”② 为了让农民放开手脚发展家庭养殖业，使更多的农民尽快致富，省里还专门作出决定，全面落实草地、牧场、滩涂、水面的所有权和使用权，凡属集体不能使用的地方，划给社员使用，并固定下来，长期不变。对专业户、重点户，允许他们不参加农业集体生产劳动，专门从事畜牧业生产；有关部门在资金、饲料、种苗安排和技术指导等方面给予扶持，并帮助打开产品销路。

任仲夷在鼓励和扶持一部分人先富起来的同时，还提出要切实做好对军烈属、“五保户”和其他生活困难的人的生活照顾工作，使他们的生活有保障。并认为“这是社会主义制度优越性的表现。只有执行十一届三中全会以来党的正确政策，把经济尽快发展起来，军烈属、‘五保户’和其他需要照顾的人才能得到更好的照顾，国家和集体才更有力量帮助他们”③。

①张岳琦，李次岩：《任仲夷论丛：第二卷》，广东人民出版社，2000 年，第 468 – 469 页。

②张岳琦，李次岩：《任仲夷论丛：第二卷》，广东人民出版社，2000 年，第 469 – 470 页。

③张岳琦，李次岩：《任仲夷论丛：第二卷》，广东人民出版社，2000 年，第 471 页。

广东农村在劳动致富的道路上，当时走在最前列的是各种类型的专业户。这些活跃在种植业、渔业、林业、饲养业、运输业、服务业等各种行业的专业户在农村经济发展中发挥了重要作用。多种类型专业户的大量出现，不仅迅速改变着农村的面貌，而且有力地推动着整个国民经济的发展。为此，任仲夷对专业户给予了高度评价。他认为专业户是农民共同富裕起来的先行者，是勤劳致富的模范，是农村先进生产力的代表，是农村经济改革的积极分子，是社会主义新型的农民。广东省委、省政府还专门为优秀专业户召开表彰大会，任仲夷在会上发表讲话，要求各级党委和政府要珍惜爱护和积极支持专业户这一农村发展中的新生事物。他强调，各部门、各行各业都要支持专业户，要保护专业户的合法利益；要消除“左”的影响，防止对富裕户产生的“红眼病”，不准随意侵犯专业户的合法利益，不许硬性摊派，也不能变相加重专业户的负担，并要为专业户发展生产提供服务；在各个方面尽量给专业户以支持和指导，通过服务的形式和农民建立多种合作关系。与此同时，任仲夷也提出要引导专业户健康发展，希望全省的专业户要在执行党的路线、方针、政策、在劳动创业、学习和推广新技术、改革和加强经营管理、关心集体、热心公益事业、对国家作贡献以及在精神文明建设等方面要走在前面。

四、加快山区经济发展

广东省大部分地区属于丘陵地貌，全省地貌大致是“七山、一水、二分田”。山区的面积和人口都占全省较大的比重。因此，山区经济发展的状况如何是事关全省大局的战略性问题。任仲夷来广东之前，胡耀邦等中央领导在接见他时也强调了发展山区经济的重要性。他到广东后，一直把山区的发展问题摆在重要的位置，多次到山区调研指导工作，使广东山区在改革开放中也得到了较快的发展。

1980 年 11 月 20 日，任仲夷到广东上任不到几天，在中共广东省地委书记座谈会上，他建议省委领导分工解决当前一些急迫的问题，第一个就是山区建设问题，把解决山区建设提到重要的地位。他建议省农委、林业厅和山区比较多的地区，对山区建设进行认真的调查，帮助山区解决政策问题和实际问题，总结一批治山造林的好典型。

1981 年 8 月，任仲夷和省委常委、秘书长杨应彬到韶关地区的韶关、佛冈、始兴、南雄、仁化、乐昌、英德、清远等市县检查工作。沿途他从九个方面讲了要切实搞好山区建设的问题。他要求各级领导要认真抓好十一届六中全会精神的传达、学习和贯彻；抓好“山、水、田”就是要分别抓好这三方面的生产，尤其是八分山。他说：“一分田主要是解决吃饭问题，八分山才是致富的基地。全省也是这样，不开发山区就富不起来。山里东西很多，开发山区，要搞好两个综合利用，一个是木材综合利用，一个是山区本身的综合利用。现在多是卖原木，这样不合算，就地加工，可以节省运输，安排剩余劳力，还可以使产值翻番。山区当然以林为主，但也不能以林为唯一，要大力开展多种经营，如松香、土纸、冬菇、木耳、生姜、药材、水果、茶叶、油茶、木薯乃至野生动物等土特产品都要经营好。山区水力资源丰富，要充分利用。”①他认为山区扩大水面也是有条件的，可以利用地势增加水面，有些地方稍堵一下就成了一个山塘，就可以利用它来发展小水电，灌溉农田，发展养鱼、养鸭、养鹅。更充分地利用田块，实行科学种田，把水稻种好，其他作物也种好，提高单产，使粮食和经济作物有个大的发展。他还希望山区要抓好生产，向生产的深度和广度进军，一业为主，突出重点，多种经营，全面发展。他认为，党委在指导生产上要克服单打一，不要把党委看成是农委，党委要实行全面领导，工、农、财都要管。过去，有些党委光抓粮食，实际上成了“粮委”，连农委也不是。现在要搞“四化”建设，农、林、牧、副、渔各业都不能搞单打一。不仅工、农、财要大发展，而且文化、科学、教育、卫生、体育等都要跟上。

1983 年 4 月，任仲夷在省委常委会上提出，发展山区要抓好三条。他说：“山区占全省面积的 70%，生产潜力很大。但是这些地方的工农

①张岳琦，李次岩：《任仲夷论丛：第二卷》，广东人民出版社，2000 年，第 443 页。

业基础差，生产落后，搞活经济的办法少，人才缺乏，商品经济不发达。因此，我们必须大力扶助山区，促进山区经济的发展。一是省里从财力物力上予以支持；二是对山区经济政策要进一步放宽；三是提倡经济发达地区同山区搞经济联合，向山区输送人才。这三条中，当前更重要的是第二条。为了放宽政策，就必须继续清除‘左’的影响。”①

1983 年 5 月，任仲夷在龙门县指导工作时指出，山区要富，必须努力开辟新门路。他说：“山区地域辽阔，资源丰富，生产潜力很大，致富门路很多。可以大力发展种植业、养殖业、编织业，还可以发展采集业。有的几年可以见效，有的当年就能见效，还有的当月就能见效。要努力开辟新的生产门路、新的生产领域，把眼光放开阔一些，办法再多想一点。这样，才能加快山区的发展速度。”② 他还提出，要搞好交通运输，可以自己筹钱来办；可以设想搞一个规定，谁建谁管谁收费。

在如何加快山区经济发展的问题上，任仲夷十分重视林业和植树造林工作，他提出要把林业工作摆上重要议事日程。他说：“三十年来，我省农业建设虽然取得很大成绩，为社会主义建设作出了贡献。但是，由于长期‘左’的错误和我们工作上的失误，森林遭到的破坏很严重。今年来，消耗量已超过生长量，如不采取坚决措施，森林还会继续减少。森林的破坏不仅使我省木材可伐资源濒于枯竭，而且造成许多地方水土流失日益严重，水源干涸，气候变劣，生态平衡受到严重的破坏。森林生长周期长，不同于庄稼，一朝砍下来，十年长不出。乱砍滥伐，实质上是吃祖宗饭，造子孙孽。破坏很容易，恢复是非常困难的。”③他说，我们必须从战略的高度来认识林业在社会主义现代化建设中的重要地位和作用。他强调，各级党委都要对林业切实加强领导；林区的地、县委第一把手都应亲自抓林业，并要建立专抓林业的工作班子，健全各级林业机构，并应尽其所能，在财力、物力、人力上给予必要的保证。

①张岳琦，李次岩：《任仲夷论丛：第二卷》，广东人民出版社，2000 年，第 448 页。
②张岳琦，李次岩：《任仲夷论丛：第二卷》，广东人民出版社，2000 年，第 449 页。
③张岳琦，李次岩：《任仲夷论丛：第二卷》，广东人民出版社，2000 年，第 452 页。

为解决山区发展林业的问题，任仲夷还提出了解决群众口粮和山区燃料问题的措施。对于群众口粮的问题，他提出五条办法：一是完善农业生产责任制，实行专业承包，联产计酬；二是提高科学种田水平，在现有土地上精耕细作，增加粮食产量；三是充分利用河滩、山沟，扩大耕地面积，把陡坡地退耕还林；四是利用山区特有的条件，开展多种经营，发展工副业，增产林副产品，增加社员收入，钱多了可以买粮；五是国家给予必要的支援，实行林、粮挂钩，补助社队林场专业队伍和速生丰产林业基地用粮。

对于解决山区以木材做燃料，大量森林资源被烧掉的问题，任仲夷提出，在有条件的地方，要尽量多搞一些煤，把烧木头改为烧煤，有水利资源的地方要积极发展中小水电，这是解决能源问题的一条重要途径。还要大力提倡办沼气，把推广沼气当作一件大事来抓，科研部门要帮助山区研究利用太阳能。实在需要烧柴的，要搞薪炭林，烧枝丫柴，不要烧好柴。由于任仲夷的大力倡导，继任中共广东省委书记林若、谢非的努力，中共广东省委、省政府的重视，全省广大干部和人民群众的辛勤劳动，广东省的绿化工作取得了极其显著的成绩。1985 年，广东省委、省政府提出“五年消灭荒山，十年绿化广东”的奋斗目标，仅仅五个春秋，全省绿化了 5000 万亩荒山，成为全国荒山造林绿化第一省。

第四章　民主建设：寻求运行新机制

随着社会主义市场经济的不断发展，社会主义物质和精神文明的不断提高，推进政治体制改革，实现政治民主成为摆在国家政府面前的现实任务。任仲夷敏锐地洞悉着这一切，指出："经济体制改革的核心（或者说目的）是发展社会主义的生产力；政治体制改革的核心（或者说目的）是发展社会主义民主。我们在经济改革方面，已取得举世瞩目的成就，如果在政治上发展民主方面也取得显著的进步，我们党的形象，在全国人民心中将更加光辉。我们党的威信，在全国人民心中将更加崇高。中国在国际上的威望，也将会更加提高。"① 所以，在中国共产党广东省第五次代表大会上，任仲夷强调："社会主义物质文明、社会主义精神文明、社会主义民主，三者是互为条件，缺一不可的。党在新的历史时期的总任务就是要把我国建设成四个现代化的，具有高度文明、高度民主的社会主义国家。"② 加强政治建设，是任仲夷的理论与实践的重要内容。在民主政治建设问题上，任仲夷做过多方面的探索，提出了中国建设社会主义民主的目标取向、制度模式、过程特征，系统地阐明了中国特色的社会主义民主建设的方略。可以说，任仲夷的民主政治建设思想及其实践中的经验，对于我们探索有中国特色的社会主义民主政治建设，起了重要的积极作用。

---

①向明：《任仲夷纵论发展社会主义民主》，见《同舟共进》，2000 年第 8 期，第 5－13 页。

②张岳琦，李次岩：《任仲夷论丛：第三卷》，广东人民出版社，2000 年，第 175 页。

第一节　坚持以经济建设为中心，推进政治建设

党的十一届三中全会以来，党中央就高度重视社会主义政治文明建设，把加强社会主义民主政治建设，作为我国社会主义现代化建设的重要任务。对此，任仲夷强调：政治建设必须坚持党的基本路线，把推进政治体制改革作为政治建设的要务，以正确处理人民内部矛盾作为政治建设的主题。

一、政治建设的原则：党的基本路线

政治建设必须紧密联系党的基本路线，这是我党政治建设思想的准则。进行有中国特色的社会主义建设，要以党的基本路线为指导方针，以达到经济建设与政治建设的统一。实践证明，有了一条正确的政治路线，是否坚定不移地贯彻始终，是党的事业成败的关键，也是党的政治建设成败的关键。任仲夷强调："中国共产党第十四次全国代表大会通过的《中国共产党章程》明确提出，'中国共产党在社会主义初级阶段的基本路线是：领导和团结全国各族人民，以经济建设为中心，坚持四项基本原则，坚持改革开放，自力更生，艰苦创业，为把我国建设成为富强、民主、文明的社会主义现代化国家而奋斗'。"①

1. 坚持以经济建设为中心

历史唯物主义认为，生产力是人类社会发展的最终决定力量，没有生产力的发展，就不可能实现社会的进步，也就不会有社会全面的发展。在科学社会主义发展史上，马克思、恩格斯、列宁、毛泽东都强调，革命成功后，要把重点放在经济建设上，改善人民的生活，为共产主义打下基础。邓小平也指出："我们的政治路线，是把四个现代化建

①向明：《任仲夷纵论发展社会主义民主》，见《同舟共进》，2000 年第 8 期，第 5－13 页。

设作为重点，坚持发展生产力，始终扭住这个根本环节不放松，除非打起世界战争。即使打世界战争，打完了还搞建设。”①

改革开放以来，我国经济建设取得了举世瞩目的成就，但就总体而言，生产力发展还很不平衡，经济实力与发达国家相比还有很大差距，我国正处于并将长期处于社会主义初级阶段。所以任仲夷强调，发展经济一刻都不能停滞，经济建设这个中心不能淡化，指出：“坚持四项基本原则，坚持改革开放这两个基本点，都是为了保证经济建设的顺利进行和生产力的不断发展作政治保证和创造条件的。围绕经济建设这个中心，两个基本点构成一个有机整体，不能只强调一方就忽视了另一方。”②

为了使党员、干部和群众树立以经济建设为中心的观念，任仲夷在多次讲话中从理论依据、客观依据、现实依据几方面，透彻地分析了以经济建设为中心的必要性，他认为，要始终坚持马克思主义的生产力标准；社会主义优越性体现在它的生产力要比资本主义发展得更高一些，更快一些，所以，社会主义阶段最根本的任务就是大力发展社会生产力；制定新时期政治路线必须从我国的实际出发，正确认识我国的国情和所处的历史阶段；正确认识和善于抓住社会主义社会的主要矛盾，找出正确解决矛盾的主要方法，这些是我们党制定政治路线的依据。

2. 坚持四项基本原则

坚持四项基本原则是我党长期以来一贯坚持的，是全党全国人民共同遵守的行为准则。只有坚持四项基本原则，才能保持社会主义建设的正确方向，为社会主义建设提供强大的精神动力和安定团结的良好环境。任仲夷指出：“四项基本原则是正式写入我们的党章和我国宪法的，是我们的立国之本，是我们实现现代化的前提，是党的‘一个中心，两个基本点’基本路线的一个基本点。作为基本指导原则，这四项基本原则我们过去坚持，今后仍然要继续坚持。”③

①《邓小平文选：第三卷》，人民出版社，1993年，第64页。

②张岳琦，李次岩：《任仲夷论丛：第二卷》，广东人民出版社，2000年，第127页。

③张岳琦，李次岩：《任仲夷论丛：第二卷》，广东人民出版社，2000年，第126页。

为了使党员、干部和群众牢固坚持四项基本原则的信念，任仲夷多次强调坚持四项基本原则的重要性，并提出要“在实践中坚持发展四项基本原则”。① 他认为孤立地强调以建设为中心是不够的，四项基本原则是立国之本，既要坚持但又不能僵化。四项基本原则的内涵要在实践中不断发展和丰富。“应根据今天改革开放的新形势，赋予每项原则新的时代内容，做出新的解释和说明，注入新意义。如果不能对这些原则赋予新的内涵，那就是思想僵化。而用僵化的思想去机械地、教条式地坚持原则，反而不是真正行之有效地坚持原则，而是放弃原则了。”②

3. 坚持积极改革、更加开放

改革开放思想是邓小平建设有中国特色的社会主义理论的重要组成部分，是基于对世界经济发展趋势的敏锐观察和中国社会发展历史及社会经济建设规律的反思所得出的科学论断。从国际形势看，自 20 世纪 50 年代以来，随着科技和生产力的发展，发达资本主义国家在经济、政治以及整个社会都进行了相应的改革，到现代此种情况仍在进行，因而使其社会经济保持增长的势头。可以说积极改革、更加开放是国际经济形势发展的客观要求。从国内形势看，改革虽然取得了一定的成就，但也经历了许多挫折和失误。尤其政治改革中出现了一系列问题。但“改革前进中产生的问题，必须在继续改革前进中去解决”。③ 所以任仲夷强调，坚持积极改革、更加开放。

为了使党员、干部和群众坚持积极改革、更加开放，任仲夷多次强调改革开放的长期性。认为社会主义要经过一个由不完善到比较完善，由不发达到比较发达的过程，经过改革，解决矛盾和问题，可以达到社会主义现代化建设的阶段性目标，但历史是前进的，社会是进步的，生产力在发展，新的情况、新的问题会出现，又会提出新的改革任务。所以，改革是长期的，改革就是要使社会主义制度不断完善，这是历史发

①张岳琦，李次岩：《任仲夷论丛：第二卷》，广东人民出版社，2000 年，第 126 页。

②张岳琦，李次岩：《任仲夷论丛：第二卷》，广东人民出版社，2000 年，第 126－127 页。

③张岳琦，李次岩：《任仲夷论丛：第二卷》，广东人民出版社，2000 年，第 138 页。

展的必然趋势。

二、政治建设的主题：正确处理人民内部矛盾

建设和发展社会主义民主政治的一个重要前提条件，就是要正确认识社会主义社会，就是要科学地分析社会主义社会客观存在的各种复杂矛盾，认识这些矛盾的性质、特点和规律，明确在社会主义条件下国家政治生活的主题。

1. 正确处理人民内部矛盾是国家政治生活的主题

如何认识和处理社会主义社会的矛盾问题，党的八大指出："国内主要矛盾已经不再是工人阶级和资产阶级的矛盾，而是人民对于经济文化迅速发展的需要同当前经济文化不能满足人民需要的状况之间的矛盾。"1957 年，毛泽东在《关于正确处理人民内部矛盾的问题》的讲话中，重申了八大的科学论断，并从理论上提出了区分两类不同性质的社会矛盾，把正确处理人民内部矛盾作为我国政治生活的主题。在中共十一届三中全会以后，工作着重点转移到经济建设上，任仲夷 1981 年在中共广东省委四届四次全体（扩大）会议上再次重申我国社会主义政治生活的主题是正确处理人民内部矛盾，指出今后要紧紧抓住一个中心、一个主题。一个中心，就是以经济建设为中心；一个主题，就是在政治生活中，以正确处理人民内部矛盾为主题。①

正确处理人民内部矛盾之所以是国家政治生活的主题，是因为它是社会主义的内在要求，社会主义的本质特征是人民民主，社会主义制度的建立，为人民民主提供了根本保证，但并不等于民主建设丝毫不受干扰。社会主义社会仍然存在许多矛盾，任仲夷指出：在"我国社会主义改造基本完成后，剥削阶级作为一个阶级基本上被消灭了，主要矛盾也就发生了根本性的变化，再不是无产阶级与资产阶级的阶级矛盾了，也并不像以往的阶级社会一样，以一种新的阶级矛盾代替旧的阶级矛

---

①向明：《改革开放中的任仲夷》，广东教育出版社，2000 年，第 8 页。

盾。这时的主要矛盾已不是阶级斗争了，在政治生活上大量表现为人民内部之间的矛盾。”① 所以，只有科学地分析社会主义社会客观存在的各种复杂的矛盾，指明这些矛盾的性质、特点，并把正确处理人民内部矛盾作为国家政治生活的主题，才能使社会主义民主按照社会主义内在要求健康发展。

2. 处理人民内部矛盾的重大意义

把正确处理人民内部矛盾作为我国政治生活的主题意义重大，它是关系到社会主义社会能否继续前进的根本性问题。任仲夷认为，不能把阶级斗争作为主要矛盾，否则就会破坏社会主义建设，断送社会主义的大好前程。“过去多次政治运动发生扩大化的错误，社会主义民主受到破坏，都与不能正确估量阶级斗争形势，夸大敌情，有直接关联。”②“我们过去所犯的错误，归根到底，就是没有认识这一点，没有坚定不移地把工作重点转移到以经济建设为中心的社会主义现代化建设上来，还继续提出并坚持以阶级斗争为纲，从而导致阶级斗争的严重扩大化。这就是我所说的犯了把阶级斗争作为主要矛盾看得太长的错误。”③

把正确处理人民内部矛盾作为我国政治生活的主题，适应了工作着重点转移到经济建设上的需要，从而使社会主义民主建设有了坚实的经济基础。正确处理人民内部矛盾，实际上是不断调整和改善人与人之间关系，调动人的主观能动性，这是调整不适应生产力发展的生产关系的一个重要方面，其结果必将有利于社会生产力的发展。

把正确处理人民内部矛盾作为我国政治生活的主题，为社会主义民主政治建设指明了方向。任仲夷认为，由于人民内部矛盾成为我国政治生活的主题，那么发展民主建设就是社会主义社会的内在要求。而充分发扬党内民主，健全民主集中制就是当前民主建设的重要任务。他指出：“要发扬党内民主，必须正确对待党内不同意见。党内分歧只能用讨论和争论的方法，遵循‘团结—批评—团结’的原则，而不能用专制和压服的办法，更不能用对待敌人的办法，动用专政工具，实行专

①③张岳琦，李次岩：《任仲夷论丛：第二卷》，广东人民出版社，2000 年，第 110 页。
②张岳琦，李次岩：《任仲夷论丛：第二卷》，广东人民出版社，2000 年，第 108 页。

政，甚至从肉体上加以消灭。”①

3．处理人民内部矛盾的方式方法

如何正确处理人民内部矛盾，任仲夷认为一是要大力发展生产力，为民主建设提供深厚的物质基础。因为现在我国社会的大量矛盾中，主要矛盾是人民日益增长的物质文化需要同落后的社会生产之间的矛盾，只有生产发展了，才能更好地安排就业、就学，增加社会福利，大量的人民内部矛盾才能比较顺利地得到解决。否则，人民的内部矛盾就将越积越多，经济问题就会发展成政治问题。二是充分发挥党内民主和人民民主，用民主的方法解决人民内部矛盾。就社会主义国家的性质来说，人民是国家的主人，在人民内部没有根本利害冲突，民主的方法是正确处理人民内部矛盾的根本方法。1979 年 2 月 11 日，在辽宁省革委会五届三次全会上，任仲夷就指出：“在学习贯彻十一届三中全会精神过程中，我们很有必要重温毛主席《关于正确处理人民内部矛盾的问题》和《论十大关系》这两篇光辉著作。……毛主席指出：‘凡属于思想性质的问题，凡属于人民内部的争论问题，只能用民主的方法去解决，只能用讨论的方法、批评的方法、说服教育的方法去解决，而不能用强制的、压服的方法去解决。’我们要解放思想，提倡充分发扬民主，要保障人民群众的民主权利，要对干部进行民主集中制的教育，特别是领导干部，一定要习惯于在充分发扬民主的空气中工作和生活。要让群众讲话，要注意倾听各种不同的意见，特别是反对自己的意见。”②

三、政治建设的要务：推进政治体制改革

政治体制改革是社会主义全方位改革的一个重要环节。随着向市场经济的过渡，经济体制改革取得越来越大的成绩，深化政治体制改革也越来越迫切，经济体制改革的推进向政治建设提出新的要求，要求政治体制不断变革自身的结构和功能，以适应生产力的提高和经济发展的

①②向明：《任仲夷纵论发展社会主义民主》，见《同舟共进》，2000 年第 8 期。

需要。

1. 积极推进政治体制改革

任仲夷指出，推进政治体制改革，加强民主政治建设，为中共十一届三中全会后的历次党代表大会所强调。从十二大开始，一直到十五大，每次代表大会报告中都有很大的篇幅讲这个问题。中央领导同志曾提出要“扩大开放，深化改革”。扩大开放包括对内、对外两个方面，深化改革包括经济、政治两个方面。现在的问题是我们深化政治改革的力度还不够，还不能适应国内外发展的需要，不能满足人民群众的愿望，离邓小平提出的政治体制改革目标还有很大距离。比之经济改革来说，政治体制改革的确显得滞后了。党的十五大提出要“继续推进政治体制改革”，这是完全正确的。我们要结合实际，有针对性地研究我国现在的生产关系还有哪些不适应生产力的发展要求，还有哪些上层建筑的环节不适应经济基础的发展要求。生产力发展了，经济基础变了，上层建筑的各个方面，包括政治、法律、文化、教育、道德、意识形态等，也要适应经济基础的变化而变化。生产力不断提高，经济持续发展，才能满足日益增长的人民文化、物质生活的需要，这是广大人民的最根本的利益。

任仲夷还指出，由于政治体制改革广泛地涉及各阶层、各集团的既得利益，包括社会权力的再分配、经济利益的再调整等等，所以说起来容易，做起来很难。可以说比经济体制改革更难。对此，我们必须有足够的思想准备，也要有正确的理论指导。特别是人事制度的改革，涉及干部究竟要做“人民的公仆”还是要做“人民的主人”的重大考验，很不容易。我们不能因为出一点问题，就停滞不前，甚至动摇改革，改革的历史趋势是不容逆转的，我们只有积极推进改革，才能解决前进中出现的问题。

2. 政治体制改革与经济体制改革要相互配合

由于我国的社会主义制度不是脱胎于成熟的资本主义制度，从它建立时便不可能十分完善，需要逐步发展、完善。因此十一届三中全会实现党和国家工作重点的转移时，就提出经济体制改革和政治体制改革的任务，以解放和发展生产力，实现社会主义现代化。可以说，政治体制改革始终与经济体制改革相伴而行。但由于过去我国经济文化落后，政治文明建设受到了一些限制，我们如果希望把我国建设成为高度发达的社会主义，就必须在大力发展经济、文化的同时，大力发展社会主义民主政治，建设社会主义政治文明。只有加强民主政治建设，深化政治体制改革，才能为社会主义经济建设提供广泛的力量支撑，才能使社会主义现代化建设获得重要的政治保证，才能推动社会主义现代化的全面发展。

所以，任仲夷在谈到政治体制改革与经济体制改革的关系时指出："我们高举邓小平理论伟大旗帜，不但要在经济改革上贯彻邓小平理论，在政治改革上也要贯彻邓小平理论。邓小平理论很丰富，包含建设有中国特色社会主义的经济、政治、文化和外交、军事等方面的论述。在社会主义初级阶段，政治改革和经济改革本应同步进行，如果不能同步进行，为了稳妥，可使经济改革先行一步，但政治改革也不能过于滞后，否则就会严重制约经济改革的发展。事实上，没有政治体制改革，经济改革也搞不好。上层建筑要适应经济基础，生产关系要适应生产力，这是不以人的主观意志为转移的客观规律。"①

过去，由于我们对民主宣传得不够，实行得不够，制度上有许多不完善，因此，继续努力发扬民主，是我们党今后一个长时期的坚定不移的目标。任仲夷在1983年2月3日中国共产党广东省第五次代表大会上的报告中也强调"实现高度民主是我们的一个根本任务"。他认为完整意义上的社会主义现代化建设，是包括经济建设、民主政治建设和精神文明建设在内的有机统一的整体，以实现富强、民主和文明为目标，三者应当全面协调地推进，不能偏废。只有加强民主政治建设，才能使社会主义现代化建设获得重要的政治保证，才能推动社会主义现代化的全面发展。这些睿智思想科学地阐明了民主与社会主义、民主与社会主义现代化的不可分性，为我们建立具有中国特色的民主政治起到了积极

①向明：《改革开放中的任仲夷》，广东教育出版社，2000年，第8页。

的促进作用。

3. 政治体制改革的核心是发展社会主义民主

党的十一届三中全会以来，邓小平就高度重视社会主义民主政治建设，并把建设社会主义民主政治的任务提到历史战略高度，确定为我国社会主义现代化建设的重要目标。1979 年，邓小平在党的理论工作会上，鲜明提出了“没有民主就没有社会主义，就没有社会主义的现代化”① 的著名论断。随着社会主义市场经济的不断发展，社会主义物质和精神文明的不断提高，实现政治民主化成为摆在国家政府面前的现实任务。1980 年，邓小平指出：“切实改革并完善党和国家的制度，从制度上保证党和国家政治生活的民主化、经济管理的民主化、整个社会生活的民主化，促进现代化建设事业的顺利发展。”② 邓小平把民主政治视为社会主义是否优越的重要尺度，指出：“我们进行社会主义现代化建设，是要在经济上赶上发达的资本主义国家，在政治上创造比资本主义国家的民主更高、更切实的民主。”③

任仲夷从政治体制的民主责任高度，强调民主政治建设的重要性，认为社会主义在本质上是优越于资本主义的。这是因为社会主义国家主权在民，人民群众是国家的主人是基本的制度规定，所以，政治体制必须履行组织人民当家作主、保障人民的基本权利这一基本的功能，但我国具体的政治体制还存在一些弊端，影响了它的民主功能的发挥，因此，任仲夷从政治体制的民主责任高度，强调：“政治体制改革的核心是发展社会主义民主。”指出：“民主不仅是方法问题，作风问题，而是健全社会主义国家制度的问题。是我们为之奋斗的、理想的、健全的社会主义国家在政治方面的主要内容、主要原则和根本目的。”④ “党在新的历史时期的总任务就是要把我国建成四个现代化的，具有高度文明、高度民主的社会主义国家。所以，实现高度民主，不仅是建设社会

①《邓小平文选：第二卷》，人民出版社，1994 年，第 168 页。
②《邓小平文选：第二卷》，人民出版社，1994 年，第 336 页。
③《邓小平文选：第二卷》，人民出版社，1994 年，第 322 页。
④向明：《任仲夷纵论发展社会主义民主》，见《同舟共进》，2000 年第 8 期，第 5 页。

主义现代化国家的重要条件，而且是我们的根本目标和根本任务之一。”①

第二节　逐步建立具有中国特色的民主政治制度

我们建设中国特色的社会主义，是要建设一个富强、民主、文明的全面发展的社会。建设中国特色的社会主义必然要求民主政治与之相适应。在社会主义现代化建设过程中，我国经济社会的整体不断进步，必然向政治体制改革提出新的更高的要求。这必然要求我们不断探索有中国特色的民主建设的目标和模式，探索民主的切实有效的实现形式，使社会主义更有吸引力、凝聚力和生命力。任仲夷指出：“中国人民在摆脱封建专制思想的束缚以后，民主政治才开始搞得起来。我们要从这一实际情况出发，解放思想，实事求是，坚持正确的思想路线，在实践中去探索，去创新，逐步建立具有中国特色的民主政治，并且不断地完善和发展。”②

一、社会主义的民主：中国民主建设的目标取向

一个国家社会政治进程的基本导向，是由其社会物质生活状况及社会阶级状况这一基本国情所决定。从我国社会的经济结构、政治结构、意识形态结构看，我国的国情决定了我国政治民主化进程的目标导向只能是社会主义。

1. 中国社会主义民主建设要坚持共产党领导

长期以来，中国共产党都是中国民主建设的主导力量。对此，任仲夷作了历史的回顾：“发扬社会主义民主是我们党领导和推动的，也只

---

①任仲夷在中国共产党广东省第五次代表大会上的报告，1983年2月3日。

②任仲夷：《推进政治改革，加强民主建设》，见《写在中国共产党八十诞辰之际》。

有在党的领导下才能实现。在新民主主义革命时期，我们党一直是民主潮流和民主运动的领导力量。早在五四运动中，信仰马克思主义的先进分子，就为‘科学和民主’的战斗口号进行了英勇的斗争。在井冈山斗争时期，毛泽东同志曾经强调指出：‘中国不但人民需要民主主义，军队也需要民主主义。’‘同样一个兵，昨天在敌军不勇敢，今天在红军很勇敢，就是民主主义的影响。’抗日战争时期，毛泽东同志提出‘民主是抗日的保证’，‘为民主即是为抗日’。当时我们党所领导的根据地就称为抗日民主根据地，根据地的政府就称为抗日民主政府，在取得全国政权以后，我们遵照毛泽东同志关于人民民主专政的理论来建设新国家。”①

任仲夷认为，20 世纪是人类社会大发展大动荡的世纪，也是社会主义事业风云变幻的世纪。20 世纪初，诞生了社会主义政权，经历了第二次世界大战，产生了社会主义和资本主义两大阵营。社会主义经历了从理论到实践、从一国胜利到多国胜利的蓬勃发展时期。20 世纪 90 年代初，苏联瓦解、东欧剧变、社会主义事业从高潮转入低潮。在经过艰难曲折的道路后，才展现出社会主义新的生命力。实践证明中国的社会主义事业建设要坚持共产党领导。任仲夷认为政治改革比经济改革难度大得多，没有共产党的领导，政治改革难以顺利进行。他在 2001 年指出：“中国共产党成立到今天已经有 80 周年了。在民主革命时期，它领导中国人民进行了反帝、反封建、反官僚资本主义的伟大斗争，取得了革命胜利，建立了新中国，获得了广大人民群众的热烈拥护。在中华人民共和国成立后的五十年，取得了重大成绩，但也经历了曲折道路，有过严重失误。”但“我们党一定会吸取过去的经验教训，不辜负人民的期望，再接再厉，勇往直前，继续领导中国人民，把祖国建设成为繁荣、昌盛、民主、文明的社会主义强国”。②

---

①向明：《任仲夷纵论发展社会主义民主》，见《同舟共进》，2000 年第 8 期，第 5 页。

②任仲夷：《推进政治改革，加强民主建设》，见《写在中国共产党八十诞辰之际》。

2. 发扬民主绝不是要照搬资本主义民主那一套

在中国的民主政治建设实践中，发展社会主义民主政治，应该根据我国的国情，靠自身的制度创新，而不是简单的制度移植或嫁接。所以发扬民主绝不是要照搬资本主义民主模式。

西方国家的政治制度作为西方国家政治运行的载体，是在西方社会特定的经济、政治、文化和社会环境中形成和发展起来的，它体现的是西方统治阶级的价值观，它不可能成为他国政治建设的最佳选择，所以，任仲夷指出："每个国家都有自己的国情，所以各国在政治体制和政权组织形式上也会有所不同，在政治体制改革中，不应也不可能强求一律，但也不能一概排斥其他国家政治领域的好东西。"①

任仲夷认为，反对全盘西化，并不是否定西方好的东西，"世界上各国凡是好的和对己有利的东西，我们都要学，都应该采取'拿来主义'；而凡是我们自己好的东西，都要继承并发扬光大之。其他国家的科学技术、经营管理可以'拿来'，他们管理国家、治理社会的某些好经验也应该吸取和借鉴。美国的经济基础和上层建筑也是统一的（对立的统一），既然承认它的经济发达，就得承认它在上层建筑领域也总会有一些可以借鉴的东西。孙中山在推翻清政府后，也学了资本主义的一套程式，诸如开会时的开幕和闭幕，议论问题时的提议和附议，决议问题时的投票和选举，以及少数服从多数，等等"。"我国即将加入世贸组织，在经济上同国际接轨。我们虽然不提政治上与国际接轨，但在实行民主政治方面，国际上也有一定的惯例，确有某些共同的'游戏规则'。这些共同的'游戏规则'，对每一个参加国际组织的国家都有约束力。在政治上和文化上，有不少事情和问题是不能用'姓社''姓资'一句话来截然分开的。有不少东西，既不能说就是'姓社'，也不

①任仲夷：《推进政治改革，加强民主建设》，见《写在中国共产党八十诞辰之际》。

能说就是‘姓资’，西方国家能用，中国也能用。但我们不搞‘全盘西化’。”①

任仲夷认为，在明确了要坚定不移地走适合我国国情的政治发展道路后，还要反对封建主义。这是因为“中国封建主义统治时间特别长，封建主义影响很广很深，可说是根深蒂固……中国人民在摆脱封建专制思想的束缚以后，民主政治才开始搞得起来”。所以，任仲夷强调，只有反对封建主义，才能真正解放思想，才能发展民主政治。②

如何反对封建主义？他提出：“第一，要从上到下，提高对批判封建主义重要性的认识。由于封建思想在中国的严重性和普遍性，在城市和农村各行各业，都应联系自己的实际，清除封建思想影响。在我们实行市场经济和实行法治的过程中，往往遇到地方保护主义和各种特权思想的阻挠，这些阻力的渊源，主要是来自封建主义。第二，为了正确、有效地批判封建主义，从上到下，都要认真学习，努力提高自己的理论水平和鉴别能力。”③

3. 根据社会主义初级阶段这个最根本的实际情况，发展现阶段切实可行的社会主义民主

毋庸置疑，民主政治的发展具有继承性和相互渗透性的特征，但民主政治的具体实现形式则是与一定民族和国家的社会发展水平、经济文化的发展水平、历史传统等所构成的国情紧密联系的。不同的国家因其各自的特点，产生不同的发展模式和国情，国情的多样性决定了民主政治的多样性。任仲夷也强调中国的政治改革必须根据社会主义初级阶段这个最根本的实际情况，发展现阶段切实可行的社会主义民主。

由于我国正处于且将长期处于社会主义初级阶段，所以，我们要从

---

①②任仲夷：《推进政治改革，加强民主建设》，见《写在中国共产党八十诞辰之际》。

③张岳琦，李次岩：《任仲夷论丛：第二卷》，广东人民出版社，2000年，第114页。

社会主义的实际出发，从初级阶段的实际出发，在进行民主建设的过程中，我们不但要进行机制完善、制度创新，更为重要的是要体现社会主义民主的本质要求，维护最广大人民群众的根本利益。任仲夷对社会主义民主的本质进行了透辟的分析和高度概括，他指出："社会主义民主，从本质上来说，应该比资本主义民主有更大的优越性。就我国情况看，人民民主是中国特色社会主义政治文明的本质特点，是社会主义政治文明的精髓和核心。"①

人民当家作主是社会主义民主的价值基础。社会主义民主是建立在以生产资料公有制为主体的生产关系基础之上，而生产资料公有制的制度功能的优越性就在于消灭了不平等的经济基础。所以在民主主体方面，社会主义民主的实质是人民当家作主。实践证明，劳动人民如果不能共同享有对生产资料的不同形式的所有权和支配权，就不可能获得管理国家事务和社会事务的权力，社会主义民主就是一句空话。所以，人民当家作主具有根本性的价值意义，它是社会主义民主的基础，实行人民民主，才能使各方面积极因素得到广泛调动，激发起人民的积极性和创造性，使社会充满活力，生机勃勃。1979 年 2 月 11 日，在辽宁省革委会五届三次全会上，任仲夷就指出："我们的国家，是无产阶级领导劳动人民当家作主的社会主义国家。我们国家的人民内部矛盾，是在人民利益根本一致基础上的矛盾。我们的社会主义民主，应当比资产阶级民主好很多很多。我们完全能够既保障人民享有充分的自由和民主权力，又避免无政府状态，避免破坏性的社会混乱。'我们的目标是想造成一个又有集中又有民主，又有纪律又有自由，又有统一意志又有个人心情舒畅、生动活泼那样一种政治局面。'这种政治局面，使党和国家较为巩固，较为能够经受风险，较易于克服困难，较有利于加快社会主义现代化建设。"

①向明：《任仲夷纵论发展社会主义民主》，见《同舟共进》，2000 年第 8 期。

二、中国特色的社会主义民主制度：中国民主建设的制度模式

中国的民主建设无疑要适合中国的国情，而国情是一个综合性概念，它是一定国家自然地理环境、社会经济发展状况及其历史文化传统等多种因素的总和。国情不同，民主建设的制度模式也会有所差异。由于我国是人民当家作主的社会主义国家，从中国具体国情出发，就要把人民民主作为中国社会主义民主政治制度的基本内容，把人民代表大会制度、共产党领导的多党合作与政治协商制度作为我国民主政治制度的基本形式。

1. 在国家性政治制度层面：完善人民代表大会制度

国家性政治制度是指具有直接强制性的制度，如政权、军队、司法等，它们构成政治制度的核心组成部分，政治制度最本质的东西就是国家政权机构。人民代表大会制度就是我国国家性政治制度层面社会主义民主政治制度的基本形式。人民代表大会制度是发扬社会主义民主，实现人民当家作主的根本途径。

人民代表大会制度是根据民主集中制原则建立起来的适合中国国情的社会主义民主政权组织形式，它已成为我国政治生活和社会生活、建立其他国家制度的基础和依据。任仲夷认为要完善人民代表大会的制度，一是把制度建设与落实结合起来。要完善选举法、代表法、组织法、监督法和全国人大议事规则等法律，从制度上形成尊重民意、民意至上的表达渠道；畅通人大代表的进出口渠道，制定人大代表辞职制度；加强人大代表与选民之间的良性互动，确立人大代表对选区选民的责任机制，畅通民意表达渠道。二是要进一步规范好党委与人大、政府、政协的关系，保证人大、政府、司法机关能在自己的职权范围内独立地开展工作。三是必须进一步健全权力监督与约束机制。进一步完善以群众舆论、新闻媒体、政协等为主体的社会监督与人大、检察院为主体的权力监督和执政党监督相结合的监督体系。根据我国的制度特点，我们特别要进一步强化宪法和法律的权威，特别要以严格的制度来规范和制约权力，特别要加强审计署、中央纪委等专门的权力机构以及新闻

媒体对各级权力机构的监督，从而有力地保护人民群众的根本利益。

2. 在社会性政治制度层面：发扬民主协商的好传统

社会性政治制度是构成政治制度的另一个基本方面，包括政党、群众团体、新闻媒介等有关制度，政党制度则是其中最重要的政治制度。共产党领导的多党合作与政治协商制度就是我国社会性政治制度层面社会主义民主政治制度的基本形式，共产党领导的多党合作与政治协商制度是实现民主政治的有效途径。

任仲夷再三强调要“发扬民主协商的好传统”，认为民主协商能够有效地应对利益多元化社会对党内民主提出的要求，在推进党内民主建设的同时，带动整个国家民主政治的发展。他指出，发展民主协商是我党的光荣传统，我党在马克思主义统一战线理论的基础上，确立了共产党领导下的多党合作和政治协商制度，建立了政治协商的具体组织形式和较完整的制度体制、运行机制，积累了一整套政治协商的经验和原则。我们发展民主协商的好传统，一是要加大民主监督的力度。“在现有国家架构中，充分发挥人民政协的作用，加大民主监督的力度，可以作为改革的一个切入点。毛泽东同志早就提出共产党与各民主党派要‘长期共存，互相监督’。人民政协是中国共产党领导的多党合作和政治协商的重要机构，有着深厚的政治基础和广泛的社会影响。如何改进政协民主监督形式，强化政协民主监督职能，是政治体制改革中值得认真探索的问题。”① 二是制定配套的协商程序。通过协商行为来密切领导干部和党员、党员与群众的关系，以增强党员、群众的主体意识，通过协商使广大人民群众的利益表达能够真正在执政党内顺利传达。

三、积极稳妥地推进民主建设：中国民主建设的过程特征

任仲夷认为，由于我国的社会主义制度时间还不长，我国民主政治的发展处于初级阶段，民主政治的历史起点滞后，所以我国民主政治将

①任仲夷：《推进政治改革，加强民主建设》，见《写在中国共产党八十诞辰之际》。

是一个长期的过程和渐进的过程。

1. 民主建设是一个长期的过程

历史唯物主义认为，任何社会现象都是过程的产物。从民主政治建设的实践可以看到，民主政治的目标是在民主政治建设的过程中逐步完善、实现的。虽然不同的国家民主政治建设的起点、实现的结果各不相同，但过程的长期性却是一样的。

从我国民主政治建设的现状看，我国民主政治建设的任务复杂而艰巨，不是在短时间里就可以完成的。由于我国的封建社会的历史特别长，民主的基础比较薄弱，虽然初步建立了社会主义民主政治建设的框架和体系，但民主政治建设还须不断探索、不断完善，尤其是民主政治制度建设的问题和难题，需要逐步加以解决。而且我国是一个农民大国，农民约占全国人口总数的70%，为9亿左右。自中华人民共和国成立后，中国农民的地位和处境有了极大的改变。尤其是改革开放以来，随着中国经济的飞速发展和社会的巨大进步，中国的农民也从中分得了实惠和利益，但由于历史、体制、政策、地域及农民自身因素等原因，造成了现实社会中的中国农村的民主政治建设基础更加薄弱，所以，中国民主政治建设是一个长期的过程。

2. 民主建设要有步骤自上而下地稳妥地进行

任仲夷认为，搞政治体制改革，加强民主建设，思想应该更解放一些，步子应该更大一些。但民主政治建设必须在中国共产党领导下，有步骤地、自上而下地、稳妥地进行，逐步完善，而不能采取急风暴雨的方式，毕其功于一役，想在一个早晨实现由旧体制到新体制的转变是不可能的。第一，要先易后难。例如，普选性质的一人一票的民主选举可先在村、乡基层搞起，条件成熟时再逐步推进。在有条件的地方，也应该允许在区、镇一级甚至更高一层，采用不同的办法进行试点。第二，可先从大家已经认同、有共识的几个方面搞起，如干部组织人事制度。实行限任制，彻底结束终身制。对各级党政领导人员的选举，在方法上，也应有所改进，如普遍实行不记名投票，逐步扩大差额选举范围。

对文职官员，要实行考试、聘用制，逐步建立科学的、合理的公务员制度。在这方面，领导上要以身作则，带好头。在退休年龄上不搞多重标准，以榜样的力量感召各级干部和群众。

第三节　努力寻求中国民主建设的运行新机制

任仲夷认为，社会主义民主的本质是人民当家作主。只有建立、健全民主运行机制，才能保证人民依法实行民主选举、民主决策、民主监督、民主管理，才能使国家的治理行为更好地体现人民的意志，代表人民的利益，从而有效地化解社会矛盾，实现长治久安。

一、制度建设——党内民主建设的新要求

建立社会主义民主制度，首要问题是发扬和扩大党内民主，党内民主制度是否健全，对国家民主、社会民主具有极其重要的作用，所以，制度建设是党内民主建设的核心内容，制度建设关系到党的决策的民主化、科学化。着眼于制度建设，通过不断推进制度化的进程来改革和加强党内民主建设，这是任仲夷民主建设思想的一个重要特点。

1. 制度建设是党内民主建设的关键

在现代民主政治建设中，民主制度建设具有根本的意义。制度文明的层次标志社会管理的成熟程度，是一个国家文明程度的集中反映。

民主政治制度的实质在于制约公共权力，共产党领导的人民代表大会制度、共产党领导下的多党合作与政治协商制度，是我国的基本政治制度。社会主义社会，由于其权力运行的出发点和根本点是实现和维护最广大人民群众的利益，其政治结构和制度在本性上是和谐的。从改革开放二十多年的实践可以看出，这一政治制度是符合我国国情的行之有效的政治制度。但具体体制的不完善，也可能造成权力运行的不规范，

任仲夷说："正如邓小平同志所指出的，'我们过去发生的各种错误，固然与某些领导人的思想、作风有关，但是组织制度、工作制度方面的问题更重要。这些方面的制度好可以使坏人无法任意横行，制度不好可以使好人无法充分做好事，甚至会走向反面……这个教训是极其深刻的。不是说个人没有责任，而是说领导制度、组织制度问题更带有根本性、全面性、稳定性和长期性。这种制度问题，关系到党和国家是否改变颜色，必须引起全党的高度重视'。"①

2. 健全民主制度是长治久安的保障

发展党内民主涉及的内容是多层次和多方面的，在当前最重要的是健全党内民主制度，做到以完备的制度保障党内民主。党的历史证明，党内社会的种种关系，一旦形成制度，就取得了确定性、稳定性和权威性，成为保障党内民主正常运行的有力工具。任仲夷强调要通过健全党内民主制度来保证思想建设、政治建设、组织建设和作风建设。围绕这一点，任仲夷从党的制度建设与国家长治久安关系的战略高度上，阐明了制度建设的重要地位和作用，他认为，党的制度建设是党的思想建设、政治建设、组织建设和作风建设的载体、依托和保证。国家的长治久安需要有健全的民主制度来保障，并且使这种制度不因某个领导人的改变而改变，不因领导人的看法和注意力的改变而改变。

3. 以制度创新推进党内民主建设

社会主义民主建设是一项复杂而艰巨的工程，制度建设是其关键。但由于制度不是给定不变的，它随着环境变化而变迁，制度诸要素或结构随时间推移和环境变化而发生改变。所以，只有进行制度创新，才能构建与社会发展相适应的制度及体系。才能从那些不合时宜的旧观念和旧体制中解放出来，吸纳人类民主政治制度的优秀成果，建立符合中国国情的新制度、新机制。

任仲夷认为，坚持体制、机制的创新，必须进一步坚持解放思想、

---

①《邓小平文选：第二卷》，人民出版社，1994年，第333页。

实事求是，必须以邓小平理论为指导，必须尊重党员和人民群众的首创精神，积极稳妥地推进党内民主制度建设。同时指出：“提倡创新，提倡‘敢为天下先’的精神，就应当实行‘一切经过试验’的办法。我们的试验希望成功，但也应允许‘敢为天下先’者失败。‘失败为成功之母’，我们切莫忘记这一条古训。”① 要按照宪法和法律，逐步扩大选任制的范围，减少委任制，实行限任制，彻底结束终身制。

二、规范化、程序化——民主集中制的新视野

健全党内民主生活要以民主集中制为基础，靠民主集中制来保障。削弱了民主集中制，就很难谈得上保持健全的党内民主生活制度。本来民主集中制是个原则问题，但实践中我们常常没有贯彻执行。所以，任仲夷认为规范化、程序化民主集中制，是健全民主集中制的关键。

1. 民主集中制是党的根本组织原则

民主集中制是我党的根本组织原则和组织制度，是社会主义民主建设的基础。民主集中制的思想，最早是由马克思、恩格斯针对无产阶级政党的组织建设提出来的。列宁则对民主集中制这一概念进行了明确界定。毛泽东将民主集中制原则扩大运用于国家的政治制度建设，奠定了我国社会主义民主政治建设的基础。毛泽东在此基础上，坚持和发展了民主集中制的思想。

任仲夷认为，健全民主集中制：一是要处理好民主与集中的关系。在民主集中制中，民主与集中这一对矛盾，是对立统一的辩证关系，二者是互相依存又互相制约的。党的十四大通过的《中国共产党章程》，把民主集中制概括为“民主基础上的集中和集中指导下的民主相结合”，就说明了民主与集中既互相依存又互相制约的关系。民主与集中两个方面，民主是主要的方面，是基础；集中是民主基础上的集中，没

①任仲夷：《推进政治改革，加强民主建设》，见《写在中国共产党八十诞辰之际》。

有民主就没有正确的集中。没有民主的集中，只能是专制和独裁，所以，民主才是民主集中制的本质的内容。二是处理好少数与多数的关系。少数服从多数，是民主集中制的一个根本原则。既然集中是在民主基础上的集中，而民主的基本原则和实质内容是少数服从多数，那么，集中的基本原则的实质内容也应该而且只能是少数服从多数。所谓民主基础上的集中，实际上就是按照少数服从多数的原则进行集中。在民主集中制的“四个服从”中，每一条都贯穿着少数服从多数的原则。有些人一强调民主，就让无政府主义、分散主义和极端民主化出来作怪，一强调集中，就让个人专断、“一言堂”“家长制”抬头，这些都是与少数服从多数的精神实质格格不入的，曲解了民主与集中的辩证统一关系。三是处理好民主法制的关系。健全社会主义法制是发展社会主义民主的有力保证。民主制度再好，如无法律的保障，就会被人随意破坏，如一纸空文。因此，社会主义民主必须制度化、法律化。

2. 健全党内民主集中制是建设高度的社会主义民主的关键

任仲夷认为，党的思想路线是：一切从实际出发，理论联系实际，实事求是，在实践中检验真理和发展真理。我们不但在经济建设上，要根据我国的实际情况，走有中国特色的社会主义道路；在政治建设、民主制度以及其他方面，也要根据我国的实际情况，走有中国特色的社会主义道路。民主集中制就是我们党积数十年之经验创造的适合我党我国实际的一种优良的民主制度。我们应该坚持、健全、完善、发展这种被实践证明是正确有效的民主制度。

历史经验证明，党内民主生活是否正常，必然反映到整个社会民主生活方面来。在党内，我们一方面要反对分散主义、自由主义，在各级组织和党员中进一步加强组织性和纪律性；另一方面，也要反对“一言堂”、独断专行等不民主的现象。任仲夷强调，坚持民主集中制并使它逐步完善是非常重要的，是关系我们党和国家命运的大事。民主集中制是我党发扬成绩、纠正错误的组织制度保证，也是保证党密切联系群众、深入实际的有效手段。

3. 确保民主集中制的制度化、法律化

邓小平指出：“为了保障人民民主，必须加强法制。必须使民主制度化、法制化，使这种制度和法律不因领导人的改变而改变，不因领导人的看法和注意力的改变而改变。现在的问题是法律很不完善，很多法律还没有制定出来。往往把领导人说的话当作‘法’，不赞成领导人说的话就叫作‘违法’，领导人的话改变了，‘法’也就跟着改变。”① 任仲夷指出，为了改变这种不正常现象，为了保证我们党今后不再重犯“文化大革命”那样的错误，必须考虑如何使我们党的民主集中制真正体现为“党纪国法”，如何保证民主集中制在制度上得到很好的贯彻，就像公民必须遵守国家法律一样，任何党员，不论职务高低，如果严重违反了民主集中制的规定，都应当受到“党纪国法”的制裁，即使是党的高级领导人也不例外。为此，他提出：“必须进一步健全党规党纪，制定与党章中保障党员民主权利要求相配套的具体法规和条例，健全党的各级代表大会和党员大会制度，完善具体的选举制度、会议制度、工作制度、监督制度和民主生活制度等。”② 确保民主集中制的制度化、法律化。

三、实现基层社会生活的群众自治——基层民主建设的新路径

基层组织是指乡、镇或城市街道的人民代表及政府，是我国政权序列的底端，是社会主义的基础，扩大基层民主，是发展社会主义民主的基础性工作。任仲夷认为要使我国民主建设有历史性突破，搞好基层民主建设尤其重要，而实现基层社会生活的群众自治则是重中之重。

1. 基层民主建设是建设社会主义政治文明的基础

基层民主建设是社会主义民主政治建设的基础部分，它的发展和完善对于高层民主的发展具有推动作用。实现基层民主化，是实践社会主义民主政治的关键环节。国家政府通过社区民主化建设，把独立自主的

①《邓小平文选：第二卷》，人民出版社，1994 年，第 146 页。

②向明：《任仲夷纵论发展社会主义民主》，见《同舟共进》，2000 年第 8 期，第 5 页。

但较为涣散的公民个人重新整合于“非单位型”的社会组织结构中，通过发展社区民主政治，鼓励民众实践广泛而有序的民主参与，促使民众充分表达其个人偏好与利益诉求，从而推动基层民主政治进一步的发展。扩大基层公众的政治参与，实现基层民主化，可以通过民主的方式，形成一种公认的社会规则并付诸实施，让社区居民自己协调利益关系，化解矛盾纠纷和意见分歧，从而达到利益的调和，矛盾的消解，邻里的和睦，社会的和谐。为高层民主建设创造一个良好的社会环境，从而起到促使社会安定有序的政治作用。

我国改革开放以来的一系列政府体制改革直接推动着基层民主化进程。改革开放以来，我国以经济体制改革为主导，进行了政治经济制度的综合变革与创新。十一届六中全会于 1981 年 6 月 27 日通过的《关于建国以来党的若干历史问题的决议》提出，逐步建设高度民主的社会主义政治制度，使各级人民代表大会及其常设机构成为有权威的人民权力机关，在基层政权和基层社会生活中逐步实现人民的直接民主。改革开放以来，我国一共进行了五次大规模的政府行政体制和机构改革。每一改革都使得政府体制逐渐远离管制型政府模式，而趋近于给予公民更大政治民主的服务型政府模式。建设服务型政府为扩大基层民主空间提供了强有力的支持。所以，任仲夷认为，实现基层民主化，是扩大社会主义民主、建设社会主义政治文明的基础，是实现社会主义民主政治的关键环节。

2. 将民主扩展到社会生活各方面是实现基层民主化的重要途径

任仲夷认为，加强基层民主建设就是要将民主扩展到社会生活各方面。

改革开放以来，基层民主制度建设有了进一步提高，城镇公民的政治参与意识普遍增强，但由于封建传统政治文化根深蒂固，深深地影响着基层民主建设。对此，任仲夷指出：“在广大城乡，要普遍建立和健全居民委员会，发动群众制定乡规民约，实现基层社会生活的群众自治。要在实践中，使党员、干部进一步学会用民主的方法解决社会矛盾和工作中的问题，使人民群众用民主的方法进行自我教育和自我管理，根据社会主义民主原则建立人与人之间的平等关系和个人与社会之间的正确关系。"① 任仲夷认为由于我国是农业大国，建设农村民主政治就成为民主建设中的重要一环。要大力推动农村基层民主建设除了要增强农民民主意识、提高农民的文化政治素质，还需健全农民政治参与机制。落实党支部领导下的村民自治机制，建立"两委"联席会议制度，由支委、村委共同研究村务工作的重要问题。进一步完善农村人民代表大会制度，扩大农民在人民代表大会中的代表比例。健全以村民直选为内容的民主选举制度，完善以村民会议和村民代表会议为主要内容的民主决策制度。健全以村民自治章程和村规民约为主要内容的民主管理制度。完善村务公开为主要内容的民主监督制度。

任仲夷还指出："在各种基层组织中要进一步建立健全民主制度，大力倡导社会主义民主精神。"② 改革开放以来，公民的社会主体意识、政治参与意识普遍增强，但由于封建传统政治文化根深蒂固，深深地影响着民主建设的进程，表现在重权威轻个人、重人治轻法制，民主意识缺乏。随着政治实践的发展，大部分公民参与政治的动机已从纯粹关心个人利益到关心国家大事，并且参与的方式和手段增多，自主性参与的水平也有很大的提高。但目前仍有相当一部分公民参与政治是为了保护自己的利益而进行的问题性参与，缺乏自觉性、主动性。许多公民还没能把政治参与作为一种目标来追求，而是把政治参与当作实现其他目标的手段。所以，要大力推动民主建设。就要增强民主意识，提高公民的政治认知能力，知政、议政、参政的能力，使公民成为现代民主意义上的理性政治阶层。

3. 把健全基层民主运行机制作为基层民主建设的突破口

在民主的四个环节中，民主选举是基础，是充分体现广大人民群众意志的形式。高度的社会主义民主意味着广大人民群众实际享有管理国家和社会事物的一切权力。公民参与选举过程的广度和深度反映了社会主义民主政治发展的实际水平，实行完善的民主选举制，可以极大地提

①②张岳琦，李次岩：《任仲夷论丛：第二卷》，广东人民出版社，2000 年，第 114 页。

高人民群众的民主意识和能力，为中国的民主政治的发展奠定社会基础。但是，在中国社会主义民主进程中，民主选举仍然存在诸多问题，尤其是在基层，一些民主选举制度被大打折扣，影响了民主选举的质量。对此，任仲夷提出健全基层民主运行机制，首先要健全民主选举机制。尤其要完善党内民主选举制度。可从完善候选人提名制度、完善差额选举制度、完善党代表民主选举制度几个方面做起。①

健全基层民主运行机制，还须健全民主化决策机制。决策是党委和领导干部的基本职责，是实现群众利益的重要环节。决策的民主化水平的高低，不仅直接影响领导活动的实际效果，而且集中体现了一定社会制度下政治民主的程度。民主化决策的实质就是决策要由群众的大多数来决定。如何提高民主决策能力？任仲夷认为，在决策前，要深入实际，深入基层，深入群众，摸透民情，倾听民声，了解民意，使决策真正从群众中来，“真正耐心地听取各方面尤其是大多数人的意见，真正体现民主的意图”。② 在决策的执行中，要广泛发动群众，充分依靠群众，让群众来参与工作，让群众来监督工作，让群众来评判工作。

在健全基层民主运行机制中，民主化管理也是一个重要内容。随着社会主义实践的不断深入，社会阶层、利益关系、劳动关系均出现了新的变化，这就需要进一步提高民主管理工作的系统性、权威性、有效性。任仲夷指出：“工厂、企业、商店、学校和农村基层单位，都要按照有关规定逐步实行民主管理。”③ 一要完善职代会制度。职代会制度是职工民主管理的基本形式，是建设企业民主管理的重要制度平台。它使职工群众通过正当渠道、合法的途径参加企业管理。二要完善社区民主管理制度，明确各级职责，健全社区管理组织。

民主要靠监督来保障，监督是实现民主的途径，监督只有建立在民主的基础上才能实现真正的监督。民主监督机制指在民主监督的工作系统中合理的机构与可操作的制度有机结合所形成的规范化、程序化的运

①张岳琦，李次岩：《任仲夷论丛：第二卷》，广东人民出版社，2000 年，第 193 页。
②张岳琦，李次岩：《任仲夷论丛：第二卷》，广东人民出版社，2000 年，第 195 页。
③张岳琦，李次岩：《任仲夷论丛：第二卷》，广东人民出版社，2000 年，第 179 页。

作方式。中华人民共和国成立以来，我们党和国家非常重视监督机制建设，基本上形成了比较系统、多层次的监督体系，但“因为我们正从过去那种过度集中的旧模式中走出来，处于新旧体制交替过程中，民主还很不充分，法制还很不健全，未能建立一套新的管理监督机制”。

第五章　法治建设：改革开放的制度保障

任仲夷到广东省主持工作的1980年前后，正是中国社会处于重大历史转折的时期。1978年12月召开的十一届三中全会作出了把全党工作着重点转移到社会主义现代化建设上的战略决策，并在总结、反思中华人民共和国成立以来的基础上，提出了健全社会主义民主和加强社会主义法制的任务，强调“为了保障人民民主，必须加强社会主义法制，使民主制度化、法律化，使这种制度和法律具有稳定性、连续性和极大的权威，做到有法可依，有法必依，执法必严，违法必究”。加强各级人民代表大会及其常委会的建设，制定和完善用以维护公民权利、保障社会各项秩序的宪法和其他法律，恢复和加强法院、检察院和公安机关的工作，复查期间的冤假错案，成为当时法治生活中当务之急的几件大事。

在改革开放中“先行一步”的特殊性，使广东在平反冤假错案和重新进行社会主义法治建设之余，还需应对突如其来的激增的经济犯罪和刑事犯罪。临危受命的任仲夷以其大无畏的精神，带领广东人民走上了“杀出一条血路来”的崎岖路程，不仅在经济上取得重大成就，而且作为国家的“立法试验田”，在法治建设上也为国家作出了重大贡献。

第一节　拨乱反正，平反冤假错案

从后来复查的情况来看，到1986年3月底，仅法院系统，全国改判的冤假错案就达32万余件，约占复查案件总数的25.6%①。平反冤

①《中国法律年鉴》，法律出版社，1987年，第9页。

假错案，成为“文化大革命”结束后的一项重要工作。只有平反假案、纠正错案、昭雪冤案，才能不仅从思想而且从行动上完成拨乱反正的任务，为全党工作重点的转移营造一个安定团结的局面。

一、实事求是，纠正冤假错案

在党的十一届三中全会召开前，平反纠正冤假错案工作遇到了严重的阻碍。在这种情况下，任仲夷力排干扰，在其先后主政的辽宁、广东两省，领导和完成了平反纠正冤假错案的工作①。

1. 平反纠正冤假错案是拨乱反正的重要环节

正如任仲夷所指出的，平反工作在推进过程中出现三种情况。一是一些单位的领导同志对林彪、“四人帮”推行反革命路线，制造大量冤假错案的严重恶果和平反工作的重要性、迫切性，缺乏足够的认识，对上级党委的有关部署和受迫害者要求平反的呼声无动于衷，借口生产忙、工作多，不抓冤假错案的平反。二是经历了“文化大革命”后，一些领导同志对拨乱反正还心有余悸，路线是非不清，抱着宁“左”毋右的态度，不坚持党的原则，不去理直气壮地抓冤假错案的平反工作。三是少数部门和单位的领导权问题没有得到解决，帮派势力和对造成冤假错案负有责任的人，仍在那里拼命阻挠和干扰冤假错案的平反纠正工作，他们或者反对，或者拖延、应付，或者“抓辫子”、故意“留尾巴”，不进行彻底平反，甚至对受害者继续打击和迫害。②

---

①在粉碎“四人帮”后的1977—1980年，任仲夷曾任中共辽宁省委第二书记兼省革委会第一副主任，中共辽宁省委第一书记兼省军区第一政委。任仲夷曾多次提到，他在辽宁干过几件事，其中之一是冲破重重阻力，为被“四人帮”迫害致死的张志新等一大批冤假错案平反昭雪。据资料显示，至1978年10月底，辽宁全省共清查出集团性的冤假错案1300起，涉及4.4万人；个人冤假错案涉及6.28万多人。至当年年底，所有较大的冤假错案均得到了平反昭雪。见向明：《改革开放中的任仲夷》，广东教育出版社，2000年，第66页。本节所引述的任仲夷的观点，大部分出自这一时期。

②张岳琦，李次岩：《任仲夷论丛：第一卷》，广东人民出版社，2000年，第85－86页。

针对这些情况的出现，任仲夷要求各级党委高度重视，提高认识。他在不同场合反复强调纠正冤假错案的重要性，认为“决不能把冤假错案的平反，仅仅看成是受害者个人的问题，而应看到，这是肃清林彪、‘四人帮’的流毒影响，分清路线是非，拨乱反正的问题；是维护和落实党的政策的问题；是执行宪法、维护民主权利，促进安定团结的问题；是调动一切积极因素，建设社会主义现代化强国的问题。”他要求各级党委加强对平反工作的领导，强调“一定要下更大的决心，花更大的力量，以更坚决的态度，加快进度，加大步伐，做好这项工作”。①

2. 是否坚持和是否敢于坚持实事求是是平反纠正冤假错案工作成败的关键

冤假错案的平反纠正是与意识形态上的拨乱反正紧密联系在一起的，而对实事求是的强调和坚持，则体现在任仲夷主持的平反纠正冤假错案的整个过程中。正如他所说，十一届三中全会前后的拨乱反正，是一个“是是非非”的过程。所谓“是是非非”，任仲夷解释为“敢于肯定对的，敢于否定错的，也就是实事求是，并且敢于实事求是”。实事求是体现在三方面。

第一，要不要坚持实事求是。任仲夷认为，“要不要实事求是，说到底，是搞唯物主义，还是搞唯心主义的问题。这是马克思主义的最根本的理论问题”。“没有实事求是，对‘四人帮’的许多谬论就不能批、不敢批；没有实事求是，干部政策无法落实，大量的假案、冤案、错案也不可能平反昭雪”。因此，“坚持（实践是检验真理的唯一标准）这个基本原则，坚持实事求是，不仅在理论上是根本的拨乱反正，而且在实践上有重大的现实意义。我们要根据实践的检验，实事求是地分清什么是正确的，什么是错误的，什么是马克思主义的，什么是修正主义的，澄清被林彪、‘四人帮’搞乱了的路线、思想、理论是非。凡是被

①张岳琦，李次岩：《任仲夷论丛：第一卷》，广东人民出版社，2000 年，第 86 – 87 页。

实践证明是正确的东西，就要坚持；凡是被实践证明是错误的东西，就要坚决纠正过来”。[①] 在这里，他根据实践的观点、实事求是的观点，针锋相对地提出新的“两个凡是”，这对于当时正在进行的冤假错案的平反纠正工作，具有非常积极的指导意义。

第二，敢不敢于实事求是。任仲夷曾经感叹，“回顾粉碎‘四人帮’以来的斗争历程，我们各条战线的工作，每前进一步，都是坚持实事求是，对‘四人帮’歪曲毛泽东思想而设置的‘禁区’的一个突破”，[②] 都是敢于坚持实事求是的结果。敢于面对和否定过去的错误，敢于肯定今天认为对的观点和事物，这“需要有很大的勇气和胆量”，“要有王安石所说的‘天变不足畏，祖宗不足法，人言不足恤’的精神，因此要提敢于实事求是”。[③] 这是任仲夷从对他个人、对我们党、对我们国家、对我们社会主义事业历程的反思的结果，而他本身就是实践“敢于实事求是”的最好例子。大量的冤假错案，包括张志新、“广东地方主义”等冤案的平反昭雪都足以说明这点。

第三，如何坚持实事求是。对于“四人帮”制造的冤假错案，很多群众采取来信来访的方式要求解决。对此，任仲夷高度重视，要求各级信访部门和信访工作人员提高做好信访工作的自觉性和水平，并且特别强调，坚持实事求是，就是要以事实为依据，以政策为准绳。他强调：“来访者提出的问题，到底该不该解决，根据什么来判断呢？不能感情用事，也不能采取主观主义和官僚主义态度，而必须尊重事实，实事求是。对于每一个案件，首先要弄清事实真相，然后按照党的政策去处理。不能因为某个案件是自己定的，就怕丢面子，怕影响‘威信’，错了硬不改，该平反的也不平反。也不能因为是哪一位领导定的，或者是上一级定的，明知道该解决的也置之不理。我们的原则是实事求是，有反必肃，有错必纠，对的就坚持，不对的就改正。”[④] 群众观点和政

①张岳琦，李次岩：《任仲夷论丛：第一卷》，广东人民出版社，2000 年，第 51 – 52 页，第 75 页。

②张岳琦，李次岩：《任仲夷论丛：第一卷》，广东人民出版社，2000 年，第 52 页。

③张岳琦，李次岩：《任仲夷论丛：第三卷》，广东人民出版社，2000 年，第 4 – 5 页。

④张岳琦，李次岩：《任仲夷论丛：第一卷》，广东人民出版社，2000 年，第 100 页。

策观点体现在任仲夷对实事求是的坚持中。

在以习仲勋、任仲夷为首的广东两届省领导的坚持和努力下，至1983年3月底，全省法院系统复查改判冤假错案18 877件，公安机关复查纠正冤假错案10 154件，纪检部门平反的冤假错案中受处分的党员24 000名。① 这其中包括在全省造成广泛影响的“揪南路党”案、“松仔岭事件”等。这些冤假错案的平反纠正，正如任仲夷在中共广东省第五次代表大会上的报告中指出的，“增强了党和人民的团结，提高了党在人民群众中的威信，调动了各个方面的积极因素，为实现党的工作着重点的转移，齐心协力进行‘四化’建设，创造了重要的条件”。

二、加强法治，避免新的冤假错案

《关于建国以来党的若干历史问题的决议》在分析“文化大革命”之所以发生并且持续十年之久的原因时指出：“种种历史原因又使我们没有能把党内民主和国家政治社会生活的民主加以制度化、法律化，或者虽然制定了法律，却没有应有的权威。这就提供了一种条件，使党的权力过分集中于个人，党内个人专断和个人崇拜现象滋长起来，也就使党和国家难以防止和制止‘文化大革命’的发动和发展。”没有建立起一个高度民主的社会主义政治制度，这是“文化大革命”得以发生的一个重要原因。没有一个完备的法律体系，没有一个运作正常的司法系统，这成为特定历史条件下冤假错案产生的重要因素。因此，健全民主，加强法治，成为预防新的冤假错案发生的关键环节。

早在五届全国人大二次会议的分组讨论上，任仲夷就呼吁加强民主和法制建设，避免张志新式冤案的产生。在其晚年，有感于历次政治运动所造成的“刻骨铭心的切肤之痛”，任仲夷又多次提醒人们勿忘历史的教训。② 对民主的强烈关注，对政治体制改革的强烈呼吁，正是任仲

①《辉煌的二十世纪新中国大记录：广东卷（上）》，红旗出版社，1999年，第167页。

②向明：《改革开放中的任仲夷》，广东教育出版社，2000年，第194－202页。

夷为了我国不再重蹈历史的覆辙、防止新的政治性的冤假错案而作的努力。

1. 民主是解放思想和建设社会主义现代化国家的重要条件

从张志新冤案中，任仲夷深刻认识到，党内外民主横遭践踏，这是大量冤假错案得以发生的原因。在其晚年，在谈到如何坚持四项基本原则时，他还结合这段历史，指出："人民民主专政是在让绝大多数人民充分享有民主的基础上对极少数敌对势力实行专政的国家政权，它好就好在'人民'和'民主'这四个字上。但过去只讲加强专政这一面，不提实行民主的另一面，就是专政也是搞扩大化。林彪、'四人帮'搞什么'全面专政'，对人民群众不仅在政治领域，而且在经济、文化、思想领域上实行法西斯专政。"①

也正是有了这些深刻的体验，从 20 世纪 70 年代末开始，任仲夷就开始对我国的民主建设给予了特别的关注，呼吁经济建设和政治建设同步进行。② 他认为，发扬社会主义民主，绝不单纯是作风问题，而是健全社会主义国家制度的问题。国家是否巩固和强大，归根到底取决于能否充分发扬人民群众的主人翁精神，是否能够依靠人民群众管理和监督国家的事务。据此，他提出："实现社会主义现代化，必须同时实现政治民主。没有政治上的高度民主化，就不可能实现社会主义现代化。"③ 20 世纪 80 年代初，在中共广东省第五次代表大会上，他用了很大篇幅论述社会主义民主建设的重要性。他指出："社会主义物质文明、社会主义精神文明、社会主义民主，三者是互为条件，缺一不可的。党在新的历史时期的总任务，就是要把我国建成四个现代化的，具有高度文明、高度民主的社会主义国家。所以，实现高度民主，不仅是建设社会主义现代化国家的重要条件，而且是我们的根本目标和根本任务之一。"把民主建设放到与物质文明和精神文明建设同等重要的地位，强

①任仲夷：《再谈坚持四项基本原则》，见《南方日报》，2000 年 4 月 29 日。

②张岳琦，李次岩：《任仲夷论丛：第一卷》，广东人民出版社，2000 年，第 287 页。

③张岳琦，李次岩：《任仲夷论丛：第一卷》，广东人民出版社，2000 年，第 288－289 页。

调“三者互为条件，缺一不可”，这比 2002 年召开的十六大提出的“三个文明”建设早了近二十年。

1997 年党的第十五次全国代表大会召开前后，任仲夷的民主政治思想更加强烈和明晰，他提出的把政治体制改革写进报告的建议也得到了充分的重视。在这次党的代表大会上，他更是旗帜鲜明地提出“政治体制改革和经济体制改革应同步进行”的观点，并指出：“如果不能同步进行，为了稳妥，可使经济改革先行一步，但政治改革也不能过于滞后，否则就会严重制约经济改革的发展。”① 之后任仲夷在多次的公开发言中，均表达了对政治体制改革滞后的忧心，认为“上层建筑和经济基础不协调、不适应的问题，是当今一切社会问题的根本所在。”②

2. 只有加强社会主义法制，社会主义民主才有保障，公民的人身自由和民主权利才不会受到侵犯

健全的法制和良好的遵守是社会主义民主得以发扬和发展的基础和保障。正如任仲夷所说：“没有民主的法制……实际上是一种法西斯恐怖，是对人民民主权利的践踏，是对社会主义民主的彻底否定。”③ 因此，“为了保障人民民主，必须加强法制。必须使民主制度化、法制化，使这种制度和法律不因领导人的改变而改变，不因领导人的看法和注意力的改变而改变”④，这是最基本的前提条件。

任仲夷进一步指出，要加强法制⑤。首先，必须“有法”。必须通过立法“明确分清罪与非罪的界限，并把政治思想反动与有行为的刑事犯罪区别开来”⑥，把正常的意见表达与那种打着“自由”“民主”

①向明：《改革开放中的任仲夷》，广东教育出版社，2000 年，第 522－523 页。

②关山：《任仲夷谈邓小平与广东改革开放》，见《炎黄春秋》，2004 年第 8 期，第 15－16 页。

③张岳琦，李次岩：《任仲夷论丛：第一卷》，广东人民出版社，2000 年，第 18 页。

④《邓小平文选：第二卷》，人民出版社，1983 年，第 146 页。

⑤20 世纪 80 年代，由于本章第三节中提到的原因，普遍把“法治”所含意思吸收到“法制”一词中加以阐释。实际上，这里所要表达的，是“法治”而不仅指“法制”。

⑥张岳琦，李次岩：《任仲夷论丛：第一卷》，广东人民出版社，2000 年，第 292 页。

旗号进行的反党、反社会主义活动的犯罪行为区分开来。① 他指出，我们对证据确凿的杀人、放火、流氓、强奸等刑事犯罪分子，对打着“自由”“民主”旗号进行的反党、反社会主义活动，仍然要依法进行坚决的打击，特别严重的要处以死刑。但是，人们思考问题、发表和保留意见，是党章和宪法都保障的基本权利，不应视为犯罪。“即使政治上确实反动的，只要没有破坏行动，也应当区别于刑事犯，也不能处以死刑。”② 其次，必须依法办事。必须在广大干部、群众中进行社会主义法制的教育，增强他们的法制观念，使人人都懂得法律，遵守法律，维护法律，真正做到有法必依，执法必严，违法必究。他强调，“加强社会主义法制，要求我们各级党委和各级领导干部都要尊重和遵守法律，不能以领导者个人的意见代替法律”，即便是权威人物，他的一切活动，“都必须在宪法和法律的范围内进行，必须严格按制度规章行事”③。再次，必须严格依照法律程序办事。任仲夷一针见血地指出，有些人认为，只要是对“敌人”，怎么做都不过分，什么手段都可以用，违反法律程序也无所谓。他们在审讯中搞刑讯逼供甚至采取极不人道的法西斯手段，不公开宣判，不让本人看判决书，不让上诉。这样做的结果，是造成大批冤假错案。加强社会主义法制，要求即使是对待真正的敌人，也要严格遵守法律规定，包括实体和程序的规定，严禁刑讯逼供，坚决废除法西斯式的审查方法。“这绝不是什么右倾，恰恰相反，这是无产阶级力量强大的表现，也只有这样做才符合无产阶级的根本利益。”④

3. 必须保证领导权的被监督

任仲夷认为，科学严密的法律规定固然很重要，但更重要的是，第

---

①《辉煌的二十世纪新中国大记录：广东卷（上）》，红旗出版社，1999 年，第 538 页。

②张岳琦，李次岩：《任仲夷论丛：第一卷》，广东人民出版社，2000 年，第 292－293 页。

③张岳琦，李次岩：《任仲夷论丛：第三卷》，广东人民出版社，2000 年，第 179、185 页。

④张岳琦，李次岩：《任仲夷论丛：第一卷》，广东人民出版社，2000 年，第 294－295 页。

一，必须保证党对政法工作的领导。在中共广东省第五次代表大会上，任仲夷强调指出："加强社会主义法制，要求党委对政法工作切实加强领导，认真抓好政法工作建设和政法队伍的建设，培养更多政法人才，努力建设一支政治纯、作风好、业务精的政法队伍。"他特别强调，坚持和加强党对政法工作的领导与检察院、法院依法独立行使职权并不矛盾，"党委要支持检察院、法院依法独立行使检察权和审判权"。① 第二，必须保证这种领导权的被监督。任仲夷指出："一旦形成了不受任何监督和制衡的绝对权力，民主和法制（就会）遭到践踏，社会就难免陷于动乱之中。"② 他同时指出，"党要受多方面的监督，不仅有党对自己的监督，而且要受人民群众的监督，还要受民主党派和无党派人士的监督，还要受社会舆论的监督，还要受法律的约束。如何在全社会建立一个全方位多角度对党的监督机制，这是政治体制改革中的一大难题。但我认为，天下无难事，只怕有心人，我们在坚持改革中一定能找到正确解决这个问题的出路。"③

从党的十一届三中全会到现在，我国的民主和法制建设取得重大发展，加强党的执政能力建设被提到议事日程，这些都为避免历史悲剧重演、避免新的冤假错案的发生，奠定了坚实的社会基础。

第二节　完善立法，促进改革，防治犯罪

对于广东来说，20 世纪 80 年代的最初几年是一个非常关键的时期。1979 年 7 月，党中央根据广东省委的要求和邓小平同志的意见，决定在广东和福建实行特殊政策和灵活措施，在改革开放中先行一步，为全国探索新的发展道路。这一步走得好与不好，直接关系到十一届三中全会制定的路线、方针、政策是否能够得到落实，党的工作着重点是

①张岳琦，李次岩：《任仲夷论丛：第一卷》，广东人民出版社，2000 年，第 290 页。
②向明：《改革开放中的任仲夷》，广东教育出版社，2000 年，第 552 页。
③任仲夷：《再谈坚持四项基本原则》，见《南方日报》，2000 年 4 月 29 日。

否能够顺利转移，社会是否能够稳定的问题。在这过程中，如何发挥法制在管理社会、保障和促进经济发展中的作用，就显得十分关键。

一、加强地方立法，促进和保障改革开放顺利进行

改革开放初期，地方立法在推进和保障广东改革开放顺利进行的过程中扮演着十分重要的角色。尤其是广东作为在改革开放中“先行一步”的试验区，作为各类犯罪，尤其是经济犯罪的早发和多发区，其地方立法对国家立法更具有先行性、试验性和补充性的意义，对其他省市的立法工作也起到了一定的借鉴作用。

任仲夷担任广东省委第一书记期间正是广东地方立法的创立和初步发展阶段。在以他为首的广东省委的正确领导下，广东为适应改革开放的发展进程，制定了一批地方性法规，在地方立法的探索和实践中迈出了非常关键和重要的一步。

1. 健全法制首先要抓立法工作

中华人民共和国成立以后，由于对法制的重要意义认识不够深刻，对法制建设时而重视，时而放松，一些基本的法律，如刑法、民法、诉讼法等，都仍然处于起草阶段。因此，十一届三中全会后，在法制建设方面，从中央到地方，都面临着抓紧制定法律法规，从而推动我国法律体系的建立和完善的问题。

任仲夷非常重视立法工作，在中共广东省第五次代表大会上，他指出，“有法可依，有法必依，执法必严，违法必究，是社会主义法制建设的基本要求。根据这个要求，首先必须‘有法’。为此，除了认真执行国家统一的法律以外，还应加强地方立法工作，特别是要抓紧经济立法工作。应在调查研究的基础上，成熟一个，制定一个，以适应“四化”建设的需要”。作为省委书记，他非常支持省人大及其常委会的立法工作，在省五届人大三次会议上，他要求党的工作者特别是各级党委的领导同志，认清人民代表大会的性质，正确处理党的领导和人民代表大会行使立法权的关系。他指出，粉碎“四人帮”后，党领导人民进

一步健全了人民代表大会制度，其中一项重大措施，就是在县级以上的地方各级人大设置常委会，并赋予省、直辖市的人大及其常委会制定和颁布地方性法规的权力。这对于健全社会主义民主，加强社会主义法制，防止再次出现林彪、“四人帮”那样的坏人篡夺国家的领导权，保障我国社会主义制度的稳固，具有重大而深远的意义。他强调，“共产党员、党的工作者，特别是各级党委的领导同志，都要提高对人民代表大会制度的认识”，支持人民代表大会的工作，支持人民代表大会行使宪法和法律赋予的职权。他澄清了人大行使立法权与党的领导矛盾的错误认识，强调坚持党的领导绝不意味着由党委来包揽一切。他特别指出，党委不能代行人民代表大会的职权。任仲夷的这些论述，为省人大及其常委会包括立法在内的职能的充分行使创造了很好的条件和环境。地方立法成为这时期广东省人大及其常委会的最主要工作。

2. 抓紧制定经济法规，保障特区建设和其他经济活动有法可依

改革开放之初，广东省的地方立法面临比较好的机遇。首先，“先行一步”的实践使立法具有更大和更能发挥的空间。广东可以根据改革开放后出现的新情况、新问题，不断扩展新的立法领域，并在当时国家尚未制定法律的情况下，开展先行性立法，为全国制定法律、法规摸索经验。其次，1979 年 12 月广东省第五届人民代表大会第二次会议作出决定，省人民代表大会设立常务委员会，从而在机构设置上保障和加强了权力机关立法工作的开展。再次，作为特殊政策、灵活措施的实行者，广东具有更大的立法权。继 1979 年 7 月 1 日第五届全国人大第二次会议通过《中华人民共和国地方各级人民代表大会和地方各级人民政府组织法》，授权省级地方国家权力机关享有地方性法规的制定权后，1981 年 11 月 26 日第五届全国人大常委会第二十一次会议又通过了关于授权广东、福建两省人大及其常委会制定所属经济特区的各项单行经济法规的决议。这些都给广东带来了机遇，但同时也带来了挑战。

这个时期广东省的地方立法工作主要是从广东省的实际出发，初步探索广东省地方立法的路子和发展方向。同时，根据改革开放和社会管理的迫切需要，把在运用特殊政策、灵活措施进行“先行一步”实践

的成果，用地方性法规的形式固定下来，以保障社会经济的健康发展。

试办经济特区是广东省实行特殊政策的一项重要内容。但是，特区建设的道路并不是一帆风顺。刚开始的时候，不少人对办特区不理解，甚至提出种种非议，说这是搞“租界”，有损国家主权，也有人提出会“香港化”、资本主义化。针对这种情况，任仲夷在多个场合强调指出：“特区是在我们党和政府领导下办的，绝不会丧失主权。搞特区也不是走资本主义道路，不会损害社会主义，而是大大地有利于社会主义。”他进一步指出，通过建设特区，我们“可以更多更方便地引进外资、侨资，引进先进技术和先进设备；可以更好地学习外国在经营管理方面的先进经验，培养一批人才；可以更多地为国家积累‘四化’建设所需要的外汇；可以使特区这个局部地方加速实现现代化，为全省以至全国提供现代化的借鉴。还有一个深远的意义，就是可以稳定港澳人心和促进台湾回归”。① 为了保证特区建设有法可依，在 1980 年 12 月 12 日向谷牧同志汇报的会议上，他强调要加强经济特区的立法工作，要“组织落实，并立即着手去办”。②

由于指导思想的明确和广东省委的高度重视，这一时期广东省加快经济特区立法的步伐，并把建立和完善外商投资法律环境作为中心任务。从 1980—1985 年，广东省人大及其常委会陆续制定《广东省经济特区条例（代拟草案）》《广东省经济特区入境出境人员管理暂行规定》《广东省经济特区企业登记管理暂行规定》《广东省经济特区企业劳动工资管理暂行规定》《深圳经济特区土地管理暂行规定》《深圳经济特区商品房产管理规定》《深圳经济特区涉外经济合同规定》《深圳经济特区技术引进暂行规定》《深圳经济特区企业工会规定》《深圳经济特区抵押贷款管理规定》等单行经济法规 10 个，占立法总数的 39%。这些法规的制定实施，使经济特区的法规逐步配套，各项建设和管理工作逐步走上法制轨道，同时为引进外资和先进技术、保护投资者的合法权

①张岳琦，李次岩：《任仲夷论丛：第二卷》，广东人民出版社，2000 年，第 189、199 页。

②张岳琦，李次岩：《任仲夷论丛：第二卷》，广东人民出版社，2000 年，第 187 页。

益提供了法律保障。值得注意的是，1981 年通过的《深圳经济特区土地管理暂行规定》是在全国没有先例的情况下大胆探索而制定的，它在全国率先规定了土地使用权的有偿使用问题。《深圳经济特区商品房产管理规定》《深圳经济特区涉外经济合同规定》《深圳经济特区技术引进暂行规定》《深圳经济特区企业工会规定》《深圳经济特区抵押贷款管理规定》等法规，在全国来说也都是带试验性和首创的，为全国和其他省区的相关立法提供了有益的可供借鉴的经验。

3. 加强社会治安管理立法，为社会经济发展营造良好环境

改革开放极大地促进了广东社会经济的发展，但同时也带来了消极影响。最突出的表现是，随着门户的开放，资产阶级腐朽思想和腐朽的生活方式随之进入，卖淫嫖娼、制作贩卖传播淫秽物品、聚众赌博、吸毒贩毒、利用封建迷信骗取钱财、拐卖妇女儿童等违法犯罪活动重新出现并发展蔓延，经济的发展同时刺激了以盗窃为主要表现形式的侵财犯罪的大量发生，黑社会组织和特务组织也不失时机地进行渗透和破坏。在国家户籍管制放开，人口流动成为可能的社会背景下，这时期刑事犯罪开始表现出流动性的特点。这使广东省罪犯的构成发生变化，同时也使作为流动人口犯罪最初表现形式的流窜犯罪在犯罪构成中占据很大的比例。

面对社会治安的这种严峻形势，任仲夷高度重视，强调采取一系列措施特别是法制的手段予以整治。在中共广东省第五次代表大会上，当谈到要及时、有力地打击特务分子、反革命分子和其他刑事犯罪分子的破坏活动时，他特别指出：“现在进行阶级斗争、打击敌对分子，在做法上同过去有一个很大的不同，就是不搞政治运动，而是通过社会主义法制，运用法律武器来进行。这样既能稳、准、狠地打击敌人，又能保护人民的民主权利，有利于社会主义现代化建设的正常进行。”

1979 年制定的刑法虽然在打击犯罪领域解决了无法可依的问题，但是，由于当时制定刑法时社会经济文化发展不充分，刑法分则只有 103 个条款，一些必须追究的犯罪行为没有被纳入刑法的调整范围，没有被刑法分则明文规定为犯罪。另一方面，由于对有些犯罪行为具体分

析研究不够，规定得不够具体，不好操作，如投机倒把罪、流氓罪、渎职罪三个“口袋”，规定得都比较笼统。这使刑法不能完全适应打击犯罪的需要，特别是不能适应社会治安状况更为复杂的广东的需要。

在这种情况下，地方立法便充当了重要角色。这一时期，广东省在贯彻国家法律法规的同时，根据广东的实际需要，制定了一些社会治安管理方面的地方性法规，其中包括《广东省人民政府关于禁止贩毒、吸毒的暂行规定》（1981 年 8 月），《广东省人民政府关于取缔嫖宿、卖淫活动的暂行规定》（1981 年 8 月），《广东省经济特区入境出境人员管理暂行规定》（1981 年 11 月），《广东省人民政府关于禁止赌博的处罚条例》（1982 年 5 月），《广东省人民政府关于查禁淫书淫画和其他诲淫性物品的暂行条例》（1982 年 12 月）等，这些对于维护社会治安秩序，保障改革开放的顺利推进和公民的合法权益不受侵害，起到了十分重要的作用。

二、改革开放坚定不移，打击经济犯罪坚定不移

广东作为改革开放先行一步的试验区，由于特殊的经济政策和地理位置，加上当时国家的法律体系和法律规定极不完善，先是走私贩私、投机倒把①等经济犯罪活动比较严重，后又出现其他刑事犯罪数量激增的严峻形势。针对这种情况，任仲夷提出了两个“坚定不移”和“排污不排外”等闪光的思想。

1. 正确处理打击经济犯罪与反腐败的关系

改革开放之初，广东省的经济犯罪，特别是走私贩私、投机倒把等犯罪十分严重。以走私犯罪为例，1981—1982 年 1 月，全省抓获海上走私船 1100 多艘，破获走私案 11700 多宗，罚没走私金额达 1.5 亿多元。② 在走私最严重的海丰县遮浪公社，80% 的劳动力、52% 的党员从事走私犯罪。而另一“重灾区”汕尾镇，270 多条船参与走私活动，近

①“投机倒把”是 1979 年刑法中规定的一种罪名，1997 年刑法修订时已取消。

②向明：《改革开放中的任仲夷》，广东教育出版社，2000 年，第 348 页。

千人参与贩私。[1] 由于走私贩私，以至一些地方出现了渔民不打鱼、农民不种田的不正常情况。

当时广东经济犯罪的一个重要特点，是党员干部、特别是担任一定领导职务的党员干部的参与。在1981年下半年全省纪委系统重点查处的239宗案件中，涉及公社党委副书记和县科局级以上干部的有132宗，占一半以上。[2] 另据资料显示，在1982年1月至1983年3月全省立案查处的经济犯罪案件所涉及的罪犯中，党员约占44%，国家干部约占40%。而国家工作人员利用职务便利贪污受贿的情况也很突出。其间发生了前海丰县县委书记王××贪污受贿案，前海丰县县委副书记叶××重大走私案，省土产进出口公司副科长陈×及广州卷烟二厂副厂长张×接受港商巨额贿赂、渎职案，省药材公司于××接受港商贿赂，使国家遭受巨额损失案，汕头地区公安处干部苏××、普宁县公安局局长郑××和教导员林××等人大量索贿受贿案等重大案件。对于这种党员、干部大量参与犯罪的情况，任仲夷很重视，他一针见血地指出："这几年我省走私泛滥成风，如果没有内外勾结是不可能的。有一位民主人士说过这样的话：在我们国家，做好事没有共产党带头办不成，做坏事没有共产党带头也行不通。这话确实有些道理，值得我们深思。"[3] 在另一场合，他又指出，在实行对外开放后，由于对防止和抵制资产阶级思想的腐蚀抓得不力，广东省党风确实存在不少严重问题。一个突出表现，"是在经济领域的违法乱纪。这种歪风，集中到一点，就是一些人利用职权谋私利"。[4]

任仲夷指出，与一般的经济犯罪相比，这种内外勾结的犯罪具有更大的危险性和危害性。它不仅在经济上使国家遭受更大的损失，而且从组织上使我们的一些基层组织和部门处于瘫痪状态。由于党员、干部参与犯罪，"致使有的领导班子不能领导，烂掉了；有的专政机关不能专

---

①张岳琦，李次岩：《任仲夷论丛：第二卷》，广东人民出版社，2000年，第267页。
②向明：《改革开放中的任仲夷》，广东教育出版社，2000年，第342－343页。
③张岳琦，李次岩：《任仲夷论丛：第二卷》，广东人民出版社，2000年，第255页。
④张岳琦，李次岩：《任仲夷论丛：第二卷》，广东人民出版社，2000年，第254页。

政，干警带头搞走私、受贿等犯罪活动；有的监督部门不能监督；银行、工商局等也有不少搞经济犯罪活动的；有的缉私组织不缉私，带头分私、抢劫，从事海盗活动；有的‘清水衙门’水也不清，深圳市政府一个管文件的干部，竟靠出卖机密得了上万元港币”。[①] 他强调，这些问题，损害了党的威信，削弱了党的战斗力，影响和干扰了特殊政策、灵活措施的执行，阻碍了特区的建设，确实到了非解决不可的时候了，否则“社会上的（违法犯罪）问题就不能根治”。[②]

为了有效遏制发生在党员、干部中的违法犯罪，广东省委先后出台了《关于在对外开放中加强反腐蚀斗争的决定》（1980 年 12 月 26 日）、《关于坚决贯彻中央领导同志和省委对解决公安队伍中经济违法犯罪问题的指示的通知》（1983 年 10 月 28 日）等文件。在这些文件及其他场合，任仲夷要求在预防和惩治党内和干部队伍中的违法犯罪时，抓好三个环节：一是查办大案要案。不管案件牵涉到谁，都要追查到底；发现领导核心成员中的问题，更必须彻底查清，从严处理。二是普遍进行遵纪守法和反腐败教育。强调大案要案不是每个单位都有，但反腐败教育和遵纪守法的教育要普遍进行，不能有死角。他要求各级党组织、各单位对党员、干部进行“反对特殊化，反对特权，反对当特殊党员”的教育，要求党员、干部带头“在政治上和党中央保持一致，在工作上一丝不苟，在经济上一尘不染”。三是建立健全制度，堵塞漏洞。强调通过调查研究，发现问题，及时处理，并通过制度建设，预防违法犯罪的发生[③]。这些措施有效地遏制了当时党员、干部违法犯罪的上升势头。

2. 正确处理打击犯罪与保障改革开放的关系

20 世纪 80 年代初广东经济犯罪情况比较严重的时候，从中央到地方，都有相当一部分人对党的改革开放政策产生怀疑。中央和有关部门

---

①向明：《改革开放中的任仲夷》，广东教育出版社，2000 年，第 349 页。

②张岳琦，李次岩：《任仲夷论丛：第二卷》，广东人民出版社，2000 年，第 261 页。

③关于这点，任仲夷有一更著名的表述，即三个“更”：对党员、干部，必须纪律更严，管理更严，执法更严。见张岳琦，李次岩：《任仲夷论丛：第二卷》，广东人民出版社，2000 年，第 263－266 页；王廉：《任仲夷评传》，广东人民出版社，1998 年，第 318－320 页。

为加强管理，甚至收回了下放给广东的外贸进出口权。① 在这严峻的考验面前，任仲夷以实事求是的态度客观分析了广东经济犯罪的成因，强调在坚决打击经济领域的违法犯罪的同时，继续推进对外开放、对内搞活，从而有力地维护了广东经济的继续发展，避免了广东改革开放进程的中断。

关于经济犯罪产生的原因，任仲夷首先强调，不能归因于广东实行特殊政策、试办特区。他指出，走私贩私犯罪，早在改革开放前就已经存在了。浙江等地没有实行特殊政策，也有走私活动。沿海走私活动比内地多，靠近港澳和台湾的地方走私多，这是地理原因造成的。他又指出，“实行改革开放，在长期封闭的墙上打开窗口，随着新鲜空气进来的，也难免有少许污浊的气息和蚊子、苍蝇；在引进资金和先进技术时，也会受到资本主义思想腐朽方面的污染”。加上“经过十年浩劫，不少党组织的战斗力削弱了，纪律松弛了，‘四人帮’煽动的无政府主义、极端个人主义毒害还没有肃清。由于过去长期关闭，干部、群众对资本主义思想的侵蚀缺乏免疫力，地方各级党委和政府也缺乏对外交往的知识和经验，管理措施和思想政治工作跟不上”，这些都使犯罪更加猖獗。② 所以，他强调，一方面要清醒地认识到经济犯罪活动的严重性和危害性，另一方面要看到执行特殊政策、灵活措施的巨大成就，看到经济犯罪不是改革开放的必然结果和全部。不清醒地认清前者并予以严厉的打击和制止，改革开放就不能沿着健康的道路前进；不清醒地认清后者，就会惊慌失措，迷失前进的方向。他特别指出，应当清醒地认识到前者只是支流，后者才是主流，不能错把支流当主流。③

在这种对广东经济犯罪形势充分分析和正确判断的基础上，在1982年三四月的省、地、县三级干部会议上，任仲夷明确提出了“打击经济领域的违法犯罪活动，坚定不移；对外改革和对内搞活经济，坚定不移”的观点。在1982年5月，他又提出来了著名的“排污不排

①王廉：《任仲夷评传》，广东人民出版社，1998年，第370页。
②向明：《改革开放中的任仲夷》，广东教育出版社，2000年，第352、360页。
③向明：《改革开放中的任仲夷》，广东教育出版社，2000年，第349－350页。

外”的主张。“排污不排外”是在中央指示“抵制资产阶级腐朽思想的侵蚀，清除精神污染”时提出的。中央的这一要求同样是源自改革开放后外来文化对我们国家党员干部的消极影响，表现为腐朽的生活方式和违法犯罪等。因此，清除精神污染的问题，实际上还是从思想上抵制犯罪的诱惑的问题。而任仲夷关于排污与排外关系的论述，实质上就是如何看待改革开放中的犯罪的问题。这一思想与两个“坚定不移”是一致的。

任仲夷的两个“坚定不移”和“排污不排外”思想可以概括为，第一，坚持对外开放与打击犯罪是一个有机整体，应当并行不悖。他指出，经济建设是全党工作的中心，改革开放是我们党的一项重大决策。打击经济领域中的严重犯罪活动是为了给经济建设扫清障碍，它同样是当前的一项重大任务。在另一场合，他又指出：“排污与改革开放是有密切关系的。排污排得好，可以提高人民素质，改善投资环境，有利于吸引外商到国内投资，有利于加快我国社会主义现代化建设。”因此，如果不排污，改革开放不能健康发展；但是，如果排外，改革开放就会停滞。① 第二，不能因为经济犯罪的严重而停止广东改革开放的步伐。在谈到“排污”与“排外”问题时，他指出：“开展对外经济、技术、文化交流，对于任何国家和民族来说，都是社会进步的必要条件。尤其是现代，任何一个国家如果把自己封闭起来，就必然要落后。我们一定要反对资本主义腐朽思想的侵蚀，但决不能笼统地反对一切外来影响。我们应当是排污不排外。对资本主义国家先进的科学技术以及优秀的进步的文化成果，我们不仅不能排斥，还应当积极吸取。对港澳的影响，也应当作这样的分析。”② 他批评了那种认为广东改革开放搞急了、搞快了、搞冒了、搞乱了的观点，认为广东的思想解放还不够，中央给的政策、措施还没有用足，远没有达到中央关于广东“先行一步”的要

①张岳琦，李次岩：《任仲夷论丛：第二卷》，广东人民出版社，2000 年，第 247、250、271－272 页。

②向明：《改革开放中的任仲夷》，广东教育出版社，2000 年，第 361 页。

求。① 他进一步指出，治乱要坚决，但搞活经济的方向仍要坚持。对于涉及进一步收权收利，可能影响生产积极性和带来消极后果的措施，不要轻易采取，要持慎重态度。② 为了让人们特别是领导干部没有顾虑地进行改革、创新、搞活经济，他强调，只要不搞各种违法乱纪和犯罪活动，工作上还是允许犯错误，允许改正错误。③ 第三，对经济领域的犯罪活动要坚决打击。他指出："反对走私贩私、投机倒把、贪污受贿以及抵制资产阶级思想的腐蚀，使党风有个决定性的好转，从而带动整个社会风气的好转，这是关系到能否坚持四项基本原则的大问题，是关系到我们党生死存亡的重大问题。我们能否抓好这项工作，是关系到广东的工作能不能按照党中央制定的路线、方针、政策前进的大问题，是关系到广东能不能顺利执行特殊政策、灵活措施和办好经济特区的大问题，是关系到广东的'四化'建设成败的大问题。"他强调，我们在这样大的原则问题上，要态度鲜明，立场坚定，不能稍有含糊和手软。④

任仲夷的两个"坚定不移"和"排污不排外"思想的意义在于，它辩证地处理好了发展经济与打击犯罪的关系。打击犯罪，才能保证经济的发展有一个健康的环境；经济发展了，才能促进对法律关系的认识和法律体系的完善，才能更有效地预防和惩治犯罪。而更为重要的是，正是由于任仲夷的两个"坚定不移"和"排污不排外"，在清除精神污染、有效遏制犯罪的同时，始终坚持改革开放，从而使广东"先行一步"的探索和经济建设未受太大的影响。

3. 正确处理打击犯罪与依法办事的关系

任仲夷非常清醒地意识到遏制犯罪发展态势对广东改革开放的影响，因此非常重视犯罪惩治工作的开展。他不止一次地指出，打击经济

①张岳琦，李次岩：《任仲夷论丛：第二卷》，广东人民出版社，2000 年，第 75 – 76 页。

②向明：《改革开放中的任仲夷》，广东教育出版社，2000 年，第 354 页。

③向明：《改革开放中的任仲夷》，广东教育出版社，2000 年，第 356 页。

④张岳琦，李次岩：《任仲夷论丛：第二卷》，广东人民出版社，2000 年，第 255 页。

领域的违法犯罪，首先要抓重点，就是走私贩私、投机倒把、贪污受贿①等。其次是要抓大案要案。他强调，对大案、要案，尤其是涉及占据重要职务的干部的案件，决不能手软，不能姑息，更不能包庇，要追到底、查清楚，干部越大处理越要从严从重。在任仲夷的领导下，为配合打击犯罪工作的开展，省委成立了打击经济领域违法犯罪活动的六人领导小组。而在更早的1981年4月，鉴于走私犯罪严重的情况，广东省委、省政府就决定从省到各沿海市县成立打击走私领导小组及办公室，并配备编制，明确职责。为了加强打击犯罪的力度，这一时期，省委、省政府还根据犯罪形势的变化，分别或者联合出台了《关于采取全面措施，进一步加强反走私工作的意见》（1983年4月18日）、《关于打击严重经济犯罪斗争的情况和意见》（1983年4月27日）、《关于贯彻〈中共中央关于严厉打击刑事犯罪活动的决定〉的实施方案》（1983年9月29日）等政策文件，从而对打击犯罪起到了非常积极和重要的指导和促进作用。②

在强调严厉打击经济犯罪的同时，任仲夷非常重视对案件的依法办理。他在多个场合强调，办案靠调查研究，重证据，不轻信口供，绝不能搞逼、供、信，强调“定的案要经得起时间考验，不要现在处理，将来平反”。他指出，要稳、准、狠地打击犯罪活动，核心是准；只有做到了准，才能达到狠和稳。③

在当时法制特别是刑事法制不健全、政策界限模糊的情况下，要做到定的案“准”，并不容易。所以，任仲夷强调，对于涉及罪与非罪的

---

①虽然在当时的语境下，贪污受贿被划为经济犯罪。但实际上，在旧刑法中，贪污属于侵犯财产罪，贿赂属于渎职罪。

②同期省委、省政府出台的政策性文件还有《关于认真学习和贯彻执行〈中共中央国务院关于打击经济领域中严重犯罪活动的决定〉的通知》（1982年4月14日）、批转省人民检察院党组《关于坚决纠正“以罚代刑”现象的报告》（1982年6月4日）、《批转省纪委〈关于打击经济领域中严重犯罪活动工作的情况和意见〉的通知》（1983年10月10日）、《转发省公安厅〈关于严厉打击和制止贩毒活动的报告〉的通知》（1983年11月16日）等。

③张岳琦，李次岩：《任仲夷论丛：第二卷》，广东人民出版社，2000年，第263－264页。

政策界限问题，省委和各级党委都要注意研究。“比如海南提出的什么叫受贿，什么叫受礼。这个问题是比较普遍的，特别是广东干部，海外亲友很多，这个界限要注意划分清楚。”① 之后，在胡耀邦主持的研究处理走私犯罪问题的会议上，任仲夷明确提出了区分经济犯罪与非罪的三个原则标准：因经验不足而造成工作失误和违法犯罪的界限，走私贩私、投机倒把同正确实行特殊政策、灵活措施的界限，个人贪污与非个人贪污的界限。② 在之后的 1982 年 4 月 19 日，省委、省政府联合发出《关于处理经济领域中犯罪案件的若干具体政策》，指导、规范经济犯罪案件的处理。所有这些，都为避免出现新的冤假错案奠定了非常好的基础。

第三节 加强法治，树立法律权威

随着市场经济体制的发展和法律体系的建立健全，我国的民主法治进程大大加快，政治体制改革也在逐步推进。从领导岗位退下来的任仲夷，一直没有停止对我国民主法治问题的思考。他借助参加党的代表大会的机会，以其敏锐的思维、敢言的作风，发表对我国民主法治建设的看法，内容涉及民主制度建设、公民权利保障、国家权力约束、政治体制改革等领域。观点越见独到和深刻。

一、人民当家作主与保障公民权利

这是一个问题的两个方面。一方面，在我国，人民是国家的主人，这是宪法明文确定的。宪法序言指出，自中华人民共和国成立，“中国人民掌握了国家的权力，成为国家的主人”。宪法第二条规定，“中华

①张岳琦，李次岩：《任仲夷论丛：第二卷》，广东人民出版社，2000 年，第 262 页。

②关山：《任仲夷谈邓小平与广东改革开放》，见《炎黄春秋》，2004 年第 8 期，第 9 页。

人民共和国的一切权力属于人民。人民行使国家权力的机关是全国人民代表大会和地方各级人民代表大会。人民依照法律规定，通过各种途径和形式，管理国家事务，管理经济和文化事业，管理社会事务”。也就是说，人民虽然是一切权力（包括国家权力）的所有者，只有人民才有权行使国家权力。但是，在现代国家，由全体人民亲自行使国家权力，这是不可行的。人民需要通过对人大代表及其所组成的人民代表大会进行权力委托，人民代表大会对“一府两院”等其他国家机关进行权力委托，从而实现权力的行使和国家事务的管理。另一方面，权力委托的目的，是让国家权力得到有效行使，从而最大限度地为人民谋利。① 它同时要求被委托行使权力的各级人大和“一府两院”等国家机关，在权力行使的过程中，保障每一公民依宪法和法律而享有的各项权利。2004 年修改的宪法增加了尊重和保障人权、保护公民的合法的私有财产权和继承权的内容，这是保障公民基本权利的一个飞跃，它将极大地有利于保障人权、公民的基本权利和合法的私有财产权，更好地调动广大人民的积极性，从而促进我国各项事业的发展。

权力的行使和权利的保障，构成法治建设的两个重要方面。

1. “为民作主”与“由民作主”

从“为民作主”到“由民作主”，反映出国家政制的发展，也体现出任仲夷执政理念的变化。

任仲夷认为，《七品芝麻官》中脍炙人口的两句唱词“当官不与民作主，不如回家种红薯”，所表现的是封建时代的不畏权势、正直不阿、为民作主的官吏形象。在那个时代，能做到“为民作主”，是难能可贵的。但是，对于社会主义社会的共产党的干部来说，“为民作主”是远远不够的，而应该是“由民作主”。他仔细分析了两者的区别，认为“为民作主”是把自己摆在凌驾于人民头上的位置，把自己称为人民的“父母官”，把自己当作人民的“救世主”“大救星”，认为为人民做点好事，只不过是对他们的“布德施恩”；而“由民作主”则是真正

①浦兴祖：《中国的社会主义代议民主共和制》，见《新华文摘》，2004 年第 22 期。

由人民作国家的主人，一切国家干部（包括共产党员）都是为人民服务的“公仆”“勤务员”。他进一步指出，我们的干部，哪怕是职务极高的干部，都是人民的儿子、公仆。①

这种对“由民作主”的主张，正是权力属于人民、人民管理各项事务等宪法规范在政治体制层面的要求，是社会主义民主政治的本质要求。它表明了任仲夷的那种强烈的民主法制意识。

对于如何才能实现“由民作主”，任仲夷认为，首先是转变观念。他敏锐地指出，封建主义在中国的统治时间特别长，封建专制思想影响极深，因此必须彻底改变几千年来形成的传统观念，使人民懂得“世界上没有救世主”，只有依靠自己才能解放自己，自己才是国家的真正主人；使高高在上的“官老爷”转变为侍奉人民的“仆人”，这样民主政治才能发展。他同时指出，如果人民处于文盲、无知的状态，先进的社会主义民主制度是建立不起来的，人民参政的意识也会不强，而人民的文化、认知水平又与社会生产力发展水平相联系。因此，必须加快发展社会生产力，提高人民的科学文化水平，从而推进社会主义民主的发展，促进人民参政能力的提高。②

其次是充分发挥人民代表大会的作用。在中共广东省第五次代表大会上，任仲夷强调指出：“必须把社会主义民主扩展到政治生活、经济生活、文化生活以及社会生活的各个方面，使人民群众充分享有当家作主的权利。为此，最根本的是严格按照宪法的规定，加强人民代表大会制度，充分发挥各级人民代表大会作为权力机关的作用。各级党委要支持人大的工作，凡是按照法律规定应当提交人大或其常委会审议的事项，都要提交人大或其常委会审议；一经人大或其常委会作出的决定，党组织就要教育党员、干部和群众认真执行。”

再次是推进以人事制度改革为重心的政治体制改革。人民管理国家

---

①张作斌，向明：《任仲夷：“为民作主”还是“由民作主”》，见《炎黄春秋》，1998 年第 1 期，第 3 页。

②任仲夷：《推进政治改革，加强民主建设：写在中国共产党八十诞辰之际》，见《团结》，2001 年第 5 期，第 15 页；张岳琦，李次岩：《任仲夷论丛：第一卷》，广东人民出版社，2000 年，第 297 页。

的主要方式之一，是通过人民代表大会民主选举国家机关的领导人。选举是否真正体现民意，将直接显示出“由民作主”是否具有现实操作性。我国现行的宪法、人民代表大会组织法、地方各级人民代表大会和地方各级人民政府组织法等法律，已在选举的程序、方式、票数要求等方面进行了规定，它至少在形式意义上搭建起民主选举的法律框架。在此基础上，任仲夷更为关注选举的实质民主。他认为，领导人员的产生，要按照宪法和法律，逐步扩大选任制的范围，减少委任制，实行限任制，彻底结束终身制。在选举方法上，还应逐步扩大差额选举的范围。他还创造性地建议，可以选一个县、地级市甚至一个省，进行直接的民主选举，“先做试验，突破一点，再行推广”。① 在目前推进政治制度民主化的大背景下，任仲夷提出的通过试点、逐步依法向更高级和更宽领域铺开的建议，具有科学的前瞻性。

概括而言，无论是“由民作主”的宏观执政理念，还是一系列具体的政治体制改革构想，任仲夷都是在我国现行基本法制框架下，进行创新性和前瞻性的思考后总结并提出的。他对于法的尊重与遵循，从一个侧面展示出真正的共产主义者的政治魄力，也正契合了依法治国的方略。

2.“三个代表”与公民的政治权利

当党面临着国际局势变动、国内大局发展和党自身状况变化所带来的新考验的时候，以江泽民同志为核心的党的第三代中央领导集体，顺应时代潮流，紧扣时代脉搏，提出了“三个代表”重要思想，从而从根本上进一步回答了什么是社会主义、怎样建设社会主义和建设什么样的党、怎样建设党的根本问题。党的十六大以及通过的新党章，进一步把“三个代表”重要思想同马克思列宁主义、毛泽东思想、邓小平理论一道，确立为党必须长期坚持的指导思想，实现了我们党指导思想的又一次与时俱进。2004 年的宪法修改，把“三个代表”重要思想写入宪法，从而以国家根本法的形式，确立了“三个代表”重要思想在国

---

①关山：《政治改革需要勇气——与任仲夷对话》，见《南风窗》，2004 年第 07B 期，第 20 页。

家政治和社会生活中的指导地位。“三个代表”重要思想被写入党章和宪法，体现了它在全面开创中国特色社会主义事业新局面中的极重要的意义。

由于平反纠正冤假错案的感悟和晚年的思考，任仲夷洞察到“三个代表”重要思想对于宪法及法律中公民基本权利的落实与保障所具有的促进作用，他一针见血地指出：“代表最广大人民的根本利益”中的这个“根本利益”，不仅包括经济利益，也包括政治利益，比如宪法赋予公民的各项权利。“以后，不能只想到群众的经济利益，而忽视其政治利益、政治权利。对任何人，只要他没有犯法，他的政治利益，是不能被侵犯的。”他进一步指出，“要做广大人民根本利益的代表，还必须使每个人都知道什么是他们的经济利益，特别是什么是他们的政治利益。”①

任仲夷提出，让每个人都能够知道其政治权利，要确保公民“知其权，用其权”，确保通过国家权力行使的公开化、透明化来保证公民的知情权与监督权。对自己的权益特别是政治权益的无知，就不能享有相关的权利和利益，就不能对有关国家机关的行为形成有效的监督。而令人担忧的是，目前国家对这方面的工作缺乏重视，公民对所应享有的政治权利、政治利益的获知途径也不足够，这直接影响了他们的政治利益的享有和政治权利的行使，并直接导致他们在权利救济中处于不利地位。任仲夷敏锐地注意到这个问题，可见他对公民政治权利的关注并不是一时半刻的事。

2004 年的宪法修正案增加规定“国家尊重和保障人权”，2006 年中央政法委要求在全国开展社会主义法治理念教育活动，这些对于促进国家在公民政治权利和政治利益的认知上的作为，对于公民政治权利和政治利益的保障和维护，将起到积极和重要的作用。

---

①李宜航，魏辉：《幽默精辟妙说“三个代表”：任仲夷今天上午接受本报记者独家采访》，见《羊城晚报》，2002 年 11 月 11 日，A1 版。

二、社会主义法治的内涵

古希腊著名思想家亚里士多德曾经给“法治”下了一个定义，他认为，“法治应包含两重含义：已成立的法律获得普遍的服从，而大家所服从的法律又应该是良好的法律”。① 在我国，有一段时间，“法治”是相对于“人治”而存在的。但随着民主政治的发展，随着法治水平的提高，法治的内涵不断丰富和发展。

1. 关于“法制”和“法治”

党的第十五次全国代表大会明确使用“法治”一词以前，“法制”一直作为官方语言存在，并把“法治”所含的意思吸收到“法制”这一术语中加以阐释。形成这种状况的主要原因，一是对法治的深刻含义及其对现代社会的重大意义认识不足；二是受法的本质、属性问题的困扰，特别是法的阶级性的局限，认为法治是资产阶级的产物，作为无产阶级的国家，不应拿来使用；三是在翻译马、恩、列的著作时，把俄文Законность一语译成了“法制”；② 四是党的十一届三中全会后，为了改变无法可依的状况，立法工作，特别是刑法、民法等基本法律的制定被提到重要的议事日程上来，这进一步强化了“法制”的“地位”和“作用”。

党的十五大后，病中的任仲夷“出于习惯，总不免经常思考一些问题”，而“法制”与“法治”的区别成为他所关注的问题之一。他首先指出：“过去人们常用‘法制’这个词，不少人以为‘法治’和‘法制’并无什么区别，其实‘法治’和‘法制’的含义是有很大差别的。”③ 法制一般指法律和制度的统称，其含义是中性的，对于法律在国家生活中的作用范围、作用程度、效力等级未予明确。法治则指依据

①亚里士多德：《政治学》，商务印书馆，1983年，第199页。

②孙国华：《法理学》，法律出版社，1995年，第235－238页。

③任仲夷：《病中随想：关于法治与德治，法制与法治，先进文化问题》，见《炎黄春秋》，2002年第10期，第51页。

法律的治理，要求在全部国家生活中都必须依法办事。这使得法律不仅在社会生活的层面具有重大作用，而且在国家的政治生活中也要发挥基础性的指导评判作用。可以说，法治立足于法制基础之上，但对法律制度、法律规范提出了更高的要求，是一种积极的、运动的“法律治理”状态。另一方面，法制是与国家政权相伴而生的，有国家就有法制。而法治则是民主政治的产物，有国家、有法制不一定有法治。“法治”不论从术语还是观念，延至1997年党的十五大才逐步确立，也是我国民主政治发展的结果，与我国民主政治意识的发育和发展相一致。目前国际上公认的现代法治国家的标准主要有以下几点：国家处于良法的治理之下；通过法律限制公权力的滥用；法律赋予公民广泛的权利，保障人权；通过宪法确立对于权力的制约与监督；等等。而任仲夷对“法制”和“法治”明确进行区分，特别是强调各级政府的行为，包括抽象行政行为和具体行政行为，都要符合法治原则，显示了其在多年的一线工作中积累的对我国政治生活惯性与现状的深刻认识。

在讨论了“法制”和“法治”的区别后，任仲夷还进一步指出：“法治”是针对“人治”而言的，“实行‘法治’，反对‘人治’，越来越成为人们的共识。但要真正实现‘法治’，就必须使国家和地方政府的各项法律、法规、条例，包括各级领导的‘指示’和‘批示’，都必须符合‘法治’的原则。”①

正如任仲夷所说，人治是民众不可掌控的，因此是不可信的，也违背我国的人民当家作主的思想。而法治则符合社会生活日益理性化的需求。法治对法律规范正当性的要求为人们提供了程序化、制度化的保证，使人们的社会行为和交往活动具有了可预测性和确定性。人民得以在法治国家的良好秩序中依照法定程序行使国家权力，保障个人合法权利。

2. “依法治国”和“以德治国”

依法治国和以德治国是我们党在社会主义建设新时期提出的极其重

①任仲夷：《病中随想：关于法治与德治，法制与法治，先进文化问题》，见《炎黄春秋》，2002年第10期，第51页。

要的两项治国方略。党中央在有关文件中多次讲到，法治和德治从来都是相辅相成、相互促进的，要把依法治国和以德治国紧密结合起来。任仲夷在接受采访时，亦曾对此有过令人叫绝的阐释，他以最朴实的话语道出了法治、德治的真谛。

任仲夷通过区别“依”和“以”的不同，框定了二者的基本关系。他说依法治国的“依”是“依靠”的“依”，对于法律，不管是谁，大小官员、平头百姓都得遵守；谁违反了，都要依法制裁。而以德治国的“以”则强调通过教育、启发和引导的手段去影响人们，因此以德治国又可理解为“以德育人”，也很重要。① 任仲夷的这番解说，直指法治与德治关系的法理起点，即法与道德在法学范畴内的关系。法与道德有诸多相同相似之处：均发轫于原始习惯；均为社会规范，发挥社会调控手段的作用；都体现一定的社会价值；都是社会文明进步的标尺；等等。但二者的差别也很明显，在内容上，近现代法倾向于只将最低限度的道德要求转化为法律义务，注意明确法与道德的调整界限，正如任仲夷概括的那样：“不犯法是最低的道德标准，是作为一个人起码的道德标准。如果违犯了这个起码的道德，就是犯法了，就不仅是道德问题，而且是法律问题了，‘要戴手铐的啊’。”② 在功能上，法律调整与道德调整各具优势，且可互补，但在以谁为主的问题上，古今中外有过不同的实践。奉行“德主刑辅”思想的我国古代若干朝代，将德治视为主要的社会调整规范。而在近现代，特别是西方国家，分工和交换的常态化对契约的需要、利益主体多元化及价值冲突加剧、现代民主政治对于程序的要求等因素，都使得法治成为主要的社会调整规范。当然，道德由于其所具有的多元化、多层次性，更关注个案公正、内在约束性等优势，仍然发挥着调整社会关系和人们行为的重要作用。

值得注意的是，任仲夷敏锐地注意到“德治”与“人治”的一步之遥，出于对国家前途命运的担心，他特别强调指出：“重要的是，对于‘德治’的内涵，也必须‘与时俱进’，做出新的解释。不然，从

①②李宜航，魏辉：《幽默精辟妙说“三个代表”：任仲夷今天上午接受本报记者独家采访》，见《羊城晚报》，2002 年 11 月 11 日，A1 版。

‘人治’改变为‘法治’仍会遇到很多阻力，甚至成为空谈。我们在这个问题上曾有过深刻的教训，今后不应再重犯。”①

任仲夷进一步指出，依法治国和以德治国都是为了把国家治理好，但在对二者的认识、理解和实施方法上又不可混为一谈。应当把二者结合起来，并有所区别，“一个是强制，一个是教育，两者都要”②。这种辨证的思想，充分显示出一个久经考验的无产阶级革命家紧扣时代法治脉搏的判断力和理解力。

①任仲夷：《病中随想：关于法治与德治，法制与法治，先进文化问题》，见《炎黄春秋》，2002 年第 10 期，第 51 页。

②李宜航，魏辉：《幽默精辟妙说“三个代表”：任仲夷今天上午接受本报记者独家采访》，见《羊城晚报》，2002 年 11 月 11 日，A1 版。

第六章　精神文明建设：坚持“两手抓，两手都要硬”

人类社会的进步状态不仅表现为物质文明，而且还表现为精神文明。精神文明以物质文明为基础，同时又为物质文明的进步发展提供巨大的精神动力、智力支持和思想保证。然而，不同的阶级、政党和社会制度需要与之相适应的精神文明。中国共产党历来重视精神文明建设。随着思想和理论的日趋成熟以及拨乱反正和党的中心工作的转移，与时俱进的中国共产党于1979年明确地、创造性地提出了社会主义精神文明的科学概念和“我们要在建设高度物质文明的同时建设高度的社会主义精神文明”的战略任务。① 改革开放伊始即肩负党中央重托任职中共广东省委第一书记的任仲夷，以其特有的灵性、睿智、勇者本色和卓越才能，带领全省人民在广东这块先行改革开放的试验田中积极地探索，辛勤地耕耘，为“两个文明建设”进行了富有历史意义的开创性工作，在广东这块希望的田野上留下了一串串闪光的足迹。

第一节　在改革开放中坚持“两手抓”

社会主义事业是人类历史上一项史无前例的伟大创举，没有现成的经验可资借鉴，因而只能在摸索中前进。社会主义在发展过程中既有耀眼的辉煌，也有尴尬的处境。当垂死的资本主义经过自我调节再现活力时，苏联僵化模式的社会主义却已失去了生机，什么才是真正的社会主

①参见叶剑英《在庆祝中华人民共和国成立三十周年大会上的讲话》。

义，如何建设社会主义？以邓小平为首的中国共产党人对此进行了深刻的思考和艰难的探索。

1978 年，中国共产党在十一届三中全会上作出了划时代意义的战略决策：实行改革开放，把工作着重点转移到社会主义现代化建设上来。改革开放营造了富有活力的社会环境，给中国现代化注入了强大的动力，大大地促进了物质文明的发展。而与此同时，积淀已久的封建思想残余又沉渣泛起，乘开放之机而入的资产阶级腐朽思想也在兴风作浪。一时间，黄赌毒、贪污腐化、走私贩私等四处蔓延，处在改革开放前沿的广东面临着严峻的局面，中国共产党也经受着极大的考验。贫穷落后固然不是社会主义，只有物质文明而缺乏精神文明同样也不是社会主义。早在改革开放之初，邓小平就明确地提出，我们要在建设高度物质文明的同时，建设高度的社会主义精神文明。我们要建设的社会主义国家，不但要有高度的物质文明，而且要有高度的精神文明。因而，在社会主义现代化建设的过程中，中国共产党在总结世界现代化国家经验和教训的基础上，结合我国的实际情况，理性而果断地提出了“两手抓”：一手抓物质文明，一手抓精神文明的工作思路和指导方针，并且创造性地继承和发展了马克思主义的科学社会主义理论，明确地提出了中国现代化的宏伟目标——建设有中国特色的社会主义。任仲夷与中共广东省委深刻领会“两手抓”的工作方针和“建设有中国特色社会主义”的现代化思想：“工作着重点的转移，是十一届三中全会以来党的重大战略决策。一方面，离开了社会主义经济建设这个中心和重点，就离开了党的正确路线，历史经验证明，那样是不可能搞好社会主义精神文明的；另一方面，如果不抓社会主义精神文明，资本主义腐朽思想和各种歪风邪气就会泛滥，经济建设也会走偏方向。因此，经济建设和精神文明，决不可忽视任何一个。‘两手抓’这个提法，很好地体现了二者的辩证关系，是我们安排全面工作的正确指导思想。”① 这一深刻认识为行动上的“两手抓”奠定了牢固的思想基础。因而，任仲夷与中

①张岳琦，李次岩：《任仲夷论丛：第三卷》，广东人民出版社，2000 年，第 309 页。

共广东省委在改革开放的新时期始终自觉地坚决贯彻“两手抓”的战略方针，把“两个文明”的全面进步作为工作的目标，坚定不移地带领全省人民建设有中国特色的社会主义。

一、精神文明建设要服务于改革开放和现代化建设

中国共产党在新的历史时期，不但提出了建设中国特色社会主义的现代化目标，而且还制定了保证这一目标实现的基本路线：“以经济建设为中心，坚持四项基本原则，坚持改革开放（一个中心，两个基本点）。”作为社会主义现代化重要保证的精神文明，就必须围绕经济建设这一党的中心工作进行，就必须服务于改革开放和现代化建设。任仲夷对此有着深刻的认识：“精神文明建设首先要服务于现代化建设，两个文明一齐抓，不是简单并列的关系，而是围绕经济建设这个中心，具体地说，在当前就要围绕发展社会主义商品经济进行。同样，改革、开放与精神文明建设，三者并不对立，不矛盾，而是目标一致，相互作用，构成一个有机整体，精神文明建设要适应、配合、促进改革和开放的进行。”① 改革开放和社会主义现代化实际上就是千百万人民群众的社会实践，这种实践是在日益全球化的国际环境与加速体制改革和对外开放的国内环境中进行的，这就在客观上对实践主体产生了新的和更高的要求。中国特色社会主义的目标是实现社会的全面进步和人的全面发展，而精神文明建设的任务是为社会主义现代化建设提供思想保证、精神动力和智力支持，其立足点是培养“四有”新人，最终目标是使人达到全面而自由的发展。这样，精神文明建设要服务于改革开放和现代化建设就必须从培养“四有”新人，全面提高人的综合素质入手。因为，这既是手段，也是目的。任仲夷非常明确地指出：“我们的目标是，努力使我省的教育、科学事业更加发达，文化、艺术事业更加繁荣，社会风尚更加健康，使越来越多的人成为有理想、有道德、有文

①王廉：《任仲夷评传》，广东人民出版社，1998 年，第 224 页。

化、守纪律的劳动者。”①

1. 开展马克思主义基本理论教育，提高人的政治理论水平

任仲夷对马克思主义基本理论的科学性和普遍的指导意义有着深刻的认识，认为在新的历史时期开展马克思主义基本理论教育，引导干部群众和青年学生学习理论是社会发展的需要，是精神文明建设的需要；而干部特别是领导干部，学习理论就更具重要性和迫切性，因为“要坚定地执行党的路线，需要进一步学习理论”②，“要正确分析新形势、研究新问题，需要进一步学习理论”，“加强和改善党的领导，也需要进一步学习理论”。他强调，“必须组织党员、干部学点唯物论和辩证法，学点社会发展史和党史”③。并明确地指出学习马克思主义基本理论的重大意义和作用：“辩证唯物主义与历史唯物主义是无产阶级及其政党的世界观。只有掌握了这个世界观，才能从历史必然性的高度牢固树立共产主义信念，才能正确理解和坚定地执行党在现阶段的路线、方针、政策，才能避免‘文化大革命’期间表现得十分严重的种种唯心主义和形而上学的错误，才能抵御资本主义腐朽思想和各种剥削阶级思想的侵蚀。”④ 任仲夷还认为，《邓小平文选》是一部厉行改革的指南，是指导社会主义现代化建设的伟大文献，因此，要组织党员、干部学习《邓小平文选》，“把各级党组织、党员和干部的思想，牢固地统一到党的十一届三中全会和十二大所确立的马克思主义路线上来”。⑤ 他还要求“在马克思主义基本理论的教育方面，做扎扎实实的工作”。⑥20 世纪 80 年代中期起，在中共广东省委的统一部署下，各地党委宣传部的讲师团对科级以上的干部全面进行了以马克思主义哲学、政治经济学、科学社会主义和邓小平理论等课程为主要内容的理论正规化教育，使干部的马克思主义理论水平得到了普遍的提高。

---

①张岳琦，李次岩：《任仲夷论丛：第三卷》，广东人民出版社，2000 年，第 310 页。

②张岳琦，李次岩：《任仲夷论丛：第三卷》，广东人民出版社，2000 年，第 64 – 65 页。

③④⑥张岳琦，李次岩：《任仲夷论丛：第三卷》，广东人民出版社，2000 年，第 311 页。

⑤张岳琦，李次岩：《任仲夷论丛：第三卷》，广东人民出版社，2000 年，第 72 页。

2. 加强理想信念和道德教育，提高人的思想道德素质

理想是人们的奋斗目标，信念是支撑着人们去奋斗的精神支柱。社会主义初级阶段的公民是由社会各阶层的人所组成的，当然存在着理想不同、信念各异的现象。但社会主义的根本任务是发展生产力，解决人民日益增长的物质文化需要同落后的社会生产之间的矛盾，不断改善人民的物质文化生活；社会主义初级阶段的奋斗目标是要把我国建设成为富强、民主、文明的现代化的社会主义国家。这既是我国社会发展的客观要求，也符合广大人民群众的利益和愿望。因而，建设有中国特色的社会主义是现阶段全国人民的共同事业、共同理想和共同信念。只有将处于各阶层的人的理想、信念统一到共同理想和共同信念上来，才能树立起强大的精神支柱，才能凝聚起巨大的精神能量。然而，人们为之奋斗的理想是与其利益息息相关的，建设中国特色社会主义的共同理想离不开社会主义道德的支持。只有开展社会主义公民道德教育，使人民群众能正确地处理国家、集体和个人的利益关系，才能令其自觉地将个人的理想与奋斗融入共同的理想和奋斗之中。因而，在精神文明建设中，任仲夷非常重视理想信念和道德教育，强调要“大力加强以共产主义思想为核心的社会主义精神文明的宣传教育”①。一是要宣传共产主义的思想。任仲夷认为，现阶段就是要宣传和提倡“对共产主义理想的坚定信念，为人民利益的献身精神和牺牲精神，舍己为人、公而忘私的共产主义风格，以及关心公共利益，爱护公有财产，维护公有制等”的共产主义精神和共产主义道德，并指出“培养共产主义道德，是值得高度重视的大问题”。② 二是要加强社会主义、爱国主义和集体主义教育。任仲夷强调，“必须在干部和群众中经常进行热爱社会主义祖国的教育，树立爱国主义思想，增强民族自尊心和自信心”；③ 要教育干部群众树立起“我们一定会富强起来，一定会建立起高度的社会主义物质文明和精神文明”的信心和志气；要提倡集体主义、发扬集体主

①张岳琦，李次岩：《任仲夷论丛：第三卷》，广东人民出版社，2000 年，第 310 页。
②张岳琦，李次岩：《任仲夷论丛：第三卷》，广东人民出版社，2000 年，第 335 页。
③张岳琦，李次岩：《任仲夷论丛：第三卷》，广东人民出版社，2000 年，第 327 页。

义精神；“要善于把群众对个人利益的关心，引导到爱国家、爱集体，建设社会主义的轨道上来”。① 三是要加强纪律教育。遵纪守法是社会主义道德的主要内容之一。遵纪是守法的基础。有了遵守纪律的良好的行为习惯，才会自觉地履行守法的公民道德。遵守纪律也是保证我们事业成功的必要手段。邓小平就说过：“我们这么大一个国家，怎样才能团结起来，组织起来呢？一靠理想，二靠纪律。组织起来就有力量。没有理想，没有纪律，就会像旧中国那样一盘散沙，那我们的革命怎么能够成功？我们的建设怎么能够成功呢？”② 任仲夷也认为：“我们要建设四化，进行经济调整，没有严格的纪律也是不行的。”因此，他要求在全社会中加强纪律教育，而且要求“纪律必须严明，一要明确，二要严格”；“要使干部和群众懂得，遵守纪律和发扬民主是统一的，是互相保证的”。③ 四是要广泛开展“五讲四美”活动。“五讲四美”是公民最基本的道德行为规范，但又蕴含着多方面的道德要求。“五讲四美”活动照顾了道德教育的层次性，体现了道德要求的现实性和广泛性，因而成为受到广大群众普遍欢迎的精神文明建设活动形式。这一活动推动了社会风气和环境面貌的改善，提高了公民的文明素质。任仲夷对这一活动给予高度的评介和充分的肯定，要求继续深入广泛地开展这一活动，建议“注意总结推广这方面的经验，切实地把这一活动组织好、领导好，使‘五讲四美’保持经常，养成习惯，成为风尚”。④

3. 大力发展科学文化教育事业，提高人的科学文化素质

人是生产力中最积极、最活跃的因素，社会的进步和生产力的发展就取决于人的综合素质。人的思想道德素质为人的全面发展和社会进步提供思想保证、精神支柱和精神动力，在人的综合素质中起主导性的作用；而人的科学文化素质则决定着生产力发展的速度，为人的全面发展、改革开放和社会进步提供智力支持。改革开放初期，我们面对的现

①张岳琦，李次岩：《任仲夷论丛：第三卷》，广东人民出版社，2000 年，第 327 页。
②《邓小平文选：第三卷》，人民出版社，1993 年，第 111 页。
③张岳琦，李次岩：《任仲夷论丛：第三卷》，广东人民出版社，2000 年，第 327 页。
④张岳琦，李次岩：《任仲夷论丛：第三卷》，广东人民出版社，2000 年，第 312 页。

实就是，现代科技突飞猛进、世界范围的“知识经济”已露端倪，而我国劳动者的科学文化素质却远落后于时代发展的要求，广东省的中小学教育水平更是在全国平均水平之下。① 因此，大力发展科学文化教育事业，提高人的科学文化素质，已是迫在眉睫。任仲夷对此高度重视。他说：“发展教育和科学事业，既是经济建设的战略重点之一，又是文化建设的重要任务，在物质文明建设和精神文明建设中都要特别重视，必须大力抓好。”② “教育、科学的发展，要同经济建设发展相适应，并应走在前面。”③ 为此，他提出了相应的措施：一是办好中小学教育和幼儿教育，农村要普及小学教育、扫除文盲、普及科学文化知识；二是调动各方面的积极性，多办、办好各类学校；三是鼓励、支持自学成才；四是要重视电子计算机人才的培养。此外，他还提出，全社会都应关心和支持科学育儿工作，因为“这是关系到培育21世纪建设者、共产主义建设者的伟大事业”。④ 由此可见，任仲夷对培养人才是何等的深谋远虑。

二、明确精神文明建设的思想内涵

某事物在与其他事物的相互关系中所处的地位和作用，主要取决于其内涵；充分认识某事物的内涵和本质，是摆正其地位和发挥其作用的基础。同样，精神文明在社会发展中的地位和作用是由其具体的思想内涵所决定的，如不能正确地、全面地认识和把握社会主义精神文明的思想内涵，就不可能在我国社会主义现代化建设中自觉地、积极地进行精神文明建设并充分发挥其应有的积极作用。早在1979年中国共产党提出社会主义精神文明这一概念时，就概括地提出了社会主义精神文明的内容是教育、科学、文化、健康和革命理想、革命道德风尚以及文化生

---

①张岳琦，李次岩：《任仲夷论丛：第三卷》，广东人民出版社，2000年，第392页。
②张岳琦，李次岩：《任仲夷论丛：第三卷》，广东人民出版社，2000年，第313页。
③张岳琦，李次岩：《任仲夷论丛：第三卷》，广东人民出版社，2000年，第401页。
④张岳琦，李次岩：《任仲夷论丛：第三卷》，广东人民出版社，2000年，第315、391、401、400、420、406页。

活，也就是后来所说的思想道德和科学文化。在如何认识和理解精神文明的思想内涵上，可以看出一个人的理论素养和思想水平。而任仲夷对精神文明建设思想内涵的仔细分析和准确把握无不显示出他的政治智慧和与时俱进的进取精神。

1. 在社会制度的对比中认识精神文明

精神文明是与人类物质文明相伴而生的精神成果，是代表人类进步的一种精神状态。人类分化为阶级并建立起国家后，统治阶级必然利用各种手段去实现其国家的阶级职能和社会职能。精神文明中的思想道德部分显然是被统治阶级用来服务于国家的阶级职能的。统治阶级通过宣扬本阶级的思想，一方面为自己的统治提供合法性依据，另一方面希望自己的思想获得大众的认同从而奠定本阶级高度一致的思想基础；而本阶级道德的推行，又将为自己的统治提供稳定的秩序。因而，一般而言，思想道德方面的精神文明带着鲜明的阶级烙印。而精神文明中属于科学文化的部分，是服务于国家的社会职能的，应该成为人类文明的共同成果。也正是在这种意义上，无产阶级的领袖们大力提倡学习和吸取资本主义文化中的优秀成果来为己所用。任仲夷就是本着实事求是的科学态度，运用马克思主义阶级分析的方法，从不同社会制度的对比分析中去把握精神文明的思想内涵，区分其共性与个性。他首先是同中辨异，承认不同的社会制度都存在着精神文明：“精神文明也存在于不同的社会形态中，有资本主义的精神文明，也有社会主义的精神文明，”但两种文明又有区别。其主要区别“在于它们的思想核心不同。社会主义精神文明以共产主义思想为核心，资本主义精神文明以资产阶级思想为核心”。而且，在社会主义精神文明内也存在着内容差别，绝不能以偏概全：“共产主义思想并不能包括社会主义精神文明的全部内容，后者比前者广泛得多。”① 其次是异中求同，从不同社会制度的精神文明中概括出共同点：“不论是思想道德，还是科学文化，在不同的社会里也有共性的部分。”这共同的部分源于精神文明内容可划分为阶级性

①王廉：《任仲夷评传》，广东人民出版社，1998 年，第 223 页。

的和非阶级性的两部分。“精神文明的内容可分为两类，一类是带有阶级性的，如政治观点，某些思想道德等；另一类是不带有阶级性的，如科学、文化、教育以及人类文明所共同要求的某些伦理道德等。”任仲夷对精神文明这种辩证的实事求是的认识，具有非常重要的现实意义。因为明确了这些，“就不会把精神文明建设理解为仅仅进行共产主义教育这一项了，也不会排斥吸收人类文明的一切优秀成果了。”①

2. 在社会的发展中理解精神文明

世界是在不断发展变化的，社会主义也只能在改革中前进。正如恩格斯所说，所谓社会主义社会不是一种一成不变的东西，而应当和任何其他社会制度一样，把它看成是经济变化和改革的社会。改革开放和现代化建设正是我国在新的历史时期的一场伟大变革。在坚持四项基本原则的基础上，我国对从经济基础到上层建筑的各个领域进行全面的改革。“改革促进了生产力的发展，引起了经济生活、社会生活、工作方式和精神状态的一系列深刻变化。”② 在这个变革的时代，精神文明要有所作为，就必须与时俱进，在社会的发展中不断革故鼎新，改变陈腐的旧观念。任仲夷正是这样，从社会的发展中去理解精神文明。他认为：“为了真正搞好精神文明建设，必须弄清：什么是符合精神文明的？什么是不符合精神文明的？人们关于文明的概念，不是一成不变的，而是随着历史的发展而变化的。有些过去被认为是正确的、革命的，今天却未必。反过来有些今天提倡的，过去却遭禁忌。……关键是不能用旧的过时的观念来裁判现实生活，尤其是不能用过去那种‘左’的标准去衡量新事物，把文明的东西说成是‘不文明’。因此，就有一个破除旧观念、确立新观念的问题……这种观念更新，本身就是精神文明建设的重要任务。”③ 任仲夷这种与时俱进的精神文明观，表现了共产党人的开放心态，体现了解放思想、实事求是、与时俱进的马克思主义的活的灵魂。

---

①②王廉：《任仲夷评传》，广东人民出版社，1998 年，第 223 页。

③《邓小平文选：第三卷》，人民出版社，1993 年，第 142 页。

3. 以积极的心态建设精神文明

任仲夷对精神文明的深刻认识，还在于他以积极的心态去建设精神文明，将精神文明建设落到实处，通过经济和社会的发展以及人的精神面貌的深刻变化来突显精神文明的重要地位和巨大作用。

改革开放之初，有些人对精神文明这一全新的概念缺乏正确的认识，表现在对精神文明的内容、任务、地位和作用等方面或以偏概全，例如以为精神文明建设仅仅是搞“五讲四美”活动，禁止随地吐痰等等；或不够重视，如把精神文明当作“消毒剂”，认为改革、开放、发展商品经济带来了副作用，需要用精神文明来纠正一下，以清除“精神污染”。任仲夷找出了这些肤浅认识的原因，指出前者是对精神文明建设的任务理解得很狭隘，或者很不确切，后者则是完全从消极方面来看问题。任仲夷认为，要高度重视精神文明在社会主义现代化建设中重要的战略地位并发挥其作用，就必须真正从建设的角度来考虑精神文明问题。这就要让精神文明建设首先要服务于现代化建设，围绕发展社会主义商品经济进行；精神文明建设要适应、配合、促进改革和开放的进行。同时，精神文明建设还必须渗透到整个物质文明建设之中，体现在政治、经济、文化、社会生活各个方面。因为精神文明建设不单是少数人、少数部门或少数领域的事，而是一切部门的事，是全党全国人民的事。

任仲夷在改革开放中始终自觉地大力开展精神文明建设，坚持两手抓，即使在领导岗位退下来后也仍然高度关注精神文明建设，这正是基于他对精神文明建设内涵的正确把握和深刻认识。

三、越是对外开放，越要坚持排污不排外的原则

对外开放是我国社会主义现代化的重要组成部分。邓小平在新的历史时期正确地分析了国际的政治经济形势，认为和平与发展是当今世界的主题，并深刻反思了中国近百年落后的重要原因，果断地提出了对外开放的决策，指出：“现在的世界是开放的世界。中国在西方国家产业

革命以后变得落后了，一个重要原因就是闭关自守。”① “经验证明，关起门来搞建设是不能成功的，中国的发展离不开世界。”② 1979 年4 月，经邓小平倡议，党中央决定在广东省的深圳、珠海和汕头以及福建省的厦门试办经济特区。事实证明，经济特区的创办和对外开放为我国的经济和社会发展注入了巨大的生机与活力。但对外开放并非一帆风顺，尤其在初期，在引进外来的资金、先进技术和管理经验的同时，也不可避免地出现一些负面的东西，如走私贩私和收受外商贿赂等经济领域的违法犯罪，而且这种情况在部分地区部分干部中较为严重，在社会上造成一定的消极影响。因而，有些人对对外开放产生了怀疑与动摇，认为“特区是污染源”，“特区等于资本主义”，进而否定对外开放。面对这种情况，任仲夷与中共广东省委一方面抓法制建设，抓大案要案，坚决打击各种违法犯罪活动和大力加强精神文明建设；一方面认真分析形势，看清主流，坚定走对外开放的道路，并提出了越是对外开放，越要坚持排污不排外的原则。

1. 正确认识对外开放，对外开放自古有之

从两汉时期起，我国就分别经由陆上丝绸之路和海上丝绸之路与外国进行经济和文化的交流。在相互交往中，通过博采众长，促进了我国经济和文化的发展。只是由于从明清始实行闭关锁国政策后，我国才在长期的自我封闭中逐渐落后于世界潮流。历史证明，闭关锁国只能是穷途末路，而对外开放才有出路。因此，针对现实中一些人对对外开放的疑虑，任仲夷从人类经济文化的发展进步史的分析中对对外开放作了充分的肯定。他列举了古今中外经济文化交流的成功例子，如从古代中国的唐朝时期与印度、日本乃至中东、欧洲的相互交流，到现代中国的五四新文化运动中科学、民主思想的引进和马列主义在中国的传播，认为“人类的经济文化就是在对外交流中才更好地繁荣发展起来的”。他还用广东改革开放的成功例子来证明对外开放的价值：“广东省的实践也证明，哪里越开放，哪里的经济、文化发展就越快。哪里越闭塞，哪里

①《邓小平文选：第三卷》，人民出版社，1993 年，第 64 页。
②《邓小平文选：第三卷》，人民出版社，1993 年，第 78 页。

发展就越慢。”因此，任仲夷坚定地认为：“特别是在20世纪80年代的今天，只有扩大这种交流，才能加快我们的建设。”①

2. 既要排外污，也要排内污

正确认识对外开放，还在于我们不仅要充分认识和发挥对外开放的正面价值，而且要积极应对并坚决抵制其负面影响。为了整顿经济秩序，给改革开放创造良好的经济和法治环境，20世纪80年代初，党中央在经济领域开展了打击走私贩私和各种违法犯罪活动，在思想文化领域掀起了一场反精神污染的斗争。任仲夷和中共广东省委坚决拥护党中央的决定：“要高度重视并坚决抵制资本主义腐朽思想的侵蚀，对各种刑事犯罪活动，包括走私贩私等经济犯罪活动，一定要坚决打击，这方面的工作决不可放松。”② 但抵制腐朽排除污染，首先要有个是非判断标准。因此，任仲夷就指出：“为了有效地抵制资本主义腐朽思想的侵蚀，必须正确鉴别好与坏，是与非。”③ 要“严格掌握政策界限，决不能把不属于污的东西甚至是好的东西也当作污来排”④。否则，“这方面的政策界限如不划清，也势必会妨碍对外开放政策的贯彻执行”⑤。因为只有“认清什么是封建主义、什么是资本主义、什么是社会主义、什么是共产主义，才能真正吸收人类进步文化”⑥。然而，任仲夷深感排污工作的艰巨性和长久性。因为他深感我们面临的绝不仅仅是外来的污，而且还有深藏在我们民族中的内污，“排除生自内部的肮脏的东西，往往更重要”。“因为污的源头主要在内而不在外。”⑦ “物必先腐而后虫生之”，所以他提出了既要排外污，更要排内污的命题。他不但历

---

①张岳琦，李次岩：《任仲夷论丛：第二卷》，广东人民出版社，2000年，第239－240页。

②张岳琦，李次岩：《任仲夷论丛：第二卷》，广东人民出版社，2000年，第241－242页。

③⑤张岳琦，李次岩：《任仲夷论丛：第二卷》，广东人民出版社，2000年，第242页。

④张岳琦，李次岩：《任仲夷论丛：第二卷》，广东人民出版社，2000年，第246页。

⑥张岳琦，李次岩：《任仲夷论丛：第二卷》，广东人民出版社，2000年，第247页。

⑦张岳琦，李次岩：《任仲夷论丛：第二卷》，广东人民出版社，2000年，第250页。

数了属于内污的种种丑恶的社会现象，如贪污受贿、以权谋私、徇私舞弊、卖淫嫖娼、偷盗抢劫、赌博殴斗、强奸杀人、拐卖人口等，而且还指出了思想观念上的内污，如许多阻碍我们社会进步的旧观念和种种落后现象，明确地指出了这些内污的危害和坚决清除的必要。“它们的存在，不仅严重影响着我国的开放和改革，而且是产生多种罪恶的温床。如不坚决反对和清除我们内部原来就存在着的这些封建主义思想残余的影响和由此而产生的各种污秽现象，我们中国要想发展和进步，是根本不可能的。……只排外来之污，不排内在之污，结果是外污也排不了，因为外污往往是通过内污而泛滥成灾的。”①

3. 坚持排污不排外

在正确认识对外开放的价值和客观地分析了污染来源的基础上，任仲夷与中共广东省委提出了：“对外经济、技术、文化交流，我们一定要开展，执行对外开放政策坚定不移。我们的口号是‘排污不排外’。”这个原则解除了人们对改革开放的疑虑，可以放心大胆地积极引进和吸收对我们有用的文化与技术。在中共广东省委的领导下，特区人民更坚定地进行对外开放并取得了巨大的成就。经济特区对外开放的成功经验得到了党中央和邓小平的高度赞扬。1984 年 2 月，邓小平在视察了深圳特区后高兴地说：“特区是个窗口，是技术的窗口，管理的窗口，知识的窗口，也是对外政策的窗口。”他还为深圳、珠海特区题词：“深圳的发展和经验证明，我们建立经济特区的政策是正确的”，“珠海经济特区好”。随后，党中央和国务院在总结了深圳、珠海成功经验的基础上将对外开放由点到面、由沿海到内地逐步推开。可以说，深圳、珠海等特区的对外开放为建设中国特色社会主义探索了新途径和新方法，为全国改革开放事业树立了榜样；而“排污不排外”思想原则的提出在我国对外开放的关键时刻不仅稳定了人心，而且对我党开放政策的连贯性也起了很好的促进作用。

---

①张岳琦，李次岩：《任仲夷论丛：第二卷》，广东人民出版社，2000 年，第 246 页。

四、“富亦思变”，真正做到“两手都要硬”

追求富裕和文明、摆脱贫穷与愚昧，是人类的共同愿望。中国共产党的历史使命就是带领全国人民实现民族振兴、国家富强和人民幸福的目标，使人民摆脱贫穷、落后与愚昧。在改革开放的前期，人民群众在党的领导下，怀着思变求富和思变图强的强烈愿望，以极大的热情投入两个文明的建设中。经过改革开放长期的艰苦奋斗，广东人民基本上摆脱了贫穷落后，逐步走上了小康之路。但来到小富的人生路口又该如何抉择，是裹足不前陶醉于眼前美景，还是继续进取去领略无限风光，或是饱暖思邪拐进死胡同？这是关系到如何捍卫和发展我们得之不易的改革成果的重大问题。1998 年，任仲夷虽然从领导岗位退了下来，但他还时刻关注着祖国的前途和人民的幸福。凭着一个老共产党员的高度责任感，他不仅提出了“富了怎么办？”这样令人深思的问题，而且还明确地给予了回答：“现在人民开始富起来了，我们应当进一步加强两个文明建设，真正做到邓小平同志所说的‘两手都要硬’，使物质文明和精神文明共同发展、经济财富和道德财富同步增长。”①

1. “富亦思变，越变越好”

人总是要变的，社会也是在变化中进步的。穷固然思变，富亦思变。但富后是否必然变坏呢？“富则修”的论调成立吗？任仲夷坚持唯物史观，以人心向好是社会的主流和社会总是向前发展的规律，以及现实社会中先富起来的群众“乐于助人，服务大众，为社会、为人民做了大量好事”的事实来证明不论是穷而思变还是富而思变都只能是越变越好，从而否定了“富则修”论。他思想解放，而且时刻不忘共产党要为人民谋利益的根本宗旨。早在 1977 年当人们还受“富则修”论的影响而恐富时，他就坚决贯彻邓小平同志让一部分人和地区先富起来的指示，积极带领和鼓励群众致富。他非常了解民心和熟悉民情，当然

---

①张岳琦，李次岩：《任仲夷论丛：第三卷》，广东人民出版社，2000 年，第 319 页。

懂得当群众富起来后，不论在物质上还是精神上必然会有更高的追求。“物质上富了，还要求通过正当合法的途径，达到更高水平的富裕生活……同时，精神生活也有更高追求。”人民群众现在是“饱暖思文娱”。因而，他认为党和政府要进一步加强两个文明建设，不断满足人民群众日益增长的物质和精神文化需求，引导人们向更好的方向发展，使人民群众“富亦思变，越变越好”。①

2. 富而教之，“让人民‘由素质不够高的人变成素质较高的人’”

社会进步与人的全面发展是互为条件的。一方面，社会进步必然要以人为本，必定要体现在人的综合素质的提高上，即人的全面发展是社会进步的尺度；另一方面，只有人的素质的不断提高，才能促进社会的进一步发展。改革开放，社会发展了，人民富裕了，人的精神面貌也焕然一新，但人的整体素质与日益发展的新时代还不相适应，这不仅未能充分发挥和体现出社会主义的优越性，而且也将制约着社会前进的步伐。毕竟我们眼前的富裕是相对于从前的贫困而言的，还是较低水平的，与发达国家相比、与我们社会主义现代化的宏伟目标相比还有着相当大的距离，在此情况下，毫无疑问，全面提高人民的素质将具有何等重要的意义。因此，任仲夷提出：“人民开始富起来了，我们党和政府就需要解决‘富了怎么办’‘富亦思变、越变越好’的问题……引导教育人们往更好的方向发展。”他认为，现在是人心思变，“人心向好，重要的是我们如何去教育，去引导”。在人的素质的提高上，他特别重视人的思想道德素质。这是因为思想道德素质在人的素质中处于主导的地位，是培养“四有”公民的基础。所以，他强调，对于富起来的人们，我们党和政府一要靠正确的思想观念去教育引导，扶持良好的社会风气；二要靠加强法制，严格纪律来制止不良社会风气的蔓延，从而“让人民‘由素质不够高的人变成素质较高的人’”。②

---

①张岳琦，李次岩：《任仲夷论丛：第三卷》，广东人民出版社，2000年，第317－318页。

②张岳琦，李次岩：《任仲夷论丛：第三卷》，广东人民出版社，2000年，第318－319页。

任仲夷“富亦思变”、真正做到“两手都要硬”的提法具有很强的现实意义。首先是在富了的基础上，继续加强两个文明建设，这就能够从物质上和精神上不断去满足人民群众日益增长的需求；其次是教育人们克服自满情绪，激励人们继续进取，去创造更多的财富，为我们的生活从小康向更加富裕发展打下坚实的物质基础；再次是提高人们的素质，既为社会的进一步发展提供较高素质的人才，又在两个文明的建设中，锻炼和培养了社会主义的“四有”新人。因此，“富亦思变”，“两手都要硬”是合乎历史逻辑、合乎民心的理性选择。

第二节　在改革开放中加强、改进思想宣传和道德教育

思想道德教育在精神文明建设中有着极其重要的地位，它决定着人们的行为方式和社会的价值取向，是社会前进的思想动力。对此，中共中央《关于加强社会主义精神文明建设若干重要问题的决议》作了极为精辟的概括：“社会主义思想道德集中体现着精神文明建设的性质和方向，对社会政治经济的发展具有巨大的能动作用。”我党的历史经验也表明，思想道德教育在树立正确的理想信念，振奋革命斗志方面发挥着极其重要的作用。积极开展思想道德教育，是我党的优良传统和政治优势。在改革开放新的历史时期，任仲夷和中共广东省委继续发扬这一优良传统，在精神文明建设中突出思想道德教育，并根据改革开放的实际不断改进思想道德教育的方式和方法，使其在新的历史条件下发挥出应有的功能。

一、宣传工作要适应改革开放时期的实际

思想宣传是党的舆论工具，起着思想引导和政策导向的作用，是配合党实现中心工作的重要手段；其工作对象是人。因此，它必须在坚持党的政治路线的前提下，围绕党在不同时期的中心工作，根据变化了的

环境和条件以及人的思想状况进行有的放矢的宣传。改革开放是一场深刻的革命，必然会引起我国经济、政治和文化的巨大变革，思想宣传工作只有适应这种变化，积极应对新情况，解决新问题，才能掌握思想宣传工作的主动权。任仲夷在广东工作期间立足广东改革开放的实际，在宣传工作上提出了适应时代变化的新要求。概括而言，这些要求主要有以下方面：政治上旗帜鲜明，内容上实事求是，方法上求活求新，队伍要强而有力。中共广东省委正是按照这些要求在改革开放中不断地加强思想政治工作，使思想宣传工作为广东的改革开放和社会主义现代化建设提供了强大的精神动力和有力的思想保证。

1. 政治上旗帜鲜明

任仲夷反复强调要在思想宣传上坚持四项基本原则。这首先是取决于他对四项基本原则的地位和作用有着深刻的理解。他认为：“坚持四项基本原则是实现党的政治路线的根本保证。甚至可以说，党的政治路线应当包括四项基本原则，即坚持四项基本原则，实现四个现代化。”① 自从党的十一届三中全会实现了工作中心转移到经济建设上来后，党就将“一个中心，两个基本点”确定为新时期的政治路线。这样，坚持四项基本原则就是新时期党的政治路线的重要组成部分。一方面，坚持四项基本原则是建设中国特色社会主义的立国之本；另一方面，削弱或者否定四项基本原则将严重影响党的政治路线的贯彻执行。因此，任仲夷强调：“我们的思想政治工作和宣传工作，应当大力宣传这两个‘四’。在宣传四个现代化的同时，必须大力宣传坚持党的四项基本原则。”② 其次是取决于任仲夷对当时改革开放的社会环境有着清醒的认识。“广东实行特殊政策，创建经济特区，受资本主义影响首当其冲，因而尤其应当强调坚持社会主义道路，坚持人民民主专政即无产阶级专政，坚持党的领导，坚持马列主义、毛泽东思想。”③ 20 世纪 70 年代末 80 年代初，随着我国对外交往的日益频繁，西方的思潮也乘机而入。

①②张岳琦，李次岩：《任仲夷论丛：第三卷》，广东人民出版社，2000 年，第 323 页。

③张岳琦，李次岩：《任仲夷论丛：第三卷》，广东人民出版社，2000 年，第 326 页。

而当时刚从“文革”的思想禁锢中解脱出来的一部分人，不加分析地对西方的思想顶礼膜拜。一时间，社会上出现了一股主张西化，反对共产党领导，否定社会主义的思潮，给人民群众的思想带来了冲击。对此，任仲夷旗帜鲜明地指出：“对违反四项基本原则、反对党的领导及社会主义制度的思想倾向，必须坚决斗争，不允许出现这样的作品和节目。”① 他对思想政治工作的基本任务、思想宣传的态度、教育的重点等提出了自己的看法：“思想政治工作的基本任务，就是采取各种形式、从各个方面宣传这四项基本原则，教育广大干部和群众毫不动摇地坚持四项基本原则，同心同德地为实现四个现代化而斗争。这种宣传和教育，应当是积极主动的、理直气壮的，而不应当是消极被动的、含糊动摇的，应当是实事求是的、有说服力的，而不应当是教条主义的、不讲效果的。”② 为了更好地宣传和坚持四项基本原则，他还根据广东的实际，号召在干部、群众和青少年中加强政治教育、纪律教育和共产主义道德教育。以上这些都充分表现了任仲夷坚强的无产阶级党性和见微知著的政治洞察力。

2. 内容上实事求是

宣传工作要适应改革开放时期的实际，就正如任仲夷所言，必须大力宣传党的四项基本原则，宣传四个现代化。也可以说，如果把改革开放时期的思想宣传看作一篇大文章，那么宣传党的四项基本原则，宣传四个现代化就是这篇文章的主题。但这个主题的宣传是要靠具体的内容来反映的；而只有内容充足和真实，论证才理直气壮，立论才站得住脚，主题才突出，文章也才具有说服力。因此，任仲夷针对当时思想宣传的实际在真实性方面提出了要求。第一，“要多宣传社会主义的光明面”。社会主义社会是个正在不断发展和完善的社会，在这过程中，当然会存在各种各样的问题。但成绩才是主要的，问题是次要的，若以偏概全，就失去了宣传的真实性。所以，任仲夷认为要多宣传社会主义的光明面，“这样做，绝不是报喜不报忧，而是反映了我们国家、党的领

---

①张岳琦，李次岩：《任仲夷论丛：第三卷》，广东人民出版社，2000 年，第 342 页。
②张岳琦，李次岩：《任仲夷论丛：第三卷》，广东人民出版社，2000 年，第 326 页。

导和广大群众，在‘四化’建设中的主流和真实面貌”。第二，揭露资本主义的阴暗面要有充分的事实根据。通过暴露资本主义的阴暗面，从而反衬和突显社会主义的优越性，这也是一种有效的宣传手法。但在对资本主义的揭露和批判上，过去总存在着“笼统地、缺乏证据”的毛病，“不能令人信服”，任仲夷否定了这种做法，建议“多转载一些资本主义国家和港澳报纸自己登的有助于暴露资本主义阴暗面的消息报道”，认为这些“正是对资本主义社会的真实暴露”。① 第三，在报纸上批评官僚主义和特权一是要做到事实必须准确，二是尽可能同时报道怎样处理或怎样纠正，三是此类报道不能太多。因为这些东西本来就不是主流。② 第四，“宣传民主要稳当一点”。对问题要具体分析，要透过现象抓住本质，不要被表象所迷惑。

3. *方法上求新求活*

思想政治工作是以人为本的工作。它通过提高人的思想素质，焕发人的激情，激发人的活力，从而为社会主义现代化建设提供思想保证和精神动力。这就要求思想政治工作必须注重方法和讲求实效。注重方法首先就是要求新，即思想政治工作要适应时代的变化，做到因时而变；根据对象的不同因人而异；既有时代感，又有科学性。任仲夷就认为：“做思想工作要根据新形势，改进方式方法，要以理服人，灵活多样，讲究效果，不能总是用老一套的教条式的方法。”③ 党的十二大报告指出，社会主义精神文明是以共产主义思想为核心的精神文明；《中共中央关于加强社会主义精神文明建设若干重要问题的决议》强调，应当在全社会认真提倡社会主义、共产主义思想道德。这表明，进行共产主义思想教育是精神文明建设的重要的长期的任务。同时，党又依据新时期的实际情况对社会主义作了重新的认识，确定我们正处于社会主义的初级阶段，并对经济政策、分配政策等等作了调整，肯定了人们正当求利的思想和行为。与人民群众有着密切联系的任仲夷深深地感到，只有

①张岳琦，李次岩：《任仲夷论丛：第三卷》，广东人民出版社，2000 年，第 324 页。
②张岳琦，李次岩：《任仲夷论丛：第三卷》，广东人民出版社，2000 年，第 330 页。
③张岳琦，李次岩：《任仲夷论丛：第三卷》，广东人民出版社，2000 年，第 337 页。

使思想政治工作与党的政策统一起来，与人民群众的利益挂起钩来，才能收到切实的效果。于是，他提出“应当把宣传共产主义思想与执行社会主义的现行政策统一起来”①，认为在进行共产主义思想教育时，第一，要让群众明确现阶段我国还处在社会主义的初级阶段，共产主义的实现还将经过若干代人的努力奋斗。② 第二，要向群众解释清楚当前对外开放、对内搞活的经济政策与共产主义的关系。要让群众明白：“现阶段实行这样的政策才更有利于建设社会主义和最后达到共产主义。在宣传中，要把这个关系讲清楚，防止引起一些‘左’的东西。”③ 第三，“不能限制和批判按劳分配政策”。“社会主义时期实行‘各尽所能，按劳分配’的原则，这本身就是马克思主义学说的一部分，是共产主义思想的一部分。”④ 因此，既要鼓励人们讲奉献又要肯定人们的正当取利和合理报酬。任仲夷强调进行共产主义教育要讲求科学性。第一是要求教育的内容要有现实性。他认为，在现在的社会主义初级阶段，宣传共产主义主要是进行共产主义的理想、信念、精神和道德教育，而共产主义社会才具有的各尽所能、按需分配、国家消亡、政党消亡、无产阶级专政消亡等特征不能现在提倡和实行。⑤ 第二是要注意教育对象的层次性和要求的层次性。教育对象有党员干部和普通群众之分，那么当然就会有高要求、严要求与普通要求的不同。因此，“讲理想、精神，都不能离开现实，脱离群众的大多数。理想应当讲究层次”。⑥

在方法上除了求新外，还要追求活，这是任仲夷对思想宣传工作的又一要求。求活，就是要改变过去那种“光靠作大报告，请英模来讲”的单一形式，克服过去那种“打通思想”的生硬做法和“避免教条式

①张岳琦，李次岩：《任仲夷论丛：第三卷》，广东人民出版社，2000 年，第 334 页。

②张岳琦，李次岩：《任仲夷论丛：第三卷》，广东人民出版社，2000 年，第 335、336 页。

③张岳琦，李次岩：《任仲夷论丛：第三卷》，广东人民出版社，2000 年，第 334 页。

④张岳琦，李次岩：《任仲夷论丛：第三卷》，广东人民出版社，2000 年，第 335 页。

⑤王廉：《任仲夷评传》，广东人民出版社，1998 年，第 226 页。

⑥张岳琦，李次岩：《任仲夷论丛：第三卷》，广东人民出版社，2000 年，第 330 页。

的、枯燥无味的、缺乏说服力的宣传”。他提出，加强思想政治工作就必须要充分发挥报纸、电台、电视台等宣传舆论工具和文艺战线的作用；同时，报刊和文艺作品要注意艺术性、知识性和趣味性。“要善于把思想政治教育寓于知识性、趣味性之中，努力把报刊、广播办活。只有这样，才能更好地发挥宣传教育作用。”①

4. 队伍要强而有力

思想政治工作队伍是思想政治教育取得实效的一支不可缺少的重要力量。因而任仲夷指出，加强思想政治工作，需要各方共同努力，其中重要的一条就是“各条战线都要普遍加强思想政治工作，建设一支强有力的思想政治工作队伍”。② 这支队伍的建设，一是要依靠各级党组织和各群众团体、社会组织以及各级学校的力量；二是要重视对政工干部和理论工作者的培养和提高，充分发挥他们的作用，关心他们的成长。③ 在各级党委的重视下，广东从20世纪80年代开始培养了一大批政工师，并为他们评定了相应的职称，使广东的思想政治工作有了一支专业化和规范化的队伍。广东也因此逐步形成了以各级党组织为领导、党政领导干部为主导、共产党员为主体、政工队伍为骨干、党政工团和社会各方齐抓共管的思想政治工作格局。

二、更新观念，为改革开放扫除思想障碍

思想观念来源于社会实践，但又对社会实践产生反作用。先进的思想观念对社会发展起着积极的促进作用，落后的思想观念则阻碍社会的发展。改革开放是一场巨大的社会变革，同时也是一场深刻的思想革命，新、旧观念的碰撞与交锋是必然的。而改革开放亟须新思想、新观念来造舆论、壮声势、促发展，这是变革时代的要求。可以说，若没有

---

①②张岳琦，李次岩：《任仲夷论丛：第三卷》，广东人民出版社，2000年，第336页。

③张岳琦，李次岩：《任仲夷论丛：第三卷》，广东人民出版社，2000年，第329页。王廉：《任仲夷评传》，广东人民出版社，1998年，第225页。

思想的解放，观念的更新，改革开放将寸步难行。任仲夷高度重视解放思想、更新观念在改革开放进程中的重大作用，将更新观念认定为“改革时期精神文明建设的一项重要内容和一个紧迫课题”，强调“精神文明建设，要宣传、确立适应现代化建设的新观念，为发展商品经济大造舆论，为改革和开放扫除思想障碍”。①

1. 坚决更新旧观念

任仲夷认为，与改革开放精神相悖的或不合时宜的旧观念主要有两种。一是建立在小农经济之上的封建思想观念，二是在对马克思主义的错误理解和教条式理解中形成的“左”的思想观念。前者根深蒂固，流毒甚广。“无论是以权谋私之类的腐败现象，还是社会关系中残存的宗法观念、等级观念、家长制、一言堂作风等，无不与几千年的封建残余影响有关。当前许多阻碍改革、开放的旧观念，如盲目排外、害怕变革，以及平均主义、嫉贤忌能等，本质上都是小农意识的反映。”② 而后者即“左”的思想观念或束缚着人们的思想，成为行动的思想羁绊，如“公”“私”之辨，“社”“资”之分等；或掩盖了主要的思想敌人，如对资本主义不加分析地全盘否定，将资本主义思想作为最主要的敌人，将封建的思想观念作为思想批判的武器。“建国三十多年来，我们一直把资产阶级思想作为主要的思想敌人来对待，却放过了封建主义思想，这不能不说是一个重大失误。”“实际上，在中国，封建主义思想比资本主义思想影响更深重，破坏力更大。”③ 正因为任仲夷对这些旧的思想观念的根源与危害有着如此深刻的认识，所以在不同的场合他屡次疾呼：要解放思想，“要通过更新观念，为开放、改革和现代化建设排除思想障碍”。④

2. 更新观念重在立

更新观念，我们以前通常的提法是“破字当头，立也就在其中”，即通过破达到立。但效果如何呢？任仲夷认为，改革开放前三十年特别

①②张岳琦，李次岩：《任仲夷论丛：第三卷》，广东人民出版社，2000 年，第 227 页。

③④王廉：《任仲夷评传》，广东人民出版社，1998 年，第 227 页。

是“文革”十年，我们正是在这种思想的指导下行动的，结果证明这种提法和做法是不科学的，还有只破不立的做法也是不对的。“只讲破，不讲立，破来破去，旧观念还存在。”① 他大胆地提出了自己的观点：“不立也不破，只有新观念确立起来，旧观念才能去掉，因为人们的头脑不可能存在真空状态，新的不来占据，旧的就不会去掉。”②因此，他主张：“应当扎扎实实地做些建设性的工作。……应当在抵制该抵制的东西同时，花大力气进行建设，包括逐步建立起适应现代化的物质文明，适应改革和开放要求的新观念、新意识。”③从破字当头、只破不立到既破又立，以立为先，这种认识的转变就是最重要的观念更新，体现了任仲夷不唯书、不唯上的勇气和实事求是的精神。由此可见，任仲夷是解放思想、更新观念的榜样，其重要的现实意义还在于他打破了思想的框框，为观念更新营造了开放的思想环境。在这开放的思想环境中，广东人民在实践中形成的新的思想观念得到了迅速的传播。如20世纪80年代初，深圳人民在改革开放中对时间、效率和金钱等有了全新的认识，发出了“时间就是金钱，效率就是生命”的口号，对浪费时间、忽视效率的做法坚决说不。这一与时俱进的新观念很快就广为流传并获得了社会的广泛认同，并转化为巨大的精神能量，极大地鼓舞了人民群众的改革热情，有力地推动了社会主义现代化建设的发展。

3. 更新观念要正确对待传统文化

任仲夷在强调更新观念的同时，也向我们传递了一个极重要的思想，这就是要正确对待中华民族的传统文化。一个民族的传统文化总是优劣兼具，我们既不能全盘继承，也不可一概否定。在对待传统文化的态度上，毛泽东早就做出了明确的指示，他在《新民主主义论》中深刻指出：“中国在长期封建社会中，创造了灿烂的古代文化。清理古代文化的发展过程，剔除其封建性的糟粕，吸收其民主性的精华，是发展

①③王廉：《任仲夷评传》，广东人民出版社，1998年，第226页。

②王廉：《任仲夷评传》，广东人民出版社，1998年，第225页。

民族新文化、提高民族自信心的必要条件；但是决不能无批判地兼收并蓄。必须将古代封建统治阶级的一切腐朽的东西和古代优秀的人民文化即多少带有民主性和革命性的东西区别开来。”任仲夷在更新观念的问题上就很好地贯彻了毛泽东对待传统文化的正确思想。他说：“观念更新，需要抛弃传统文化中消极的东西。但是，我不赞成把自己的传统文化说得一无是处。……它本身就包含着克服其消极面的无穷的积极力量。我们搞观念现代化，对传统文化，要取其精华，去其糟粕，在批判的基础上去继承、发扬我国文化传统中一切优秀成果。企图全盘否定本国传统文化而去实现所谓观念更新，那就走到邪路上去了。”① 同时，任仲夷还对日本在现代化进程中对本国传统文化的继承和发展的成功经验持积极的肯定态度，认为他们的做法值得借鉴。在更新观念必须正确对待传统文化这种正确认识的基础上，广东省在改革开放的进程中，在积极地树立有利于社会发展的新观念的同时，一方面既坚决摒弃不合时宜的旧的传统观念，另一方面又坚定不移地弘扬我们民族优秀的思想文化，如爱国主义、集体主义、尊老爱幼、自强不息、助人为乐等，通过对传统观念的扬弃，对旧观念的更新，从而牢牢地确立了正确的思想观念在社会中的主流地位。

三、加强“三个主义”的教育

社会主义信念、爱国主义精神与集体主义原则是有机的统一体，是建设中国的巨大精神动力，是时代精神的象征，当然也是精神文明建设的重要组成部分。在新时期精神文明建设的系统工程中，任仲夷十分重视开展“三个主义”的教育。他根据广东的具体情况和干部群众的思想动态，提出了富有针对性的工作思路，使“三个主义”教育体现了理论教育与解决实际问题相结合，普遍性教育与针对性教育相结合，思想教育与执行党的政策相结合的特色，收到了较好的实际效果。

---

①王廉：《任仲夷评传》，广东人民出版社，1998 年，第 228 页。

1. 正确认识社会主义

社会主义事业是人民群众的共同事业，只有充分地动员群众、组织群众和依靠群众才能推动我们的事业不断地向前发展，才能不断地开创社会主义建设事业的新局面。因此，中华人民共和国成立后，党和政府坚持不懈地向人民群众进行社会主义教育，以使人民群众牢固地树立社会主义信念，从而激发起建设社会主义的积极性和创造性。但是，改革开放前，我国一方面照搬照抄苏联的模式，一方面又教条式地理解马、恩关于社会主义的论述，忽视了自己是在经济文化较为落后的条件下建设社会主义，因此，长期实行计划经济，并坚持“以阶级斗争为纲”，期望通过加速“兴无灭资”来变革生产关系从而快速进入共产主义。这些脱离国情的错误做法，阻碍了社会经济的发展，延误了人民生活水平的提高。同时，由于长期以来开展的社会主义教育都是在教条式和错误地理解马、恩思想的基础上进行的，所以，极“左”的思想和变形的社会主义观念也就先入为主地占据了人们的头脑。改革开放后，人们看到现行的一系列经济政策与以前大相径庭，在与外界的交往中，又看到了我国与资本主义的差距，于是就产生了许多糊涂的想法。“在群众中，特别是在青年中，有相当一些人对于什么是社会主义、社会主义究竟有什么优越性认识不清。主要有两种错误思想，一种是认为社会主义不如资本主义，一种是认为现在的社会主义不如过去的社会主义。……有些人认为‘文化大革命’期间宣传的那种社会主义是‘正统的’，甚至认为现在是资本主义复辟。”① 针对这种情况，任仲夷提出：“必须认真地向广大群众特别是青年进行社会主义教育，讲清什么是社会主义，说明我们党现在的政策是真正符合马列主义、毛泽东思想的社会主义政策，是总结了正反两个方面的经验、纠正了过去曾经发生过的偏差和失误的正确政策。要使群众弄清封建主义、资本主义、社会主义、共产主义之间的区别。”要实事求是、有理有据地宣传社会主义的优越性和光明前途，揭露资本主义社会的黑暗面。同时要大力发展生产力，以充分

---

①张岳琦，李次岩：《任仲夷论丛：第三卷》，广东人民出版社，2000 年，第 332 页。

显示社会主义的优越性。① 任仲夷这种及时发现和掌握群众的思想动态的、具有针对性的社会主义教育方式，能有效地克服过去那种脱离群众思想实际的生硬的“我打你通”的机械做法，对减少思想政治工作的盲目性，掌握主动权，提高思想政治工作的实效起着至关重要的作用。

2. 发挥爱国主义的凝聚力作用

爱国主义是精神文明建设的主旋律，是一个国家公民的基本价值认同。在中国，它历来是连接海内外中华儿女的桥梁和纽带，具有强大的感召力和凝聚力。在新的历史时期，发挥好爱国主义巨大的凝聚力作用，团结一切可以团结的力量，将会更有利于改革开放，更有利于我们的社会主义现代化建设。对此，任仲夷就认为：“爱国主义具有最广泛的群众基础。绝大多数中国人，包括海外侨胞，尽管政治信仰各有不同，对许多问题的见解和观点不同，但是都接受爱国主义。我们进行思想政治工作，要充分注意这一点。”② 广东有绵长的海岸线，又毗邻港澳，华侨众多，是著名的侨乡；海内外的广东人素有优良的爱国传统，这是新时期进行爱国主义教育的十分有利的条件。任仲夷与中共广东省委充分利用广东华侨众多的优势，在进行爱国主义教育时，注意调动海内外广东人的积极性，不仅对全省干部群众开展广泛深入的爱国主义教育，而且将宣传和教育的触角延伸到海外，把海外华人华侨的积极性调动起来，取得了良好的效果，这是广东在新时期开展爱国主义宣传教育的一大特色。各级党委和政府一是把爱国主义的宣传与落实党和政府的侨务政策结合起来，通过认真清退被挤占的华侨私房、为错划为地主富农成分的侨户更改成分等赢得了侨心。二是将爱国主义的宣传融入深深的亲情和浓浓的乡思之中，通过各级侨刊，向海外侨胞传递家乡和亲人的音讯、介绍祖国的变化以及宣传党和政府的政策，并采取请进来和走出去的办法，主动增进海内外乡亲感情的交流，方便侨胞与政府的沟通。三是主动为热心祖国公益事业的侨胞牵线搭桥、排忧解难，使他们

①②张岳琦，李次岩：《任仲夷论丛：第三卷》，广东人民出版社，2000 年，第 332 页。

爱国爱乡的心愿得以实现。这些举措在改革开放之初对解除党和政府与海外乡亲之间的隔阂，传递党和政府对侨胞的关切之情起了极其重要的作用。由此，党和政府赢得了侨胞的信任，激发了侨胞爱国、爱乡的热情。不少侨胞通过各种方式为祖国为家乡效力，如捐资兴办文教体卫事业、修桥铺路、办企业等等，成为“四化”建设的一支重要力量。

3. 集体主义教育要与关心群众利益相结合

社会主义集体主义是调节个人利益与集体利益的原则，是共产主义道德的核心。其主要含义正如毛泽东所言，是强调个人利益服从集体利益，局部利益服从整体利益，眼前利益服从长远利益。要讲兼顾国家、集体和个人，把国家利益、集体利益放在第一位，不能把个人利益放在第一位。集体主义原则在战争年代和社会主义建设中发挥了强大的精神力量，鼓舞着人们为着共同的理想目标舍小我为大我，精诚团结，努力奋斗。但过去在强调集体主义原则时，往往没有很好地处理集体与个人的关系，将集体利益夸张地放大，把个人完全消融在集体之中。这种处理方式，在高度政治化和计划经济时代还可以行得通。然而，在新的历史时期，曾经被高度压抑的个人主义随着商品经济的发展在强劲地反弹，其中一部分甚至演变为极端个人主义，并逐渐地消解集体主义。如走私贩私、偷税漏税以及一系列的损公肥私行为，严重地损害了国家和集体的利益。若不继续弘扬社会主义集体主义精神，任由极端个人主义泛滥，将会严重地影响社会主义现代化进程。因为，第一，社会主义物质文明建设需要集体主义。社会主义物质文明建设需要精诚团结、互助协作、遵守纪律、公而忘私和乐于奉献的集体主义提供精神动力。第二，社会主义精神文明建设也离不开集体主义。集体主义既是社会主义的道德原则，又与社会主义和爱国主义三位一体构成社会主义精神文明的主旋律，抽离其中任何一项都会破坏社会主义精神文明整体内容的完整性。不仅如此，而且真正意义上的集体主义还为满足人的正当利益提供切实的保障，为人的自由而全面发展提供宽裕的空间和优良的条件。所以，邓小平在改革开放之初就再次强调：我们从来主张，在社会主义社会中，国家、集体和个人的利益在根本上是一致的，如果有矛盾，个人的利益要服从国家和集体的利益。为了国家和集体的利益，为了人民大众的利益，一切有革命觉悟的先进分子必要时都应当牺牲自己的利益。我们要向全体人民、全体青少年努力宣传这种高尚的道德。但邓小平并不反对人们享有正当的物质利益，他在《解放思想，实事求是，团结一致向前看》这篇讲话中就指出：“不讲多劳多得，不重视物质利益，对少数先进分子可以，对广大群众不行，一段时间可以，长期不行。”“革命是在物质利益基础上产生的，如果只讲牺牲精神，不讲物质利益，那就是唯心论。”对此，任仲夷也深谙个中道理。于是，在20世纪80年代初，他与中共广东省委在行动上坚决打击走私贩私等损害国家利益行为的同时，也强调在全社会大力加强集体主义教育，发扬集体主义精神，开展集体间的竞赛，表彰和树立先进集体，培养先进集体典型；在全社会提倡热爱集体，关心同志，遵守集体纪律，维护集体利益和集体荣誉；在进行集体主义宣传教育时，要注意把集体的利益和个人的利益统一起来，要善于把群众对个人利益的关心，引导到爱国家、爱集体，建设社会主义的轨道上来。① 这种合乎情理的、兼顾国家、集体和个人利益而又循循善诱的集体主义教育方式，得到了广大干部群众的认同。人民群众积极参与文明单位和先进集体创建以及扶危济困、热心公益、先富帮后富等实际行动就充分显示了新时期的集体主义精神。

第三节 在改革开放中促进文化事业繁荣兴旺

文化事业是社会主义精神文明的重要组成部分。加强文化建设，努力促进文化事业繁荣兴旺，是精神文明建设的重要任务，是改革开放、建设中国特色社会主义的必然要求。改革开放以来，广东的文化事业取得了重大成就，逐渐缓解了人民群众对精神文化日益增长的需求，为培养“四有”新人提供了优秀的精神食粮，又为现代化建设提供了正确

①张岳琦，李次岩：《任仲夷论丛：第三卷》，广东人民出版社，2000年，第333页。

的舆论导向。这是任仲夷和中共广东省委、省政府历届领导高度重视文化事业建设的结果。任仲夷就认为："文化建设，无论对经济的发展，还是对人民群众思想觉悟和道德水平的提高，都是重要条件。……不加强文化建设，要培养造就有理想、有道德、有文化、守纪律的社会主义新人，是不可能的。"① 这就显示出任仲夷正是从文化与经济发展、文化与"四有"新人培养的战略高度来认识文化建设的重要性。

一、以最大努力把社会科学工作做得更好

社会科学与自然科学一样，都是人们认识世界和改造世界的重要工具。但社会科学在社会发展中所起的思想保证、精神动力和智力支持作用又是自然科学所不能替代的。越是在社会发展的重要时期，越需要发挥社会科学的理论创新和思想引导功能来推动社会的进步。改革开放、建设有中国特色的社会主义是一场全新的革命，新情况、新问题层出不穷，亟须社会科学进行分析研究和给予理论指导；而社会科学也只有在与社会实践的结合中才体现出存在的价值和意义。为了充分发挥社会科学的重要作用，任仲夷提出，必须进一步认识社会科学研究工作的重要性；② 一定要以最大的努力，把社会科学工作做得更好。

1. 必须认识社会科学工作的重要性

充分认识社会科学的重要性，是繁荣和发展社会科学事业的前提。因此，任仲夷要求，"各级党委的领导同志必须进一步认识社会科学研究工作的重要性，切实加强领导，彻底克服各种忽视社会科学研究工作的错误倾向。"他就深刻地认识到社会科学工作的重要性，对社会科学在历史发展中的地位和作用给予了符合客观实际的评价："如果没有社会科学的发展，也就没有社会主义。"③ 通过用事实和说理的方法来证明这一观点。第一，关于社会科学的内容。任仲夷认为："社会科学是

①张岳琦，李次岩：《任仲夷论丛：第三卷》，广东人民出版社，2000 年，第 313 页。
②张岳琦，李次岩：《任仲夷论丛：第三卷》，广东人民出版社，2000 年，第 68 页。
③张岳琦，李次岩：《任仲夷论丛：第三卷》，广东人民出版社，2000 年，第 67 页。

研究社会现象及其发展规律的，包括广阔的领域。作为我们党的指导思想的马列主义、毛泽东思想，也属于社会科学。所以说，如果没有社会科学的发展，也就没有社会主义。”第二，关于社会科学在新时期的贡献。任仲夷认为：“在拨乱反正过程中，社会科学界研究了许多问题，写了许多好文章，是作出了贡献的。所以说，拨乱反正，没有社会科学界的努力也是不行的。”同时，他还充分肯定了社会科学界在为党和政府的决策研究和政策实施中所发挥的积极作用。他说：“几年来，我省像全国各地一样，社会科学界通过理论研究，对党和政府在各方面的实际工作，无论在理论指导，制定和执行政策等方面，都提出了许多好的见解和建议，对于完成各项建设任务，在理论与实际的结合上起了积极作用。”第三，关于社会科学将面临的任务。任仲夷认为，“围绕‘四化’建设，有大量的经济、政治、哲学、法律、教育、文化、历史等方面的问题，需要研究，需要回答。所以说，建设高度民主、高度文明的社会主义现代化强国，没有社会科学的发展也是不行的。”以上这些就足以证明社会科学的重要性，所以说，要搞好社会主义，建设有中国特色的社会主义，就必须发展和繁荣社会科学。

2. 以最大努力把社会科学工作做得更好

在正确认识社会科学重要性的前提下，任仲夷提出了做好社会科学工作的要求。一是要坚持解放思想，实事求是的精神。解放思想、实事求是是马克思主义的精髓，是我党的思想路线。其实质就是要求冲破思想的牢笼，与时俱进；坚持以马克思主义的世界观和方法论为指导，根据实践的要求，研究新情况、解决新问题，不断进行理论创新。事实证明，这一思想路线是社会科学事业繁荣发展的保证。任仲夷指出：“粉碎‘四人帮’以后，特别是三中全会以后，由于坚持解放思想，实事求是的精神，社会科学研究出现了繁荣的局面。今后，我们还要继续坚持这种精神。”① 坚持这种精神就必须造就一个较为宽松的思想环境，营造一个让人敢于畅所欲言的氛围。因此，“社会科学研究中的不同观

①张岳琦，李次岩：《任仲夷论丛：第三卷》，广东人民出版社，2000 年，第 68 页。

点、不同学派，在共同坚持四项基本原则的前提下，应提倡自由讨论，百家争鸣，一定要做到不抓辫子、不扣帽子、不打棍子。”只有这样，解放思想、实事求是的精神才会落到实处。二是社会科学研究工作要与实际工作相结合。社会科学的功能在于指导实践；其存在价值在于服务社会，在于正确回答和解决实践中的重大理论和现实问题；其生命力在于不断进行理论创新。而社会实践中不断出现的新情况、新问题既亟须理论来指导和解答，同时又为理论研究提供了取之不尽的源头活水。任仲夷非常重视理论与实际的结合，对在改革开放新时期遇到的许多理论和实际问题，如关于解放思想的问题、对当代资本主义和社会主义的再认识问题、精神文明的内涵问题、姓“公”姓“私”姓“社”姓“资”问题等等，多次呼吁要进行理论研究。他认为广东社会科学界在理论与实际的结合上起了积极的作用，要求“社会科学研究工作和建设社会主义物质文明和精神文明的实际工作，必须更加紧密地结合起来”。① 三是要做好人才的发现和培养工作。人才是繁荣发展社会科学事业的关键。“有了人才，才能出成果，才能有社会科学的繁荣。没有人才，这一切都做不到。”② 面对社会科学人才相对不足的局面，任仲夷指出：“实际上，人才是有的，关键在于我们去发现、去培养。”各级党委不但要从思想上，而且还要从工作和生活上真正关心知识分子，解决他们的实际困难。③ 四是社会科学工作者要努力工作，多出成果。繁荣发展社会科学，最重要的是出成果、出人才。各级党委固然要高度重视社会科学，为其繁荣发展创造良好的条件，但“社会科学界的同志，也要更加认识到自己的任务是非常艰巨和光荣的，一定要以最大的努力，把工作做得更好，争取出更多的成果”。④

---

①②④张岳琦，李次岩：《任仲夷论丛：第三卷》，广东人民出版社，2000 年，第 68 页。

③张岳琦，李次岩：《任仲夷论丛：第三卷》，广东人民出版社，2000 年，第 69 页。

二、解决新课题，使文艺百花更鲜艳

文学艺术以其独特的表现手法塑造鲜明的艺术形象来反映生活，通过审美和娱乐的形式来实现其认识功能和教育功能，是社会主义精神文明建设不可替代的重要手段。在人民生活水平不断提高，求知、求新、求美、求乐日渐成为时尚的新时期，促进文艺事业的发展和繁荣，满足人民群众对文艺的需求，进而形成良好的社会风尚，推动精神文明的发展和社会的全面进步具有重要的意义。任仲夷将社会主义的文学艺术比喻为盛开的百花，要求“我们都要爱花、护花，促进社会主义的文艺百花开得更加鲜艳”。① 但在新的形势下，怎样才能把文艺工作搞得更好，使文艺百花更鲜艳呢？他提出要探索文艺建设的规律，而他自己也在积极地探索着。

1. 文艺的批评标准

关于文艺的批评标准，毛泽东在《在延安文艺座谈会上的讲话》中就提出了文艺批评的两个标准及其关系：政治标准和艺术标准；政治标准第一，艺术标准第二。同时，毛泽东同志又指出：“我们的要求则是政治和艺术的统一，内容和形式的统一，革命的政治内容和尽可能完美的艺术形式的统一。”然而，长期以来，我们片面强调文艺的政治功能，又将政治标准极左化，将政治标准第一变成了政治标准唯一。在此标准面前，文艺工作者不敢逾越雷池半步，致使文艺界百花凋零。针对这种不正常的情况，任仲夷提出，应以无害有益作为作品存在的标准并提出了好作品的评判标准。他援引恩格斯的话：文学创作的政治倾向性，越隐蔽越好。对恩格斯的观点他表示非常赞同：“我非常赞成这个思想观点。有好的政治观点，又有好的艺术形式的作品，是最好的作品，应当表扬和提倡。”② 这个观点其实同毛泽东的思想是一致的。任仲夷还说：“有些作品表现我国悠久的历史和大好河山，表现一些美好

①张岳琦，李次岩：《任仲夷论丛：第三卷》，广东人民出版社，2000 年，第 351 页。
②张岳琦，李次岩：《任仲夷论丛：第三卷》，广东人民出版社，2000 年，第 348 页。

的思想和事物，表现人民群众的劳动、生活和爱情，从表面上看来，似乎没有什么政治内容，但是能够潜移默化地给人以爱国主义和高尚道德情操的教育，同时给人以休息和娱乐，我认为这样的作品也是好的，也应当欢迎。”① 同时，他又认为：“艺术方面好，但没有什么政治性，或政治性不强，这样的作品，至少是无害的，没有什么危险的，也是应当允许的。”② 任仲夷这个“最好的”“好的”和“无害的”体现层次性的文艺标准，反映了生活的多样性，符合客观实际和人们的审美需求，有利于新时期文艺的繁荣和发展。这个标准的提出体现了任仲夷解放思想、实事求是的精神。

2. 党对文艺必须加强领导和善于领导

马克思主义认为，文艺属于意识形态，是为特定的社会制度服务的；而无产阶级的文学艺术是无产阶级整个革命事业的一部分，是整个革命机器中的齿轮和螺丝钉。由此可见，文艺在党和人民事业中的重要地位。因此，不论从坚持马克思主义在社会主义意识形态中的主导地位的角度，还是从整个无产阶级革命事业的大局出发，我们党都必须坚持对文艺的领导。事实上，中国共产党从来都高度重视对文艺工作的领导。毛泽东早在延安时期就专门对文艺工作做了《在延安文艺座谈会上的讲话》的专题报告，阐明了党对文艺工作的基本方针，奠定了党领导文艺事业的理论基础。任仲夷也深刻认识到文艺在社会生活中的重要作用和党对文艺工作领导的必要性。他说：“文学艺术对群众的思想状态、社会风气和现代化建设有重要影响，党委必须对文艺工作切实加强领导，并要善于领导。”③ 在他看来，党怎样领导文艺不是一件小事，而“是关系到安定团结的重要因素”。④ 他批评了过去多年来党对文艺工作领导的两种不好做法，并指出其不良后果：“我认为有两种做法不好，一种是不管政治问题还是艺术问题全部管死，另一种是在政治上放

---

①张岳琦，李次岩：《任仲夷论丛：第三卷》，广东人民出版社，2000 年，第 356 页。
②张岳琦，李次岩：《任仲夷论丛：第三卷》，广东人民出版社，2000 年，第 348 页。
③张岳琦，李次岩：《任仲夷论丛：第三卷》，广东人民出版社，2000 年，第 352 页。
④张岳琦，李次岩：《任仲夷论丛：第三卷》，广东人民出版社，2000 年，第 347 页。

任不管。”[①] 这两种管法都会造成不良的后果。“在政治上放任不管，不利于安定团结，甚至会引起危险。”[②] 而全部管死则令人“不敢写，不愿写”，[③] 使文艺界了无生气。党怎样领导文艺才能使文艺更活跃、更健康地发展呢？任仲夷认为，党领导文艺主要应抓好几方面的工作。第一，“政治上严格，艺术上放宽”。“政治上严格，就是必须坚持四项基本原则，不准反对党的领导和社会主义制度。……低级下流的东西，也要反对。……我们的作品应当有利于巩固党的领导和社会主义制度，而不应对它造成损害。艺术上放宽，就是对艺术流派、艺术风格、题材的选择、表现方法等，允许多样化。领导上对此不应乱加干预。”[④] 要“坚决贯彻‘百花齐放，百家争鸣，洋为中用，古为今用’的方针，坚定地保证作家的创作自由”。[⑤]“在文艺创作和文艺批评领域里的行政命令必须废止，干涉过多的倾向必须纠正，‘左’的影响必须清除。”[⑥] 第二，“要引导广大文艺工作者努力学习马列主义、毛泽东思想，积极深入现实生活，以便向人民提供高尚的、高水平的精神产品”。[⑦] 第三，要为文艺工作者的创造性劳动提供必要的物质条件，切实解决他们的实际困难。[⑧] 第四，要重视对文艺事业的资金投入。[⑨]

3. 把文艺搞好搞活，满足人民群众的精神文化需求

文艺源于人类的劳动，是劳动者情感表达的需要，是劳动者审美的需求。在人类社会由低级向高级的演进中，随着人们活动范围的扩大，交往的频繁，生活水平和文化程度的不断提高，人们的生活更为精彩，情感更加丰富，对真善美的追求也更为强烈，这就在客观上对文艺提出

---

①②张岳琦，李次岩：《任仲夷论丛：第三卷》，广东人民出版社，2000 年，第 347 页。

③张岳琦，李次岩：《任仲夷论丛：第三卷》，广东人民出版社，2000 年，第 357 页。

④张岳琦，李次岩：《任仲夷论丛：第三卷》，广东人民出版社，2000 年，第 354 – 355 页。

⑤张岳琦，李次岩：《任仲夷论丛：第三卷》，广东人民出版社，2000 年，第 358 页。

⑥张岳琦，李次岩：《任仲夷论丛：第三卷》，广东人民出版社，2000 年，第 359 页。

⑦张岳琦，李次岩：《任仲夷论丛：第三卷》，广东人民出版社，2000 年，第 352、359 页。

⑧张岳琦，李次岩：《任仲夷论丛：第三卷》，广东人民出版社，2000 年，第 353 页。

⑨张岳琦，李次岩：《任仲夷论丛：第三卷》，广东人民出版社，2000 年，第 352 页。

了与时代同步，提供更多更好的作品不断满足人们的精神需求的要求。在改革开放中先富起来的广东人民对文化生活有着强烈的渴求，热切地期望着能在文艺的春天拥有盛开的百花。但事实未能如愿。正如任仲夷所指出的那样，“当前文化艺术产品尚不够丰富，还远不能满足群众要求”。① 而近在咫尺的香港文化娱乐恰好就填补了这个空白。当时的情况正是这样：“广东有些地方群众看香港电视问题，管也管不住。”② 何故？任仲夷道出了问题之所在：“其所以这样，主要是我们的电视办得不活，数量少，不太吸引人。”③ 同时，文艺界当时还存在着完全商品化、资产阶级自由化和对社会效果不负责任的三种倾向。④ 针对这种状况，任仲夷指出，对当前文化艺术产品尚不够丰富，还远不能满足群众要求的问题，要高度重视，努力解决；⑤ 一定“要把文艺搞好搞活”。怎样才能搞好搞活文艺工作呢？他认为：第一，要加强和改善党对文艺工作的领导。⑥ 第二，必须努力提高精神产品的质量，增加数量。在克服‘左’的错误的同时纠正三种倾向（完全商品化、资产阶级自由化、对社会效果不负责任）。⑦ 第三，解决好三个新课题：一是把坚持四项基本原则和坚持‘双百’方针结合起来，二是把学习、吸收外来文化中好的东西同保持民族传统结合起来，三是把文艺的教育作用和娱乐作用更好地结合起来。⑧ 第四，要发挥政权机构、文联、各种经济组织、各协会和各种群众团体的作用，齐心协力，搞好文艺。⑨ 第五，文艺工作者要正确行使创作自由权，要坚持“两为”方向。要坚持深入生活，深入人民群众中去寻找创作题材。“在题材和表现手法上要力求丰富多

---

①②张岳琦，李次岩：《任仲夷论丛：第三卷》，广东人民出版社，2000 年，第 349 页。

③张岳琦，李次岩：《任仲夷论丛：第三卷》，广东人民出版社，2000 年，第 356 页。

④⑤张岳琦，李次岩：《任仲夷论丛：第三卷》，广东人民出版社，2000 年，第 352 页。

⑥张岳琦，李次岩：《任仲夷论丛：第三卷》，广东人民出版社，2000 年，第 356 – 357 页。

⑦⑧张岳琦，李次岩：《任仲夷论丛：第三卷》，广东人民出版社，2000 年，第 351 页。

⑨张岳琦，李次岩：《任仲夷论丛：第三卷》，广东人民出版社，2000 年，第 349、353、355、357、359 页。

彩，敢于创新。”①

任仲夷对新时期文艺工作的这些探索，寄托着他对广东文艺事业的深切期望，这期望同时也是中共广东省委对文艺工作的要求：“在对外开放的情况下，使广东省宣传和文艺工作‘更健康、更活跃、更繁荣’；使文艺工作者更愿意写、更敢写、更会写，更愿意画、更敢画、更会画，更愿意演、更敢演、更会演。”② 同时，他的文艺思想对新时期广东文艺界的积极尝试、大胆创新起了很好的鼓励和支持作用。

三、本着改革开放的精神搞好新闻出版、广播电视事业

新闻出版和广播电视是党和政府的重要宣传工具，担负着舆论导向的重要任务。其大众化、普及面广、传播迅速、娱乐性强的特点使之在改革开放中逐渐富裕起来的社会大众中占有广泛的市场并发挥着强有力的影响。对此，任仲夷给予高度重视。他深切地期望从事新闻出版、广播电视的同志本着改革开放的精神搞好工作，为社会主义现代化建设作出更大的贡献。同时，对新闻出版、广播电视在社会主义现代化建设中如何更好地发挥作用的问题，任仲夷也作了较深入的思考，提出了颇有见地的思想观点。

1. 要坚持政治性、知识性、趣味性、娱乐性、地方性和群众性

坚持政治性也就是坚持党性。新闻出版、广播电视是党和政府的喉舌，是党和政府进行思想文化宣传的主要阵地，强调宣传工作的政治性是我党宣传工作的一个基本原则。只有坚持政治性，才能牢牢把握正确的舆论导向，才能更好地发挥传媒宣传、教育和动员群众的作用。任仲夷认为，不论是新闻出版还是广播电视都同样要坚持政治性。具体而言，坚持政治性主要表现为：一是要坚持四项基本原则，宣传党的路线、方针、政策。他在写给《南方日报》社的贺信中和对广播电台、

①②张岳琦，李次岩：《任仲夷论丛：第三卷》，广东人民出版社，2000 年，第 361 页。

电视台同志的讲话中都反复强调，要在工作中更好地坚持四项基本原则，更好地宣传党的路线、方针、政策。① 二是要注意社会效果。任仲夷认为，传媒报道“一定要有利于提高党的威信，增强人们对社会主义的信心，而不是相反”。这就要求宣传报道必须做到准确，同时要掌握好分寸。② 三是要为现代化建设服务。拨乱反正后，邓小平指出：“社会主义现代化建设是我们当前最大的政治，因为它代表着人民的最大的利益、最根本的利益。”③ 经济建设是社会主义现代化的中心任务，改革开放和精神文明建设是其重要的组成部分，因而传媒工作为经济建设、为改革开放和精神文明建设服务也就是坚持政治性的重要表现。任仲夷要求：“广播、电视工作要为开放和改革服务，为精神文明建设服务”；报纸“要更自觉地注意关于精神文明方面的宣传，注意关于‘五讲四美’的宣传”，要多宣传社会主义商品经济和价值规律的问题。④

媒体宣传坚持政治性的最终目的是要团结群众、教育群众，提高其认识世界和改造世界的能力，使积极投身于社会主义现代化建设成为其自觉要求。要达到这个目的，单凭政治说教、强硬灌输是不可能的。任仲夷指出，过去那种“打通思想”的做法是行不通的。“只有通情达理，才能使人心悦诚服。”因此，“我们说的政治性，要善于通过各种为群众所喜闻乐见的形式去体现出来。报纸要发挥潜移默化的作用，强调寓政治性于知识性、趣味性、地方性之中。”广播电视则要“增强节目的知识性、趣味性、娱乐性、群众性”。只有这样，政治性宣传才不流于形式，才会收到切实的效果。⑤

①张岳琦，李次岩：《任仲夷论丛：第三卷》，广东人民出版社，2000 年，第 369、383 页。

②《坚持四项基本原则》，见《邓小平文选：第二卷（1979 年 3 月 30 日）》，人民出版社，1994 年。

③张岳琦，李次岩：《任仲夷论丛：第三卷》，广东人民出版社，2000 年，第 370、380、384 页。

④⑤张岳琦，李次岩：《任仲夷论丛：第三卷》，广东人民出版社，2000 年，第 370、378、383 页。

2. 要与时俱进

中国共产党是与时俱进的政党，新闻出版和广播电视作为党和政府的重要宣传工具，只有与时俱进，才能深刻地领会党和政府的精神，才能及时地、全面地将党和政府的路线、方针、政策传播给社会大众；作为舆论工具，也只有与时俱进，才能不断接受新思想，更新旧观念，提出新问题，并以先进的思想、正确的舆论去引导社会大众，从而实现舆论导向和舆论监督的功能。正是在这种意义上，任仲夷要求传媒要与时俱进。他建议：“报纸要能跟上形势的发展，要经常刊登人们最关心的东西，看了以后，能给人以启发，能引起人们的思考，能帮助读者回答一些工作上、生活上和思想上的疑难问题。”① “在宣传报道的掌握上，要注意随时学习、领会中央和省委的精神与意图，注意了解改革开放中出现的新情况、新问题。”② 同时，他对电台和电视台寄予希望：“要十分注意形势的发展，使我们的工作不要落后于形势。”③ 他认为，在我们对外更加开放、对内更加放宽的形势下，广播和电视应本着开放和改革的精神去办，要坚持“排污不排外”的原则，不能把自己与世隔绝开来。要注意引进先进的技术和科学的管理方法以及有益的、健康的节目。④ 的确，放开怀抱，积极引进，批判吸收，加以创新才是与时俱进所应有的积极心态和精神。在任仲夷与时俱进的引导下，广东传媒在改革开放中积极进取，不断开创新局面。

3. 要提高质量，办出特色

改革开放后，广东的新闻出版和广播电视业面临着较大的挑战。生活水平的提高，使人们求知、求美、求乐的欲望空前高涨；思想的解放，令人们的审美趣味呈现出多元化；而境内新办的大量报刊和境外广播、电视信号的覆盖，又为人们阅读新闻、收听广播与收看电视提供了更多的选择余地。面对这种新情况，作为党和政府主要宣传工具的传媒

①张岳琦，李次岩：《任仲夷论丛：第三卷》，广东人民出版社，2000 年，第 379、380 页。

②张岳琦，李次岩：《任仲夷论丛：第三卷》，广东人民出版社，2000 年，第 383 页。

③张岳琦，李次岩：《任仲夷论丛：第三卷》，广东人民出版社，2000 年，第 384 页。

④张岳琦，李次岩：《任仲夷论丛：第三卷》，广东人民出版社，2000 年，第 386 页。

要想赢得更多的受众，占领更广阔的市场，若继续沿用计划经济时期的用行政命令来干预人们选择的做法显然是行不通的。事实也证明行不通。当时群众用来收看香港电视节目的鱼骨天线就高高地竖立在珠三角城乡的房顶上，而且禁而不止。这也就从一个侧面反映了这样一个引起我们深思的问题：我们的电视节目不论是数量还是质量均满足不了群众的要求。该如何应对呢？任仲夷就明确地指出：最根本的办法，就是要把我们自己的电视节目搞好。只有这样，才能不断提高我们与香港电视的竞争能力。① 对在新形势下如何搞好新闻出版工作，任仲夷也提出了自己的看法，这就是要提高质量，办出风格，办出特色。他赞同《羊城晚报》的提法，报纸要提高质量就要在“求精”和“出新”上下功夫。② 他认为，“办报也要‘宁可少些，但要好些’”。办报一定要办出自己的特色，“使读者感到看这张报和看别的报就是不一样。要让读者争着买、抢着看”③。这就“要敢于创新，善于运用不同的手法，通过不同的内容向读者灌输新的观念”④。要有好文章，要常出“奇文”，好让人“共赏”。⑤ 同时，要培养人才，要出名记者、名编辑。而记者、编辑则要努力学习，提高自己。⑥ 这样，有了人才，报纸才能办好办活。任仲夷还提出衡量报纸是否受欢迎的标准问题。他说：“衡量一张报纸受读者爱戴的标准，从根本上说，主要看它宣传的内容是否有利于经济的发展和社会的进步。除此以外，我历来认为，重要的一条，还是要看自费订阅、购买的人多不多。当然，这是对一些格调比较高的报纸来说的。”⑦ 任仲夷认为，只要提高了质量，办出了特色，就是小报也会受到读者的欢迎，也可以作大贡献。⑧

另外，任仲夷也非常关心报纸的发行工作。当他看到一则关于南海

---

①张岳琦，李次岩：《任仲夷论丛：第三卷》，广东人民出版社，2000 年，第 371 页。

②③④张岳琦，李次岩：《任仲夷论丛：第三卷》，广东人民出版社，2000 年，第 378 页。

⑤张岳琦，李次岩：《任仲夷论丛：第三卷》，广东人民出版社，2000 年，第 371、377 页。

⑥张岳琦，李次岩：《任仲夷论丛：第三卷》，广东人民出版社，2000 年，第 379 页。

⑦张岳琦，李次岩：《任仲夷论丛：第三卷》，广东人民出版社，2000 年，第 380 页。

⑧张岳琦，李次岩：《任仲夷论丛：第三卷》，广东人民出版社，2000 年，第 374 页。

大沥镇群众排长龙买《南方日报》的报道时，就建议省委宣传部重视这一新情况，要组织有关部门“采取措施，创造条件，尽量满足广大群众在文化生活方面日益增长的需求”。他强调：“抓好这项工作，对于进一步搞好两个文明建设，加快‘四化’建设速度，是有重大意义的。”①

任仲夷关于搞好新闻出版、广播电视工作的思想观点，至今仍具有重要的指导意义。

四、大力推广普通话

语言是人们表达思想感情和相互交流信息的沟通工具。不同的地域或民族，可以有不同的语言。为了便于不同语言之间的人们相互交流，人们通常约定用共同语来进行沟通。国际的交往有国际共同语，每个国家也都有自己的法定共同语，普通话就是我国法定的国家通用语言。在全球化时代，国际的交往若离开了国际共同语，那将是不可想象的。同样，在改革开放的今天，在人口加速流动的现在，作为共同语的普通话就越发显示出它在人们交往沟通中的积极意义和重大作用。而改革开放之初，广东的普通话推广、普及工作显然跟不上时代发展的步伐。针对这种现象，任仲夷提出了广东要大力推广普通话的强烈要求。

1. 推广普通话不是一件小事

在方言区里，有些人认为推广普通话是小事一桩，没有引起足够的重视。其中主要的原因是因为这些人对推广普通话的意义及对普通话在我们工作生活中的作用缺乏认识。而任仲夷积极倡导广东大力推广普通话，是因为他认为“推广普通话不是一件小事”，② 而是具有重要的意义和作用。他认为，第一，推广普通话是开放的要求。开放包括对外开放与对内开放。改革开放后，我国的对外交往日益频繁。外国人要到中国来，他们学的、用的必定是我们的共同语普通话；“外国人带的翻

①张岳琦，李次岩：《任仲夷论丛：第三卷》，广东人民出版社，2000 年，第 374 页。
②张岳琦，李次岩：《任仲夷论丛：第三卷》，广东人民出版社，2000 年，第 446 页。

译，人家学的也是普通话”。① 从对内开放的角度来看，对内开放不仅增强了省内外的政治、经济和文化等各种信息的交流，同时也加剧了人口的流动。作为改革开放先锋的广东，一方面经济的快速发展需要大量的劳动者，另一方面生活水平的大幅提高也吸引着各方的人们。这样，广东也就以前所未有的速度接纳了操着各种口音的来自五湖四海的建设者。同时，广东本地也存在着广州话、潮州话、客家话和海南话（改革开放之初，海南尚属广东）四大语系，若缺乏统一的规范的语言，即使在省内不同语系间人们的交流也是极不方便的。因此，就此而言，广东人不论是与外国人打交道，还是与省外人沟通又或是在省内交往，均存在着用普通话来统一语言的客观要求。任仲夷认为：“广东一省之内，就有好几种方言。不同方言区的人们，说话互相听不懂。要进行思想交流，就得推广普通话。”② “不然，广州话、潮州话、客家话、海南话这四大语系怎么交流？”③ 他批评了当时广东推广普通话滞后的状况，提出了用普通话来统一各种方言的要求：“现在广东什么都讲开放，就是语言还是封闭的。只讲方言，四面八方的人听不懂，怎么开放呢？开放，我们对外要开放，对国内更要开放，必须用普通话来统一各种方言。”④ 他语重心长地告诫人们不要用方言来自我封锁，并指出语言不开放的不良后果：“我们党和国家，现在实行对内对外开放政策。我们决不可用方言来‘封锁’自己。不然，这是和我们广东省所处的地位很不相称的，尤其是和深圳经济特区所处的地位很不相称的。同时，这也不利于广东全省经济和文化的发展。”⑤ 总之，“开放城市和地区，语言不应是封闭的”。⑥ 第二，推广普通话是宪法的规定。中华人民共和

①张岳琦，李次岩：《任仲夷论丛：第三卷》，广东人民出版社，2000 年，第 446 页。
②张岳琦，李次岩：《任仲夷论丛：第三卷》，广东人民出版社，2000 年，第 451 页。
③张岳琦，李次岩：《任仲夷论丛：第三卷》，广东人民出版社，2000 年，第 449 页。
④张岳琦，李次岩：《任仲夷论丛：第三卷》，广东人民出版社，2000 年，第 448 页。
⑤张岳琦，李次岩：《任仲夷论丛：第三卷》，广东人民出版社，2000 年，第 450 页。
⑥张岳琦，李次岩：《任仲夷论丛：第三卷》，广东人民出版社，2000 年，第 445、447 页。

国成立后，党和政府非常重视语言文字规范化的工作。1956 年国务院就通过了《关于推广普通话的指示》，成立了中央推广普通话工作委员会；1982 年，“国家推广全国通用的普通话”被正式载入《中华人民共和国宪法》。作为公民，遵守宪法和法律是首要的也是最基本的义务。因此，任仲夷说：“推广普通话是宪法上规定了的，绝不是推行也可，不推行也可。”“要推广普通话，这是以我国宪法的规定为依据的。”①第三，推广普通话是精神文明的内容。任仲夷认为，那种在公共场合不管外地人的感受，只顾用方言交谈的做法是不文明礼貌的表现。②他十分赞同广州市把推广普通话作为加强精神文明建设的大事来抓的决定。③任仲夷还认为，语言开放不仅包括语言交流中正确运用普通话，而且还包括文字使用上的规范化。他说：“广东是个开放地区，又是个方言混杂区，推广普通话、实现语言规范化的任务十分繁重。我认为，其中一个重要方面，就是要在社会上注意纠正那种个人任意用白字和生造字的坏习惯。”④当看到社会上流行用广州话的生造字时，他批评道：“这也是语言封闭的一种表现。”⑤他指出了这种做法的不良后果并建议要坚决纠正：“这种坏习惯势必造成我们语言文字的混乱，阻碍普通话的推广，削弱普通话作为全国人民交际工具的作用，对进一步向国内国外开放不利，对‘四化’建设事业不利，所以必须予以坚决纠正。”他认为，“保护祖国语言的纯洁和健康，也属于精神文明建设的一个内容”⑥。

2. 广东必须用普通话统一全省语言

任仲夷不仅论述了推广普通话的重大意义和作用，而且提出了推广普通话的措施和途径，希望通过各界的共同努力，最终达到以普通话来统一全省语言的目的。他认为推广普通话的措施和途径主要包括以下几

---

①张岳琦，李次岩：《任仲夷论丛：第三卷》，广东人民出版社，2000 年，第 449 页。

②张岳琦，李次岩：《任仲夷论丛：第三卷》，广东人民出版社，2000 年，第 457 页。

③⑤⑥张岳琦，李次岩：《任仲夷论丛：第三卷》，广东人民出版社，2000 年，第 459 页。

④张岳琦，李次岩：《任仲夷论丛：第三卷》，广东人民出版社，2000 年，第 458 页。

方面：第一是各行各业都要推广普通话。“领导机关要带头讲普通话。学校要强调普通话的教育，用普通话教学。服务员要进行普通话的考试。要从幼儿园、学校、服务员、售货员做起。乘务员报站应先用普通话，后用广州话。”① 而事实上也只有各行各业都行动起来，才会形成一个良好的语言环境和人人爱讲普通话的社会风气。第二是要充分运用一切宣传工具大力推广普通话。任仲夷认为，报纸、广播、电视、电影、话剧、曲艺等都是推广普通话的很好宣传工具，要充分地利用。他说：“我们应当充分运用一切宣传工具，特别是电视、广播、报纸等，加强宣传，造成声势。”他建议广播电视都要推广普通话，增加普通话的播出时间，使广播电视对推广普通话起引导作用。② 第三是要求特区的深圳和省会的广州在推广普通话方面起带头作用。他认为深圳是个新兴的开放城市，人员来自五湖四海，这就既存在着推广普通话的客观要求，也有着推广普通话的有利条件。他希望深圳能抓住这个有利时机，重视普通话的推广，使经济特区的深圳也成为推广普通话的特区。而且他还“希望深圳在推广普通话方面，给全省带个好头，影响全省，影响港澳”③。同时，他也对广州推广普通话工作提出要求并寄予厚望：“广州是全省政治、经济、文化中心，又是我国对外开放和对内开放的一个重要地区。这样一个开放城市，语言当然也不应当是封闭的。”“作为省会的广州，许多工作都在全省起到模范带头作用，在推广普通话方面也应当如此。”④ 第四是要把推广普通话作为长期任务来抓。⑤ 任仲夷认为，推广普通话并非权宜之计，而是一项长期的任务，不可松懈。他特别要求报纸、广播、电视、电影、话剧、曲艺等宣传部门，

---

①张岳琦，李次岩：《任仲夷论丛：第三卷》，广东人民出版社，2000 年，第 446、450、454、457 页。

②张岳琦，李次岩：《任仲夷论丛：第三卷》，广东人民出版社，2000 年，第 449、450、453 页。

③张岳琦，李次岩：《任仲夷论丛：第三卷》，广东人民出版社，2000 年，第 456、457 页。

④⑤张岳琦，李次岩：《任仲夷论丛：第三卷》，广东人民出版社，2000 年，第 450 页。

“应把积极推广普通话当作自己的一项长期任务，切实抓好”①。他鼓励广东省话剧院实验剧团的同志说：“你们话剧团是我们省推广普通话的尖兵，一定要把这项很有意义的工作坚持下去，坚持就是胜利。”② 当得知为了迎接全运会，广州市委、市政府号召全市人民大力推广普通话时，他很高兴，觉得应该在全运会后也要把这项工作坚持下去。于是，他就给广州市委书记写信说：“我觉得，广州推广普通话的工作，不但在全运会开幕前要抓，就是在全运会过后仍然要坚持抓下去。”③ 因为，“推广普通话，不仅是当前迎接全运会的需要。随着社会主义商品经济的大发展，改革与开放的进一步开展，更要求我们必须有统一的语言，这种要求比以往任何时候都迫切”④。他希望广州通过坚持不懈地推广普通话，“使全市早日形成一个人人会讲、愿讲、爱讲普通话的良好风气”⑤。

在任仲夷的积极倡导下，在各级政府的重视以及省和各市历届领导同志的带头示范下，经过二十多年坚持不懈的推广，现在广东人的普通话水平有了很大的提高。得益于广播电视的普及和外来人口的增多，现在连老年人都能听懂普通话，会讲的也不少。学校坚持普通话教学的结果，就是为社会培养输送了一批批会讲、愿讲、爱讲普通话的人才。可以说，以前人们常说的“天不怕，地不怕，就怕老广讲普通话”的担忧恐怕很快就会成为多余的了。

综上所述，任仲夷的精神文明思想及实践主要体现出以下鲜明的特点，这就是在贯彻执行党的“两个文明建设一起抓”战略决策上的坚定性，在学习和研究精神文明理论上的深刻性，在实践精神文明中的开创性。任仲夷正是凭着对党的事业的忠诚、对人民的热爱，对社会主义的坚定信念，在改革开放之初，在外界对广东褒贬不一的“香香臭臭”评论中，义无反顾地与广东省委和省政府一起带领全省人民坚定地走有

---

①张岳琦，李次岩：《任仲夷论丛：第三卷》，广东人民出版社，2000 年，第 448 页。

②③⑤张岳琦，李次岩：《任仲夷论丛：第三卷》，广东人民出版社，2000 年，第 457 页。

④张岳琦，李次岩：《任仲夷论丛：第三卷》，广东人民出版社，2000 年，第 456 页。

中国特色的社会主义道路，不断地开创社会主义精神文明建设的新局面。任仲夷在广东的精神文明实践不仅为广东日后的精神文明建设摸索了道路，积累了经验，而且也为广东两个文明建设的持续发展奠定了基础。

第七章　科技教育事业：刻不容缓的战略性任务

十一届三中全会后，全党工作重心转移到以经济建设为中心的现代化建设上来。现代化建设成为新时期最大的政治任务，而现代化的关键是科技，基础是教育和人才，这就要求大力发展科技教育事业，造就大批经济建设和社会发展急需的优秀人才。教育、科技的发展，要与经济建设发展相适应，并应走在前面。广东作为改革开放的先行省份和前沿阵地，发展科技教育的任务尤为紧迫和重要。任仲夷始终重视科技和教育的发展，带领中共广东省委和全省人民从时代和战略的高度，深刻认识改革开放过程中科技教育事业的战略地位，有效地肃清了“四人帮”的流毒，澄清了人们的模糊思想，探索出了一条适应新形势发展需要的科技教育的新路子，为广东的经济腾飞和现代化建设提供了强有力的支持。任仲夷为广东开了一个好头，他在改革开放初期所作的努力和贡献，有力地推动了广东经济、社会的全面发展。

第一节　科技现代化是四个现代化的关键

“四个现代化，关键是科学技术的现代化。”① 这是邓小平在1978年的全国科学大会开幕式上的精辟论断。随后，党的十二大向全国人民发出进行四个现代化建设的号召。在此情况下，任仲夷联系广东实际，准确地理解和阐述这一著名论断，他认为，实现四个现代化必须紧紧抓

①《邓小平文选：第二卷》，人民出版社，1993年，第187页。

住科学技术现代化这一关键环节，才能大力发展生产力，加快现代化的进程。1984 年，他强调指出："科学技术现代化，不仅是'四化'之一，而且是实现其他'三化'的必要条件。如果没有科学技术的现代化，工业、农业和国防的现代化都是不可能的。"① 只有科学技术的高速发展，才可能有国民经济的高速发展。在这些思想和精神的指引下，在广东省委的正确领导下，广东的科学技术迅猛发展，科技成果大量涌现，为经济发展提供了强有力的支持。

一、科技关系到社会主义建设的全局

现代科学技术是新的社会生产力中最活跃和决定性的因素。科学技术决定着劳动生产率能否大幅度提高，决定着经济发展的速度，决定着经济实力。随着世界新技术革命的蓬勃发展，经济发展对资源的依赖逐步减低，而对科技的依赖在不断加重，科学技术日益渗透到社会物质生活和精神生活的各个领域，成为提高劳动生产率的重要源泉，经济发展的重要因素，精神文明建设的重要基石。现代化的科学技术，为整个国民经济建设提供科学知识基础，为工农业生产和国防建设提供先进的设计、先进的工艺、先进的技术装备，特别是为国民经济各个部门提供高水平的科学技术人才、管理干部和技术工人。科学技术的发展对社会主义建设十分重要。历史告诉我们，决定一个国家和民族是否发达，已从最早单纯依靠军事力量发展为主要依靠经济力量，到今天主要依靠科技的力量，特别是高科技的力量。我国正在进行社会主义现代化建设的伟大事业，要使我国的经济发展接近世界发达国家的水平，人民的生活达到比较富裕的程度，关键在于发展科学技术。

任仲夷正确分析把握世界科技发展史，深刻分析国内国际形势，结合广东省情强调指出，科技关系到社会主义建设的全局。"能不能尽快把科学技术搞上去，是一个关系到社会主义建设的全局，关系到我们国

①张岳琦，李次岩：《任仲夷论丛：第二卷》，广东人民出版社，2000 年，第 385 页。

家命运和前途的大问题。”① 从世界科技发展史来看，现代科学技术作为第一生产力，越来越显示出巨大的作用。20 世纪初，提高劳动生产率，主要靠“粗放因素”，即增加人数、设备和投资，在提高劳动生产率诸因素中，5%～10% 是依靠科学技术。但是，20 世纪中期以后，提高劳动生产率主要靠“集约因素”，即提高科学技术水平，提高劳动者文化教育和专业知识水平。到了 20 世纪 70 年代，在经济增长诸因素中，科学技术进步所占的比重，有的国家已达到 60% 以上。可见，现代社会生产力的发展，主要靠科学技术的进步。科学技术在多大程度上转化为直接的生产力，就在多大程度上提高了社会生产力。从国际上看，新科技革命蓬勃发展，世界各国都在利用这个大好时机，依靠科技大力发展经济，我们如果不迎头赶上，我国和发达国家的差距就会越来越大，这直接关系到我国的发展前途。从国内来看，“文革”刚刚结束，以经济建设为中心的政策也才开始实行，经济很落后，落后就会挨打。所以，要使我国社会主义制度具有强大的物质基础，社会经济面貌从根本上改变落后状态，消除被动挨打的危险，就必须突破科学技术现代化这一关，使科技走在经济建设的前面，推动工业、农业和国防的现代化。从广东省的实际情况来看，广东的科技工作比较落后，科技队伍不够强大，科技人员少，科技成果不多且难以推广，科技的发展难以适应和满足经济发展的需要。而且，广东是改革开放的综合实验田，正进入全面开创社会主义现代化建设的新的历史时期，对科技发展的要求十分迫切。广东的科技发展水平比较低，科技进步与内地很多省份相比还存在着较大差距，广东如果不奋起直追，缩小现存的科技发展差距，广东经济就不可能先行一步。以此看来，科技的发展直接关系到改革开放政策的正确与否，关系到广东的未来，关系到社会主义建设的全局，关系到国家的前途和命运。

鉴于这些因素，任仲夷要求大家要充分认识科技的重要性，他强调指出：“无论如何一定要指导科学技术事业提到战略重点上来认识，一

---

①张岳琦，李次岩：《任仲夷论丛：第一卷》，广东人民出版社，2000 年，第 244 页。

定要尽最大努力来促进它的发展。”① 他号召全省，齐心协力发展科技。不仅如此，任仲夷还看到广东省加快发展科学技术的有利条件，国家高度重视科技工作，经济建设蒸蒸日上，广东毗邻港澳，中央批准广东实行特殊政策和灵活措施，这些有利因素都会加快广东省科学技术事业的发展。

二、改革科研体制，促进科技发展

发展科技，科研工作是基础。进行科学技术体制的改革，必须先改革科研体制。长期以来我国普遍形成的科学技术体制存在严重弊端，不利于科学技术工作面向经济建设，不利于科学技术成果迅速转化为生产能力，束缚了科学技术人员的智慧和创造才能的发挥，使科学技术的发展难以适应客观形势的需要。20 世纪 80 年代初，广东经济对科技的需求和依靠不断增强，科技要面向生产、面向社会，科研成果更要尽快转化成具有很强竞争力的产品，但实际上，广东的科研工作还比较落后，科研成果与经济脱钩的现象依然较为严重地存在着，为了改变这种落后状况，适应新的发展形势，贯彻落实中央制定的关于发展科学技术事业的政策方针，必须改革科研体制，解决科研与经济脱钩的问题，满足社会对科研成果的需求。改革科研体制，可以大大促进生产的发展，调整科技发展中不适应生产关系和经济发展的部分，是一个大有可为的领域，突出搞好这项改革，总体改革的综合效应将大大增强，对经济的促进作用也是不可估量的。任仲夷对此有清醒的认识，1981 年 1 月，他在听取广东省科委汇报工作时，明确提出，科技管理部门要抓改革，“对那些束缚生产发展，影响科研积极性的体制上的问题，要积极而慎重地加以解决”②。

任仲夷多次强调科研工作的重要性，他认为改革科研体制，必须从

---

①张岳琦，李次岩：《任仲夷论丛：第二卷》，广东人民出版社，2000 年，第 388 页。
②张岳琦，李次岩：《任仲夷论丛：第二卷》，广东人民出版社，2000 年，第 390 页。

六个方面着手：一是抓好科研政策。没有正确的政策，科研发展不起来。二是加强科协的建设，支持科协的工作。科协是党联系广大科学家和科技工作者的纽带，是党在科技方面的参谋和助手，是同工会、共青团、妇联一样重要的群众团体。各级党委和政府要重视和支持科协的工作。三是充分发挥科研人员的作用和潜力。他要求各级科委认真执行党的知识分子政策，从思想上解决好科研人员的看法问题，在工作上要充分调动他们的积极性，在生活上要积极帮助他们解决实际困难。四是增加对科技的投入。他提出，采取一“挤”二“挣”的办法，尽量多为科研工作筹划资金，增加经费。五是要抓联合和推广。联合科研单位、生产单位和大专院校的力量，共同解决资金、设备、技术等困扰科研发展的问题。对自然科学和社会科学、基础研究和应用研究、发明发现和应用推广等进行合理配置，共同发展。他还特别强调要重视科技攻关和科技普及。整合力量，集体攻关。农村和城市要发展各种形式的科技推广站和科普协会，普及科学知识。对科研成果，要有计划有组织地进行推广，充分发挥科研成果的效用。六是切实加强和改善党委对科技工作的领导。通过改革，使科研工作能扎根和服务于经济，推动经济的发展，达到科技进步与经济发展的良性互动。任仲夷关于科研体制改革的想法，切合广东省情和形势的发展，具体而全面，基本上已形成一个比较完整的科研机制的框架，为广东省改革和完善科技体制奠定了坚实的基础。

三、重视科技攻关，加强科普工作

发展科技，会面临很多矛盾和问题。如何处理这些两难问题，直接关系到科技发展的进程。1983 年 1 月，任仲夷在广东省科协二届二次全体会议上强调指出，“在科技工作中，既要重视基础科学，又要重视应用科学；既要重视发明发现，又要重视应用推广；既要重视科技攻关，又要重视科技普及。”[①] 对于经济建设中迫切需要解决的科学技术难题，各级科协应当进行调查，集中高等院校、研究所以及产业部门的科技力量，密切协作，进行攻关。任仲夷提出的集体协作进行攻关的科研工作方法，一定程度上解决了科研力量不足的问题，整合资源，优势互补，取得了显著效果，促进了科研工作的快速发展。据统计，到1984年底，广东全省获优秀科技成果奖242项，比上年增加了64%。实践证明了政策和领导的正确。

为了加快经济发展，进行现代化建设，必须大力提高全民族的科学文化水平。改革开放初期，广东各地的劳动者普遍缺乏科学技术知识，劳动效率低下，效果不明显，严重影响了劳动者积极性的发挥。这一现象在城市和农村都普遍存在，在农村表现得尤其突出。为此，任仲夷明确指出：“大力普及科学技术是进行两个文明建设的一项重要措施。”[②] 这是科技工作者的一个非常重要的任务。在农村，由于推行了生产责任制，科学技术的应用直接关系到农民的切身利益，农民学科学、用科学的热情高涨，普及科学技术的任务十分紧迫。任仲夷强调指出：“农业推广机构应当迅速健全起来，农村科普协会应当发挥更大的作用。”[③] 农村科普工作的主要任务，是把科学技术送给广大农民群众。农村科普协会，必须面向生产、面向经济建设，为农村经济建设服务，办成农村的科普宣传中心、科技咨询服务中心和培训农业技术人才的中心。农村科普协会可以把农村中各行各业的技术人员、农民专家、农民技术员、能工巧匠和知识青年中的科技积极分子组织起来，组成一支农村科普大军，通过他们广泛地建立科技户、示范户和科普村，形成农村科技网。农村科普协会还可以采用技术承包、技术咨询服务等多种形式，把科学技术输送到千家万户，有效地提高广大农民科学务农的水平。任仲夷认为，农村科普协会是农民群众和基层干部自己创造出来的一种很好的科普组织形式，具有强大生命力，是基层党政领导运用科学技术领导农业

---

①②张岳琦，李次岩：《任仲夷论丛：第二卷》，广东人民出版社，2000年，第391页。

③张岳琦，李次岩：《任仲夷论丛：第二卷》，广东人民出版社，2000年，第392页。

的得力助手，是党联系广大农民专家、农民技术员和能工巧匠，充分发挥他们的生产技能的纽带和桥梁。他号召各地积极支持和加强农村科普协会的建设。不仅如此，在城市工矿企业，也要大力加强科普工作，提高广大职工和城市人民的科学技术水平。建立科协组织，开展科普工作。在实践中，通过各种形式的技术交流、技术攻关、技术培训等活动，解决技术难题，提高群众的科学技术水平。在他的大力倡导下，各地的科普协会迅速建立并发展起来，调动了广大人民群众学科学技术和用科学技术的积极性，提高了人民群众的科学技术水平，有力地推动了经济建设和社会发展。

四、加强和改善党委对科技工作的领导

我国是社会主义国家，中国共产党是执政党，在此条件下，科学技术工作像其他工作一样，只有在党的坚强领导下才能顺利发展。在辽宁工作时，任仲夷就充分认识到加强党委对科技工作领导的重要性。他在中共辽宁省委召开的传达贯彻全国科学大会精神动员大会上，指出："现在的关键在于我们各级党委切实加强领导，使科学技术现代化的各项任务落到实处。"① 在辽宁省科协一届二次全委会议上，他又要求各级党委对科学技术工作的领导方法、领导思想要适应党中央和新形势发展的需要，及时地转变到真正重视和发展科技工作上来。1983 年，任仲夷在广东省科协二届二次全体会议上作了《加强和改善党委对科技工作的领导》的重要讲话，明确指出："各级党委必须重视科技工作，切实加强和改善对科技工作的领导。"② 但是，还存在很多问题，他指出，有些地方和单位的党委对科技工作重视不够、很少讨论，甚至很少过问。造成这种状况与"四人帮"的错误的思想影响有关，更重要的是领导班子自身知识化专业化的水平低，对科技工作不懂，不了解，也就无法领导。所以，他强调，对各级领导而言，首先必须懂得马克思主

①张岳琦，李次岩：《任仲夷论丛：第一卷》，广东人民出版社，2000 年，第 251 页。
②张岳琦，李次岩：《任仲夷论丛：第二卷》，广东人民出版社，2000 年，第 399 页。

义理论，有组织领导能力；其次，要提高对科技工作在四个现代化建设中重要意义的认识，认真贯彻执行中央和国务院制定的关于发展科学技术事业的方针政策，把科技工作纳入重要议事日程，认真听汇报，认真讨论，认真解决问题；再次，努力提高自己的知识水平，加强学习；最后，要虚心听取专家和内行的意见，善于把各种意见集中起来，以进行正确的决策和领导。1981 年，他在广东省农业顾问、专家座谈会上作了《进一步重视科学和科技人员的作用》的重要讲话，批驳了不少领导干部对科学和科技人员认识不足的现象，强调要重视和充分发挥专家和科技人员的重要作用。1984 年，在广东省科技工作者中秋联欢座谈会上，他再次强调了加强各级党委对科技工作的领导的重要性。

除此之外，对起基础作用的科研工作的经费投入问题上，任仲夷也作出明确的指示，“各级党委对科研工作切实重视起来，采取‘挤’的办法，尽量多为科研工作筹划一些资金，增加一些经费。”① 为发展科研投入经费，从长远看，对生产的发展，对整个国民经济，作用很大。在任仲夷的号召下，在各级党委和领导的共同努力下，广东省的科技工作很快冲破禁锢，走上发展的正轨，而且，在短期内就取得了显著成绩，科学技术是第一生产力的观念深入人心，科学技术得到广泛应用，科技人才得到重用，科技成果不断涌现，广东经济也因此突飞猛进。据统计，到 1984 年底，广东省自然科技人员达 31.2 万人，比 1978 年增长 70.5%；全省获优秀科技成果奖 242 项，比上年多 64%；获推广应用科技成果奖 39 项，仅这 39 项创造的年增利润就达 8714 万元。科学技术的进步，对于振兴广东经济，加速现代化建设起了重要作用。

第二节　发展教育事业是一项刻不容缓的战略性任务

教育事业在“文化大革命”中受到严重的摧残，教育基本上停滞

①张岳琦，李次岩：《任仲夷论丛：第二卷》，广东人民出版社，2000 年，第 391 页。

不前，教育水平很落后，教师队伍残缺不全，教师遭到残酷的迫害，积极性不高。教育事业的形势很严峻。党的十一届三中全会实行拨乱反正以后，全党提高了对教育事业的重要性的认识，加强了对教育工作的领导。而广大群众也在注视着教育战线，可以说，“家家户户谈教育，人人关心教育”。① 把教育工作搞好，不仅是广大教育工作者的意愿，也是广大群众的迫切愿望。广东作为全国最先实行改革开放特殊政策的省份，发展教育事业的任务更加紧迫，更加重要。任仲夷清醒地认识到发展教育事业对广东经济发展的重要性，1983 年，在中共广东省第五次代表大会上，针对广东教育发展缓慢的现状，他指出：“尽快把广东省教育事业搞上去，这是摆在我们面前的一项刻不容缓的紧迫任务。”②“办好教育是战略性的任务，是百年大计，一定要高度重视。”不仅如此，抓好教育工作，对整个社会的发展，对社会主义革命和社会主义建设事业的胜利进行，对实现四个现代化的宏伟目标，对实现共产主义的远大理想，都具有极为重要的意义。“只有现在下大力气办好教育，才能有若干年以后的科学文化的高水平和经济发展的高速度。”③ 他还明确提出了广东省“七五”期间的教育目标，大力提倡教育多元化，举办各种形式的教育。在具体的措施上，他认为，抓教育得从中小学开始。中华人民共和国成立初期，广东的中小学教育水平高于全国平均水平，而“文革”后却低于全国平均水平，优势正在逐渐消失，这很不利于广东先行一步的发展形势。他强调，要提高教育的水平，尤其是中小学教育水平。为此，全社会都要尊重教师，提高教师的社会地位和待遇，调动广大教师的积极性，充分发挥其作用。各级党的领导水平要提高，干部要进行培训，各类人才要多出快出，群众的知识水平要提高，学校的教育必不可少，他强调，各级党委要加强领导，加大教育投入，调动各方面的积极性，广开办校路子，千方百计把各类学校办好。任仲夷关于发展教育的一系列讲话，针对性强，集中反映了他的教育思想，

①张岳琦，李次岩：《任仲夷论丛：第一卷》，广东人民出版社，2000 年，第 277 页。
②张岳琦，李次岩：《任仲夷论丛：第三卷》，广东人民出版社，2000 年，第 401 页。
③张岳琦，李次岩：《任仲夷论丛：第二卷》，广东人民出版社，2000 年，第 392 页。

也表明他已初步形成了比较系统的教育思想。在他的领导下，广东省的教育事业在调整、改革中开拓前进，快速发展，取得了很大的成绩，为广东的经济腾飞打下了坚实的基础。

一、教师担负着重大的责任和光荣的使命

教师是教育事业的主体，承担着教育学生、培养人才的任务。任仲夷十分关心和重视广东的教育事业。1981 年 2 月 21 日，任仲夷在广州地区中小学教师、幼儿教育工作者座谈会上作了《教师担负着重大的责任和光荣的使命》的讲话，他指出："重视教育，就要重视教师。"① 1981 年 3 月 8 日，在《南方日报》刊载的《任仲夷同志就我省一些地方发生殴打教师事件写信给省教育厅党组》一文中，任仲夷明确指出了教师的任务："教师是培养社会主义下一代的园丁，他们的工作是光荣的，值得尊敬的。"② 教师对广东的经济发展起着重要的作用，没有一流的师资队伍，就没有一流的学校、一流的教育水平，也就不可能有一流的人才，不可能有经济的迅速发展。

任仲夷指出，教师担负着重大的责任和光荣的使命，主要表现在：一是培养"四化"建设人才。搞四个现代化，需要大批有无产阶级世界观的、有共产主义道德的、有科学文化知识的人才。这样的人才，要由教师来培养。二是树立一代社会主义新风。搞"四化"，不但需要建设高度的物质文明，还必须建设高度的社会主义精神文明。每一位教师，都不仅负有向学生传授文化科学知识的任务，还负有做思想政治工作的任务，负有树立一代社会主义新风的光荣使命。"要实现现代化的伟大历史任务，没有广大中小学教师和幼儿教育工作者的劳动，是不可能的。"③

为了让教师担负起光荣而艰巨的任务，必须做到：一是提高教师的

①张岳琦，李次岩：《任仲夷论丛：第三卷》，广东人民出版社，2000 年，第 392 页。
②张岳琦，李次岩：《任仲夷论丛：第三卷》，广东人民出版社，2000 年，第 399 页。
③张岳琦，李次岩：《任仲夷论丛：第三卷》，广东人民出版社，2000 年，第 390 页。

社会地位和待遇。要在全社会形成尊师重教的风气，肃清“四人帮”歧视和迫害教师的流毒。各级党委和政府要高度重视教育，要在可能的条件下，积极帮助教师解决工作上和生活上的实际困难，并要负起教育广大干部、群众尊重教师的责任。任仲夷曾就广东省一些地方发生殴打教师事件专门写信给省教育厅党组，他指出：“人民教师应该受到社会的尊敬。”“不仅应当教育青少年尊敬教师，而且应当教育干部、群众尊重教师，提高教师的社会地位。”① 对不尊重教师、看不起教师的人，要进行思想教育；对殴打、迫害教师，情节严重的，应绳之以法，追究法律责任。这一事件在全省引起极大反响，歧视和迫害教师的现象得到及时制止，教育了广大群众、稳定了教师队伍。二是提高教师的素质和教育水平。1983 年 2 月，在中国共产党广东省第五次代表大会上，任仲夷指出：“大力发展师范学校，以培养师资。”② 事实证明，20 世纪 80 年代发展的中等师范学校，为社会培养了大批教师，特别是基层，极大地提高了全省的教育水平。另一方面，教师作为教育者，要进行自我教育。任仲夷指出：“教育者必须首先受教育。”③ 教师不仅要注意学习马列主义、毛泽东思想，学习党的方针政策，还要努力学习自己所教的学科，学习教育学、心理学，不断提高教育水平。没有受过师范教育而当教师的，应当通过自学和教学实践，补上教育学这一课。教师只有自己学习得好，才能把学生教得好。其次，教师在精神文明方面，要做学生的表率。教师要拥护四项基本原则，要有高尚的道德品质，真正为人师表。再次，广大教师要继续发扬艰苦奋斗、勤俭办学的作风。克服各种困难，因陋就简，千方百计把学校办好，培养出更多的优秀人才。

任仲夷对教师队伍建设的重视取得了显著的成绩。到 1984 年，在广东高校中具有教授、副教授、讲师以上职称的教师的比重，由 1980 年的 47.2% 提高到 57.3%；中专（包含中师）具有大学本科毕业以上的教师比重，由 1982 年的 41.7% 提高到 43.7%；普通中、小学教师的

①张岳琦，李次岩：《任仲夷论丛：第三卷》，广东人民出版社，2000 年，第 399 页。
②张岳琦，李次岩：《任仲夷论丛：第三卷》，广东人民出版社，2000 年，第 401 页。
③张岳琦，李次岩：《任仲夷论丛：第三卷》，广东人民出版社，2000 年，第 392 页。

文化水平也都有不同程度的提高。这些事实表明，以任仲夷为首的广东省委制定的教育政策和方针是正确的，切合实际的，其效果十分显著。教师的素质在不断提高，教师队伍在稳定中不断壮大，社会上已逐渐形成尊师重教的良好风气，推动着教育事业的长足发展。

二、教育要培养德才兼备的人

教育要培养人才，其标准就是德才兼备。德才兼备是中国共产党长期坚持的一条重要的人才原则。其前身是毛泽东提出的“又红又专”的人才方针，其后经过邓小平的继承和发扬，逐渐形成德才兼备的人才标准。任仲夷继承了其中的优秀成分，把它表述得更全面、更丰富。早在辽宁工作期间，他就多次谈到正确理解又红又专和德才兼备的标准的问题。1977 年，在辽宁省科技工作者座谈会上，他作了《做一个又红又专的科技工作者》的讲话，指出“红和专都是没有止境的”①，随着时代的变化，其内涵也在不断变化着。在新时期，既要坚持马列主义、毛泽东思想，还要下苦功夫钻研科学技术知识，这样才能达到又红又专。1980 年 6 月，在中共辽宁省委召开的全省知识分子工作会议上，任仲夷批驳了唯成分论的用人观念，首次提到德才兼备的用人标准。他明确指出：“我们选拔干部的标准，是德才兼备，又红又专。专不等于红，红必须专。”② 他把红与专统一起来，强调有德必须有才，有才不等于有德。而有的人，把德与才对立起来，认为重才就是轻德，“在坚持政治条件的同时，强调专业知识、文化水平，这绝不是‘重才轻德’，正是坚持了党的任人唯贤的干部路线”③。德才统一才能培养出又红又专的人才，才能在现代化建设中发挥作用。“只要是坚决执行党的路线，坚持社会主义道路而又有真才实学的，出身、成分好的我们要

①张岳琦，李次岩：《任仲夷论丛：第一卷》，广东人民出版社，2000 年，第 258 页。

②③张岳琦，李次岩：《任仲夷论丛：第一卷》，广东人民出版社，2000 年，第 265 页。

用，出身、成分不好的也要用，是党员的要用，不是党员的也要用。”①1981 年 9 月，在广东省青年自学经验交流会上，他又明确指出，“红和专要统一起来，不能对立起来”②，注重“红”和“专”的主要方面，淡化次要问题，有效地解决了人才不足，不好培养的问题。1981 年 9 月，任仲夷在广州中山大学作了《大学要培养德才兼备的人》的讲话，针对广东实际工作中对人才的混乱认识，重申了培养德才兼备的人才对“四化”建设的重要性，强调了学校在其中所起的重要作用。他指出，学校培养的人才“应当是德才兼备的”③，也应当是德智体全面发展的。智育，也就是才的方面，要努力学习，掌握真才实学。他批评了只重视文凭，不刻苦学习的现象，强调真才实学比文凭更重要。而“在德育方面，现在更需要大大加强”④。他指出：“光有才，但缺德，那不行。德，主要表现应当是热爱祖国，坚持社会主义道路，拥护党的领导，还要有高尚的品格。”他认为，现在学生的德育情况，总的是好的。但也存在着一些问题，比如极少数学生不赞成社会主义不赞成共产党，有些学生滋长了一种极端的个人主义思想，还有犯罪，他一一进行了批驳，并号召学生珍惜机会，为祖国为人民好好读书学习，早日成为又红又专、德才兼备的人才。学校也要在培养德才兼备的人，做好教学工作的同时，必须加强思想政治工作，目标是为了培养又红又专的人才。1981 年 8 月，他在视察广东省韶关市北江中学时，指出：“中学办得好不好，不仅要看升学率，还要看德、智、体、美几方面。”⑤ 对德才兼备的内涵有了进一步发展。从这一系列的讲话中，可以看出，任仲夷注重德与才的统一关系，对德才兼备的标准进行了新的阐释，使之克服过去那种“红”与“专”不统一、不同步的毛病，丰富和完善德才兼备的人才标准的内涵，使之更接近人才的全面素质要求。这一人才思想一直延续至今，成为培养人才和选拔人才的重要标准，成为教育工作的一个重要内容。

---

①张岳琦，李次岩：《任仲夷论丛：第一卷》，广东人民出版社，2000 年，第 266 页。

②张岳琦，李次岩：《任仲夷论丛：第三卷》，广东人民出版社，2000 年，第 400 页。

③④张岳琦，李次岩：《任仲夷论丛：第三卷》，广东人民出版社，2000 年，第 395 页。

⑤张岳琦，李次岩：《任仲夷论丛：第三卷》，广东人民出版社，2000 年，第 397 页。

三、自学是人才成长的必由之路

教育不可能涵盖所有人，有一部分人没有条件接受正规教育，有一部分人学非所用，还有的人因为政治、历史、年龄的原因被排除在校门之外，而且，改革开放初期，广东省的经济刚刚起步，不能有力地支持教育事业，而教育事业由于受“文化大革命”的影响，还比较落后，教育资金不足，教育投入远远不够，教育水平比较低，知识结构老化，不能适应社会和经济迅速发展的要求，也不能满足人民群众对科学文化知识的迅速增长的需求。而形势逼人，社会上急需各种优秀人才。为了多出人才、快出人才，除了大力发展教育事业，还必须寻求别的出路。自学就是一个很好的途径，一定程度上可以节约教育成本，缩短培养人才的时间，为经济建设提供大量学有专长的人才。相对学校的正规教育来讲，自学其实就是自我教育，通过自己主动的学习而非经由教师传授来获得知识，自学可以涵盖所有人。自我教育在人的一生中是不可缺少的。任仲夷认识到这一点，1981 年 9 月，在发表于《南方日报》的《任仲夷在广东省青年自学经验交流会上的讲话》的文章中，他明确指出：“自学是人才成长的必由之路。”① 通过对青年强调自学成才的重要性，号召广大人民也加入到自学的行列中来。首先要坚定自学可以成才的信念。他告诉广大青年，目前即使是在最发达的国家里，也不可能全体青年都进大学。就是上过大学的，要想成为有作为的人，也还必须在工作岗位上继续自学。1981 年在中山大学的讲话中，他也指出：“一些没有机会上大学，不能得到大学毕业文凭的青年，由于刻苦自学，掌握了真正的知识和本领，同样可以成才，对国家和人民作出贡献。”② 广大青年要相信通过努力，一定会成为国家的栋梁。其次，要努力做到又红又专。这是自学的一个重要目标。他强调指出，青年人不仅要努力学习科学技术和各种专业知识，而且一定要加强道德修养和思想政治修

①张岳琦，李次岩：《任仲夷论丛：第三卷》，广东人民出版社，2000 年，第 400 页。
②张岳琦，李次岩：《任仲夷论丛：第三卷》，广东人民出版社，2000 年，第 395 页。

养。不仅如此，他还告诫青年，社会主义建设需要各方面的人才，要放远眼光，不可一哄而上，要广采博览，扩大自学的范围，既要成为自然科学方面的人才，也要成为社会科学如政治、经济、文学、艺术、体育等方面的人才。再次，各有关方面都要支持广大青年自学成才。他强调首先是各级领导要重视这件事。基层单位，如厂矿、企业、机关、街道都要在力所能及的条件下，尽量多办一些学习室、图书馆，为人们自学创造条件。而对自学成才的人，社会要予以承认，教育部门要制订具体考核办法。对经过考核合格者，要发给相应的学历证明，分配适当的工作。1984 年，在广东省人才研究会年会上，他明确指出："决不可埋没那些虽然没有文凭却具有出色的创造能力的自学成才者。"① 这就明白无误地告诉广大人民，国家认可、聘用自学成才的人，自学成才的人也享有同样的权利和地位。这些措施激励着广大人民奋发学习，自学蔚然成风，极大地促进了改革开放初期人才培养和成长的步伐。这一观念影响至今，自学成为人们选择教育方式的一个重要方面，教育形式也因此更加多元化。

四、调动各方面积极性，广开办校路子

现代化的基础是教育和人才。为了有力地支持现代化建设，必须大力发展教育事业，尽量调动各方面的积极性，广开办校路子，以培养更多的人才。这对于改革开放初期的广东省尤为重要，是一项刻不容缓的紧迫任务。1983 年，在中国共产党广东省第五次代表大会上，任仲夷明确指出："今后若干年内，要采取多种形式，开辟多种渠道，广开学路，动员各方面的积极性，多办、办好各类学校。"② 他提出了总的思路和发展的短期目标。总的思路是：正规教育、业余教育、电化教育、函授教育、职业教育、成人教育等都要大力发展。其目的是提供多方面、各种形式的教育机构，以增加民众选择的权利和受教育的机会。

①张岳琦，李次岩：《任仲夷论丛：第三卷》，广东人民出版社，2000 年，第 417 页。
②张岳琦，李次岩：《任仲夷论丛：第三卷》，广东人民出版社，2000 年，第 401 页。

“七五”期间的教育目标是力争1985年全省基本普及初等教育。已经实现普及小学教育的大中城市和县城，要逐步普及初中教育。这一目标也很符合当时的广东省省情，他认为，广东省长期以来教育事业发展缓慢,目前同国内先进地区比较，差距甚大。① 他也曾提到，广东的中小学教育水平现在低于全国平均水平，搞好初等教育对广东很重要。在具体措施方面，他看到广东师资力量不足，看到社会急缺的专业缺乏，也看到高等教育的重要性，并指出要大力发展师范学校，以培养师资。现有高等学校都应认真挖掘潜力，大学招生要有较大幅度的增长。在努力办好现有学校的同时，积极创办一些短线缺口的大学。近年内要努力建设好汕头大学、海南大学，创办深圳大学，争取早日招生。积极筹办省财经学院、政法学院。大力发展中等专业教育。在教育投入上，他提出了一种新思路，即逐年增加教育经费，并把社会各方面的力量组织动员起来，不仅国家办，集体、个人也可以办学，热情欢迎爱国华侨和港澳同胞捐资办学。这一思想影响很大，其直接导致了20世纪80年代后期90年代初期，爱国华侨和港澳同胞来内地办学的热潮，极大地促进了教育事业的发展。此外，他认识到函授教育在多出、快出人才方面的贡献，他指出：“多办函授是加速发展教育事业的重要途径。”② 离休后，他还很关注教育事业，并对民办教育发表了指导意见。1997年，在给广东省民办教育委员会的信中，他指出：“发展民办教育是市场经济发育的必然结果。”针对当时对民办教育的不一致看法，他强调：“对民办教育予以正名，予以鼓励，予以支持。”③ 民办教育搞好了，反过来又将促进市场经济和各项事业的发展。

广东教育事业几十年来的发展证明，任仲夷很有先见之明，对广东的形势和教育发展有清醒的认识。在他的领导下，广东的教育事业有了良好的开端，继而与经济一样蓬勃发展，享誉全国，形成了现在教育事业百花争鸣的大好局面。

---

①张岳琦，李次岩：《任仲夷论丛：第三卷》，广东人民出版社，2000年，第401页。
②张岳琦，李次岩：《任仲夷论丛：第三卷》，广东人民出版社，2000年，第402页。
③张岳琦，李次岩：《任仲夷论丛：第三卷》，广东人民出版社，2000年，第403页。

第三节　落实知识分子政策，加快人才培养和智力开发的步伐

十一届三中全会后，党和国家的工作重心转移到以经济建设为中心的现代化建设上来，各行各业都需要大批有知识懂技术的人才，知识分子就是其中的佼佼者，正如任仲夷所讲："人才问题，在某种意义上说，就是知识分子问题。重视人才，就必须重视知识分子、关心知识分子、认真落实党的知识分子政策。"① 然而，"文化大革命"严重摧残和打击了我国知识分子，造成知识分子队伍青黄不接，思想上顾虑重重，不敢有所作为。在这种形势下，任仲夷认识到落实知识分子政策对发展广东这块改革开放试验田的重要性，他把中央精神和广东实践结合起来，采取了许多措施，全面落实知识分子政策，在培养人才和开发智力方面作出了很多重要的探索和贡献。在今天看来，任仲夷关于知识分子的思想紧密结合广东实践，具有前瞻性，为后继者指明了方向，也为广东省的经济发展奠定了坚实的人才基础。

一、落实知识分子政策，搞活智力开发

邓小平指出，科学技术是第一生产力，而具有一定科学文化知识、生产经验和劳动技能的知识分子无疑是"第一生产力"中的"第一要素"。在"文革"时期，国家经济建设濒于崩溃的边缘，一个很大的原因就是知识分子被排斥在建设之外，并被扣上"资产阶级""臭老九"等帽子。改革开放后，经济建设成为中心任务，各行各业都急需大量人才，所以，为知识分子平反，落实知识分子政策，搞活智力开发就显得

①张岳琦，李次岩：《任仲夷论丛：第三卷》，广东人民出版社，2000 年，第 417 页。

尤为重要。1978 年 10 月至 11 月，中共中央组织部（下简称“中组部”）分批召开落实知识分子政策座谈会，会议认为知识分子队伍的状况已经发生了深刻变化，中华人民共和国成立初期提出的对知识分子“团结、教育、改造”的方针已经不适应目前的情况，当前最重要的是落实知识分子政策，提出“尊重知识、尊重人才”的方针，并使之成为新时期的知识分子政策的核心。会后，中组部发出《关于落实党的知识分子政策的几点意见》。中央的决定在理论和政策上为各省落实知识分子政策扫清了障碍。在这样的背景下，任仲夷作为广东省委第一书记，响应中央号召，针对知识分子受歧视等问题多次强调指出，必须正确认识知识分子在社会主义社会中的地位和作用，全面落实党的知识分子政策，清除“左”的思想的影响，使他们放下包袱，以新的姿态投入到现代化建设中。

任仲夷认为：“落实知识分子政策，最根本的是要解决对知识分子的认识问题。”① 早在辽宁工作期间，任仲夷就专门召开全省知识分子会议，强调要继续解决好对知识分子的认识问题，他认为：“这次会议的一个重要成果，就是认真分析和进一步澄清了在知识分子问题上的若干模糊认识，这对于更好地贯彻执行党对知识分子的政策，具有非常重要的意义。”② 他进一步分析了中国共产党对知识分子的一贯重视，追溯了轻视知识、歧视知识分子的历史根源，并对这种现实进行了有力的批驳。来广东工作后，任仲夷在这种方面抓得更紧，他在不同的场合多次强调落实知识分子政策的重要性。在 1981 年听取广东省社会科学院汇报时，任仲夷指出，“知识分子的使用不应受到行政级别的限制”③，而应根据工作需要来决定。这其实也反映了他不受条条框框的束缚，对知识和知识分子的重视。在 1982 年《羊城晚报》发表的《任仲夷谈正确对待知识分子问题》一文中，任仲夷针对贬低知识分子的实际情况，强调指出要清除贬低知识分子的“左”的思想，他认为尽管理论上解

①张岳琦，李次岩：《任仲夷论丛：第三卷》，广东人民出版社，2000 年，第 412 页。
②张岳琦，李次岩：《任仲夷论丛：第一卷》，广东人民出版社，2000 年，第 260 页。
③张岳琦，李次岩：《任仲夷论丛：第三卷》，广东人民出版社，2000 年，第 413 页。

决了知识分子的问题，但在实际中，还有很多人想不通，落实知识分子政策的工作还很难做，还有“左”的思想在作怪，这种情况尚未很好转变过来，然而各项工作特别需要知识分子，需要从知识分子中提拔干部，所以任仲夷在文章的开头就强调指出“知识分子成堆好”，因为“知识分子多，知识就多，各项工作发展就会快”①。这一讲话，对纠正“左”的思想流毒，统一全省上下的思想，调动知识分子的积极性起了重要的作用。1983 年在广东省科协二届二次全体会议上，任仲夷清醒地认识到，“知识分子政策的正确与否，直接关系到革命和建设事业的成败”②。他指出，知识分子是各条战线的中坚骨干力量，在国家建设中和工人农民有同样重要的作用，“进行两个文明的建设，发展科学技术，提高全民族的科学文化水平的大部分重担，历史性地落在这一代人身上。他们工作任务重，贡献大，但工资低，生活困难大”③。他也看到由于长期的“左”的思想的影响，落实党的知识分子政策，阻力还不少，轻视知识、歧视知识分子的情况还在一些干部中不同程度地存在着。针对这些情况，他强调指出，落实知识分子政策，需要大造舆论，大声疾呼。不仅如此，还必须引起各级党委和政府的注意，使知识分子受到应有的重视和爱护，以充分调动他们的积极性。1984 年在中共广东省委召开的市地委书记会议上，任仲夷又强调指出，“各级党委都要继续抓好知识分子政策的落实”④，而对于抵制党的知识分子政策的干部，要严肃处理。他还提出了许多具体的措施，号召各级政府大胆改革，认真研究，灵活机动，发挥广东省有特殊政策的优势，在这方面找到突破口。作为中共广东省委第一书记，任仲夷的这些思想，拨开了迷雾，纠正了认识，解放了思想，鼓舞了人心，对 20 世纪 80 年代初的广东，意义重大。

对处于改革开放前沿阵地的广东省而言，不仅要落实知识分子政

---

①张岳琦，李次岩：《任仲夷论丛：第三卷》，广东人民出版社，2000 年，第 412 页。
②张岳琦，李次岩：《任仲夷论丛：第三卷》，广东人民出版社，2000 年，第 409 页。
③张岳琦，李次岩：《任仲夷论丛：第三卷》，广东人民出版社，2000 年，第 411 页。
④张岳琦，李次岩：《任仲夷论丛：第三卷》，广东人民出版社，2000 年，第 414 页。

策，而且要搞活智力开发。面对新的形势，很多知识分子彷徨犹豫，而且相对封闭的环境也使很多知识分子的知识老化，不适应改革开放后迅速变化的社会现实，不适应现代化建设的需要。任仲夷对此有充分的认识，他指出，“智力开发工作，也必须以改革的精神加快步伐”①。新的形势导致了很多新的事物、新的情况的出现，这就需要改革原有的认识和解决的方法，摸索出新的方法，以适应社会的需要。经济建设急需大批学有专长的知识分子参与其中，广东省在这方面还有差距，所以任仲夷强调这一工作必须以改革的精神加快进行。他的思想还反映出，搞活智力开发是一个系统工程，政策要支持，教育和科研要跟上，工资待遇等实际问题也要解决，各方面配合，采取多种措施，这样才能充分发挥知识分子的潜力。

二、重视和发挥知识分子的作用

知识分子是科学技术的载体，是经济增长的主要支撑力量，他们作为人类科学文化知识的重要继承者和传播者，作为社会物质文明成果、精神文明成果和政治文明成果的主要创造者，肩负着现代化建设的重任。广东是改革开放的前沿阵地，知识分子是各行各业急需的人才，在这样的背景下，重视和发挥知识分子的作用就显得尤为重要。1981 年，任仲夷在中共辽宁省委召开的全省知识分子工作会议上作了《新时期应当重视和发挥知识分子的作用》的讲话；1983 年，他在广东省科协二届二次全体会议上作了《充分发挥知识分子的作用》的讲话，这次讲话继承了他之前的思想，再次强调要重视和发挥知识分子的作用。此后广东省采取的关于知识分子的各种措施都充分反映了他这两次讲话的精神。任仲夷认为，重视和发挥知识分子的作用，必须从四个方面着手。

一是要继续解决好对知识分子的认识问题。任仲夷看到，1978 年

①张岳琦，李次岩：《任仲夷论丛：第三卷》，广东人民出版社，2000 年，第 414 页。

党关于知识分子的一系列政策出台后，仍有少数人怀疑知识分子的政治可靠性，对知识分子的认识还比较混乱，知识分子的问题还不容易解决。他分析认为，这种认识的形成有着长期的历史的原因。首先是几千年的封建影响和小生产的狭隘眼界，不重视科学知识和技术，长期的影响使鄙薄知识的风气在社会上盛行；其次是"左"的思想的影响，在政治上和宣传上把知识分子和工人阶级对立起来，人为地造成社会上轻视知识分子的现象，这是比较难纠正的；再次是"四人帮"的蓄意破坏，他们在知识分子问题上制造和散布了大量的谬论，公开鼓吹"知识越多越反动"，把知识分子当成资本主义复辟的社会基础。"四人帮"的所作所为严重干扰了党的知识分子政策，造成了恶劣的社会影响。针对这些不正确的看法，任仲夷指出，"要消除这种偏见，不是很容易的，需要有个过程，需要做大量的工作"①。

二是抓好人才的选拔和使用。要用好人才，必须先选好人才。任仲夷对这一问题有充分的认识，他说："贯彻党的知识分子政策的一个突出问题，就是从知识分子中选拔人才。"② 从知识分子中选拔人才必须按照接班人的条件来进行，就是要选拔德才兼备的人，即坚决执行党的路线，坚持社会主义道路，具有专业知识和组织领导能力，年富力强精力充沛。针对人才没有充分发挥作用的现象，他一针见血地指出，"现在不是没有人才，而是有许多人才没有得到合理的使用"③。他要求"各级党委进一步解放思想，把选拔培养人才真正摆到重要日程上来"。他还特别批驳了在破格提拔人才方面存在的一些思想阻力，即唯成分论、论资排辈、求全责备、妒贤嫉能，他指出，"选拔人才既要看文凭，更要看实际水平"④。强调要摒弃各种条条框框，爱才、惜才、大胆而合理地使用人才。

三是进一步加强对知识分子的思想政治工作。为了发现人才、使用

①②张岳琦，李次岩：《任仲夷论丛：第一卷》，广东人民出版社，2000 年，第 263 页。

③张岳琦，李次岩：《任仲夷论丛：第一卷》，广东人民出版社，2000 年，第 265 页。

④张岳琦，李次岩：《任仲夷论丛：第三卷》，广东人民出版社，2000 年，第 417 页。

人才，更好地服务现代化建设，必须要加强对知识分子的思想政治工作。因为，“今后，知识分子中不仅要出科研成果、文化成果，而且要出人才，出干部”①。党组织作为教育的主体，要对人才的健康成长负责，对知识分子要敢于教育，敢于领导。为此，任仲夷特别提出四个措施：一是党组织要鼓励和引导知识分子学习马列主义、毛泽东思想。在知识分子中还要认真进行支持四项基本原则的教育，及时组织他们学习党的方针政策。二是对知识分子的思想政治工作要讲究方法和效果。三是知识分子中的共产党员，要发挥先锋模范作用，要善于团结、带动党外知识分子。四是各级党组织都要积极做好在知识分子中吸收党员的工作。通过这些具体的措施，努力做好知识分子的思想政治工作，既为大批优秀人才的成长开辟广阔的道路，也使知识分子充满信心，为现代化建设做出更大贡献。

四是认真解决知识分子生活方面的实际问题。调动知识分子的积极性，充分发挥其作用，必须解决他们的后顾之忧，使他们能全身心地投入到工作中去。任仲夷提出了很多具体的、切实可行的办法：一是各级党委对解决困难要有信心，并要使广大知识分子有信心。大家齐心协力，通过加快发展生产来逐步解决生活上的问题；二是各级党委要采取积极态度，不要因为暂时有困难就消极等待；三是要逐步改革那些不利于发挥知识分子作用的不合理规定。他还提出了改革不合理规定的条件，即确实有利于“四化”建设和各项事业的发展，同时也具备了解决这个问题的条件。也就是说，必须根据实际情况的需要来进行，不能擅自更改。他要求“各级党委和各级领导同志对广大知识分子，在政治上要信任，在工作上要依靠，在生活上要关心、照顾，尽力帮助他们解决实际困难”②。

---

①张岳琦，李次岩：《任仲夷论丛：第一卷》，广东人民出版社，2000 年，第 267 页。

②张岳琦，李次岩：《任仲夷论丛：第二卷》，广东人民出版社，2000 年，第 409 页。

三、开辟多种渠道，引入竞争机制，努力引进智力和人才

广东是中央批准实行特殊政策的省，是对外更加开放的省，需要大批人才。没有一大批优秀人才，社会主义现代化建设就只能是纸上谈兵，党的基本路线就会落空。但改革开放初期，人才匮乏是全国普遍存在的现象，特别是广东省，各行各业急需各种人才，但人才还非常缺乏，国内省内人才培养和成长的速度还远跟不上经济发展的速度。不仅如此，“文革”时期，我国基本上是封闭式的发展，与外界的联系和交流很少，闭塞的环境造成了知识的老化，而“四人帮”对知识分子的残酷迫害造成了人才的断代，广大知识分子拥有的知识远远不能适应和满足现代化建设的需要，也不能从容地应付对外开放后涌入我国的大量新事物、新现象、新技术。形势很严峻，也很紧迫。任仲夷对此有清醒的认识，他指出，“人才问题是百年大计，又是当务之急，是‘四化’建设的紧迫问题”。“许多事实说明，人才问题实在是太重要了”。① 要想发展得快，必须有人才。人才，比资金、设备还重要。经济发达地区和后进地区的差距，最主要的原因之一就是人才的差距。任仲夷看到广东省毗邻港澳、华侨众多的有利条件，针对广东的实际情况，他进行了深入的思考，提出了很多独到的见解，摸索出了一套新方法，形成了独特的观点，1983 年他写给省委书记林若、梁灵光和省委常委的信，集中反映了他的这些思想，概括起来就是实行人才“请进来走出去”的方针，开辟多种渠道，利用港澳地区、国外等的优秀人才和长期发展积累起来的经验以及先进的知识技术，带动广东省的人才成长和技术进步。具体措施主要是：①聘请外国，特别是华侨、华裔和港澳同胞中的人才。②派人到国外去学习和接受培训。③与华侨、港澳人士或外国人合作，在广东省开办各种人才培训中心。④要善于利用国外和香港的咨询机构，利用他们的知识为我们服务。他还在多个场合反复强调引进智

①张岳琦，李次岩：《任仲夷论丛：第二卷》，广东人民出版社，2000 年，第 409 页。

力和人才的重要性及方法的灵活性，他的思想在不断丰富和发展着。1984年，任仲夷在发表于《红旗》第17期的《解放思想，积极改革，更加开放》一文中，在1984年6月中共广东省委召开的市地委书记会议作的《加快引进外资，引进技术，引进智力》的讲话中都重申了这些思想，他认为："引进智力和人才，广东省过去做了一些，但还很不够。今后要多方面积极开展这项工作。"① 除了以前提出的措施外，他还提出，从国外和港澳引进有价值的书刊资料，并很好地加以利用；电台、电视台可以从香港和外国引进一些知识性、信息性的节目；聘请外籍华人来办大学等。他的视野更宽广，措施也更灵活。他一再强调指出，引进智力和人才，视野要放宽，接触面要放宽，合作范围应逐步扩大，不要仅限于华侨和港澳同胞，日本、欧洲、北美洲和大洋洲等的工作也要做，要放眼世界，也要面向国内，从其他省市引进广东急需的人才。此外，在1984年中共广东省委召开的市地委书记会议上，任仲夷还提出，省内要改革工资制度，解放引进人才的两地分居、户口迁移等实际问题，目的是令"广东可以吸收很多重要人才，这对广东省经济的发展有重大作用"②。实践证明，这些措施为广东发展开了好头，吸引了大批外来人才，确实使广东省在较短的时间内拥有了大批经济建设急需的人才，一定程度上缓解和满足了广东快速发展的经济需要。在引进智力和人才的政策指引下，20世纪80年代中后期，形成了"十万人才下广东"的人才热潮，广东也成为一波又一波人才向往的热土，这一政策影响至今，余波未了。可以说，没有这些人才政策，广东的经济发展不会如此迅速，任仲夷冲出了束缚人才发展的樊篱，为解放人才，为广东经济建设成绩的取得立下了汗马功劳。

任仲夷认为，人才是比资金、设备还要重要的资源。为了更好地发挥知识分子的作用，调动各类人才的积极性，让人才脱颖而出，就必须大胆地把竞争机制引入人事工作中。因为，只有竞争，才能快出人才、多出人才。竞争出效率，竞争出效益，这条真理同样适用于人才领域。

---

①张岳琦，李次岩：《任仲夷论丛：第二卷》，广东人民出版社，2000年，第149页。
②张岳琦，李次岩：《任仲夷论丛：第三卷》，广东人民出版社，2000年，第415页。

通过人才之间的竞争，激励人们积极进取，为国家各项事业注入活力和效益，可以多出人才，出好人才，使人才资源得到合理而有效的配置，充分发挥人才的优势和作用。他还指出，引入竞争机制，前提是各级领导对人才要放手。管得太死，就会压抑人才，人才就出不来。竞争机制要正常发挥作用，要想真正做到不埋没人才，使每个人都有人尽其才的机会，还必须依靠一套完整、科学的人事制度。他还明确指出实施竞争机制的具体方法和原则，即“在人事制度的改革中，实行民主选举和各种选贤任能、择优聘用的办法都很重要。”① 摒弃论资排辈、妒贤嫉能等束缚人才竞争和人才成长的现象。任仲夷把竞争机制引入人事工作中来，给广东的人事工作指明了改革的方向，使其逐渐摆脱了僵化的人才所有制的管理模式，影响深远。

四、加大人才培养的力度

改革开放初期，广东经济还处于起步阶段，各种优秀的人才都十分缺乏，为了发展经济，增强经济发展的后劲，就必须加强对人才的培养，大力培养适应经济发展的各种优秀人才。改革开放前一段时间，知识分子的积极性受到压抑，教育遭到破坏，造成科技、管理、经济等方面的人才短缺；科技水平、管理水平严重落后。面对此种情况，任仲夷痛心疾首，他一方面贯彻中央落实知识分子的精神，大力进行拨乱反正的工作，把大批知识分子解放出来，充分发挥知识分子的作用，并提醒全省同志，一定要造成一种“尊重知识、尊重人才”的风气；另一方面根据世界科技发展的形势和广东省改革开放的需要，高瞻远瞩，纵览全局，及时提出要高度重视人才的培养。

任仲夷十分关心和重视人才培养的工作，做了很多卓有成效的工作，形成了比较完整的培养人才的思想。他认识到，培养人才首先是加强党对人才培养的领导。早在辽宁工作期间，他就指出：“各级党委不

①张岳琦，李次岩：《任仲夷论丛：第三卷》，广东人民出版社，2000 年，第 419 页。

仅要善于发现和使用已有的人才，而且要高度重视人才的培养。"① 任广东省委第一书记后，他在不同的场合多次指出培养人才对广东经济建设的重要性，强调党组织对培养人才的重要作用，号召各级党委加大人才培养的力度。其次是培养人才要靠教育。要培养适应经济建设需要的、各行各业急需的各种人才。1981 年在广州地区中小学教师、幼儿教育工作者座谈会上，他指出，"科学技术和经济的发展都要靠人才，而人才则要靠教育来培养"②，而我们中小学和幼儿教育就是为各条战线培养人才的。为此，要努力办好中小学教育和幼儿教育。1981 年在中共广东省委召开的地市县委书记会议上，他指出，发展农业靠政策，靠科学，靠管理，靠人才。他看到，现在农村技术人才不足，管理人才尤其缺乏，要采取措施，逐步改变这种状况。要加强在职干部的培训；有计划地逐步调整中等教育结构，还要造些舆论，迅速改变忽视经营管理人才的现象。1981 年在广东省农业顾问、专家座谈会上，他强调"把培养和选拔新的、年轻一代农业专家和科技人员的问题，提到党的领导的重要日程上来"③。1984 年广东省人才学研究会年会上，他又呼吁，必须大力培养、选拔各方面的人才；强调要大力发展教育事业，通过多办、办好各类学校，培养大量的多方面的人才。1984 年，他在给省委书记林若、省长梁灵光的信中指出，为了适应迅速发展的新技术革命，必须重视电子计算机方面人才的培养。从任仲夷的一系列讲话中，可以看到，他对教育人才、技术人才、科研人才、经营管理人才甚至计算机人才等各种人才的培养都有具体的指示和要求，抓得很紧，也很到位。第三，人才的培养必须有一定的标准。任仲夷继承毛泽东、邓小平等党的领导人的人才标准，重申了又红又专的人才培养标准，也就是要培养德才兼备的人。1977 年在辽宁省科技工作者座谈会上的讲话集中反映了他的这一思想。"红"指的是对马列主义、毛泽东思想的学习，"专"指的是对本职工作下苦功夫钻研，成为本行业的专家。他明确指

①张岳琦，李次岩：《任仲夷论丛：第一卷》，广东人民出版社，2000 年，第 267 页。
②张岳琦，李次岩：《任仲夷论丛：第三卷》，广东人民出版社，2000 年，第 392 页。
③张岳琦，李次岩：《任仲夷论丛：第二卷》，广东人民出版社，2000 年，第 396 页。

出，认真学习马列主义、毛泽东思想，掌握辩证唯物主义哲学武器，“不仅可以在政治上站稳立场，提高觉悟，而且在科学技术上也更能取得成果，更有利于攀登科学技术高峰，从而达到又红又专”①。强调红与专的统一。按此标准，就能培养出适应社会主义现代化建设的优秀人才。通过加大对人才培养的力度，广东的各类人才队伍成长迅速，极大地支持了广东经济建设的发展。今天，广东能取得如此好的成绩，与任仲夷开的好头、制定的正确的人才政策、采取的多种措施密不可分。

①张岳琦，李次岩：《任仲夷论丛：第一卷》，广东人民出版社，2000年，第259页。

第八章　党的建设：加强和改善党的领导是个新问题

党的性质、党在国家和社会生活中所处的地位、党肩负的历史使命，决定广东改革开放和现代化建设事业能否顺利进行，关键取决于能否不断加强党的建设，提高党的执政能力。任仲夷在谈到党的历史经验时指出："以高度的自觉加强党的建设，这是我们取得一切胜利的基本保证。"① 在主持广东省委工作期间，任仲夷以高度的政治责任感，根据中央精神和部署，坚持实践探索和理论探索相结合，大力加强全省各级党组织的思想、组织、作风建设，整顿党组织中存在的问题，为开创广东改革开放事业新局面提供了坚强有力的组织保证。从领导岗位退下以后，他仍坚持解放思想，不懈思考，为党的建设留下宝贵的思想理论财富。

第一节　要抓好改革和开放两件大事，必须切实抓好党的建设

党的建设历来是围绕党的任务和路线而展开。改革开放是新时期党和国家的中心任务，既需要通过加强党的建设营造良好的政治环境，又对党的领导水平和执政水平提出了新的时代要求。任仲夷指出："要抓好改革和开放两件大事，必须切实抓好党的建设。"②

---

①张岳琦，李次岩：《任仲夷论丛：第三卷》，广东人民出版社，2000 年，第 245 页。

②张岳琦，李次岩：《任仲夷论丛：第二卷》，广东人民出版社，2000 年，第 51 页。

一、各项事业要更上一层楼，要求抓好党的建设

1980 年 11 月，任仲夷受命中央来粤主持工作，此时广东正处于历史性伟大转变的起步阶段，百废待兴。这一历史性转变是一场广泛而深刻的变革，必然要求多方面改变同生产力发展不相适应的生产关系和上层建筑，改变一切不适应的管理方式、活动方式和思想方式，也就必然要求加强党的建设。经过改革开放的初步发展，广东各项事业已呈现新面貌，但先行一步的任务仍然艰巨，“各项事业要更上一层楼，这就必须进一步加强和改善党的领导，把党的建设提高到一个新水平”。① 为此，任仲夷和省委一班人在省第五次党代会上提出，加快广东现代化建设速度，必须以经济建设为中心，同时抓好精神文明建设、民主法制建设和党的建设，在这四个建设上不断开创新局面。强调四个建设同时抓好，深刻体现了“两手抓，两手都要硬”的思想，表明在任仲夷看来，改革开放绝不仅仅是体现在经济方面，而是对政治、文化等各个领域提出了新要求，把任何一部分割裂开来或重视不够，都会给现代化建设带来严重阻碍。

在改革开放中加强和改善党的领导，要从党所处的新的历史方位出发。十一届三中全会后，我们党成为在改革开放条件下长期执政的党，这一新的历史方位，使党的建设面临新的环境和挑战。任仲夷就指出：“在新形势下如何加强和改善党的领导，是摆在我们各级党委面前的新课题。”②

一是新的目标。执政党应该是一个什么样的党，执政党的党员应该怎样才合格，党怎样才叫善于领导，这是事关党的建设目标和方向的首要问题。中华人民共和国成立后相当长一段时期内，我们党在这一问题上并没有得到很好的解决。改革开放后，邓小平重新提出了执政党建设问题，指出要把党建设“成为领导全国人民进行社会主义物质文明和

①张岳琦，李次岩：《任仲夷论丛：第二卷》，广东人民出版社，2000 年，第 61 页。
②张岳琦，李次岩：《任仲夷论丛：第二卷》，广东人民出版社，2000 年，第 14 页。

精神文明建设的坚强核心”,[①] 使得党开始由领导革命的党向领导建设的党转变。任仲夷认为，党的工作重点的转移，决定各级党委的注意力要从搞政治运动转到抓现代化建设上来，围绕本地区、本单位的生产和业务组织党员活动，根据执政的特点和要求推进党的建设，比如“共产党究竟应当怎样领导政权？怎样实现党对政府的领导，而又不去包办代替政府的工作?”[②] 根据广东实际，他提出：“切实把党的建设抓好，就要使全省各级党组织思想一致、组织巩固、纪律严明，成为能够团结和领导全省人们进行社会主义现代化建设的坚强核心”[③]。这就指明，党的建设要为改革开放和现代化建设服务。

二是新的挑战。我们党作为在改革开放条件下执政的党，既面临执政的考验，又面临改革开放的考验。这些考验，首先是对我们党的领导水平和执政水平提出了挑战。改革开放是一个全新的事业，要求我们党善于把握社会主义现代化建设规律，正确领导经济、政治、文化建设事业，不断解决好一系列重大战略课题。改革开放带来全新的环境，原有的封闭状态和计划经济逐渐被打破，人们的行为方式、利益关系、思想观念日益多样化，国际竞争更加激烈，国内外矛盾更为复杂，这对我们党团结和动员群众、维护社会安全和稳定、抵御各种风险提出了新的要求。广东在改革开放中先行一步，中央希望广东“闯”出一条新路，因而广东考验更大，对领导发展的能力的要求更高。其次是拒腐防变的挑战。在长期执政的条件下，权力的腐蚀给党带来了严重危害。广东较早实行特殊政策和灵活措施，更容易受到各种消极因素和腐朽现象的影响。这突出反映在经济犯罪问题上。20 世纪 80 年代初，国门刚刚打开，沿海部分地区就出现了借口“搞活”“先富起来”，大规模地进行走私贩私活动，不少领导干部公开或暗中支持，甚至亲自组织和参与，由此引发了一批投机倒把、贪污受贿等犯罪案件。针对严重的走私和行

---

①《邓小平文选：第三卷》，人民出版社，1993 年，第 39 页。

②张岳琦，李次岩：《任仲夷论丛：第三卷》，广东人民出版社，2000 年，第 121 – 122 页。

③张岳琦，李次岩：《任仲夷论丛：第三卷》，广东人民出版社，2000 年，第 245 页。

贿问题，任仲夷指出，这是资本主义腐蚀的一种反映，必须认真研究，同它进行有效的斗争。① 因而，加强党的建设，必须提高在新的历史条件下拒腐防变的能力。

三是新的问题。经过拨乱反正，20 世纪 80 年代初广东全省党组织得到了根本性的整顿、提高和加强。在思想上，敢于解放思想、实事求是，长期存在的个人崇拜和按口号、框框想问题的精神状态得到改变；在组织上，壮大了党员队伍，调整了领导班子，加强了干部队伍建设；在作风上，党性强、作风好的好党员、好干部越来越多，党在群众中的威信不断提高。但是，与改革开放先行一步的要求相比，仍存在不少差距，并出现了一些新情况。如官僚主义、形式主义仍然存在，有些改革事项，加强管理和监督的办法，对端正党风的要求，落实得还不够；有些党组织在领导工作中软弱涣散，缺乏战斗力；有的党员干部思想、作风、品质有严重问题；选拔中青年干部进度较慢。特别是，党的中心任务的转变使党的建设面临不少新问题，如计划经济体制下的领导方式、党组织设置和党员管理方式有些不适应新形势的需要；“一切向钱看”的错误思想在部分党政干部中滋生蔓延，有的领导干部只重视抓经济建设和行政事务，不热心抓党的建设，形成了党不管党的局面；在商品经济的影响下，党组织在部分人中的吸引力、凝聚力下降。这就需要通过提高党的建设的水平，解决一系列新的问题，为改革开放营造良好的政治社会环境。

二、对四项基本原则既坚持又不僵化，要求改善党的领导

从科学对待四项基本原则的高度认识加强党的建设的必要性，是任仲夷关于党的建设思想的重要特色，也是他坚持解放思想、实事求是在党的建设领域中的体现。坚持四项基本原则，坚持改革开放，是党的路线的两个基本点。在如何看待这两个基本点上，容易产生两种错误倾

①张岳琦，李次岩：《任仲夷论丛：第二卷》，广东人民出版社，2000 年，第 14－15 页。

向，一种是用僵化的观点看待四项基本原则，以静止的眼光对待“坚持”，墨守成规，对待事物喜欢从条条框框出发，脱离群众，脱离实际，特别是对改革发展中的新事物、新措施、新思想带有消极甚至是抵触的态度，不敢甚至反对创新。一种是用资产阶级自由化的观点来对待改革开放。任仲夷认为，对于后一种倾向，要严格掌握界限，不能拿着“资产阶级自由化”的帽子到处乱扣；对于前一种倾向，要坚决摒弃，“四项基本原则是我们立国治国之本，但不能用僵化的思想来对待”①。对四项基本原则既要坚持又不能僵化，是任仲夷的一个富有深刻思想内涵、鲜明个性、广泛而积极影响的重要论断，也是他自身非常注重的一条政治原则，为此在1987年和2000年他两次专门谈到这个问题。他强调，要坚持实践是检验真理的唯一标准，用是否有利于促进社会生产力的发展来判断和评价各种问题，凡是不利于社会生产力发展、国家兴旺和人民富裕的做法，而硬要坚持下去，就是僵化。②

对四项基本原则既坚持又不僵化，体现在党的建设上就是既要坚持党的领导，又要改善党的领导。坚持党的领导问题是坚持四项基本原则的核心问题。1980年，邓小平在《目前的形势和任务》的报告中在党的历史上第一次明确指出：“为了坚持党的领导，必须努力改善党的领导。”③“不好好研究这个问题，不解决这个问题，坚持不了党的领导，提高不了党的威信。”④ 在这个问题上，也存在一些不正确、不科学的认识。有些人正是从僵化的观点看待“坚持”，把坚持党的领导与改善党的领导割裂开来。有些党员干部则把从严治党与解放思想割裂开来，认为从严治党会重犯“左”的错误，在处理违纪问题上软弱无力。任仲夷认为，邓小平的思想“非常重要”⑤。改善党的领导，不是不要党的领导，更不是打倒党的领导，坚持与改善，两者是相辅相成的，坚持

①张岳琦，李次岩：《任仲夷论丛：第三卷》，广东人民出版社，2000年，第120－121页。

②张岳琦，李次岩：《任仲夷论丛：第三卷》，广东人民出版社，2000年，第121页。

③《邓小平文选：第二卷》，人民出版社，1994年，第268页。

④《邓小平文选：第二卷》，人民出版社，1994年，第271页。

⑤张岳琦，李次岩：《任仲夷论丛：第三卷》，广东人民出版社，2000年，第130页。

是改善的前提，改善是坚持的基础；改善是为了坚持，只有通过改善后才能更好地坚持。

只有改善党的领导，才能更好地坚持党的领导，是党的事业不断发展的客观要求。对此，任仲夷着重强调党所面临的新形势的需要。他指出，过去在战争年代和夺取政权后较长一段时期形成的关于党的建设那一套，曾经对于巩固和发展党的领导起过很大作用，但在党的工作中心转移到以经济建设为中心上来后，尤其是在大力发展社会主义市场经济的条件下，过去关于党的建设的思想观念、组织形式和工作方法，在很大程度上已经不适应改革开放和市场经济新形势的要求，如果不加以改变，就不能保证党的领导的实现，因此，必须改善党的领导制度、组织状况、领导方式、党的作风和思想政治工作，等等。① 这就表明，坚持党的领导是改善党的领导的出发点和归宿，改善党的领导是为了更好地实现党对改革开放和社会主义现代化建设事业的领导。

在改善党的领导的具体内容上，任仲夷提到了六个“必须”。一是必须始终坚持马克思主义同中国的具体实践相结合，使党的每个时期的路线、方针和政策，都符合中国的实际和广大人民群众的利益。二是必须把党所领导的我们国家真正建成一个法治国家，使每一个党员都在宪法和法律范围内活动，永远杜绝“和尚打伞——无法无天”的现象。三是必须真正执行以集体领导和少数服从多数为基础的民主集中制，实行充分的党内民主和社会民主。四是必须改变过去那种党无所不管、无所不包的领导方式，党不能包揽政府、企业、其他社会组织的一切事务。五是必须坚持贯彻党要管党、从严治党的方针，坚决惩治党内腐败现象。六是必须建立一套对党行之有效的监督机制。②这六个“必须”，深刻体现了对党的历史教训的吸取，涉及党的思想路线、党和国家体制的关系、党的领导体制和执政方式、作风和制度建设，是对如何改善党的领导的全面而深刻的要求。

①②张岳琦，李次岩：《任仲夷论丛：第三卷》，广东人民出版社，2000 年，第 130 页。

三、积极开创新局面，要求把改革贯穿到党的建设中去

根据大变革历史时期特点，强调通过坚决而有秩序地改革加强党的建设，是任仲夷关于党的建设思想的又一特色。搞好社会主义现代化建设，必然要求要以积极进取、有所作为的精神进行一系列的改革。特别最初几年的改革开放，虽然取得了许多重要成就，但是许多方面仍然存在“左”的影响和阻碍进步的老框框，人们的积极性、创造性还时常受到某些环节的束缚。为此当时中央指出，改革就是要破旧创新，破除陈旧的、妨碍我们前进的老框框、老套套、老作风，创立新章程，积极调动人们的社会主义积极性。任仲夷高度重视这一要求，在省第五次党代会上指出，要认真学习、贯彻中央对改革的重要指示，把改革贯穿到“四化”建设的整个过程中去，贯穿到各个领域的工作中去；进一步推进全面改革，势在必行，只有改革，才能前进，才能开创新局面。这表明，改革要有勇气，改革是全面的改革，因而也就必然要把改革贯穿到党的建设中去。

第一，要坚持正确的原则。在改革开放的过程中，我们党产生了许多重要的经验教训，这些经验教训也是进一步推进改革开放包括加强党的建设需要坚持的基本原则。根据广东实际，任仲夷在省第五次党代会上提出了四条基本经验。一是在政治上同中央保持一致。这是我们党的一条重要政治纪律，也是广东能够顺利推进改革开放，在各方面取得成绩的根本保证。加强和改善广东的党组织建设，也必须坚持这一原则，在中央领导下，按照中央精神和部署逐步推进。二是坚持一切从实际出发，鼓励广大干部群众发挥创造性。同中央保持一致绝不是要对中央的指示照抄照转，而是要根据广东先行一步的实际，解放思想，勇于探索，把中央的战略方针同广东的具体情况结合起来，创造性地执行落实中央的要求，特别是要鼓励、支持广大干部群众在工作中发挥创造性。三是努力保持政策的连续性和稳定性。改革也不意味着朝令夕改，如果那样就会失信于民，有序地改革要求不走极端，不搞形式主义，避免摇

摆，注意保持基本政策的稳定性和联系性。就党的建设领域来说，最重要的是要在提倡解放思想、改善党的领导的时候，不忘强调坚持四项基本原则。四是加强团结，使各级领导班子和广大党员在党的路线的基础上，保持步调的一致性。这就是说，通过改革加强党的建设，必须建立在有利于维护和加强党的团结的基础上。

第二，要坚决实行“三放”，要求三个“更严”，反对“三特”。为了在改革开放中先走一步，任仲夷提出，广东要坚持对外更加开放，对内更加放宽，对下更加放权。这“三放”是一个总体要求，体现在经济、政治、文化等各个方面。为了做到这三个“更”，就必须管得更严一些，即党的纪律要更严，执法要更严，党的生活要更严，反对搞特权、搞特殊化、当特殊党员。

第三，要注重制度建设。在党的建设问题上，与领导者个人的思想、作风相比较，制度问题更重要。邓小平就指出，“制度好可以使坏人无法任意横行，制度不好可以使好人无法充分做好事，甚至会走向反面……领导制度、组织制度问题更带有根本性、全局性、稳定性和长期性”①。任仲夷认为，健全制度是长治久安的保障，如果使制度不因领导人的改变而改变，不因领导人的看法和注意力的改变而改变，那对我们国家的长期稳定和持续发展，将具有极为重大而深远的意义。② 在实践中，广东充分注重通过制度途径加强党的建设，进行了一系列的体制改革，如实行权力下放，探索党政分开，开展机构改革，建立健全党员干部教育制度。

第四，要把党的建设与政治体制改革相结合。我们党是执政党，是社会主义事业的领导核心，坚持和改善党的领导是我国社会主义政治体制改革的一个重要内容。把党的建设与政治体制改革脱离开来，就不能从根本上解决党的建设中存在的许多深层次问题，如党的领导体制问题，执政方式问题。任仲夷认为，党的建设领域中的问题与政治体制领

---

①《邓小平文选：第二卷》，人民出版社，1994 年，第 333 页。

②张岳琦，李次岩：《任仲夷论丛：第三卷》，广东人民出版社，2000 年，第 180－181 页。

域的问题密不可分，如健全党内民主集中制，是建设高度社会主义民主的关键。① 从政治体制改革的全局看党的建设，就要求不能单纯就党建抓党建，而是要从党和国家领导制度的整体改革上着手，根据社会主义建设的需要，进行多方面的改革。任仲夷上面提到的六个“必须”，就充分体现了从整个国家的民主建设、法治建设的角度去改善党的领导。为此，任仲夷还认为，把改革贯穿到党的建设中去，就要敢想、敢说、敢闯、敢干、敢于创新，特别是要敢于学习借鉴国外先进的政治文明，创造性地建立共产党领导下的政治体制，从根本上解决党的“一元化”领导带来的弊病。② 因而，在任仲夷看来，党的建设始终是改革大局的一个部分，离开这个大局狭隘地加强党的建设，是难以改善党的领导的。

第二节　提高党的思想理论水平是加强党的建设的重要任务

我们党一贯强调，思想理论建设居于党的建设的首位。然而，在党执政以后的相当长时间内，由于受到“左”的思想的干扰，党的思想理论方面出现了重大错误和混乱局面。十一届三中全会后，经过真理标准问题的大讨论和思想解放运动，我们党思想理论建设上也实现了根本的拨乱反正，恢复和发展了实事求是的思想路线。但落后、错误的思想在党内也形成了一股习惯势力，有的思想观念根深蒂固，同时实践的变化又给思想理论方面带来新的问题，因而，党的思想理论建设具有长期性和时代性。任仲夷不仅自己思想理论水平高，而且从新的形势和任务出发，把提高全党的思想理论水平当作新时期加强党的建设的一个重要任务。

---

①张岳琦，李次岩：《任仲夷论丛：第三卷》，广东人民出版社，2000 年，第 178 页。

②关山：《任仲夷谈邓小平与广东改革开放》，见《小平百年诞辰》，2004 年 8 月，第 6 – 14 页。

一、一个党员应该在理论上有自己的识别能力

理论上清醒和坚定是一个党员应该具备的基本素质。任仲夷强调，面对形势的纷繁复杂，“一个党员应该在理论上有自己的识别能力”，① 要不断提高马克思主义理论水平。1981 年，在广东省委党校的开学大会上，针对现实中存在的轻视理论学习的现象，他详细阐述了学习理论的重要性，指出“学习理论具有极端的重要性和迫切性”②。

从历史教训看，要清“左”，需要进一步学习理论。在党的历史上，“左”的错误造成了巨大危害。许多党员群众之所以被欺骗和利用，一个重要的原因就是许多基本理论被搞乱了，搞颠倒了。理论上的混乱，带来和加剧了实践中的混乱。党内许多同志由于马列主义理论水平不高，缺乏应有的理论判断能力，因而受了骗，上了当。对此，任仲夷指出：“沉痛的历史教训一再告诉我们：对于负有领导责任的党员干部来说，学习理论具有极端的重要性。”③

从现实任务看，要坚定地执行党的路线，需要进一步学习理论。由于“左”的影响根深蒂固，理论修养不足，不少人对于十一届三中全会以后党的理论政策的转变认识不深，把握不准，甚至持怀疑的态度，从而在执行党的路线方针时不坚决，时常发生摇摆。如一说发扬民主，连法制、纪律也不要，或者不敢坚持；一说强调法制，又对提倡发扬民主的正确性和必要性产生疑问和埋怨；一提倡按经济规律办事，有的就放松思想政治工作和行政领导；一强调集中统一和行政干预，有人又认为把经济问题搞活好像有问题，“按经济规律办事”也不提了。对此，任仲夷指出，“我们的干部只有认真学习马列主义、毛泽东思想，把理论根基打得牢固一些，遇事才能更好地辨别是非真伪，遇有风吹草动才能避免大幅度的摇摆，在贯彻执行党的路线的过程中保持马克思主义的

---

①②张岳琦，李次岩：《任仲夷论丛：第三卷》，广东人民出版社，2000 年，第 70 页。
③张岳琦，李次岩：《任仲夷论丛：第三卷》，广东人民出版社，2000 年，第 63 页。

坚定性”①。

从实践发展看，要正确分析新形势，研究新问题，需要进一步学习理论。在中国这样一个国家进行社会主义现代化建设，许多事情是前人未做过的，无先例的，从实践到理论都需要不断探索。如怎样进一步肃清“左”的影响并防止“左倾”灾难的重演？怎样做到既发扬人民民主又坚持党的领导？尤其是在改革发展的关键时刻，总是会出现许多新的说法和理论，需要认真研究和辨别，否则就会把实践引向歧途。在此，任仲夷特别提到了对新权威主义的正确认识问题。这个情况表明，新时期面对各种新的理论观点，更需要加大理论学习，增强辨别理论是非的能力。对此任仲夷指出，要研究和回答发展中的新问题，必须下苦功夫深入学习理论，否则，就无法适应新形势对我们的要求。②

从坚持党的领导看，要实现党的新的领导方式，需要进一步学习理论。新时期党的领导体制已发生了许多变化，对党员的理论水平要求更高。在“左倾”错误蔓延时期，人们的盲目性和个人迷信思想很严重，上边一呼，下边就群起响应，实际上很多人是随声附和，不敢不应。新时期人们吸取了“左”的错误的教训，更强调独立思考，如果党员干部理论水平不高，就难以使人接受党的理论政策。过去党的领导是党包揽一切，新时期实现党的领导，更要靠党的组织的战斗力，靠广大党员的先锋模范作用。这就要求每个共产党员都要掌握一定的马克思主义理论，在理论认识水平上比群众高，在群众中有威信，为群众所信赖。因而，任仲夷强调，“在新的形势下，要坚持党的领导，就必须提高党员的质量，提高党员特别是领导干部的理论水平”③。

可见，任仲夷强调理论学习的重要性，既源于对历史教训的思考，又源于对现实状况的洞见；不仅着眼于党的任务的需要，更着眼于中华民族整体思想面貌的改变和中国现代化建设事业的长远发展。他强调加强理论学习，实质是强调增强独立思考的能力。

---

①张岳琦，李次岩：《任仲夷论丛：第三卷》，广东人民出版社，2000年，第64页。
②张岳琦，李次岩：《任仲夷论丛：第三卷》，广东人民出版社，2000年，第65页。
③张岳琦，李次岩：《任仲夷论丛：第三卷》，广东人民出版社，2000年，第66页。

二、肃清“左”的影响，树立正确的思想路线

加强理论学习，一个重要目的就是要恢复并发展党的正确的思想路线。邓小平在党的十一届三中全会上重新确立了这一正确的思想路线，即一切从实际出发，理论联系实际，实事求是，在实践中检验和发展真理。因而，在党的思想理论建设中，用实事求是这一马克思主义的精髓武装党员干部就成为一个重大课题。任仲夷认为，十一届三中全会后，我们党重新确立了马克思主义路线，党内“左”的错误指导思想基本得到纠正，但其影响仍然根深蒂固，“从全局看，主要危险仍然是‘左’”①。因而，他始终对“左”保持批判和警惕，把清除“左”的影响当作党的思想理论建设上的一个核心任务。

第一，要深刻认识“左”的理论根源。由于几十年“左”的东西的影响，使得“左”在我国具有普遍性、习惯性、虚假的“革命性”的特点，“左”比右好，宁“左”毋右的思想观念影响深远。任仲夷指出，“左”的影响之所以如此广泛，如此难以纠正，一个重要原因就是多年来在许多基本理论问题上存在严重错误，很不易清理。突出表现在以下四点：一是把物质和精神的关系搞颠倒了，人的主观能动性被强调到了无视客观可能性的程度，如提出精神第一、政治第一、思想第一。二是把生产力和生产关系、经济基础和上层建筑的关系搞乱了，如批判所谓“唯生产力论”，宣传“突出政治”。三是把主要矛盾和主要任务搞错了，把阶级斗争提到首位。四是把解决矛盾的方法弄偏了，鼓吹“暴烈的行动”“矫枉必须过正”。② 因而，清除“左”的影响，必须加强学习，从理论上进行正本清源。

第二，要正确看待党的历史。为了用正确的思想路线统一全党，党的十一届六中全会作出了《关于建国以来党的若干历史问题的决议》

---

①张岳琦，李次岩：《任仲夷论丛：第三卷》，广东人民出版社，2000 年，第 31 页。

②张岳琦，李次岩：《任仲夷论丛：第三卷》，广东人民出版社，2000 年，第 23－26 页。

（下简称《决议》），从党和国家事业的大局的高度对中华人民共和国成立以来党的历史进行了科学总结，使得在许多重大问题上有了清晰的判断。任仲夷指出，认识党的历史，不能纠缠历史细账，要坚持邓小平提出的“宜粗不宜细”的原则，达到统一认识，团结一致向前看的目的。根据《决议》精神，他提出四个“统一”，最重要的是统一对十一届三中全会以来的路线、方针、政策和认识。①

第三，要坚决批判封建思想。任仲夷指出，几千年的封建制度，对中国的影响太深了，中国人在世界观问题上，受封建主义的影响比受资产阶级的影响大得多。腐败有很多也是封建主义造成的，人们出现问题，大多也是因为思想中存在浓厚的封建思想。但是，中华人民共和国成立后由于过早地把封建思想视为残余，因而放松了对封建主义的批判，甚至把封建落后思想当作无产阶级思想用以批判资产阶级思想。因此，“世界观的改造，应当把批判的重点和力度，多放到反对封建主义方面来”②。

第四，要科学把握马克思主义。“左”的一个重要原因就是对马克思主义作了错误理解，不但把马克思主义绝对化、教条化，而且把本来不是马克思主义的东西当作马克思主义来坚持。对于这种对马克思主义的唯心主义和形而上学态度，任仲夷指出，把马列主义、毛泽东思想确定为指导思想，因为它们是行动指南，而不是教条，不能把马克思、列宁、毛泽东等革命导师所说的每一个理论、观点、提法都一概作为处理各个不同时期问题的现成药方，正确的态度应当是把马列主义、毛泽东思想当作一个随着实践的发展、时代的变化不断丰富、发展的科学体系。因而，“在新的历史条件下，不以新的思想观点去继承和发展马列主义、毛泽东思想，就不是真正的马克思主义者，就不是真正坚持马列主义、毛泽东思想”③。

第五，要大力加强调查研究。清除“左”的影响，除了要廓清思想理论上的问题外，还需要从实践上努力，这就是要把学习和调查研究

①张岳琦，李次岩：《任仲夷论丛：第三卷》，广东人民出版社，2000年，第37页。
②张岳琦，李次岩：《任仲夷论丛：第三卷》，广东人民出版社，2000年，第116页。
③张岳琦，李次岩：《任仲夷论丛：第三卷》，广东人民出版社，2000年，第132页。

结合起来。因为有些人之所以坚持“左”的观点，重要原因之一就是他们脱离实际、脱离群众，不是根据事实而是根据过去印在脑海里的“左”的教条去判断是非。如对于改革中的一些政策措施，有些人不赞成，想不通，原因就在于他们对实际情况不熟悉，仅凭道听途说和多年形成的“左”的概念去论长道短，乱发议论。这说明，让干部到实际中和群众中去看看，了解生产发展的实际情况和客观要求，有助于统一认识，肃清“左”的影响。因而，任仲夷强调“在提倡读书学习的同时，还要大兴调查研究之风”①。

为了肃清“左”的影响，还必须对肃“左”本身有正确的认识。任仲夷指出，现在肃“左”，并不是像历史上反对“左倾”机会主义那样搞政治斗争和路线斗争，“现在党的路线是正确的，不存在一条需要与之斗争的‘左倾’机会主义路线”②。清除“左”的影响，针对的是人们思想上的错误认识和观念，是为了在政治上和党中央保持一致，为了更好地执行党中央制定的路线、方针、政策。在这里，任仲夷强调要从“建设”的角度、团结一致向前看的立场去看待肃“左”，敏锐而又深刻地指出了排除“左”的干扰与历史上的残酷斗争、无情打击有着本质区别。1981 年 4—5 月，广东省委常委专门召开了肃清“左”的影响的讨论会，从务虚的层面解决了思想认识上的一系列重大问题。从实践看，广东改革开放之所以能走在全国前列，一个重要原因就是正确地开展了反对思想上错误倾向的斗争，正确处理好了思想问题和政治问题的关系，很好地排除了“左”和右的干扰，在维护党的团结的基础上达到思想统一。

三、学习和掌握新时期的新理论

加强党的思想理论建设，不仅要“破”，还要“立”。这个“立”，就是要不断学习和掌握新的理论。因为现实发展不断出现各种新课题，

①张岳琦，李次岩：《任仲夷论丛：第三卷》，广东人民出版社，2000 年，第 29 页。
②张岳琦，李次岩：《任仲夷论丛：第三卷》，广东人民出版社，2000 年，第 19 页。

需要有新的理论来解答。任仲夷就指出，“新形势下的党员，就有一个不断学习和掌握新理论的任务”①。

第一，深入学习和掌握辩证唯物主义和历史唯物主义。任仲夷指出，在思想教育中，学习辩证唯物主义与历史唯物主义是基本功。② 这是因为，党的思想理论是从辩证唯物主义和历史唯物主义的哲学体系中产生出来的，只有认真学习和掌握它们，才能牢固地树立共产主义世界观，才能理解和执行党的路线、方针、政策。因此，任仲夷强调，不管党员干什么工作，都应当读一些马克思主义的书，都应当树立马克思主义世界观。为此广东省委提出，要组织党员干部重点学习唯物论和辩证法，学习社会发展史和党史，把马克思主义教育工作做得扎扎实实。

第二，深入学习和掌握邓小平理论。邓小平理论是我们党在改革开放时期坚持和发展马克思主义的理论成果，是马克思主义在中国发展的新阶段。广东人民更是深切感受到，没有邓小平理论的指引，就没有广东发展的历史性巨变。继续推进现代化建设事业，需要不断学习和掌握邓小平理论。为此任仲夷强调，要通过对《邓小平文选》的学习，加深对邓小平理论的掌握。他指出，“《邓小平文选》是指导社会主义现代化建设的文献”③，全党全国进行拨乱反正和进行一系列的改革，所依据的就是《邓小平文选》中的基本思想。广东省委要求，各级党委都要加强对学习《邓小平文选》的领导，组织党员、干部反复研读，从而把广大党员干部的思想牢牢统一到党所确立的马克思主义路线上来。在内容上，任仲夷强调了两点：一是要把握住社会主义初级阶段这一最大的实际。他指出，社会主义初级阶段的论断，是科学社会主义理论上的一个重大的突破，从基本理论上解决了“左倾”问题，把握这一理论，就能真正理解现在现行的理论、路线、方针、政策。二是要把

①张岳琦，李次岩：《任仲夷论丛：第三卷》，广东人民出版社，2000 年，第 70 页。
②张岳琦，李次岩：《任仲夷论丛：第三卷》，广东人民出版社，2000 年，第 71 页。
③张岳琦，李次岩：《任仲夷论丛：第三卷》，广东人民出版社，2000 年，第 72 页。

握住改革的思想。他指出，“《邓小平文选》是一部厉行改革的指南”①，学习邓小平理论，要抓住其深刻而全面的改革思想，从中吸取革除弊政的力量和智慧。这两点，抓住了邓小平理论的核心，紧贴广东发展的实际，体现了深入推进改革开放的需要。

第三，深入学习和掌握现代化建设的理论和知识。在任仲夷看来，学习这些新的知识，既是解放思想的需要，又是推进现代化建设的需要。他指出，过去我们党在社会主义建设事业上出现了不少挫折，一个重要原因就在于对社会主义现代化建设规律认识和掌握不深，没有很好地按客观规律办事，如脱离生产力的发展水平来认识和处理生产关系，忽视价值规律和市场的作用。因此，必须把对现代化建设规律的认识和掌握提高到一个新的高度，使广大党员争取成为自己所从事工作的内行。在改革开放初期，强调要学习关于现代化建设的理论和知识，实质是承认我们原有知识体系和思维模式的落后与不适应，承认现实存在的外行领导内行的弊端，指向的是要敢于破除“左”的思想的束缚，认真学习、借鉴国外先进知识和经验。1981 年，任仲夷在关于培养外经干部的讲话中就指出，外经干部既要学习马克思主义政治经济学，又要研究现代资本主义的经济理论。② 1984 年，他在市地委书记会议上又强调，领导干部不仅要注意阅读政治性的新闻、报道和文章，还要十分注意阅读经济与科技方面的新闻、报道和文章，对国外出现的重要经济技术观点和信息，也要了解。③ 为此他还积极推荐美国学者托福勒所著的《第三次浪潮》。这就是说，只有学习新的知识，才能进一步增强解放思想的勇气，获得新的经验，增长新的才干。

为了使学习更有效果，广东按照“缺什么补什么”的原则，根据不同学习内容，采取了各种学习形式，要求各地方、各部门、各单位利用现有的条件和力量，组织各种形式的培训班、进修班、读书班，采取脱产、半脱产和业余学习等多种形式，提高党员干部的思想文化水平，

①张岳琦，李次岩：《任仲夷论丛：第三卷》，广东人民出版社，2000 年，第 73 页。
②张岳琦，李次岩：《任仲夷论丛：第二卷》，广东人民出版社，2000 年，第 127 页。
③张岳琦，李次岩：《任仲夷论丛：第二卷》，广东人民出版社，2000 年，第 31 页。

效果明显。在思想上，广大党员干部的思想认识和精神状态都发生了深刻的变化：教条主义和个人崇拜的长期束缚被冲破；解放思想、实事求是的思想路线越来越深入人心，敢闯敢干成为新时期广东党员干部的鲜明特色。在能力上，人们的知识水平得到提高，对社会主义现代化建设规律的认识更深刻，运用更自觉，有力地推动了各个领域的发展。在政治上，自觉与党中央保持一致，不断增强了马克思主义的坚定性。在任仲夷和省委一班人的大力推动下，20 世纪 80 年代，广东又经历了一次比较大的思想解放运动，广大党员、干部逐步确立了与商品经济相适应的观念，广东干部的观念更是在全国遥遥领先，如用活用足政策的观念，“筑巢引凤”“借鸡生蛋”的利用外来资金、技术的观念，“时间就是金钱，效率就是生命”的大赶快上的观念，“只做不说”的务实思想，等等，从而为实践上先行一步赢得主动和先机。

第三节　加强组织建设，改善党的领导方式

组织建设问题和领导方式问题，是党的制度建设的重点，也是难点。在这方面，任仲夷除了按中央部署进行了一系列改革实践外，还进行了许多超前于实践的理论探索。

一、真正执行民主集中制

民主集中制是党的根本组织制度和领导制度。任仲夷指出，“改善党的领导，就必须真正执行以集体领导和少数服从多数为基础的民主集中制”①。这里，任仲夷强调突出了“真正”二字，就是说在民主集中制问题上不能搞“两张皮”，文件上和口头上讲的是一回事，实践上是另一回事。

---

①张岳琦，李次岩：《任仲夷论丛：第三卷》，广东人民出版社，2000 年，第 131 页。

强调“真正”二字，源于他对历史教训的深刻体验和深入思考。民主集中的贯彻实施，经历了曲折的历程。中华人民共和国成立初期，民主集中制的贯彻从总体上讲是比较正常的，如坚持了党的集体领导，建立了党内的监督制度。从1957年开始，民主集中制的贯彻实施逐渐向错误方向发展。之所以出现这种情况，一个重要原因就是民主集中制长期以来只是作为一种形式挂在口头上，没有得到很好的贯彻，能否落实取决于领导者个人意愿，缺乏制度保障。对于这一历史教训，任仲夷有着深刻认识，指出中华人民共和国成立后我们党天天讲民主集中制，但却在民主集中制问题上多次犯大错误，因而强调，“贯彻民主集中制的原则，必须是真正的实行，不能搞形式主义”①。

真正执行民主集中制，就必须真正理解民主集中制。民主集中制从来就是一个相当模糊的概念和制度。这个概念是列宁在创建和领导俄国无产阶级政党的过程中确立起来的，开始是提“集中制”，强调的是统一和集中，后改为民主集中制，强调还要实行广泛的选举制度。可见，民主集中制包含民主与集中两个方面，民主是集中的前提和基础，集中是民主的目的。我们党曾指出，我们实行的民主集中制，是民主基础上的集中和集中指导下的民主相结合。党的十二大曾概括为在高度民主的基础上实行高度的集中，舍去了在集中指导下的民主的提法。党的十四大又重提民主基础上的集中和集中指导下的民主相结合。任仲夷认为，对于民主集中制，要从少数服从多数这一意义上去理解，“真正的民主集中制，应当是我们常讲的‘少数服从多数’”②。他强调，应该是先有民主后有集中，而不能是先有集中，再通过集中指导去形成民主基础。

为在实践中真正落实民主集中制，当时广东省委要求，各级党组织都要按照党章的规定按期召开党代表大会或党员大会；党委要加强集体领导，重大问题必须经集体讨论才能决定；领导机关涉及各地区各部门的政策或重大问题，事前要尽可能充分听取各地区各部门的意见，听取

①张岳琦，李次岩：《任仲夷论丛：第三卷》，广东人民出版社，2000年，第185－186页。

②张岳琦，李次岩：《任仲夷论丛：第三卷》，广东人民出版社，2000年，第186页。

专家和内行人士的意见，防止主观性和片面性；县以上党委必须认真执行每年开两次领导班子民主生活会的制度；各级领导同志都要真正自觉接受群众的监督，对提批评意见的人，决不允许打击报复。在任仲夷等领导的率先垂范和努力下，广东各级党组织的党内生活日益正常和规范。

但是，从上述措施也可看出，我们党对于民主集中制，从作风方面强调得多，从制度保障上做得少，因此任仲夷强调，“民主集中制的集中，做起来容易，但真正做到正确的集中，也就是在民主基础上的集中，就不容易了”①，这就需要我们在学习和实践中不断探索。而任仲夷对于民主集中制的思考，就走在了实践的前面，为后人进一步探索提供了宝贵的思想资源。

二、干部队伍的“四化”，要从领导班子化起

领导班子问题，是关系到党的路线能不能贯彻执行的问题，努力建设好各级领导班子，是深入推进改革开放的关键。20 世纪 80 年代初，总的来看，各级领导班子是积极贯彻执行党的十一届三中全会路线的，是有战斗力。但也存在不少问题，普遍的问题是年龄偏高，文化水平偏低，专业知识偏少。如 1983 年，省直厅局单位、市、县党政领导班子成员平均年龄分别为 61.4 岁、57.8 岁和 51.4 岁，普遍比 1978 年上升了 4～6 岁；地级市党政领导班子成员中具有大专以上文化程度的仅占总数的 7.6%，县级为 9.65%。对此任仲夷指出，领导班子的这种现状同现代化建设的新形势、新任务、新课题之间，存在着越来越不相适应的矛盾，因此，“干部队伍的革命化、年轻化、知识化、专业化，首先要从各级领导班子‘化’起”②。

一个好的领导班子，首先是要有好的领导作风。在任仲夷看来，这一作风就是与全面改革相适应、与现代化建设相适应的思想作风和工作

①张岳琦，李次岩：《任仲夷论丛：第三卷》，广东人民出版社，2000 年，第 196 页。
②张岳琦，李次岩：《任仲夷论丛：第三卷》，广东人民出版社，2000 年，第 293 页。

作风。第一，应当思想更解放，更敢于实事求是，真正成为改革的促进派。① 中央要求广东在改革开放中先行一步，为全国闯出新路，这就要求广东的党员干部在坚持四项基本原则的同时，一定要做到头脑不僵化、思想不保守、理论不脱离实际，不要谨小慎微，不要怕担风险，特别是领导干部，要敢于为勇于开拓的同志承担风险。第二，要团结。任仲夷强调，党内团结的关键在于各级领导班子的团结。② 凡是党内同志之间的相互关系，各部门、各地区、各单位之间的相互关系，都要讲党性，讲大局，讲团结。同志之间应当强调设身处地，互相谅解，在非原则问题上，要有退让，有妥协。领导干部特别是主要领导干部，应当善于团结各种不同观点的同志，善于倾听不同意见。第三，要有服务意识。针对一些干部常常以“父母官”“老板”自居，任仲夷指出，这是浓厚的封建意识在市场经济开始发育变动时期沉渣泛起的一种表现，是权力私有观念的体现，各级干部实质都是人民的勤务员，不能上下颠倒。第四，要更加紧密地联系群众，不能搞官僚主义和形式主义。各级干部要谦虚谨慎，力戒骄傲，不摆架子，始终同广大干部、群众打成一片；联系群众不能搞形式主义，要切实贯彻落实党和政府的各项政策法令，给人民带来实际利益。第五，要虚心学习。任仲夷强调，广东在改革开放中走在全国前列，但决不能有老大思想，不要总以为广东什么都比人家先进，不能坐井观天也不能夜郎自大，要不自满、不自大，虚心向人家学习。每位领导干部都要注意学习新知识，接受新事物，为开创新局面贡献更多的力量。

建设好领导班子，关键是要选好人。1983 年，根据中央提出的领导班子建设八年规划要求和建设综合改革试验区的任务，广东省委制定了一个与广东经济发展战略相适应的领导班子“四化”建设规划。任仲夷在省第五次党代会上对此作了系统阐述。他指出，对年轻干部一方面要强调大胆提拔，不可求全责备；另一方面要强调选好选准，讲求质量。第一，以下五种人不能提拔：造反起家的人，帮派思想严重的人，

---

①张岳琦，李次岩：《任仲夷论丛：第三卷》，广东人民出版社，2000 年，第 204 页。
②张岳琦，李次岩：《任仲夷论丛：第二卷》，广东人民出版社，2000 年，第 41 页。

“打”“砸”“抢”分子，反对党的十一届三中全会以后党中央路线的人，在经济领域内和其他方面严重违法乱纪的人。第二，应当选拔德才兼备、符合党章条件的人，特别是具备以下四个优点的人：衷心拥护党的十一届三中全会以来的路线、方针、政策；具有开创新局面的热情和能力；文化知识水平较高（为此要注意从具有高中以上特别是大专文化程度的知识分子中选拔）；党性强，作风正，守纪律。第三，要按照精简机构的要求，解决机构臃肿、互相扯皮、干部老化、工作效率不高的问题。省直机关的机构改革和领导班子调整，要坚持以下要求：部、委、办、局的领导成员，一般3人，多则4人，有特殊情况的也不能超过5人；正副职一般都不超过60岁；55岁以下的中青年干部要占1/3；高中以上文化程度的要占大多数，最低也不能少于1/2，其中至少要有一人具有大专文化程度，并要配备懂得该部门专业知识的人。这一规划，充分体现了干部队伍建设的“四化”标准，注重从领导班子的结构上配好干部。据此，1983—1985年，全省较大规模地、自上而下地全面调整了各级领导班子，有效缓解了干部队伍建设中存在的突出问题。

建设好领导班子，广东要在干部制度改革方面先走一步。任仲夷强调，广东实行特殊经济政策，中央要求广东在现代化建设中先走一步，为此，迫切需要在干部制度改革方面先走一步。① 这就要打破唯成分论和论资排辈的倾向，进行多方面的制度改革。

第一，改革干部选拔制度。一是公开选拔。从1985年开始，广东各级党委按照竞争性、公开性、开放性和法制性要求，积极引入竞争机制。如1985—1986年，广州采用公开选拔的办法；深圳市也在1985年率先进行了改革尝试，之后逐渐在全省推广开来。二是聘任。不少企事业单位对中层干部实行合同聘用制。三是群众民主参与。1980年，佛山市率先在地直机关对领导干部开展民主评议，随后，全省各级党委和组织不断探索扩大群众选人用人参与程度的做法，经过不断的总结完善，民主评议、民意测评、民主推荐，以及个别谈话、协商酝酿等，已

①张岳琦，李次岩：《任仲夷论丛：第三卷》，广东人民出版社，2000年，第303页。

成为各级选拔干部的基本程序。经过几年的改革探索，当时广东已初步形成了五种选用干部的形式，包括选举、任命、推荐、招考、聘请，为以后进一步改革打下了基础。

第二，推行干部交流制度。从1983年开始，广东省委开始组织选调交流干部到基层任、挂职，以及参加社教、基层组织建设、扶贫等工作。据统计，1983—1990年，市县两级党政班子共交流和轮岗干部3300人。这种“开发式”使用干部，有助于防止“一方水养一方人”带来的思想僵化、知识老化、近亲繁殖的问题，有利于优势互补，提高班子成员的观念、知识等素质，丰富干部的实践经验，提高干部的能力、积极性和活力。

第三，改进干部培训制度。主要是把党校从短期轮训干部为主转向正规化培训为主。所谓正规化，一是在内容上，按照现代化建设需要设置教学课程，除了马克思主义基本理论和党的方针政策，还要增加现代科学文化知识和必要的专业知识。二是在学制和学历上，实行正规化，使党校的学历成为选拔领导干部的必备条件之一。此外，还要依托大专院校，有计划地对干部进行培训。

第四，改革干部管理制度。一是改革管理体制。根据中央提出的下放管理权限的精神和“管少、管好、管活”的原则，从1984年起，广东对干部实行新的分级管理办法，即从原来的下管两级改为原则上下管一级，并逐步放开了对企事业单位的管理权限，从而改变了管用脱节的现象。二是强化责任制。从1984年开始，广东决定在省直机关和部分地市实行岗位责任制，并逐步普遍推开。与此同时，对一些县区和乡镇党政领导班子成员，陆续实行任期目标责任制。这两项制度的实施，有利于责权相统一，促进了机关作风的改善。

上述制度建设，推进了广东干部制度朝着科学化、民主化、法制化的方向迈进，促进了一大批拥有改革精神、胜任工作、富有创见、能够开创新局面的优秀干部涌现。

第四节　高度重视加强党员队伍建设

党员队伍建设是党的建设的基础。党的战斗力来自党员的素质，党的路线、方针、政策要靠党员去贯彻，党的任务也要靠党员去完成。因此，任仲夷强调，“我们必须高度重视党员队伍的建设，注意研究新时期党员队伍建设的新情况，解决新问题，总结新经验”①。

一、新时期的共产党员要更有觉悟、更有纪律、更有知识

新的历史时期，新的斗争任务，对每个党员和各级党组织都提出了更高的要求。1982 年，在广东省委召开的党建座谈会上，任仲夷把这些要求归为三个方面。第一是要更有觉悟。就是说，党员的共产主义觉悟不应比过去降低，而应当进一步提高；党员的先锋模范作用不能比过去差，而应当更强。这就要求党员更加努力学习马克思主义理论和党的路线、方针、政策，进一步树立为共产主义献身的精神；更加密切同广大群众的联系，以自己的模范工作和模范行为赢得他们的信任和支持。第二是要更守纪律。一是要在政治上同党中央保持一致；二是要遵守全党统一的纪律，即个人服从组织、少数服从多数、下级服从上级、全党服从中央，这是最基本、最重要的纪律；三是做遵守宪法和法律的模范；四是根据和平建设时期和改革开放的环境，要自觉抵御腐朽思想的侵蚀。第三是要更有知识。即应当努力学习科学文化知识、劳动技术和业务知识，不能以为“老大粗”“不识字”就是工农干部的本色，而以此为荣。这三条，体现了两大方面的要求。一是从严治党的要求。即党的纪律要更严、执法要更严、党的生活要更严，不能有特殊党员。二是先进性要求。即要体现时代发展的要求，掌握现代化建设的本领。这就

①张岳琦，李次岩：《任仲夷论丛：第三卷》，广东人民出版社，2000 年，第 254 页。

要求做好以下工作。

第一，加强党员教育。加强党员教育是党的建设的基本功。除了加强马克思主义基本知识和现代化建设知识的学习外，当时广东省委还掀起了一场党章学习教育活动。党章是规范党内政治生活和党内关系的基本准则，集中代表了全党的根本利益和意志，对于党的各级组织、全体党员、党的全部活动具有最高的权威和最大的约束力，是党在思想、组织和行动上保持一致的根本保障。任仲夷指出，作为一名共产党员，仅仅有朴素的阶级感情是不够的，必须理解并能认真执行党章。[①] 1983年，广东省委把党的十二大通过的党章作为党员教育的主要教材，通过上党课、轮训、学习讨论等多种形式，组织全省党员深入学习党章，严格执行党章。广大党员在全面学习的基础上，重点抓住五个方面学深学透：一是党章总纲中所阐明的党的性质、党的指导思想、现阶段的总任务和基本要求；二是党员的义务和党员干部的基本条件；三是党的民主集中制的基本原则；四是党的基层组织的基本任务；五是关于党的纪律的规定。同时，把学习党章同对照检查党员个人的思想紧密结合起来，同教育党员执行党的路线方针政策、完成党的任务紧密结合起来。这一大规模的普遍的党员教育运动，促进广大党员进一步增强了党性，更好地发挥先锋模范作用。

第二，切实做好发展党员的工作。发展党员工作是党的组织工作的重要一环，做好这项工作，是不断壮大党的队伍，使党的事业兴旺发达、后继有人的基础工程。但是，在改革开放初期，在商品经济的冲击下，党员发展工作出现了一些新问题，如现有党员年龄偏大；出现拉夫入党、滥竽充数的现象；党组织在部分人中的吸引力下降，有的基层单位要求入党的人减少；越是艰苦的劳动岗位党员越少。对此任仲夷强调，对党员发展中出现的问题必须高度重视，切实把工作做好。[②] 一是要严格标准。要严格按照党章规定的标准，既注意文化和年龄，又绝不能以文凭和年龄作为入党的条件；既要看他的政治立场和政治态度，品

①张岳琦，李次岩：《任仲夷论丛：第三卷》，广东人民出版社，2000 年，第 254 页。
②张岳琦，李次岩：《任仲夷论丛：第三卷》，广东人民出版社，2000 年，第 255 页。

质和作风，又要看实际成绩。二是要遵守程序，不能搞突击入党。三是要坚持广泛吸收和重点发展相结合。不论在哪条战线、哪个行业，只要符合标准，都要吸收。任仲夷还特别指出，不能以贫富为标准，那些勤劳致富的人，具备入党条件的也可以入党；不能以身份差异为标准，那些在合资企业、独资企业中，着红旗袍、穿高跟鞋、抹口红的人，也可以入党。其中要重视发展三种党员：为了解决党员老化问题，要注意在青年人中发展新党员；为了提高党员队伍的文化水平，要注意在知识分子和大学生中培养和吸收党员；为了加强党同群众的联系，要注意在生产第一线发展党员。四是要做好宣传教育工作。要通过对党的路线方针的宣传，对党的知识和革命道理的教育，加深人们对共产党的认识，增强入党的积极性。

第三，健全党的组织生活，加强党的纪律。党的组织生活是党的生活的重要内容，是党组织对党员进行教育、管理、监督的重要形式。20世纪80年代初，党内生活制度还不健全，特别越是领导机关，往往党内生活越松。针对这种情况，任仲夷强调，“凡是党员，不论职务高低，都要过党的组织生活，接受党组织和群众的监督”①。首先是把党的生活会定期化、制度化。1981年，结合学习《关于党内政治生活的若干准则》，广东省委、省直部门和许多地、市、县都认真召开了党的生活会，起到了克服缺点、增强团结、端正党风的良好效果。以此为契机，广东省委要求把党的生活会制度化，使党内的一些问题能够通过党的正常组织生活及时得到解决。其次是坚持“三会一课”（小组会、支委会、支部党员大会和党课）。党内生活，从党小组开会，直到各级党委，都要贯彻民主集中制；会议要少而精，不开没有内容的、空洞的长会；要经常开展批评和自我批评，切实加强党的纪律检查工作。

第四，搞好基层组织建设。党的基层组织是党的全部工作和战斗力的基础。由于“四人帮”的流毒还未肃清，以及新的情况的冲击，当时广东的党的组织还存在思想不纯、作风不纯、组织不纯的问题，如

①张岳琦，李次岩：《任仲夷论丛：第三卷》，广东人民出版社，2000年，第252页。

1983年全省仍有10%～15%的党的基层组织缺乏战斗力，10%左右的党员不起先锋模范作用，特别是农村基层党支部有相当一部分不健全，有些处于瘫痪和半瘫痪状态。针对基层党组织中存在的种种问题，任仲夷指出，要积极主动地把各条战线的基层组织工作抓好。① 在农村中，要着力加强党组织的领导核心的建设，对班子不齐不力的要及时调整充实，保证上级的指示和工作部署能够贯彻到底。在企业中，实行厂长负责制，党组织要通过党员起作用，党委要支持厂长，帮助厂长“组”好“阁”，在合资企业、独资企业中要探索开展党的工作的有效形式。机关党委要集中力量抓党风。

二、端正党风，严肃党纪

党风问题是有关党的生死存亡的问题。广东是改革开放的前沿，搞好党风，抓好党纪，更有特殊意义。抓好党风，首先要清醒正确地认识、评价党风。对此任仲夷指出：“讲党风好坏，首先要弄清楚什么是党风。我认为，党风主要还是毛主席总结的理论联系实际、密切联系群众、批评与自我批评这三大作风。”② 他认为，十一届三中全会以来，我们党的党风主流是好的。同时还要看到，由于党处在历史性大转变时期，党内还有许多消极现象，甚至出现不少贪污、腐败现象，群众对党风存在的问题有很多意见。而广东由于较早打开国门，当时党风方面较之于全国其他地区问题更突出。1982年，任仲夷要求全省干部对党风方面的严重问题要有一个清醒的认识，指出实行对外开放后，由于对防止和抵制腐朽思想的侵蚀抓得不力，立法、管理、制度未能跟上去，广东省党风确实存在严重问题，突出表现就是经济领域的违法乱纪，集中一点就是一些人利用职权谋私利，为此有的党员干部腐化堕落了，有的领导班子成员烂掉了。针对当时广东党内的严重的走私贩私、贪污受贿

①张岳琦，李次岩：《任仲夷论丛：第三卷》，广东人民出版社，2000年，第269页。
②张岳琦，李次岩：《任仲夷论丛：第三卷》，广东人民出版社，2000年，第274页。

之风，任仲夷明确指出，“这个问题确实到了非解决不可的时候了”。①

第一，整顿党风要依照五条要求。任仲夷指出，党风是否有明显好转，主要看五条：一是对党的路线、方针、政策，是否坚决执行；二是对党分配的任务和本职工作是否认真负责；三是对党的生活准则、国家法令是否模范遵守，有无违法的行为；四是是否坚持党的原则，对党内的极端个人主义、无政府主义、官僚主义以及拉山头、搞宗派等错误言行敢不敢进行抵制和斗争，能否积极开展批评和自我批评，抵制资本主义思想和一切非无产阶级思想的侵蚀；五是是否关心群众，密切联系群众，与群众同甘共苦。② 各级党组织都要用这五条要求来检查对照，查找差距，不断采取措施加以改进。全省党风好转的主要标志，就是看省地（市）县三级党委的领导同志是否达到了这五条要求。这就是说，端正党风要从领导做起。就党的建设领域来说，做到上面五条要求，主要靠三个方面的措施。一是靠党的正确理论、路线、方针、政策。任仲夷强调，“党员不学马列主义，不懂党的路线和政策，就谈不上端正党风”③。二是靠党员增强党性。党员如果党性削弱，不能自觉地遵守纪律，良好的党风就无法维持。因而，任仲夷强调，“从共产党员的党性抓起，是整顿党风的基本环节”④。三是必须加强党组织的战斗力。党的各级组织，都要有严格的组织纪律，严格的组织生活。这三条措施，包含了政治要求、思想要求、纪律要求、制度要求。

第二，执行党纪要为新时期的党的路线服务。现实中，有人对党的纪律检查工作存在不正确认识，甚至是抵触思想，认为“纪检、纪检，专门找错误缺点”，查办案件是“整人”，担心“查了案子，乱了班子；处理能人，赶跑外商”。对此任仲夷指出，“纪律是执行路线的保证。执行党纪，目的在于维护全党的行动统一，确保党的路线、方针、政策

---

①张岳琦，李次岩：《任仲夷论丛：第二卷》，广东人民出版社，2000 年，第 255 页。

②张岳琦，李次岩：《任仲夷论丛：第三卷》，广东人民出版社，2000 年，第 265 页。

③④张岳琦，李次岩：《任仲夷论丛：第三卷》，广东人民出版社，2000 年，第 264 页。

的实现”①。这就是说，执行党纪是为党的中心工作服务的。首先，要在改革问题上一致。执行党纪，首要任务是保证改革顺利进行，为改革创造一个良好的社会政治环境，把严肃党纪与改革对立起来或者割裂开来，都是不对的。越是开放、改革、搞活，越要强调严格执行党纪。另一方面，要进一步解放思想，研究新情况，适应新问题，凡已经过时的、不符合当前政策、不符合改革要求的规定，都应修改，代之以有利于开放、改革、搞活的新规定。

第三，党风党纪要靠全党来抓。任仲夷强调，“搞好党风，加强党纪，不能光靠纪律检查委员会少数人，要全党来抓，要靠各级党组织。每个党员都要关心党风党纪的情况，这要形成风气”②。同时，要明确领导的责任。1982 年，广东省委明确提出，抓党风关键是要从一、二把手抓起，由一、二把手带动常委一班人做起。当时，中央决定以广东、福建为重点，在全国开展以查处经济案件为重点的为期三年多的打击经济领域严重犯罪活动的斗争，为此任仲夷主持成立了由省委书记、省长、省纪委书记、省政法委书记等主要领导组成的贯彻中央精神的“六人领导小组”，以加强对党风廉政建设工作的领导。任仲夷等同志还经常听取查办案件情况的汇报，深入第一线进行调查，掌握第一手材料。在省委的带动下，各级党委从第一把手做起，层层带动，上下左右一起抓，全省党风廉政建设逐渐形成“党委重视、全党动手、纪委专抓”的局面。

第四，要通过整党实现党风的好转。针对党风中存在的种种问题，从 1983 年起，全党开展了一次为期三年的整党运动。据此，广东各级党组织把整党作为整顿党的作风的主要措施，力争通过整党尽快实行党风的根本好转。1983 年，广东省第五次党代会对整党作了整体部署，要求各级党委认真进行调查研究，摸清党员和党组织的状况；组成工作组，进行整党试点，着重研究如何以党章为主要教材对党员进行教育，

①张岳琦，李次岩：《任仲夷论丛：第三卷》，广东人民出版社，2000 年，第 271－272 页。

②张岳琦，李次岩：《任仲夷论丛：第三卷》，广东人民出版社，2000 年，第 261 页。

如何整顿领导班子，纠正不正之风，如何正确贯彻“惩前毖后，治病救人”和“既要弄清思想，又要团结同志”的方针，进行党员登记和对犯错误党员进行组织处理。1984 年，任仲夷又指出，要在整党中认真找出我们党的问题和差距，如思想解放还不够；没有充分发挥广东的优势，整个经济发展水平落后于先进省市；精神文明建设方面还有差距；对党的思想建设和组织建设的经验教训缺乏总结研究；在执行对外开放政策中，对一度出现的走私贩私等经济犯罪活动，打击不及时；领导作风存在官僚主义等①。1985 年，又结合打击经济犯罪，把全省县委书记、县纪委书记集中到省里办班，用二十天时间学习整党文件。这些措施，有效保证了整党在正确的方向开展，使整党主要围绕端正党风党纪进行，避免使整党成为一场带有“左”的倾向的政治运功。

第五，要狠抓财经方面的党风党纪。改革开放后，广东各级党政领导充分利用中央赋予广东的特殊政策和广东的人文地理优势，大胆探索，放开搞活，经济建设取得了举世瞩目的成就。与此同时，经济领域的违法犯罪活动也突然增多起来，如经济案件中直接体现权钱交易腐败现象的干部受贿案，1981 年前还基本是空白，1982 年却达到 449 宗。尤其是在全民经商风气的影响下，一些地方的领导从局部利益出发，把精力放在党政机关经商上，结果“皮包公司”林立。据统计，仅 1984—1985 年间，全省县以上党政机关经商办企业达 3000 多家。特别是 1984 年下半年至 1985 年初发生的震惊全国的海南倒卖汽车事件，全省有 40 多个县市和省直一些单位不同程度地参与进去。党政机关的经商风，不仅造成极其严重的经济后果，还诱发了滥发奖金实物、用公款请客送礼、拉关系走后门、送“红包”、铺张浪费等不正之风。对此任仲夷提出，广东对外开放和对内搞活坚定不移，打击经济领域和其他领域犯罪活动也要坚定不移，特别是要坚决刹住党内的不正之风和违纪现象，并促使社会风气的好转。一方面，要加强教育。任仲夷指出，纠正党内不正之风，必须坚持以教育为主的方针。② 为此广东省委结合整

①张岳琦，李次岩：《任仲夷论丛：第三卷》，广东人民出版社，2000 年，第 271 页。
②张岳琦，李次岩：《任仲夷论丛：第二卷》，广东人民出版社，2000 年，第 257 页。

党，坚持有计划、有步骤地在全省组织党风党纪教育和廉政教育，以提高党员干部廉洁自律的自觉性。如发生“海南汽车事件”后，广东省委立即召开有市、地和省直厅（局）主要领导参加的省委常委扩大会议，以汽车事件为镜子，联系实际摆问题，揭矛盾，总结经验教训，端正经济工作的指导思想。另一方面，严肃查处各种违法乱纪行为。1982—1986 年的五年间，全省立案查处公职人员经济违法犯罪案件达 15 830 人，给予党纪处分 6012 人，政纪处分 5729 人，依法惩处 3691 人，开除党籍 2539 人。①

端正党风党纪是一个长期、艰巨而又复杂的工作，旧的问题解决了，新的问题又会不断出现。任仲夷及省委一班人的努力，既有力保证了当时改革开放和现代化建设的顺利进行，又为以后的同志进一步做好党风廉政建设奠定了扎实基础。

①丘海：《邓小平党风廉政建设理论与广东的实践》，广东人民出版社，1998 年，第 91 页。

第九章　任仲夷的思想方法论

任仲夷在广东主持工作期间，带领广东广大干部群众，按照中央的政策，排除各种干扰，按经济规律办事，在创办特区，搞好经济，率先探索发展商品经济、市场经济，打击犯罪活动的重大历史过程中，进行了先行一步的探索，为全国的改革开放闯出了一条新的路子。这一切，体现着任仲夷一贯坚持的实事求是与思想解放的思想路线，以及唯物辩证的思想方法。

第一节　解放思想与实事求是的思想路线

一、先行一步必须思想解放

当打倒“四人帮”，历史翻开新的一页之时，任仲夷敏捷地领悟到：时代的变革，关键在于思想解放。

在调任广东之前，任仲夷曾在党中央机关刊物《红旗》杂志上发表了题为《解放思想是伟大的历史潮流》的文章①。他受命中央从北国赴南粤，在广东发表的“就职演说”——1980 年 11 月的第一次正式讲话，便是以“进一步解放思想，让广东先行一步”为中心。任仲夷坚持马克思主义的思想路线，充分认识到社会变革必须以思想大解放为先导。

任仲夷以西方的历史为例指出：“从历史上看，社会发展的每一次

---

①摘自《红旗》，1978 年第 12 期。

大的飞跃，都是以思想的一次大解放为先导的。人们都很熟悉的欧洲文艺复兴，就是一个突出的例子。”“开创了人类历史新纪元的俄国十月革命——第一个社会主义国家的诞生，是以马克思主义的产生和传播为先导的。马克思主义使无产阶级和劳动人民的思想得到了最彻底的解放，让思想冲破了牢笼。”① 在任仲夷看来，中国现代史上，五四运动“也是一次伟大的思想解放运动和文化革命运动”，它反对禁锢人民思想的旧文化，“提倡科学和民主”。对当代的思想解放，任仲夷大胆地肯定，“1976 年清明节，人民群众沉重悼念敬爱的周总理，愤怒声讨万恶的‘四人帮’，发生了具有伟大历史意义的天安门事件。在这场可歌可泣的斗争中，人民群众冲破‘四人帮’制造的精神枷锁和法西斯恐怖，大胆地讲出了真理，高高地举起了反对‘四人帮’的战斗火炬，写下了不朽的历史篇章。从解放思想的意义上讲，天安门事件也是一直延续到现在的以打破‘四人帮’精神枷锁为主要内容的伟大思想解放进程的发端。天安门事件发生半年之后，我们党一举粉碎了祸国殃民的‘四人帮’，实现了中国历史的一次伟大的革命转折，使我国的社会主义革命和社会主义建设进入了一个新的历史时期”②。

任仲夷肩负着在广东进行改革开放试验的历史重任，他充分认识到实现广东先行一步的探索必须思想解放。

在 1980 年 11 月 18 日广东省市局以上干部会议上的讲话中，任仲夷明确地说：“来到广东之后，我在实践中深感，要想在改革开放中做到‘先行一步’，首先必须思想解放先行。”③ 并强调：“要在对外开放和改革上迈出新的步伐，开创新的局面，思想解放必须先行。”他引证了马克思在论述 19 世纪的社会革命时的讲话：“它在破除一切对过去的事物的迷信以前，是不能开始实现自身的任务的。”以此论证他的结论——“我们现在可以说，在破除阻碍改革和开放的旧观念、旧框框之前，开放

①张岳琦，李次岩：《任仲夷论丛：第一卷》，广东人民出版社，2000 年，第 5－6 页。
②张岳琦，李次岩：《任仲夷论丛：第一卷》，广东人民出版社，2000 年，第 7－8 页。
③张岳琦，李次岩：《任仲夷论丛：第二卷》，广东人民出版社，2000 年，第 17 页。

和改革是很难进行的。”①

任仲夷深刻领悟到“先行一步”与解放思想的关系，心里十分明确先行一步必须思想解放。在任仲夷看来，改革开放，是一场深刻的社会变革，难免要与旧观念和多种习惯实力进行斗争，只有解放思想，更新观念才能为之扫清路障。

邓小平把这场“改革”称为“中国的第二次革命”。改革开放伊始，邓小平殷切希望作为先行点的广东的广大干部群众充当探路先锋，办特区要“杀出一条血路来”。

主持广东工作的任仲夷，不辜负邓小平的厚望。在他的领导下中共广东省委旗帜鲜明地对全省的干部和群众提出了“解放思想、大胆改革、更加开放”，并形象地把“开拓奋进”比作“陆路不通走水路，水路不通走山路，没有路披荆斩棘闯出一条新路来，坚定不移地推动思想解放，采取得力措施而‘破冰’”。任仲夷认为，“解放思想，需要勇气，需要有马克思主义的坚定性”，宋代的王安石力主变法，当真有“天变不足畏，祖宗不足法，人言不足恤”的气魄，“我们共产党人、社会主义时代的改革者”则“应当有更宽广的胸怀和更大的勇气”。他疾呼：“陈规旧套不足法，流言蜚语不足畏！我们一定要在开放和改革的过程中，开创社会主义现代化建设的新局面。”②

在任仲夷看来，广东的改革开放先行一步，离不开党的路线、方针、政策，离不开党中央给予广东的特殊政策，但是要正确执行党的路线，正确执行党中央给予广东的特殊政策，则必须思想解放。

1984 年 5 月任仲夷在整顿中回顾自己的思想和工作时，深刻地提出“省委要进一步解放思想，要以更大的魄力去打开局面。经过这一段整党，我进一步认识到，思想是否解放，不是一个小问题，而是关系到能否正确执行党的十一届三中全会以来党的路线，能否很好地执行中央给予广东的特殊政策的重大政治问题”。他从改革开放头几年的正反

①张岳琦，李次岩：《任仲夷论丛：第二卷》，广东人民出版社，2000 年，第 46 页。

②张岳琦，李次岩：《任仲夷论丛：第二卷》，广东人民出版社，2000 年，第 30－31 页。

经验的总结中体会到，“思想解放的一个重要方面，是执行党的正确路线的坚定性”，如果思想不解放，或不够解放，“中央给了权，也不敢用”“不敢当机立断”“未能摆脱一些旧框框的束缚”“顾虑多端，踟蹰不前”“产生了等一等、看一看的思想”“决心不大，抓得不紧”“坚定性不足，魄力不大，改革的步伐并不快”，那么就会因为“注意了稳定而影响了创新”。可见，没有思想解放，就不可能发挥创造力和闯劲，正确贯彻党的政策。我们必须勇于思考，勇于探索，勇于创新，以很大的魄力去打开局面。①

二、敢于思想解放就是敢于实事求是

依据邓小平所说的“思想解放就是实事求是”，任仲夷明晰了思想解放的深刻内涵。

任仲夷不仅从理论和实践的结合上揭示了广东先行一步与思想解放的密不可分的关系，明确了离开思想解放就不可能实现广东作为改革开放试验区的探索，而且为了达到思想解放，他向广东的干部群众指明了如何解放思想。

在一篇文章里，任仲夷明确指出“解放思想与实事求是是画等号”的，具体也就是说：“解放思想就是使思想从实践证明是错误的旧框框中解放出来，使主观认识符合客观实际，把马克思主义基本原理同实践相结合。”因而，他斩钉截铁地说：“我认为，敢于解放思想，就是敢于实事求是，只有实事求是才能解放思想，才能创新。”② 并强调，“解放思想，最根本的是坚持实事求是”③。

实事求是，首先是“从实际出发，独立思考”。任仲夷指出：“要以事实为依据，勇于独立思考，不断独立思考，才能真正做到‘不唯

①张岳琦，李次岩：《任仲夷论丛：第二卷》，广东人民出版社，2000年，第31－35页。

②张岳琦，李次岩：《任仲夷论丛：第三卷》，广东人民出版社，2000年，第86页，广东人民出版社，2000年。

③张岳琦，李次岩：《任仲夷论丛：第二卷》，广东人民出版社，2000年，第47页。

书，不唯上，只唯实’。”① 广东改革开放先行一步，必须解放思想，但是解放思想必须从实际出发，“因地制宜”，结合本地情况去执行中央的政策。任仲夷深刻认识到，在不离开党的政策原则的前提下，考虑广东的具体省情，注意研究新情况，而提出新方法、新措施，打破那些阻碍进步的老框框、老套套、老作风，积极开创新局面。② 任仲夷十分清楚，“改革，就是破旧创新”，改革贵在一个“新”字，但“新制度”“新方法”并非空中楼阁，它必须以“事实”为依据，建立在具体的实实在在的客观事实的基础之上。

任仲夷强调解放思想从实际出发还必须遵循规律，给人们划清了“思想解放”与“胡思乱想”的界线。

在 1984 年《红旗》第 17 期刊发的《解放思想，积极改革，更加开放》一文中，任仲夷毫不含糊地指出“解放思想不是胡思乱想，吹牛浮夸”，告诫人们“决不能重犯‘人有多大胆，地有多大产’的错误”。③ 人们忘不了，20 世纪 50 年代末出现的背离规律而蛮干所带来灾难的沉痛教训，任仲夷借历史的经验告诉人们，解放思想必须打破“旧观念、旧框框、旧规定”，敢想敢干，但如果离开了对客观规律的遵循，“敢想”便变成“胡思乱想”，“敢干”即变为“蛮干”，结果将是事与愿违，受到规律的惩罚。

在任仲夷看来，解放思想就是实事求是，实事求是就是讲科学，按规律办事。他在多次谈话中反复说明遵循客观规律的必要性。改革的重要内容，即发展。从商品经济视角审视，任仲夷认定“让亿万人民学会搞商品经济，这将是一个巨大的社会进步”，而商品经济“是强调发挥市场机制的作用”“市场机制是靠价值法则调节的”，因而，他指出人民“应是自觉地运用价值规律，违背了就要受到惩罚”，并语重心长地强调，“越是改革开放，我们就越要学会自觉地运用它，发挥它的作

---

①张岳琦，李次岩：《任仲夷论丛：第三卷》，广东人民出版社，2000 年，第 83 页。

②张岳琦，李次岩：《任仲夷论丛：第二卷》，广东人民出版社，2000 年，第 18、20 页。

③张岳琦，李次岩：《任仲夷论丛：第二卷》，广东人民出版社，2000 年，第 47 页。

用”。①

任仲夷深刻认识到，规律是客观的，“不以人们的主观意志为转移”，“价值规律就是任何商品经济都必须遵循的经济规律”。他指出，“资本主义经济也好，社会主义经济也好，只要是商品经济，价值规律就必须存在并发生作用”。他借用形象的比喻说，价值规律“像一只看不见的‘手’”，“我们既不能创造它，也不能改变它，更不能消灭它。但我们可以发现它、认识它、掌握它、利用它为社会主义服务。就像人们无法改变水往低处流的规律，但可以利用它为人民服务一样”。②

总结历史的经验，任仲夷更强调规律是客观存在的强制力量，不得不遵循。他以珠江三角洲经济发展的教训为例，指出在改革开放的早几年，人们只顾眼前利益，挖掉桑树种甘蔗，又挖了甘蔗种其他经济作物，虽然政府三令五申采取许多措施，但不解决价格问题，仍然无法制止甘蔗种植面积日益减少的趋势，致使广东的蔗糖业受到严重的冲击，国家却不得不花大量外汇进口食糖。任仲夷无不感慨地说，“如果不按价值规律办事，许多办法都是行不通的。强行去做，即使一时起些作用，也不能持久。硬坚持下去，就要吃大亏”，“这表明，价值规律作为一种客观存在的强制力量，谁违背了都要受到惩罚”，现实如此，历史也如此，“三十多年里，像这样的教训，甚至比这更严重得多的教训，难道还少吗?”③

鉴于如上的认识，任仲夷先后以“深化改革强调重视价值规律有重要意义”“读社会主义初级阶段的价值规律”“治理整顿必须尊重客观经济规律”“注意自觉掌握和运用价值规律，充分认识和善于运用经济规律”等为题或为中心，发表文章或在各种场合作讲话。当然，任仲夷强调遵循规律中的“规律”，不仅仅就价值规律而论，而是统指一切不以人的主观意志为转移的种种客观规律，既有“客观经济规律”，又包括一切的“自然规律”。

---

①张岳琦，李次岩：《任仲夷论丛：第三卷》，广东人民出版社，2000 年，第 87 页。

②③张岳琦，李次岩：《任仲夷论丛：第三卷》，广东人民出版社，2000 年，第 147 – 148 页。

遵循规律，便要求人们把思想解放建立在科学基础之上，“依靠科学”，把思想解放与科学精神结合。任仲夷坚持“看思想正确与错误的唯一标准，只能是实践”的唯物主义的认识路线。①

三、消除禁锢才能思想解放

对如何解放思想，任仲夷从另一个视角，提出“正确认识新形势”，“清理”那些危害改革开放的各种思想障碍，从种种思想束缚中解放出来。

在任仲夷看来，在改革开放初期，亟待消除的思想禁锢主要有三方面。

1. 消除“左”的影响。

任仲夷认为，“左”是改革开放的主要的思想障碍，“清楚‘左’的影响，才能解放思想”，他指出了“‘左’是我们前进中的巨大阻力”。“在落实多项政策当中，在进行改革中，在搞活经济的过程中，都有‘左’的压力。可以说，不清楚‘左’的影响，就搞不了现代化，因为‘左’和党的现行路线是尖锐对立的。受‘左’的影响严重的人，对十一届三中全会精神是怀疑、抵触的，甚至是反对的”。②

在任仲夷看来，在工作中，“左”和“右”的干扰同时存在，然而“不能把反‘左’和反‘右’完全同等看待，更不能借口反‘左’而抵制肃清‘左’的影响”。③ 他同意邓小平说的“作为领导思想，重点一般是防止、纠正、反对‘左’的阻力和影响”④，强调“从领导思想上，特别在经济建设方面，当前重点应当肃清‘左’的影响”，“从全局来看，应当充分认识到，主要危险仍然是来自‘左’的倾向”。⑤

---

①张岳琦，李次岩：《任仲夷论丛：第三卷》，广东人民出版社，2000 年，第 87 页。
②张岳琦，李次岩：《任仲夷论丛：第三卷》，广东人民出版社，2000 年，第 22 页。
③⑤张岳琦，李次岩：《任仲夷论丛：第三卷》，广东人民出版社，2000 年，第 28 页。
④张岳琦，李次岩：《任仲夷论丛：第三卷》，广东人民出版社，2000 年，第 19 页。

任仲夷深刻指出，长期以来"'左'的错误曾几度居主要地位"而造成"极严重"的"危害"，而且中国存在滋生"左"的思想土壤。他认为，"左"的错误一再产生而且很有市场，其主要的阶级原因和历史原因，在于"中国本来是小资产阶级的汪洋大海，小资产阶级的偏激和狂想对我们党内和干部队伍中的许多人有很深的影响"①。许多"左"的东西，就是在"复杂的特定的历史环境下产生"的。

如何清除"左"的影响？任仲夷着重强调必须抓住其特点，清理其错误的理论观点，并强调必须加强学习和调查研究。

抓住特点，才能使人们充分认识"左"的表现形式，以提高反"左"识别能力和反"左"的自觉性。任仲夷在1981年5月5日广东省委常委的学习会的发言中，把"左"的错误的特点概括为四个方面：普遍性、习惯性、虚伪的"革命性"和"危害的严重性"②。任仲夷指出，"左"的影响普遍存在，"每个地方、每条路线都有'左'的影响"，如"农村怕'富'""工业怕'利'""财贸怕'活'""教育怕'智'""文化怕'放'"。这种普遍存在的"左"的影响，长时间存在，"使一些人成了习惯"，遇事总爱"用'左'的观点去看"，"用'左'的尺子去衡量"，对新事物总"怀疑"，其影响"还很顽固"。它之所以有市场，除了历史的和阶级的原因之外，还"因为它看起来很'革命'，似乎很'正统'"，正确的观点，反而显得极右，因而人们在反右的时候"理直气壮，声高气粗"，反"左"则有顾虑，"正是由于长期存在着这种不能反'左'的政治空气，致使'左'成了最难治的病症"；抱着"左"的观点不放的人，对党的改革开放政策不满，视之为"修正主义"，否定改革开放的成绩，甚至认为改革开放是"资本主义复辟"，因而"左"也就成为必须清除的阻力。③

清除"左"的错误，必须深入人的思想的基本理论观点。为清除

①张岳琦，李次岩：《任仲夷论丛：第三卷》，广东人民出版社，2000年，第22页。

②③张岳琦，李次岩：《任仲夷论丛：第三卷》，广东人民出版社，2000年，第20－23页。

其理论基础，任仲夷在1981年5月5日的讲话中把“左”的错误观点概括为，“一把物质与精神的关系搞颠倒了”，不承认物质第一性，“不尊重客观事实，遇事从概念和教条出发而不从实际出发”，甚至搞“两个凡事”；“二把生产力和生产关系、经济基础和上层建筑的关系搞乱了”，长期反复地批判所谓“唯生产力论”，成年累月地宣传“突出政治”，“不让人们把工作重点转移到生产建设上来”；“三把主要矛盾和主要任务搞错了”，在提出正确处理人民内部矛盾，以团结全国各族人民发展经济、发展文化之后，又重新把“阶级斗争提到首位”，强调“阶级斗争年年讲、月月讲、天天讲”，“无产阶级取得政权以后的主要任务由搞经济建设，变成了连续不断的政治运动”，错误理论引出观点与政策的错误；“四把解决矛盾的方法弄偏了”，本来“解决人民内部矛盾要坚持‘团结—批评—团结’的公式，要和风细雨”，但在社会生活中却采取“暴烈的行动”，“把打砸抢看成是‘造反精神’”，甚至把“造反、夺权、大民主”作为“继续革命的基本方法”。①

任仲夷深刻指出，多少年来，人们“常常把‘左’的观点误认为是马列主义，主要原因就在于理论根基浅，缺乏马克思主义基本理论的修养”，或是在学习中对马克思主义理论进行“‘左’的解释”，“带着‘左’的政策的需要，去学习理论”。所以，他强调“现在需要在拨乱反正的条件下重新学习”，也就是号召广大的干部群众，通过“重新学习”，而提高识别“左”的错误观点的能力，增强扫除“左”的思想路障的力度。任仲夷还针对许多干部脱离实际，脱离群众，不是根据事实，而是根据过去印在脑中的“左”教条去判断是非，这样一种难以摆脱“左”的影响的状况，对症下药地提出，“在提倡读书学习的同时，还要大兴调查研究之风”。②

2. 清楚封建思想。

任仲夷明确提出“只有反对封建主义，才能真正解放思想”。

---

①张岳琦，李次岩：《任仲夷论丛：第三卷》，广东人民出版社，2000年，第23－27页。

②张岳琦，李次岩：《任仲夷论丛：第三卷》，广东人民出版社，2000年，第29页。

2000年第8期《半月刊》上发表《任仲夷谈反对封建和解放思想》一文，记载了任仲夷的一段回忆："改革开放初期，我曾不止一次讲过，解放思想要过'三关'：极'左'路线关、'左'的思想影响关和封建思想关。要解放思想，首先必须从极'左'思想禁锢的束缚下解放出来，同时，还必须从封建主义思想影响下解放出来，绝不能放松对封建主义思想的批判。"任仲夷认为，如上三关，更不容易过的是第三关，其原因首先是"因为对受封建制度统治长达数千年的中国人来说，要彻底消除封建思想影响，的确阻力不小，绝非一朝一夕就能彻底解决"；其次是，由于人们"过早地把封建思想视为残余，放松了对封建主义的批判，以致它至今仍然是我们继续前进的绊脚石"；再次是人们"错把封建落后思想当作无产阶级思想，用以批判资产阶级"。鉴于种种原因，根深蒂固的封建思想，一直得不到应有批判，因而"从封建主义思想影响下解放出来的问题，还须下很大力气去解决"，"切不可把批判封建思想的任务，看成是轻而易举的"。①

任仲夷清楚地看到，中国"封建主义的历史长，影响深"②，改革开放在实行民主与法制、实行市场经济的过程中，所遇到的种种阻力和干扰，究其"病根"，多是在于不少人头脑中存在"程度不同"的封建思想的影响。

关于怎样才能更好地进行对封建主义的批判，任仲夷提出两个途径："第一，要从上到下，提高对批判封建主义重要性的认识"，从城市到农村，各行各业，都应联系自己的实际，清楚封建思想的影响；"第二，为了正确、有效地批判封建主义，从上到下，都要认真学习，努力提高自己的理论水平和鉴别能力"，要弄清究竟什么是封建主义、资产阶级思想和无产阶级思想，避免"黑白颠倒、是非不分、乱批一通的错误"。此外，任仲夷又强调，"需要对封建主义世界观进行批

①张岳琦，李次岩：《任仲夷论丛：第三卷》，广东人民出版社，2000年，第111－113页。

②张岳琦，李次岩：《任仲夷论丛：第一卷》，广东人民出版社，2000年，第23页。

判”。①

任仲夷借鉴历史，高度评价五四运动作为一个反封建主义和帝国主义的伟大的思想运动的历史意义，充分肯定五四以来请来“德”（民主）与“赛”（科学）两位先生，对反对禁锢人们思想的封建主义文化的历史贡献。由此，任仲夷真诚地告诫人们：“如果不讲民主，不提倡科学，就不能把改革开放进行到底，就不能实现四个现代化，就不能真正实现社会主义。”② 可见，反封建主义，关系着解放思想，关系着改革开放，关系着国家的命运和前途，非“高度重视”不可。

3. 排除姓“公”姓“私”和姓“资”姓“社”的思想束缚。

所有制改革，是经济基础的改革，它是带根本性的改革举措，关系着整个社会改革的进行。任仲夷敏锐地抓住了所有制改革中的主要思想障碍，并明确认定“大胆探索公有制经济新的现实形式”，这是实事求是、解放思想的结果，但有人在姓“公”姓“私”、姓“资”姓“社”问题上争论不休，有碍人的思想解放。

任仲夷尖锐指出，“过去在经济改革，特别是企业改革上，常常在姓‘社’姓‘资’问题上争论不休”，党的十三大以后就变了一个词，“又在姓‘公’和姓‘私’问题上争论不休”，“实际上是同一个问题”。他认定，要解放思想，深化经济改革，则“必须从姓‘社’姓‘资’和姓‘公’姓‘私’的思想束缚中解放出来，必须从视‘资’如虎、视‘私’为虎，甚至谈‘资’言‘私’色变的‘恐右症’中解放出来”，并强调“只有这样做，才能对国民经济中公有制经济的‘主体’这个概念有新的认识”；“也只有这样，才能在正确对待这种不同所有制经济，特别是对私有制经济不应歧视的问题，真正做到一视同仁”。③

为排除姓“公”姓“私”和姓“资”姓“社”的思想束缚，实现

---

①张岳琦，李次岩：《任仲夷论丛：第三卷》，广东人民出版社，2000 年，第 113 – 114 页。

②张岳琦，李次岩：《任仲夷论丛：第三卷》，广东人民出版社，2000 年，第 115 页。

③张岳琦，李次岩：《任仲夷论丛：第三卷》，广东人民出版社，2000 年，第 97 页。

大胆探索所有制改革形式的思想解放，任仲夷还针对人们对个体私营经济的偏见，特别强调了让个体私营经济大发展，以利于我国社会发展进步。他深刻指出，我国现存“多种经济成分”，不论是国有企业或是个体私营企业，“都是要从经营中谋得企业和个人的利益，另一方面通过向国家纳税，向社会提高商品和服务，为社会作出贡献”，因而，“不论哪种所有制企业，包括私营企业，只要合法经营，对社会就可能起有益的作用，都可以为国家和人民谋利益，都应为社会所承认”。① 任仲夷不仅从企业对国家与社会的同样作贡献的层面上，肯定个体私营经济应与公有制经济都应得到“承认”，而且，从方法论的高度揭示了个体私营的大发展对社会有利。他认为，“在我们的社会里，为自己谋利益与为人民谋利益，这是对立统一的，在一般条件下是可以取得一致的”，因为个体户和私营企业主，只要守法经营，那么，他们在“为自己利益工作的同时，也就为社会、为别人创作了财富”，“自己的正当利益多了，为社会谋取的利益也更多”。此外，他们的经营，可以创造“社会就业机会”，提供“社会商品和服务”，促进“社会生产和消费”，甚至可以实现“社会资本”的“转化”。② 鉴于如上的认识，任仲夷告诫人们，以邓小平提出的“三个有利于”为标准，去衡量各种所有制经济的地位和作用，“再也不要谈‘私’色变了”，只有这样才能思想解放，发展市场经济。

四、“变通”不“变相”，思想解放不等于自由化

倡导解放思想与实事求是的思想路线，是任仲夷在开拓广东改革开放新局面的进程中的一贯主张，他十分强调“要想迈出改革开放的脚步，必须善于变通”，但同时又认为“变通”不是“变相”。

任仲夷在多次讲话中，论及“变通”与“变相”的区别。于1989年1月6日《羊城晚报》发表《“变通”辨》，批驳社会上流行的否定

①张岳琦，李次岩：《任仲夷论丛：第三卷》，广东人民出版社，2000年，第99页。
②张岳琦，李次岩：《任仲夷论丛：第三卷》，广东人民出版社，2000年，第100页。

“变通”论的观点，划清思想解放与自由化的界限。

何谓“变通”？任仲夷引经据典，从《易·系辞下》到《辞海》《现代汉语词典》，一一查证关于“变通”的诠释，① 而后明确地界定：“‘变通’就是依据不同情况，作非原则性的变动”，“在不违反原则的前提下，根据实际情况灵活处理，把事情办通，甚至办得更好”。② 显然，在任仲夷看来，“变通”，便是“从本地实际出发”，因地制宜地灵活地处理问题，而达到把事情办通、办好的目的，但“变”而“通”的前提是“不违反原则”，“不是变相地违反政策”。③ 任仲夷还形象地比喻，“变通”就好比“变压”，地方党委和各部门执行上级政策、指示时，因情况特殊而必须“变通”时，要像“变压器”或“变电站”那样，把上面输送来的电流进行变压，使之适合本单位、本部门的具体需要的电压，使机器正常运转而不致烧坏，但所用的“电”还是中央“总电站”的电，中央政策的精神和原则不能变。④

任仲夷严格地区分了“变通”与“变相”，划清了二者的界限，在改革开放中同时防范不敢“变通”的保守倾向，又防范以“变通”为名行“变相”之实的自由化倾向。他指出：“‘变通’是正道的变，变而通之，越变越好。‘变相’是邪门歪道的变，变而不通，越变越坏。”⑤

为能在实际工作中划清“变通”与“变相”的界线，任仲夷具体指出二者的区别：①“动机不同”。“变通”是出于公心，从全局利益出发，把利国利民的事办好，探索建设经验使国家兴旺、人民富裕；“变相”则出于私心，为一己私利，不惜牺牲全局利益。②“内容不同”。“变通”是在党和国家政策许可范围内，根据当地的实际，作非

---

①张岳琦，李次岩：《任仲夷论丛：第二卷》，广东人民出版社，2000 年，第 224 页。

②关山：《任仲夷谈邓小平与广东改革开放》，见《小平百年诞辰》，2004 年 8 月，第 6 – 14 页。

③张岳琦，李次岩：《任仲夷论丛：第二卷》，广东人民出版社，2000 年，第 225 页。

④关山：《任仲夷谈邓小平与广东改革开放》，见《小平百年诞辰》，2004 年 8 月，第 8 页。

⑤张岳琦，李次岩：《任仲夷论丛：第二卷》，广东人民出版社，2000 年，第 227 页。

原则性的变动，灵活处理而不违反政策；“变相”则是变换手法来抵制党和国家的政策，随心所欲地曲解政策，超越政策许可的范围，“上有政策，下有对策”，搞不正之风。③“方式不同”。“变通”以公开的方式进行，光明磊落，堂堂正正；“变相”则是少数人偷偷摸摸，弄虚作假，巧立名目，欺上瞒下。④“结果不同”。“变通”的结果是使党和国家政策得到更有效的执行，推动改革开放，有利于社会生产发展和国家与人民的整体利益；“变相”的结果则是破坏了政策，干扰政策开放，阻碍社会生产发展，损害国家与人民的利益。①

任仲夷关于区别“变通”与“变相”，以及“变通”不“变相”的正确主张，完全体现其解放思想与实事求是的思想路线中的辩证法思想。任仲夷从方法论的层面上肯定“变通”，“符合实事求是和具体情况具体分析的辩证唯物论原则”，“是执行政策的积极态度，体现了一般与个别相结合的原则”。他认为，中央的方针政策“对全局具有普遍的指导意义”，这是一般性，另一方面“中央的每一项政策对每一个局部的不同情况都做出不同的具体规定”，这就是各地方有着自己的特殊性，因而“需要各地方充分发挥执行的主动性、创造性，把中央的政策与当地的具体情况相结合，制定出适合本地的行之有效的措施和办法”，“使中央政策在各地落到实处”。任仲夷特别强调了“我国地广人多，各地发展很不平衡，情况千差万异”的特殊国情，以及中国处于社会变革的特定的历史环境，“我们的改革事业无先例可循，必然会遇到许多预想不到的新问题，错综复杂”，所以作为“对全局具有普遍的指导意义”的“红头文件”，还需要从本地实际出发，在某些情况下，“因时因地实行灵活变通处理”，让人们“在实践中去探索，去创新”。由此足见，任仲夷坚持了解放思想与实事求是的思想路线，坚持了具体情况具体分析，一般与特殊相统一的辩证法立场。②

①张岳琦，李次岩：《任仲夷论丛：第二卷》，广东人民出版社，2000年，第226－227页。

②张岳琦，李次岩：《任仲夷论丛：第二卷》，广东人民出版社，2000年，第224－228页。

第二节　改革开放中的辩证法

一、改革与开放相互促进

受命中央从北国赴任南粤的任仲夷，肩负着为中国的改革开放闯出新路子的重任。他以辩证唯物论的方法论指导改革开放，又在改革开放的实践中丰富和发展辩证法的内容。他关于改革与开放相互促进的思想，是辩证法在新的历史时期的推进。

改革开放伊始，任仲夷即紧紧把握住“改革”与“开放”二者的辩证关系。他在20世纪80年代初的一些讲话和公开发表的文章里，曾多次提到“开放和改革，二者是互相关联、互相促进的”①，“不改革就不能很好地开放，不开放也搞不好改革”②。他深刻认识到只有改革，才可能开放，而改革必须开放，开放为了促进改革，二者相互依存，相互促进。

在任仲夷看来，中国正处于拨乱反正、加速现代化建设、建设有中国特色的社会主义的伟大转折的历史阶段，改革与开放是搞好经济工作的关键，是促进中国社会发展的必由之路。

一方面，任仲夷强调不开放搞不好改革。从国外的一般经验和广东先行一步的具体经验中，任仲夷清醒地看到，一个国家、一个地区的发展，必须“门户大开，不封锁”，打开国门搞改革，而又因为进行了改革才有可能打开国门。1983年6月28日，任仲夷在中央工作会议的发言中指出：“现代任何一个经济不发达的国家和地区，要想很快地发展

---

①张岳琦，李次岩：《任仲夷论丛：第二卷》，广东人民出版社，2000年，第48、362页。

②张岳琦，李次岩：《任仲夷论丛：第二卷》，广东人民出版社，2000年，第21页。

起来，都必须大量引进外资和外国的技术，这是一个现实。”① 在此之前，他接受《人民日报》记者采访时说道，“当今世界的先进科学技术文化是全人类的财富”，“我们有权利利用这些财富，也有责任增加人类财富”，“特别是在 20 世纪 80 年代的今天，只有扩大这种交流，才能加快我们的建设”。“广东的经验和实践证明，哪里越开放，哪里的经济、文化发展就越快。哪里闭塞，哪里发展就慢些”。② 他又以日本为例，认为日本在世界各国中，“非常善于模仿和学习”，“先是学中国，后来学欧洲，以后又学美国”，所以“经济发展特别快”，许多方面“超过美国”，所以搞现代化建设，进行改革必须开放。他的结论是：世界上越是开放的地区，经济发展越快。③

在任仲夷看来，开放促进改革，不仅要借鉴国外经验，学习国外的先进科学技术，利用外国的技术和智力，同时还必须引进外资，解决建设中亟待解决的资金不足问题。他以中华人民共和国在成立初期迅速崛起的事实为例，形象地说，如果像老太太卖鸡蛋攒钱那样，一点一点地自己积累资金，有多少现钱就办多少事，那么当时的 156 项重点工程不知哪年才能拉起来，可是“我国 50 年代发展得快，原因之一也是利用了来自苏联的外资和技术”。④

鉴于这样的认识，任仲夷在工作中明确提出，“大力引进外资，引进先进技术和设备、引进智力”，并高度肯定，通过对外开放，“有力地推动了技术进步，促进了生产的发展，同时也开阔了人们的视野，冲破了旧观念、老框框，促进了改革”。⑤

在高度充分肯定开放对改革的重要意义的同时，另一方面，任仲夷还强调不改革就不能很好开放。

在任仲夷看来，开放是双向的，既要引进来，又要推出去，而不管

①张岳琦，李次岩：《任仲夷论丛：第二卷》，广东人民出版社，2000 年，第 145 页。
②张岳琦，李次岩：《任仲夷论丛：第二卷》，广东人民出版社，2000 年，第 240 页。
③张岳琦，李次岩：《任仲夷论丛：第二卷》，广东人民出版社，2000 年，第 29 页。
④张岳琦，李次岩：《任仲夷论丛：第二卷》，广东人民出版社，2000 年，第 145 页。
⑤张岳琦，李次岩：《任仲夷论丛：第二卷》，广东人民出版社，2000 年，第 21 – 22 页。

引进来或推出去，都必须以改革旧观念、旧体制、旧做法为前提，否则开放将落不到实处。在广东，任仲夷便抓住了“改革和开放这两件大事”，注重二者彼此的相互促进，以促使广东经济社会发展。

1984 年 5 月 19 日，任仲夷在六届全国人大二次会议审议政府工作报告的发言中，把广东的改革概括为“八个方面”：机构改革、推行经济责任制、下放权力、发展多种经济形式、建立跨地区经济网络、解决政企不分、贯彻按劳分配和物质利益原则、克服官僚主义和官商作风；把广东的开放概括为“三进三出”：引进外资、引进先进技术和设备、引进智力，商品出品、劳务出口和“风景出口”（即办旅游业）①。在任仲夷看来，“三进”与“三出”互动，而“三进三出”与大改革的“八个方面”也互动。他不仅看到开放对改革的促进，而且十分重视改革对开放的作用。在许多讲话中，任仲夷都以实例说明改革直接关系着开放，如在对外贸易方面，广东虽有优越条件，但未能做出更大的成绩，是因为原来的“方针、政策有问题”“办事手续多”“审批慢”，党的十一届三中全会以来，中央出台了新政策，“权力下放了”“减少层次环节”“简化手续”，人们观念改变，“练就真功夫，学会做生意”，这种种政策创造出经济开放的大好氛围。

任仲夷特别强调政策和体制对开放的影响。1983 年 6 月 8 日，任仲夷在中央工作会议上发言强调，必须“采取有力的政策，吸引更多的外来资金，特别是吸收更多的华侨和港澳的投资，使技术交流更方便些，使我们的技术人员、企业管理者更多地接触外界”。但同时，他又以某些小事例说明，在当时由于我们的一些政策跟不上，而影响了华侨的捐资和捐赠，毫不客气地指出，“人家自己送一些设备、物资给自己的家乡，也要收重税，手续很麻烦，弄得华侨很反感，只好不送”②。显然，任仲夷是告诫人们，开放可以促进改革，但原有的造成封闭状态的一切条条框框如果不改革，开放又如何进行得了？改革与开放确实是

①张岳琦，李次岩：《任仲夷论丛：第二卷》，广东人民出版社，2000 年，第 21 – 22 页。

②张岳琦，李次岩：《任仲夷论丛：第二卷》，广东人民出版社，2000 年，第 145 页。

你离不了我，我离不了你，中国的建设，“改革”与“开放”两件事同时是“关键”。

二、灵活措施与集中统一，放而不乱

广东先行一步，为全国的改革开放探路。为让广东先行一步，中央在广东“实行特殊政策，灵活措施”，然而在实施过程中出现了一些负面影响，面对这一切，任仲夷坚持马克思主义唯物辩证法立场。

任仲夷明确提出，“在强调集中统一和行政干预的同时，继续强调把经济搞活，把两者结合起来”①。正因为以任仲夷为首的广东的领导班子，充分认清了“搞活”与“集中”之间统一的辩证关系，带领广大人民群众，在得到中央放权之后，把广东经济搞活，而且能活而不乱。

任仲夷十分理解中央政策的内容和实质。他意识到，特殊政策、灵活措施的主要内容应该是财政和外汇包干、省内计划的编制“以地方为主”，试办特区、对外经济活动的审批权比较大。② 同样，他还十分清楚，“特殊政策、灵活措施归根到底，不外是‘对外开放，对内放宽，对下放权’”。③ 在 1982 年 4 月 1 日广东省三级干部会的总结报告中，任仲夷强调，1979 年 7 月中央的有关文件明确提到，对广东的特殊政策和灵活措施是“给地方以更多的主动权，使之发挥优越条件，抓紧当前有利的国际形势，先行一步，把经济尽快搞上去”，“闯出一条道路”④。

在任仲夷看来，灵活措施与集中统一虽对立但必须统一，“集中”与“搞活”虽对立但必须统一。

例如广东省在实施“灵活措施”之后，虽然经济搞活了，但同时

---

①张岳琦，李次岩：《任仲夷论丛：第二卷》，广东人民出版社，2000 年，第 157 页。
②张岳琦，李次岩：《任仲夷论丛：第二卷》，广东人民出版社，2000 年，第 68 页。
③张岳琦，李次岩：《任仲夷论丛：第二卷》，广东人民出版社，2000 年，第 75 页。
④张岳琦，李次岩：《任仲夷论丛：第二卷》，广东人民出版社，2000 年，第 68 – 69 页。

也出现了一些负面效应，“有不少严重的问题”，如经济上的违法犯罪活动猖獗，经济工作中的散、乱倾向，以及社会风气受到腐朽意识形态的污染等等。任仲夷敏锐地捕捉到这一新动向，并从过去“一统就死，一死就叫，一叫就放，一放就乱，一乱就统，统了又死”的“恶性循环”的现象中汲取教训，提出“管而不死，活而不乱的经验”①，在“管”与“死”、“活”与“乱”的辩证关系上做文章。

“集中”与“搞活”统一，是任仲夷的明确观念。他主张既不要一统就死，也不要一活就乱。也就是说，“不要统得过细、过严、过死”，又要加强全局观念，服从必要的指挥。② 在任仲夷看来，多年来，我们经济工作的弊病是统得太死，因而他强调要克服“权力过分集中的官僚主义”，但他又认为，搞活不是不要集中，因而强调“该集中的要集中，该搞活的还要继续搞活”③。集中与搞活的这种关系体现在具体问题的处理中，例如在基本建设中，对于建设的规模和投资方面的控制，必须集中统一，至于具体基本建设企业，则应把自己的工作做得活一些；对“重要物资”，强调必须执行统一的调拨计划，至于完成调拨任务之后，还应该允许某种灵活，等等。任仲夷反复强调，“在广东实行特殊政策和灵活措施，增大地方的权力”，但同时“省要服从国家的集中统一指挥”,④ 当然，“强调集中统一，并不是什么都要集中，把什么都搞得死死的”，“所以，我们在干部中一方面要强调集中统一，同时还要继续把经济搞活”⑤，只有把灵活措施与集中统一结合，才可能有利于社会生产的发展。

---

①张岳琦，李次岩：《任仲夷论丛：第二卷》，广东人民出版社，2000 年，第 80 页。

②张岳琦，李次岩：《任仲夷论丛：第二卷》，广东人民出版社，2000 年，第 168 页。

③张岳琦，李次岩：《任仲夷论丛：第二卷》，广东人民出版社，2000 年，第 158 页。

④张岳琦，李次岩：《任仲夷论丛：第二卷》，广东人民出版社，2000 年，第 164 – 165 页。

⑤张岳琦，李次岩：《任仲夷论丛：第二卷》，广东人民出版社，2000 年，第 167 页。

三、发展与调整有机结合，调整是为了发展

在改革开放先行一步进程中，出现各种各样前所未有的问题，任仲夷都能自如地运用辩证法进行解决，善于把发展与调整有机地结合，便是其中的突出例子。

在20世纪80年代初，针对改革开放中出现的问题，中央提出“调整”之时，任仲夷明确主张“我们应当坚持退中有进”的看法，深刻揭示了在社会发展的进程中，在改革开放的进程中，进与退，发展与调整的辩证关系，明示了调整最终是为了发展的宗旨。

任仲夷正是透过对“调整”宗旨的把握，而确立了“退中有进”的思想。任仲夷完全领悟到中央对广东工作提出“调整”的要求，恰恰是“为了克服经济工作中的混乱现象”，为了“加强各方面的管理和监督”，即“调整原有不适当的规定和办法”，“限制那些过头的有害的做法”，而“绝不是限制正当的搞活经济”。① 具体而言，“调整”是“要把经济比例调整好”，“把收入和支出搞平衡”，协调“经济工作中各种因素的相互关系”，“克服急于求成，欲速不达的做法”，坚决制止“乱砍滥伐森林、随便提高物价、走私和投机倒把等”。② 在任仲夷看来，只有通过“调整”，才可能真正“执行特殊政策、灵活措施”，“做到特殊政策真特殊，灵活措施真灵活，先走一步真先走”。③

建立在如上认识的基础上，任仲夷明确提出进和退是统一的，把“退够”与“前进”统一起来，在退中前进。任仲夷指出，在调整中，“为了退够”，“对许多企业实行关停并转”，这是问题的一面，在这“退”的同时，另一面就是“广开生产门路、广开就业门路、广开学路、广开财路”，大力发展各种事业④。在1981年5月15日的一个讲

①张岳琦，李次岩：《任仲夷论丛：第二卷》，广东人民出版社，2000年，第302页。

②张岳琦，李次岩：《任仲夷论丛：第二卷》，广东人民出版社，2000年，第165－166页。

③张岳琦，李次岩：《任仲夷论丛：第二卷》，广东人民出版社，2000年，第167页。

④张岳琦，李次岩：《任仲夷论丛：第二卷》，广东人民出版社，2000年，第163页。

话中，任仲夷阐述了“关于进与退”的问题，指出“在调整中应有退有进”，一方面“该退的要退够”，但另一方面“从整个国民经济来讲应当是进的”，“特别是生产上应该前进”，“讲‘退够’是指某些特定的方面”，他批评在调整中出现的“把退和进等同起来或把退当成主要”的错误倾向，并疾呼：“强调调整，决不意味着改革的停顿，而是要以调整为中心，使调整与改革相辅而行”。① 在1981年7月26日广东省委四届四次会议的总结讲话中，任仲夷坚定不移地主张，“根据广东的实际情况，我们的经济在调整中也应有一定的增长速度”②，这集中体现了其在调整中发展的唯物辩证方法论。

四、政府调控与市场调节结合，两只手的作用互补

在经济改革中，任仲夷顺应历史发展潮流，主张政府调控与市场调节相结合，同时发挥有形的手和无形的手的作用，高度重视这两种作用的互补关系。

经济发展必须遵循价值规律，这样实行市场调节，被称作无形之手。二次世界大战以来，为避免价值规律自发调节所带来的盲目性，西方经济学家凯恩斯提出了政府宏观调控的对策，这种宏观调控，被称作有形的手。中国在改革开放前，实行计划经济体制，采用的便是政府调控的办法，也就是说对经济发展实行单一只手的操作。改革开放，是对实施了几十年的计划经济的有力挑战；改革开放加强了对市场经济的培育和发展，使人们无法忽视价值规律对经济发展的调节作用。如何正确面对这两只手的互补作用，便是对领导干部的辩证唯物论方法论的检验。

任仲夷曾在《羊城晚报》（1994年12月27日）上发文，全面地总结了建立和健全社会主义市场经济的经验，阐述了政府调控和市场调控二者的关系与作用。文章题目一目了然：任仲夷说“搞社会主义市场

①张岳琦，李次岩：《任仲夷论丛：第二卷》，广东人民出版社，2000年，第178页。
②张岳琦，李次岩：《任仲夷论丛：第二卷》，广东人民出版社，2000年，第180页。

经济必须重视和发挥‘两只手’的作用”。文章开宗明义：“搞社会主义市场经济，必须同时重视两只手的作用，一只手是国家管理、行政干预这只‘看得见的手’，一只手是市场这只‘看不见的手’。正确运用‘看得见的手’，为的是更好发挥‘看不见的手’的作用。”①

任仲夷对“两只手”进行具体的界定，并从理论层面上明析了二者的不同性质和作用。

在任仲夷看来，“看得见的手”，也就是“有形之手”，也就是“计划管理、宏观调控、行政干预等的手段”，“是人们主观意志和行为的体现”；而“看不见的手”，是“无形之手”，它是“客观规律的必然作用”。前者“属主观因素”，而后者“属客观因素”。他指出计划调控、行政干预这类“人的主观行为”“可以有多种做法”，但“不能脱离或违背‘看不见的手’的要求”，如果人的主观行为符合了客观因素的要求，那么它的作用是“积极的”，“推动生产力发展”；否则会起“相反的作用”——“阻碍生产力的发展”。②

显然，任仲夷从哲学方法论的高度对“两只手”进行界定，并坚持辩证唯物论的立场，揭示“两只手”的关系，从主观与客观、积极与消极的辩证关系上把握二者的性质和作用，并强调在社会生活中，在改革开放中，人可以有所作为，但主观必须服从客观，客观规律是不可抗拒的。他指出“看不见的手”作为客观规律，是客观存在，“只要有市场经济这个条件，就一定会或急或缓地以各种形式体现出来”，不以人的主观意志而转移，“人们既不能创造它，也不能消灭它”，只能顺应它，“利用它”。“你想不让它发生作用，是不可能的，主观意志违背客观规律总是不行的。”③

任仲夷在分析“两只手”的相互关系时，深刻指出二者是有主次的、相互制约的作用。他明确地说，“两只手”的关系，首先，“是有

①张岳琦，李次岩：《任仲夷论丛：第三卷》，广东人民出版社，2000 年，第 167 页。

②张岳琦，李次岩：《任仲夷论丛：第三卷》，广东人民出版社，2000 年，第 167－168 页。

③张岳琦，李次岩：《任仲夷论丛：第三卷》，广东人民出版社，2000 年，第 168、170 页。

机的结合，离开哪只手都会有问题"，特别是在由计划经济向市场经济过渡时期二者的结合尤显得重要，但是，二者"绝不是平起平坐"，其作用有主次之分，"无形之手"是"基础"，起决定性的作用，"有形之手"必须"适应它的要求"。① 也就是告诉人们两只手所构成的矛盾双方，"无形的手"是矛盾的主导方面，起着决定的主导作用。

为了同时发挥"两只手"的作用，任仲夷要求人们善于处理二者的关系，掌握好二者之间的"度"，自觉做到无过无不及。他指出，"无形之手"是"自发作用"，有时不得不"用'有形之手'去限制'无形之手'的作用"，但这种"限制"，必须"按照'无形之手'本身的特点和规律来进行"，"掌握一定的力度"，既不能"过轻"，也不能"过重"，"轻"了解决不了作用，"重"了会起"反面作用"，"消极作用更大"。这里任仲夷提出了处理二者关系必须把握的一个"度"："既控制消极作用又不过分压抑经济发展"。当然，任仲夷也深知，从理论上认识两只手的关系"容易"，但在实际工作中真正做到把握二者之间的"度"是"极不容易"的，但他强调，无论多不容易，我们必须"在实践中努力去学习"、去处理、去把握，"别无选择"。②

对必须处理好"两只手"关系的认识，任仲夷是从历史与现实的经验与教训的总结中所进行的理论升华。他多次谈到，从历史上看，1958 年的"大跃进"、刮"共产风"，不顾当时的生产力发展水平，脱离实际而致使国民经济濒临崩溃，由于违背客观规律而受到狠狠的"惩罚"；从现实看，在改革开放中出现的问题，如通货膨胀，运用各种行政手段和经济手段来"压抑"，当然必然，但通货膨胀是"十分复杂的现象，必须深入研究并顺着它本身的规律去加以解决"。任仲夷特别指出，在经济生活中经济出现的"一放就乱，一乱就收，一收就死"的现象，"关键还是这'两只手'的关系处理不好"，"忽视了行政干预

①②张岳琦，李次岩：《任仲夷论丛：第三卷》，广东人民出版社，2000 年，第 170 页。

手段必须建立在市场规律这个基础上”。①

理论从实践中来，又必须服务于实践。任仲夷揭示“两只手”的辩证关系，目的在于将“两只手”“有机地结合起来”，以促进改革开放。他主张，一方面要“彻底转换观念”，“摒弃传统计划经济体制下长期形成的习惯势力的束缚”，时时记住“必须尊重和发挥‘看不见的手’的作用”，“充分考虑市场经济规律的要求”；另一方面，同时“运用‘看得见的手’”，“政府由直接管理为主转为间接管理为主，由微观管理为主转为宏观管理为主”。也就说，国家运用“看得见的手”，“主要以经济政策、经济法规、指导性计划为手段，配合以必要的行政手段”，而这些手段“都以市场为基础”，“不能背离经济发展规律”，政府管理企业“主要通过市场这只‘看不见的手’”，以它作为“连接政府与企业的桥梁”，而不是由政府直接插手企业的生产经营活动。②

任仲夷对“两只手”的辩证关系的入微而深刻的分析，充分体现了他在建立市场经济的改革过程中，对辩证法思想的具体运用，体现了其运用马克思主义方法论达到了炉火纯青的境界。

五、排污不排外，开放中把握“借鉴”与“拒腐败”的关系

如果说，“两只手”互补的把握，是任仲夷在改革中运用辩证法的较高境界的体现，那么，其首创的“排污不排外”，则是他在开放中运用辩证法的最高体现。

1982 年任仲夷提出“排污不排外”的口号。他一方面坚定不移地认定“我们一定要开展、执行对外开放政策”；另一方面又清醒地看到开放在产生积极的正面效应的同时，也存在着负面的影响。

---

①张岳琦，李次岩：《任仲夷论丛：第三卷》，广东人民出版社，2000 年，第 170－172 页。

②张岳琦，李次岩：《任仲夷论丛：第三卷》，广东人民出版社，2000 年，第 172－173 页。

同年12月8日，任仲夷接受《人民日报》记者采访时，明确表示“人类的经济文化就是在对外交流中才更好地繁荣发展起来的”。① 他以中国为例，唐朝有一段经济文化都很繁荣的时期，“被称为盛唐，那时正是对外交流最发达的时期”，印度文化、中东文化与欧洲文化传到中国来，而中国文化也传到外国去；以日本为例，日本“是一个善于吸取外来文化的民族”，古代受中国汉唐文化影响很大，明治维新后吸取西方文化，而在第二次世界大战之后则大量引进世界的先进科学技术，故能在战后迅速崛起。任仲夷看到开放是国家繁荣发展的历史必然，指出“我们没有理由再闭关自守，不充分利用开放的有利条件”，但同时“大家不仅看到好的一面，还要看到不足的一面”，也就是在开放中可能带来“外来的侵略和资本主义的腐朽思想”②。

任仲夷深刻揭示了开放的利与弊，正面的、积极的作用与负面的、消极的作用的辩证关系，告诫人们面对如此相依相存的利与弊的事物，则既要取其正面的作用，又要避其负面作用，应采取积极的对策是——“有所引进，有所抵制”。具体便是：“对外国的资金、技术、先进的管理经验，我们要引进；但对资本主义的腐朽思想，我们要抵制。”③ 也就是说，要打开国门搞建设，自觉地吸取国外先进的文化成果，但必须有所抵制，不是毫不抵制地“敞开地进”，搞“自由化”。④

开放的同时，必须排污，而排污并不是排外，这是任仲夷在贯彻开放政策时的明确立场和原则。为真正做到“排污不排外”，任仲夷提出“不盲目排外，要自觉排污”，着眼在“自觉”，在开放中，“必须正确鉴别好与坏，是与非”，而后采取不同态度：一是对“好”的、“有益的”东西肯定要“吸收”，二是对“坏”的、“反动腐朽”的东西则

---

①张岳琦，李次岩：《任仲夷论丛：第二卷》，广东人民出版社，2000年，第239－240页。

②张岳琦，李次岩：《任仲夷论丛：第二卷》，广东人民出版社，2000年，第241－240页。

③张岳琦，李次岩：《任仲夷论丛：第二卷》，广东人民出版社，2000年，第242页。

④张岳琦，李次岩：《任仲夷论丛：第二卷》，广东人民出版社，2000年，第243页。

"要坚决抵制、取缔"，三是对"无害"的东西可以"容许"。①这样实事求是地经过辨别和区别地处理外来的东西，"排污不排外"原则才可以落到实处。

"排污不排外"的口号，曾在社会上引起争议，坚持唯物辩证立场的任仲夷，旗帜鲜明地说，"这个口号是立足于开放，是积极的。"其实质是："应该引进的要引进，应该借鉴学习的要借鉴学习，不能排外"，"凡是对我们有害的东西，要坚持地排"。他批驳了反对者对这一口号提出所谓"消极""不适用"等的非议，理直气壮地要坚持这个口号，反诘"为什么要'犹抱琵琶半遮面'，羞羞答答的呢?"任仲夷还高度肯定了这一口号对广东所起的作用，认为那是不可低估的。②

第三节　社会生活中的辩证法

一、社会生活多样化与多层次，处事切忌"一刀切"

任仲夷的唯物辩证思想方法，不仅体现在他所领导的广东改革开放的社会实践中，而且贯穿于他的生活和工作的方方面面，在社会生活中的点点滴滴无不闪烁着他那辩证法的思想光芒。

两极对立的简单化的形而上学的思想方法，无疑是社会生活中贯彻辩证法的大敌。任仲夷正是从这根本上抓住了问题的症结，明确地提出社会文化生活是多样化和多层次的，不能"再像过去那样，对某一事物的认识，往往由某个领导人'一锤定音'，要求大家在同一时期对同一事物都只能说'好'，或说'不好'"，"不能搞'一刀切'"，"绝对

①张岳琦，李次岩：《任仲夷论丛：第二卷》，广东人民出版社，2000 年，第 242 页。
②张岳琦，李次岩：《任仲夷论丛：第二卷》，广东人民出版社，2000 年，第 243 页。

化”，“简单化”。①

任仲夷深刻认识到，“社会生活是复杂”②，并从两个方面进行分析：一是许多事物同时存在，对不同事物应有不同的认识；二是每一事物内有不同的层次，对其应该分层次。“具体问题具体分析”是唯物辩证法的活的灵魂，也是任仲夷辩证方法论的灵魂。

1988年6月10日《羊城晚报》发表了《社会生活多样化与多层次：任仲夷同志一席谈》，集中反映了任仲夷揭示社会生活的多样性与坚持具体问题具体分析，反对简单化的清晰思想。他通过生活的事例，形象生动地阐述这一深刻哲理。他以文艺作品为例：1987年在北京出席全国人大会议期间，代表们看了《芙蓉镇》后，对一部电影就有“截然不同的反应”。他以消费为例：生活消费有不同的层次，“收入高的人就需要一些高中档商品，收入低的更多是需要低档商品，不能一个样”。他认为社会生活的多元性存在的原因，一方面是由于客观事物本身存在多样性和多层次性，就文学艺术而言，有“古典的、现代的、中国的、外国的、严肃的、通俗的、深的、浅的”，“阳春白雪”与“下里巴人”都有。另一方面，由于“人们的出身经历、文化科学知识、思想理论水平、看问题的角度和兴趣爱好等因素都不尽相同”，因而“对不同的事物有不同的认识，是很自然的”。③

正是出于对事物多元性的深刻认识，任仲夷强调“身居领导地位的人”，在工作上不可充当“裁判”和“法官”，而要允许不同意见的存在，不搞简单化。他指出，“真理与谬误、美与丑、好与坏都是有一定客观标准的”，但“并不能要求人们对每一个事物的认识都那么一致”，“好比吃饭，众口难调”，你以为好的饭菜，我也承认，但不一定合我的胃口，不能要求“人人都是一个口味”。以对音乐的欣赏为例，对现代的流行音乐和通俗唱法，不是不好，但有人可能更爱听一些民族

①张岳琦，李次岩：《任仲夷论丛：第二卷》，广东人民出版社，2000年，第363、364、366页。

②张岳琦，李次岩：《任仲夷论丛：第二卷》，广东人民出版社，2000年，第366页。

③张岳琦，李次岩：《任仲夷论丛：第一卷》，广东人民出版社，2000年，第363－365页。

的、幽雅的、古典的，如《洪湖水，浪打浪》《春江花月夜》《步步高》《蓝色的多瑙河》等中外名典，作为领导者“绝不能根据个人的兴趣和爱好去作结论，说什么好，什么不好”。①

任仲夷进一步针对过去报纸刊物文章千篇一律，处理问题绝对化，“一刀切”，提到什么就一哄而起，一边倒的情况，他认为，过去的实践已经证明，这样简单化“是行不通的”，要改变这种状况，“要从两方面去努力：下面要敢于创造，敢于突破；领导者则要敢于支持这种勇于开拓和创新的人”。任仲夷欣慰地看到“在改革开放中，人们的思想异常活跃，这是件好事，是合乎历史发展规律的”②。

二、全局与局部统一，国家、集体与个人兼顾

事物是多层面的，就社会而言，可以分为三个层次：国家、集体和个人。任仲夷运用这一辩证法观点于社会生活，而提出国家、集体与个人兼顾的原则，追求全局与局部相统一的和谐境界。

早在20世纪70年代末，任仲夷在辽宁任职期间，他就多次明确提出“国家、集体、个人三者利益要兼顾”，坚决反对“只顾一头”③。他具体诠释说：“党的政策是兼顾国家、集体和个人三者利益的，在保障国家利益的同时，不仅应当让集体和个人富，而且要积极帮助他们富起来。”④

任仲夷清楚地看到国家、集体与个人三者利益的一致性，并认定如不重视其一致性，必然导致国家利益受损、社会生产发展受阻。他指出，在现实生活中，有的同志怕国家吃亏，只考虑国家利益，而忽略了老百姓的利益，“结果往往是国家利益受损失”。以“收购”为例，他认为收购时扣了水分，销给农民则不扣，只考虑一头，结果农民“吃

①张岳琦，李次岩：《任仲夷论丛：第一卷》，广东人民出版社，2000年，第364页。

②张岳琦，李次岩：《任仲夷论丛：第一卷》，广东人民出版社，2000年，第263－265页。

③张岳琦，李次岩：《任仲夷论丛：第一卷》，广东人民出版社，2000年，第211页。

④张岳琦，李次岩：《任仲夷论丛：第一卷》，广东人民出版社，2000年，第216页。

了亏”，而国家利益“肯定要受损失”，用意虽“好”，“结果适得其反”。任仲夷以生动的事例，说明了国家、集体与个人三者，彼此制约、相互兼容，相依相存，统一为一体，不可分割。

在广东改革开放中，任仲夷坚持国家、集体与个人兼顾的原则指导实践，努力处理好局部与全局的关系，在反对只顾国家利益、不顾集体与个人利益的同时，反对本位主义不顾全局的倾向。

1981 年 3 月 16 日，任仲夷在广东省对外经济工作会议的讲话中指出，“要合理地照顾地方、企业（基层）和个人的利益，做到国家、集体、个人三者利益兼顾”。这便是说，不能只考虑国家利益，而忽略基层的和个人的利益。任仲夷进而指出，只有兼顾了基层和个人利益，国家利益才可有保障，譬如，在外交工作中，“必须实行减税、让利的调价”，“舍得减，舍得让，舍得调”，从一时一事来看，“外贸、财政方面好像少极了”，但由于政策的优惠，带来了“生产和出口的发展”，“最后算总账还是会多收”，成倍地增长，所以“你要多得，你也必须让下边多得”。① 这便是国家、集体与个人的利益相得益彰的辩证关系。

同时反对两种错误倾向，是任仲夷一贯的工作作风，他在反对只能顾国家的一头的倾向的同时，他也反对只顾企业与个人而不顾国家另一头。1981 年 5 月 18 日任仲夷关于特区建设和对外经济工作的讲话，明确地反对本位主义。他主张“顾全大局，大公无私”，而“反对本位主义，反对门户之见”，也就是“反对为了个人和本单位利益而牺牲他人、外单位和国家利益”，建议抓住这方面的“坏典型”，“进而严肃地批判和处理”，同时“要发现和表扬这方面的好典型”②，真正把兼顾国家、集体和个人三者利益落到实处。

三、“先富”带“后富”，共同富裕但不“齐步走”

在社会生活中，任仲夷紧紧抓住社会经济利益这一关系着社会是否

①张岳琦，李次岩：《任仲夷论丛：第二卷》，广东人民出版社，2000 年，第 120 页。

②张岳琦，李次岩：《任仲夷论丛：第二卷》，广东人民出版社，2000 年，第 134 页。

和谐协调的根本问题，通过问题的辩证分析和处理以促进改革开放。他在强调国家、集体和个人三者兼顾的大原则下，对集体与个人的富裕问题进行了深入的探讨，辩证地阐述了“富”的历史必然，以及通过“先富”与“后富”的辩证运动而最终达到“共同富裕”的目的，真诚地拥护和贯彻党中央提出的“让一部分人先富起来”的政策。

任仲夷明确认为，“革命的目的就是为了由穷变富”，贫困不是社会主义。早在20世纪70年代初拨乱反正之时，任仲夷首先要清除“富则修”“越穷越好”“越穷越革命”“谈富色变”的“左”的思想。①他理直气壮地说：“革命是为了解放生产力，使劳动者在政治上由奴隶变成主人，在经济上由贫穷达到富裕。”他强调“使人民富起来”是符合马列主义、毛泽东思想和党的政策，因而“任何怀疑、犹豫都是不必要的”②。

在改革开放的进程中，任仲夷在多次讲话中重申了革命的目的，进一步清算“左”的流毒和影响。他反复强调，“我们的革命的目的是什么？革命的第一步是要劳动人民由奴隶变成主人，第二步就是让劳动人民由穷人变成富人”，“社会主义制度允许人们通过劳动达到富裕，并为劳动致富创造了条件”，他大声疾呼：“农民靠辛勤劳动致富是件大好事，不能泼冷水！”③ 任仲夷努力划清“富≠修”“穷≠社会主义”的界限，为人们破除了“越穷越革命”“富则修”的错误观念，进而探索了社会通向“富裕”的共同途径。一要共同富裕，但不可能“齐步走”，而是一部分人“先富”，以“先富”带“后富”。在1984年9月26日广东省优秀专业户表彰大会上的讲话中，任仲夷明确地说：“我们讲富裕，不是少数人富裕，而是共同富裕，但不是说同一天富，不是同时富，不是齐步走。”④ 他进而分析不可能“齐步走”的原因是“主观

①张岳琦，李次岩：《任仲夷论丛：第一卷》，广东人民出版社，2000年，第212－214页。

②张岳琦，李次岩：《任仲夷论丛：第一卷》，广东人民出版社，2000年，第216页。

③张岳琦，李次岩：《任仲夷论丛：第二卷》，广东人民出版社，2000年，第468－469页。

④张岳琦，李次岩：《任仲夷论丛：第二卷》，广东人民出版社，2000年，第472页。

条件和客观条件不同”。就客观条件而言，各地区的自然条件、经济发展水平不同；就主观条件而言，有的人特别的“勤”和“俭”，他们比别人“起得早，睡得晚，干活多，不怕脏，不怕累”，不讲究生活享受，又有某种专长。[①] 正因为这样，“要使他们同一时富，不可能。让一部分农民先富起来，不但可能，而且是不可避免的。”[②]

一部分人“先富”会不会出现“两极分化”？任仲夷辩证地分析了“富”的先与后关系，认为一部分人“先富”不仅不会两极分化，而且有利于促进共同富裕。首先，任仲夷界定了“两极分化”。他指出，“两极分化”是指“少数人成了地主、资本家，不劳而获，剥削他人，而大多数人则越来越赤贫，不得不受人剥削”，而现在不仅是在农村还是城市都不存在这种情况。进而，任仲夷揭示了“先富”者的本质属性。他指出，“先富”者“都是靠劳动致富的”，而不是剥削者，“他们是比较出色的劳动者”，是“先进生产力的代表”，是“经济改革的积极分子”。[③]再次，任仲夷明确提出先富与后富的区别，揭示先富对共同富裕的作用。他指出，“在我们社会主义国家，先富后富，只是早晚的区别，富裕程度的不同，不是一部分人剥削另一部分人，不会发生两极分化”，而恰恰是由于一部分人先富了，他们“可以启发”更多的人“走上富裕之路”，他们的先富“可以起示范作用”，特别是他们的“先富”促进了经济的“尽快发展”[④]，使国家和集体“更有力量”去“帮助那些需要照顾的人”[⑤]。

任仲夷深刻揭示先富与后富的辩证关系，并以之指导实践，又从实践中验证其辩证法的思想路线。他的结论是：“实践证明，要使所有的人都同等程度地、非常平均地同时富裕起来，是不可能的；只能程度不同地、有先有后地富起来。过去‘左’的政策使大家一起穷，现在的

①张岳琦，李次岩：《任仲夷论丛：第二卷》，广东人民出版社，2000 年，第 468 页。

②④张岳琦，李次岩：《任仲夷论丛：第二卷》，广东人民出版社，2000 年，第 472 页。

③张岳琦，李次岩：《任仲夷论丛：第二卷》，广东人民出版社，2000 年，第 471 – 472 页。

⑤张岳琦，李次岩：《任仲夷论丛：第二卷》，广东人民出版社，2000 年，第 471 页。

正确政策正在引导全体人民陆续地过上越来越富裕的日子”。① 这其中的非“同等程度”与“平均”，以及“程度不同地”“有先有后地”“陆续地”等，在这些分析的字里行间，处处闪烁着任仲夷辩证思维的光芒。

四、人与自然协调，现代化不可忽略环境

人与自然协调发展，是树立和落实科学发展观的一个重要议题，也曾是任仲夷当年所关注的问题，在现代化建设中不忽略自然环境的保护，同样是他的辩证思维的体现。

无数的自然灾害告诉我们，如果人类为了眼前的利益而无节制地破坏环境，必然会丧失赖以生存的自然基础，使发展最终失去意义。任仲夷深知发展与环境、人与自然之间的辩证统一关系，于是他明确指出“要改造自然”，“必须注意利用自然”，也就是说要“遵循自然规律”，“在顺乎自然规律的基础上，才能改造自然”。② 他认为在实现四个现代化的同时，万万不可忽略对环境的治理和保护，经济的发展不能以破坏生态环境为代价，他在任期间多次呼吁要发动全省人民，植树造林，绿化广东。

在处理人与环境的辩证关系时，任仲夷着重抓着山区建设和城市建设问题，提出了具体的要求。

在山区建设方面，任仲夷强调在“把山区优势很好利用起来”，“切实搞好山区建设”时，强调要切实肃清“左”的影响，“保护林木”，制止“乱砍滥伐”，“加快植树造林的进度”，以维系和营造良好的大自然环境，深刻揭示保护自然环境与发展经济的辩证关系。他在1981年多次讲话中指出目前广东省山林乱砍滥伐情况非常严重，“光山秃岭”“红土裸露”、长期水土流失、旱涝灾害增多。鉴于此种情况，任仲夷认为当务之急，一是要“坚决制止继续乱砍滥伐”，“对此不能

①张岳琦，李次岩：《任仲夷论丛：第二卷》，广东人民出版社，2000年，第471页。
②张岳琦，李次岩：《任仲夷论丛：第二卷》，广东人民出版社，2000年，第476页。

动摇”，“不能手软”；二是要“大力植树造林和封山育林”。① 在山林乱砍滥伐的问题上，任仲夷一针见血地指出要从根本上制止这种行为，要把很多问题联系起来分析，一起解决，因为乱砍滥伐的背后可能涉及“山林所有权的问题，山区人民的粮食问题，烧柴问题，供应问题，木林价格问题和管理问题”，只有把这些政策问题解决了，农民不仅不会乱砍树，还会爱树如命。② 任仲夷进一步提出，从长远来讲，“山区要富，就得种树，而且现在就得动手”③，提高广大农民对林业的认识，任仲夷希望各级领导要大力宣传那些重视林业、靠植树造林致富的好典型，比如连山县、德庆县。他指出，“林业的收入，绝不限于卖木材这一项”，更重要的是搞好两个综合利用，一是搞好“木材综合利用”，二是搞好“森林资源的综合利用”。④可见，在山区建设中所体现的任仲夷关于人与自然协调的辩证思想，不仅停留在理论的层面，而且落实到实践的层面。

对于城市建设问题，任仲夷提出“城市问题不要只重建设，不重管理”的建设理念⑤。深圳是改革开放的试点和窗口，任仲夷在1999年一次会议上对深圳在城市规划和城市建设与管理方面工作表示了肯定，但同时也提出了两点注意问题，一是“城市建设容易，管好难”，二是“城市问题治标容易，治本难”⑥。这两点建议对广东其他城市和地区的发展也同时适用。任仲夷即使在病休期间也在关注着广东省的城市管理问题，1984年他在与广州市市长叶选平等同志谈话时，集中反映了一些“细小、零碎、常常被人忽视的”但却“应当引起大家重视”的有关城市管理方面的问题，并提出了具体的应对措施⑦。比如，通过建立立交交叉桥梁和通道，解决广州地面交通拥挤问题；通过联合有关

---

①张岳琦，李次岩：《任仲夷论丛：第二卷》，广东人民出版社，2000年，第454－455页。

②⑤⑥张岳琦，李次岩：《任仲夷论丛：第二卷》，广东人民出版社，2000年，第441页。

③张岳琦，李次岩：《任仲夷论丛：第二卷》，广东人民出版社，2000年，第449页。

④张岳琦，李次岩：《任仲夷论丛：第三卷》，广东人民出版社，2000年，第456页。

⑦张岳琦，李次岩：《任仲夷论丛：第三卷》，广东人民出版社，2000年，第426页。

省加大管理惩治力度，解决“外地盲流到广州乞讨”问题[①]。

为了更好地营造一个投资发展的环境，促进人与自然的和谐共处，任仲夷非常重视城市卫生工作，他认为“城镇卫生工作，在一定意义上讲，是城镇整个管理水平的综合表现”[②]，并把城市卫生工作提到了“建设社会主义精神文明的重要内容”的政治高度来开展[③]，强调“‘五讲四美’要以搞好卫生工作，特别是城市卫生工作为突破口”[④]。任仲夷提出做好城市卫生工作，要从以下三方面着手。

一是认真学习和总结全国各省市的好经验。任仲夷多次就加强城市卫生管理工作问题给省市主管卫生工作的领导部门写信，要求要认真学习省外的优秀经验，也要“积极推广广东省的好经验”[⑤]，希望“让城镇卫生工作先进经验在全省开花结果”，“为建设一个繁荣、文明、现代化的广东”，“为进一步搞好社会物质文明和精神文明建设”作出应有的贡献[⑥]。

二是“使城市卫生管理工作实现经常化、制度化”。实践经验证明，“采取人海战术，突击一时的办法搞卫生是不行的”，是“治标不治本”“自欺欺人”的方法。我们应该建立“一套科学严格的管理制度”，持之以恒，“使讲究卫生成为全市人人遵守的良好习惯和道德风尚”。比如可以充分发挥报纸、电视等媒体的舆论监督作用，将“城市的‘脏、乱、差’和损害城市建设的不良现象予以曝光”，这样的形式深受群众的拥护，“作用比较明显”，“今后应继续下去”。但“更重要的是从管理制度上解决问题”，城市卫生管理部门要“把管理工作跟上去”，加强监督和执行力度，该管的要管，该罚的要罚。[⑦]

三是强调要把城市卫生工作和城市美化、绿化紧密联系起来。比如

---

①张岳琦，李次岩：《任仲夷论丛：第三卷》，广东人民出版社，2000 年，第 426 – 428 页。

②张岳琦，李次岩：《任仲夷论丛：第三卷》，广东人民出版社，2000 年，第 425 页。

③⑤张岳琦，李次岩：《任仲夷论丛：第三卷》，广东人民出版社，2000 年，第 423 页。

④张岳琦，李次岩：《任仲夷论丛：第三卷》，广东人民出版社，2000 年，第 428 页。

⑥张岳琦，李次岩：《任仲夷论丛：第三卷》，广东人民出版社，2000 年，第 425 – 426 页。

⑦张岳琦，李次岩：《任仲夷论丛：第三卷》，广东人民出版社，2000 年，第 424 页。

“美化广州”① 的提出，就是要“把广州建设得更美”，“把广州一切不美的东西冲洗掉”。这就需要“涉及各条战线、各个部门”，决不能仅仅依靠一条战线来美化广州，要求全民动员，为美化广州出力，做到“个人美化，家庭美化，集体单位美化，公共场所美化”。要同“‘五讲四美’结合起来”，“同治理‘脏、乱、差’结合起来”，要抓好“市场的管理和美化工作”，“对市内建筑物的设计也要提出美化的要求”，还应把便民作为美化工作的前提，“美化城市不仅为了好看，而且是为了便利人民群众生活和工作”。在美化城市的过程中，一定要加强城市建设规划，建房要见缝插针，“一定要空出绿化面积”。

可见，任仲夷在职期间，在推动人与自然和谐发展方面做了许多卓有成效的工作，既保证了快速增长的经济态势，又能有效地进行生态、环境和资源的综合协调，从各个方面推动整个社会对资源的利用向着循环、节约、可持续的方向发展。

五、人走“茶”会凉，人类事业继往开来

长江后浪推前浪，人类事业总是继往开来，这既是自然法则，又是历史的辩证发展。任仲夷用一句大白话“人走‘茶’会凉”，浓缩了他丰富的辩证人生哲学。

实行干部退休制度，是我们党和国家干部制度改革的重要组成部分。做好干部退休工作，妥善安置好退休干部，对于保证干部队伍新老交替的顺利进行，使各级组织充满生机与活力，促进改革开放和经济建设的发展，这便体现了人类事业继往开来。任仲夷在广东任职期间，就十分重视干部退休工作，并根据现实生活中，一些干部不愿意退，或退下来后态度消极的状况，进行了分析。

任仲夷客观地分析了“人走茶凉”这种现象。他首先指出，一些

①张岳琦，李次岩：《任仲夷论丛：第三卷》，广东人民出版社，2000 年，第 432－441 页。

领导干部“对‘官’看得过重”，退下来以后有失落感，哀叹“人走茶凉”[①]。在他看来，“人走茶凉”，是难免的，原因也很多。“有些老同志退下来以后，原来的部署、同事对他的态度比过去显得冷淡了”，可能是以前别人对你有所求，“当你退了”，自然就冷淡了；也可能是在位时过于严肃，退后就“避而远之”了；更多情况是自己的一种心理感受，一下子没能适应退休前后的变化罢了。所以，要具体情况具体分析，切不可把正常现象理解错了，“误以为是冷落了自己”，觉得别人对自己不尊重，造成不必要的烦恼和冲突。[②]

进而，任仲夷对“人走自然‘茶’凉”的必然性进行了分析。他认为，人老了，“退”是不可免的，不管是谁当干部，都有退下来的时候，“不在位，自然不谋其政”，“‘茶’当然不会老热着”，这是正常的，也没有必要做到“人走了还要茶热”，所以应顺乎自然。任仲夷指出“我们党的干部应该是能上能下、能官能民的”，应做到“凡事顺其自然，遇事处之泰然”。“凡事顺其自然”，“是说我们对任何事情都要遵循客观规律去做”，“遇事泰然处之”。

任仲夷深刻揭示“退”与“不退”、“热”与“凉”的辩证关系。他辩证地提出，“热茶”虽然没有，但“热水”还是应该有的。他希望退下来的老干部“继续发挥光和热”，即使是“退出现职”，“仍要严格要求自己”，“在任何情况下，在政治上都必须同党中央保持一致”。[③]不要“把名利、财物看得太重”，“这既有利于保持晚节，也有利于身心健康”。[④]应该做到“离休志不休”[⑤]，在力所能及的条件下，继续为建设“四化”“献出自己菲薄之力”[⑥]。他高度赞扬了广东省农村不脱产老党员的革命精神，号召全省广大党员要向老同志认真学习，学习他们“不居功，不骄傲，全心全意为人民”；学习他们“不求名，不图

①张岳琦，李次岩：《任仲夷论丛：第三卷》，广东人民出版社，2000年，第470页。

②④《任仲夷谈人生》，见《南方日报》，1996年11月13日。

③张岳琦，李次岩：《任仲夷论丛：第三卷》，广东人民出版社，2000年，第467、468页。

⑤张岳琦，李次岩：《任仲夷论丛：第三卷》，广东人民出版社，2000年，第468页。

⑥张岳琦，李次岩：《任仲夷论丛：第三卷》，广东人民出版社，2000年，第467页。

利，甘做普通劳动者”；学习他们“不褪色，不停步，革命到老意志坚”。[①]“经历了长期革命斗争考验的老同志”，“不论是否继续担任领导职务”，“都将在‘四化’建设中继续发挥重要作用”。

为了让退休干部继续发挥余热，任仲夷提出了种种建议：应该认真落实退休干部的政治和生活待遇，注意发挥退休干部的作用，以继承和发扬我国“敬老尊贤”的优良传统；在职干部要注意克服“重在轻退”的思想，也就是“防止对不在职同志的轻视”，“对在职的和不在职的”，要切实做到“一视同仁”；通过修改或出台相关制度，“在可能的条件下尽量搞得周到些”[②]；“请老同志欢聚是密切新老干部合作的好形式”，这种做法可以坚持下去。[③]

任仲夷以自己退居二线之后的亲身经历，昭示了他的“人走茶凉”的辩证人生，也昭示他一生坚持的辩证思维。他在退下来之前就曾多次表示：一定不干预新班子决策，更不因个人问题给组织添麻烦。[④] 实际上，他也是一直坚持这样做的。退休后他在 1999 年接受《羊城晚报》记者采访时谦虚地说：“我只是改革开放接力赛中的一员。”[⑤]另一方面，他处处严格要求自己，虽然不参与具体的工作了，但仍然十分关心形势，关心党和国家的大事，坚持阅读材料，坚持到基层进行调研，继续从事理论研究。在他去世前不久，对中国改革开放的许多重大理论问题，还作了深刻的阐述，并对政治体制改革提出大胆的构想，为当今的改革者提供启示。

任仲夷 1985 年在大连市给大连市老干部之家写了题词：“心怀千里志，不居一寸功。”这正是任仲夷坚持他的辩证人生、辩证思维的极好写照。[⑥]

---

①张岳琦，李次岩：《任仲夷论丛：第三卷》，广东人民出版社，2000 年，第 463－464 页。

②张岳琦，李次岩：《任仲夷论丛：第三卷》，广东人民出版社，2000 年，第 465 页。

③张岳琦，李次岩：《任仲夷论丛：第三卷》，广东人民出版社，2000 年，第 465－466 页。

④⑥《心怀千里志，不居一寸功：任仲夷同志近期生活二三事》，见《羊城晚报》，1986 年 8 月 31 日。

⑤《如沐春风：岁末访任仲夷》，见《羊城晚报》，1999 年 1 月 4 日。

第十章 任仲夷的价值观

任仲夷以政治上的坚定性和理论上的远见卓识，带领广大干部群众创造性地贯彻落实邓小平和党中央关于广东改革开放的战略思路，奋力杀开一条血路，开创了广东发展的新局面。而支撑着任仲夷的政治勇气和理论勇气的，是历史唯物主义和辩证唯物主义的价值观。他对人民群众无限深沉的爱，对公平正义的执着追求，对社会发展规律的透彻理解，构成了他制定改革发展战略的出发点和落脚点，成为渗透在他的领导风格和工作、生活风格中的基本元素。

第一节 人民主体观是共产党人的核心价值

马克思主义揭示人类历史发展规律，是为了人类解放，而首先是无产阶级的解放。马克思指出："哲学把无产阶级当作自己的物质武器，同样地，无产阶级也把哲学当作自己的精神武器；思想的闪电一旦真正射入这块没有触动过的人民园地，德国人就会解放成为人。"① 马克思主义的"思想闪电"颠覆了千百年来统治着社会历史发展学说的唯心史观，破天荒地指出了人民群众是历史的主体。用主体意识唤起人民群众，启发他们为自己的利益、为自己的解放而斗争，是马克思主义的首要任务，也是马克思主义创始人的伟大历史贡献。正如列宁所指出："马克思和恩格斯对工人阶级的功绩，可以这样简单地来表达：他们教会了工人阶级自我认识和自我意识，用科学代替了幻想。"② 任仲夷运

①《马克思恩格斯全集：第一卷》，人民出版社，1956 年，第 467 页。
②《列宁选集：第一卷》，人民出版社，1995 年，第 89 页。

用马克思主义这个基本原理，确立实事求是思想路线的实际，制定正确的政策措施，调动人民群众的改革开放积极性的实际，阐发了人民群众是历史活动的主体、人民群众的实践是思想解放的源泉、激发人民群众的创造精神是党和政府制定政策的出发点等观点，教育广大党员干部自觉遵循马克思主义的以人民群众为本的价值观，自觉地把根扎在人民群众之中，真心实意地为人民群众的利益而奋斗。

一、物质生产是历史发展的基础，人民群众是历史活动的主人

任仲夷认为，清算“四人帮”实行“左”的路线的认识论根源，在理论上拨乱反正，很重要的是恢复和确立马克思主义的人民主体观。他指出，“四人帮”的世界观，是彻头彻尾的主观唯心主义和历史唯心主义。“他们在物质和精神、实践和认识、生产力和生产关系、经济基础和上层建筑这些基本的问题上，全部都是头朝下站着的，无一不是颠倒了的。他们采取只讲精神、认识、生产关系、上层建筑的反作用，不讲物质、实践、生产力、经济基础的决定作用的手法，根本上否定了唯物论。”①

为什么“左”的政治错误往往以代表无产阶级的利益，代表最广大人民群众的意愿的形式出现，而最终走向“唯意志论”，与人民群众根本利益对立的结局？任仲夷认为是唯心史观的必然归宿。马克思主义之所以被称为从劳动发展史中找到解答人类社会历史之谜的新世界观，就在于拨去了在历史发展规律上的各种唯心主义迷雾，提出了物质生产劳动是一切历史的前提：“人们为了能够‘创造历史’，必须能够生活。但是为了生活，首先就要衣、食、住以及其他东西。因此第一个历史活动就是生产满足这些需要的资料，即生产物质生活本身。同时这也是人们仅仅为了能够生活就必须每日每时都要进行的（现在也像几千年前

①张岳琦，李次岩：《任仲夷论丛：第一卷》，广东人民出版社，2000 年，第 62 页。

一样）一种历史活动，即一切历史的基本前提。”① 无论在什么时代，人民群众始终是生产劳动的承担者，是发展生产力的主体，所有政治活动和精神生产，都离不开人民群众直接创造的物质基础。“四人帮”为了实现其政治野心，把自己打扮为真理的化身，制造愚弄人民的现代迷信。任仲夷一针见血地指出：“他们的政治野心，使他们无限地膨胀起来，‘万物皆备于我’恨不得一口把整个中国都吞下去，把世界上的真理都‘垄断’起来。他们倒行逆施，肆意违反客观规律，随便篡改马克思主义。”② 真正的马克思主义者应当尊重群众的历史主体的地位和作用，时刻倾听群众的呼声，时刻与人民心连心。“人民群众是三大革命的实践者，是创造世界历史的动力，是功过是非最公正的判断者。群众的意志，人心的向背，归根到底是不可抗拒的。”③

从承认实践对认识的决定作用，到承认物质生产力对社会生产关系的决定作用，再到承认人民群众对历史发展的决定作用，是唯物论与唯心论、唯物史观与唯心史观的根本区别之处，任仲夷通过阐述唯物史观的这些基本原理，阐明了人民群众不仅是历史创造的主人，而且是历史评价的主体，打破了“四人帮”设置的种种精神枷锁和思想障碍，推动了新时期的思想大解放，使人民群众真正认识到自己的价值和使命，从而积极投身于思想解放和改革实践时代潮流中去。

二、坚持群众路线，才能坚持实事求是

毛泽东倡导的实事求是和群众路线，是我们党的法宝，是中国共产党人实行正确政治领导，在革命和建设的道路上不断开辟新境界，取得新胜利的思想路线和工作方法。只有坚持实事求是才能把握客观规律和历史规律，才能理解人民群众的历史主体作用，从而在工作中贯彻群众路线。而认识是主体的认识，认识过程离不开以群众为主体的多样式的

①《马克思恩格斯全集：第三卷》，人民出版社，1972 年，第 31 – 32 页。
②张岳琦，李次岩：《任仲夷论丛：第一卷》，广东人民出版社，2000 年，第 63 页。
③张岳琦，李次岩：《任仲夷论丛：第一卷》，广东人民出版社，2000 年，第 58 页。

实践过程，离不开人民群众的体验和经验，因而从能动辩证的认识论来看，坚持群众路线又是坚持实事求是的前提和基础。在1978年8月至9月间，任仲夷积极响应邓小平推动的反对“两个凡是”，开展真理标准大讨论的思想解放运动，在《理论与实践》《光明日报》等有影响的报刊上连续发表立场鲜明、尖锐泼辣、论述深刻的理论长文，指出坚持实事求是，“必须和广大群众在一起，时刻倾听群众的呼声，这是坚持实事求是的方法路线”。任仲夷把人民主体的历史观贯彻于认识论，强调思想解放、实事求是必须走群众路线，坚持群众是真理认识的主体及价值评价的主体，从而深化了党的思想路线和思想方法。

代表人民群众利益，是坚持实事求是的动力源泉。马克思主义之所以具有巨大的历史感召力，在于它代表了无产阶级和人民群众的利益，代表了人类解放的总趋势，中国共产党人之所以不断推进马克思主义中国化进程并取得极大的成功，在于它全心全意为中国人民利益而奋斗的根本立场。坚持真理是与代表历史发展方向的阶级的利益是一致的。思想理论上的拨乱反正、正本清源是推进思想解放、改革开放的前提，要冲破长期形成的“左”的思想禁锢，推倒“两个凡是”，恢复实事求是的优良作风，恢复实践的权威，没有大智大勇是做不到的，而这种大智大勇来源于对人民群众的命运和利益的自觉的关怀，来源于对人民群众愿望和呼声的真正的体察。中国改革开放总工程师邓小平心系民生，长期与“左”的错误做斗争，历经磨难而愈挫愈勇，代表了广大共产党人的价值精神。他从人民群众在“左”的路线和政策下的生活困境、国家经济发展的缓慢落后，看到了坚持实事求是，坚持解放思想对于社会主义前途命运的极端重要性，因而在20世纪60年代就提出“白猫黑猫论”、80年代初提出“两个是否”标准、90年代初又提出“三个有利于”标准，其根本精神就是，任何路线方针，如果妨碍生产力的发展和损害人民群众的利益，就失去合理性，必须推倒。任仲夷自觉地运用邓小平关于群众利益观与历史真理观相一致的方法论，深挖“左”的路线和政策的根源，他指出：每个地方、每条战线都有“左”的影响。例如，农村怕“富”，认为富则修，富就是两极分化，富就是资本主义。工业怕“利”，认为讲利就是“利润挂帅”，算经济账叫“修正主义”，还有工厂企业管理怕“包”，财贸怕“活”，教育怕“智”，文化艺术怕“放”，等等。怕来怕去，就是不怕人民群众穷苦，不怕人民群众愚昧。社会主义的使命就在于争得人民群众的经济、文化、政治解放，导致人民群众“贫穷”“愚昧”的社会主义必然是假社会主义，一旦用生产力标准、人民利益标准剥去其虚假的革命光环，一旦人们从精神迷信的思想桎梏中解放出来，这种假社会主义的权威便轰然倒塌，一条民富国强的社会主义的光明大道便展现在我们面前。

三、充分调动人民群众的主体创造精神，是党和政府制定政策的出发点

“马克思主义从来尊重群众的首创精神”，这是任仲夷的常用语。尊重人民群众的首创精神，是马克思主义历史观和认识论的首要的、第一的观点，是保证马克思主义政党的根本性质的前提，是制定和实施党的正确领导的基本要求。任仲夷鲜明的政治品格和理论品格之一，就是承认并重视发挥群众的主体创造能动性，他 1980 年 11 月到广东主政工作，面对如何冲破僵化体制的束缚，打开改革开放和经济建设新局面的问题，大声疾呼：“我们的出发点，是承认广大干部和群众中存在着建设社会主义的巨大积极性和创造性，有着无穷的智慧和活力，我们的政策就是要调动这种积极性和创造性，为这些智慧和活力的充分发挥创造条件。”①

人民群众的主体作用不但表现为实践过程中改造客观世界的物质力量，而且表现为群众实践经验为真理性认识提供源泉，为政策制定提供依据。任仲夷指出：“实践出真知，广大群众在长期的实践中，摸索和创造许多切合实际的经验。党的任务，就是善于总结群众的经验，进行理论上的概括，以实现认识上质的飞跃。党在经济建设和各项改革方面的理论就是来自人民群众的实践，群众的首创精神、群众的实践经验是

①张岳琦，李次岩：《任仲夷论丛：第二卷》，广东人民出版社，2000 年，第 222 页。

我们制定政策和理论探索的重要来源和依据，党的政策和理论离不开群众的实践。”① 1980年任仲夷从辽宁调到广东时，正值人们对是否实行农村土地联产承包责任制意见纷纷之时，他从农民的愿望和实践经验出发，明确地赞同支持仁化县等地率先实行包产到户的改革；90年代，顺德率先进行企业产权和经济体制改革，从上到下都有反对的声音，广东省委坚定地给予支持、引导和总结推广，任仲夷也鲜明地支持这一新的改革探索。他提出，总结我们党形成有中国特色社会主义的路线方针政策以及理论上的不断突破的历程，最根本的一条就是充分肯定群众的创造，总结群众的实践经验，集中群众的智慧，并上升为指导改革的政策和理论，农村改革是如此，国有企业改革以及对市场经济、公有制等问题认识上的突破也是如此。党的十一届三中全会以来，我国的改革开放正是以广大群众的实践创新为动力和基础，不断从姓“资”和姓“社”、姓“计划”和姓“市场”、姓“公”和姓“私”的思想束缚中解放出来，形成不可逆转的滚滚潮流，这是中国改革开放在不甚长的时间内获得的巨大成功的奥秘之所在，也是中国共产党领导人的智慧之所在。邓小平曾说：“改革开放中许许多多的东西，都是由人民群众在实践中提出来的，报告（十四大报告）中的讲我的功绩，一定要放在集体领导范围内，绝不是一个人的脑筋就可以钻研出什么新东西来，是群众的智慧，集体的智慧。我的功劳是把这些新事物概括起来，加以提倡。”② 改革开放以来，邓小平提倡这种尊重实践、尊重群众的优良作风和决策风格已深入党心民心，人民拥护不拥护，赞成不赞成，高兴不高兴，答应不答应成为新时期我党制定一切方针政策的出发点和落脚点。

任仲夷深刻领会并自觉运用邓小平同志的人民主体思想，在制定和实施农村改革开放政策的过程中，他创造性地提出“三顺”的工作方

①张岳琦，李次岩：《任仲夷论丛：第三卷》，广东人民出版社，2000年，第94－95页。

②《邓小平关于建设有中国特色社会主义的论述专题摘编》，中央文献出版社，1992年，第21页。

法。在1981年11月广东省委常委会上，他提出要坚持和完善农村生产责任制，要做到因地、因时、因事、因人制宜，“不能忽视因人制宜，包括干部经验、群众觉悟。群众喜欢接受哪一种责任制，不能采取强迫命令的办法去改变。就是群众选择得不对，也只能逐步引导，不能硬扭和硬顶。总的来说，政策对就顺路，顺路就能顺心（顺民心），顺心就能顺手，要做到‘三顺’。”①

“民利”是“三顺”的基础。“必须使每项政策的制定和执行符合客观经济规律，有利于发展生产和改善人民生活。任何一项政策，制定和执行是否正确，必须以群众是否拥护，是否能促进生产的发展，是否使国家和人民都得到利益来衡量。能够实现这些要求的，就是正确的政策。反之，就不是正确的政策。”② 联产承包责任制不仅体现了“按劳分配”，而且有利于“各尽所能”，把公有制和个人积极性有机结合起来，使生产力得到解放，使农民收入大幅度提高，因而是好政策，要教育我们的干部，不能因为出了一点问题就对责任制发生动摇，反之，要在完善中稳定和坚持，让农民放心。

“民信”是“三顺”的保证。“在政策上，必须取信于民”，要避免农业丰收时多向农民要东西的“红眼”政策，还要避免在物质紧张时取消“包干”“留成”“奖励”的“急眼”政策，“不管是‘红眼’政策，还是‘急眼’政策，其结果都会失信于民，挫伤群众的积极性。”③ 十一届三中全会以来党的农村政策总的是正确的，但在实施时不能搞“一阵风”，一切政策都要通过试验，在群众实践试验中证明是行之有效的，就要大力推广，“对于成功的经验不去推广，也是失误，是官僚主义。”④ 即使是废除错误的和过时的政策，规定新的、对发展生产有利、对群众带来实惠的政策，也要经过调查研究，走群众路线，证明确实有利于发展，为广大群众欢迎之后，才能决定。

---

①张岳琦，李次岩：《任仲夷论丛：第二卷》，广东人民出版社，2000年，第406－407、411页。

②张岳琦，李次岩：《任仲夷论丛：第二卷》，广东人民出版社，2000年，第406页。

③④张岳琦，李次岩：《任仲夷论丛：第二卷》，广东人民出版社，2000年，第411页。

“民主”是“三顺”的关键。尊重人民群众的创造性和积极性，必须遵循毛泽东所倡导的实行从群众中来，到群众中去的思想方法，这就是“实践—认识—实践”的方法，“特殊——一般—特殊”的方法，“民主—集中—民主”的方法，这个思想方法体现了唯物论、辩证法、认识论和唯物史观的统一，体现了马克思主义思想路线和政治路线的统一，体现了人民主体历史观和人民利益价值观的统一。任仲夷在1998年发表在《百年潮》杂志上的文章中，特别强调了民主对于集中的基础性意义，强调了民主与“三顺”的关系，“在民主基础上的集中，才是真正有权威的集中，这样的集中才真正有力量，才能做到政通令行，避免那种有令不行、有禁不止的情况出现。这就是我过去讲的‘顺路、顺心，才能顺手’的道理。现在我们按照邓小平理论指引的建设有中国特色的社会主义道路走下去，路子是顺的，再认真倾听群众的意见，顺乎民心，工作就一定会顺手。我们不是常说相信群众能够辨别是非、通情达理吗？正确理解和执行民主集中制也应当以这样的思想观念作指导①。”

第二节　使人民群众由穷变富的经济价值观

“贫穷不是社会主义。”邓小平的这个论断颠覆了由“四人帮”发挥到极端的“左”的社会主义的理解，恢复了马克思主义的社会主义价值观。经济解放是社会进步和人的发展的前提，社会主义应比资本主义有更高的物质生产率，这是社会主义制度的历史合理性之所在，社会主义制度下人们应拥有一天比一天更丰裕的物质生活，这是社会主义制度的价值感召力之所在。沿着邓小平开辟的正确认识社会主义本质的道路，任仲夷在改革开放初期主持辽宁工作时，鲜明地提出要让人民群众由穷变富，到广东主政工作后大力落实党的富民政策，迅速打开了改革

①张岳琦，李次岩：《任仲夷论丛：第三卷》，广东人民出版社，2000年，第196页。

开放的崭新局面，与此同时，他从社会主义的基本经济规律、人的全面发展规律、共产党执政规律的高度对实现人民群众富裕安康做了大量论述，丰富了邓小平的社会主义本质论。

一、遵循社会主义基本规律，为满足人民生活需要而生产

社会主义基本经济规律是斯大林在《苏联社会主义经济问题》一书中提出来的，主要从社会主义经济发展的手段和目的辩证关系来表达这一规律："用在高度技术基础上使社会主义生产不断增长和不断完善的办法，来保证最大限度地满足整个社会经济增长的物质和文化的需要"。正如提出实践是检验真理的唯一标准一样，提出遵循社会主义基本规律也不是原创性的马克思主义新理论，而是在重申马克思主义经典作家的基本原理的形式下批判"左"的政治路线，表达科学的社会主义本质观，为新时期改革开放和经济社会发展开辟道路。任仲夷 1980 年写下了《社会主义建设必须遵循社会主义基本经济规律》的长文，发表在《红旗》杂志上，他认为，对斯大林这一表述的准确性，人们可以有不同的看法，但是不能否认社会主义基本经济规律的客观存在，社会主义基本经济规律体现着社会主义生产关系的根本性质，制约着社会主义社会的其他一切经济规律和一切重要的经济活动。搞社会主义建设，如果不遵循这个规律，必然要受到惩罚。任仲夷从三对关系展开论述。

一是生产和消费的关系。"人们不是为生产而生产，而是为了满足社会的需要而生产，生产出来的东西应当有用"。① 这本来是一个很简单的道理，但"左"的路线和观念把这个关系颠倒了，相当长的一段时间里是为政治目标而生产，或者为了追求产值和产量而生产"以至于不能讲为满足人民生活而生产，不能讲革命的目的是为了解放生产力，让人民过富裕的生活，甚至连生产本身也受到了批判"②。这种

①张岳琦，李次岩：《任仲夷论丛：第一卷》，广东人民出版社，2000 年，第 152 页。
②张岳琦，李次岩：《任仲夷论丛：第一卷》，广东人民出版社，2000 年，第 153 页。

"为革命而生产""为生产而生产"的观点体现在经济政策上，是重积累轻消费，重建设轻生活。我国经济发展一向有积累过高的倾向，那是在片面的工业化政策下，以牺牲人民群众的生活为基础实现的。任仲夷指出，既然生产是为了满足社会需要，那么生产就必须考虑消费的需要。消费并不是消极的，更不是消费越少越好。消费是维持生产的必要条件，没有一定的消费，劳动者就不能继续工作，生产也就成为不可能。消费还是生产的动力，它创造出新的生产的需要。既要反对离开生产去追求消费的倾向，也要反对不考虑消费而去盲目生产的倾向。

二是两大部类生产的关系。一般说来，第一部类生产是第二部类生产的基础，第二部类生产是改善人民生活的基础。两大部类互为前提，互为动力，但在"左"的影响下，我国长期以来重第一部类生产而轻第二部类生产，连人民群众的日用品供应都十分紧张。任仲夷认为，根据马克思关于社会再生产的理论和许多国家经济发展的实际来看，在技术进步引起有机构成提高的情况下，为了保持国民经济的高速度，生产资料的生产（第一部类）要比消费资料的生产（第二部类）增长得快一些，但并不是说，在任何情况下，第一部类都必须比第二部类增长得快。例如，在一定时期，由于消费资料的生产严重落后于生产资料的生产，就需要突出地加快消费资料的生产。"特别应强调的是，在社会主义制度下，发展第一部类生产一定要有为第二部类生产服务的明确目的，决不能使生产资料的生产脱离消费资料的生产、脱离社会需要去盲目发展"。① 根据社会主义基本经济规律的要求，任仲夷 1980 年来到广东后，在全省局以上干部大会上强调，在抓好能源、交通、粮食的同时，搞好城市卫生、交通、治安的同时，大力抓蔬菜、水果和肉、鱼、蛋等副食品的生产，提出要落实邓小平提出的改革要给人民群众予实惠的意见，要给人民群众以看得见的利益，"我们一切工作的目的，归根到底是为了满足社会日益增长的物质和文化的需要。我们必须经常牢记这一条。"②

---

①张岳琦，李次岩：《任仲夷论丛：第一卷》，广东人民出版社，2000 年，第 155 页。
②张岳琦，李次岩：《任仲夷论丛：第二卷》，广东人民出版社，2000 年，第 13 页。

三是计划与市场的关系。满足人民群众的生活需要，既有认识上的问题，更重要的是体制问题。在高度集中的计划体制下，僵化的体制和机制严重束缚了生产和消费的动力，短缺与匮乏似乎成了社会主义的一个特征。任仲夷在思考如何让人民群众生活好起来时深入到计划与市场的关系这个关键而又敏感的问题，率先从广东实践经验中提出要对外更加开放，对内更加放宽，对下更加放松，也就是要冲破僵化的计划体制，运用市场机制贯彻社会主义基本经济规律，让社会主义在与市场经济的结合中获得生机与活力。他反复举例说，广东是有名的“水果王国”，可是由于价格背离价值规律，妨碍生产，老百姓很难买到水果。于是广东在全国率先放开了一批农副产品价格，刺激了生产，市场上水果很快多了起来；还有火柴，当时是 2 分钱一盒，企业亏损，市场凭票供应，广东也在全国率先提为 3 分钱一盒，企业马上不亏本了，市场供应马上充足了；糖、食油、粮、鱼等价格改革也都是广东最早开始的。任仲夷从广东实践中总结出一条，必须自觉地运用价值规律这只看不见的“手”来建设社会主义，“对于这只‘手’，我们既不能创造它，也不能改变它，更不能消灭它。但我们可以发现它、认识它、掌握它、利用它来为社会主义服务”①。无论是社会主义的初级阶段，还是社会主义的高级阶段，都必须把握和运用价值规律来搞改革、谋发展，使人民物质文化生活获得永不枯竭的活水源头。

二、由穷变富是社会主义的发展规律，引导群众富裕起来是共产党人天经地义的职责

我们为什么要革命？这是任仲夷在拨乱反正时期针对“四人帮”的越穷越革命的假社会主义，思考社会主义改革的方向时经常提出来的重大问题。他在 1979 年 8 月在辽宁营口市委农村工作会议上以这个问题阐发了他的“民富论”。共产党人搞革命第一条是带领人民“由奴变主”，第二条是带领人民“由穷变富”。这是革命的目的，是我们党不

①张岳琦，李次岩：《任仲夷论丛：第三卷》，广东人民出版社，2000 年，第 148 页。

懈奋斗的目标，是社会主义的本质要求。他明确指出：“由穷变富是真理，是社会主义社会的发展规律。要使我们的国家繁荣富强起来，使广大群众更富起来，这是共产党人在社会主义建设中的天经地义的职责。”①

为了消除了人们对“富”的恐惧和疑虑，任仲夷还进一步对社会主义的“富”作了界定：“我们讲的富，是走社会主义道路的富，是依靠发展生产、巩固和发展集体经济致富，是以勤俭为手段的富，是兼顾国家、集体、个人三者利益的富。这样的富，是光荣的，越富越好。”②与资本主义少数人占有生产资料取得劳动者的剩余价值致富的方式相反，社会主义由于广大人民共同占有生产资料而使马克思关于劳动创造价值、劳动者通过自由劳动获得全面发展的生活资料的理想成现实。“社会主义制度允许人们通过劳动达到富裕，并为劳动致富创造了条件。”③ 因此，任仲夷理直气壮地指出：“靠劳动致富是件大好事。”在社会主义条件下，一个劳动者生活得富裕，说明他劳动得好，同时也说明他对社会的贡献大。反之，在同样条件下，你的日子过得比别人穷，只能说明你的劳动和工作不如人家好，不如人家勤俭。任仲夷用这些朴素语言和道理为人们冲破“左”的障碍，大力发展经济和勇于致富鸣锣开道，同时也阐明了马克思主义的劳动价值论不仅是理论的抽象，而且也是历史的具体。在社会主义制度下，广大人民不仅要成为劳动的主体，而且要在公平的社会劳动中获得一天比一天更加丰裕的物质生活。

引导群众富裕起来既是历史规律的客观要求，也是一个辩证的过程。邓小平以政治家的大智慧，创造性地提出了让部分地区、部分人先富起来，以先富带后富，实现共同富裕的观点。任仲夷在主政辽宁、广东的工作中率先应用并发挥了邓小平的这个观点。他经常在干部群众中阐述“国强与民富”“先富与后富”“敢富与会富”的辩证法。他指出，民富则国强，要国强，首先要民富，特别是要使广大农民尽快富裕起

①张岳琦，李次岩：《任仲夷论丛：第一卷》，广东人民出版社，2000 年，第 213 页。
②张岳琦，李次岩：《任仲夷论丛：第二卷》，广东人民出版社，2000 年，第 469 页。
③张岳琦，李次岩：《任仲夷论丛：第二卷》，广东人民出版社，2000 年，第 468 页。

来：富裕不是两极分化，而是共同富裕，然而又不是同时富，不是齐步走，而是让有条件的农民阶层先富起来，发挥示范效应和拉动效应；仅是敢富、想富还不行，还必须找到致富的途径，要发挥代表农村先进生产力的阶层的积极性和创造性，要充分发展科技和市场的功能来发展农业和农村经济。在20世纪80年代初，任仲夷在广东亲自抓推广专业户经验的全省性活动，通过召开全省专业户表彰会，营造敢富、会富的社会环境；抓在山区发展商品经济的新战略，他走遍了广东的山山水水，根据每个地方的实际提出致富的新路子，如在乳源，他提出十句话方针："农林牧副渔，锡锑铋煤石，能源与交通，人才和技术，商品生产多，发展专业户，外引又内联，善断且多谋，班子要团结，致富靠政策。"① 这十句话体现了任仲夷运用辩证法指导农村工作的智慧，体现了他对农民富裕起来的热切期盼。

三、富亦思变，越变越好

让人民富裕起来，这是任仲夷社会主义价值观的一个基点，然而，富裕并不是社会主义的全部，任仲夷从人的发展和社会主义制度的不断完善方面思考富裕的过程性及其人文意义，提出了"富亦思变，越变越好"。

中华人民共和国成立之初，毛泽东曾引用"穷则思变"的古语，激励中国人民发扬艰苦奋斗的精神，改变"一穷二白"的落后面貌。但是"四人帮"把"穷则思变"引申出"穷则变、富则修"的谬论。经过二十年的改革开放和现代化建设，广东人民率先摆脱了贫困，逐步走上小康富裕之路，特别是在珠三角地区，人们的生活水平已接近中等发达国家。但与此同时，一些社会丑恶现象有沉渣泛起之势，是否真的应了"富则修"之说？任仲夷分别在20世纪80年代、90年代多次批判这种"左"的歪论，解除人们对致富的疑虑，同时提出"富亦思

①张岳琦，李次岩：《任仲夷论丛：第二卷》，广东人民出版社，2000年，第451页。

变”，阐发了“富亦思变”的必然性和途径。

任仲夷指出，穷则思变，富了也会思变，也应当变，必须变。富的变有两种，一种是极少数人会变坏，这是事实，但不代表社会主流，不代表社会发展一般规律。另一种是变得更好，包括物质生活和精神生活。物质上是富上加富，由小康之家到大康之家；精神上也有更高要求，道德情操达到更高境界，文化教育达到更高水准，言论行动更加文明。实际上进步与文明已成为当今社会的主流方向。我们党和政府在引导人民富裕起来以后，就要解决“富了怎么办”“富亦思变，越变越好”的问题，引导人们往更好的方向发展，一靠正确的思想观念去教育引导，鼓励好人好事，宣传高尚的思想品德，扶持良好的社会风气；二靠社会法制，严格纪律，运用一定的经济手段和行政手段控制和防范可能产生的种种违法违纪行为，严厉打击坏人坏事，制止不良社会风气的蔓延。

如果说使人民由穷变富是共产党执政的基本任务，那么引导人民“富上加富，富亦思变”则是共产党执政的新理念，新目标。任仲夷敏锐地抓住了时代性的重大实践问题，较早地从理论上进行探索，为形成全面的科学的发展理论提供了新观念、新观点。从发展的中心任务来说，仍然要坚持以经济工作为中心，任何时候都不能因为富起来后过上了好日子淡化这个中心，不能因为富起来以后出现各种消积现象而动摇这个中心，“不是主流是支流，莫把开始当过头”，只有紧紧抓住经济发展，加快经济发展，社会主义才有强大的物质基础；从发展的根本动力和目标来说，要比过去更加重视政治建设、社会建设和文化建设，促进社会全面进步和人的全面发展。任仲夷引用冉有和孔子的一段对话后指出：“两千多年前的孔子尚且懂得使人民‘富之’进而‘教之’的道理，我们共产党人应该比孔子站得更高，看得更远。我们推翻了三座大山，建立了人民的政权，让人民‘由奴隶变成主人’。我们又进行了改革开放和现代化建设，让人民‘由穷人变成富人’。现在人民富起来了，我们应当进一步加强两个文明建设，真正做到邓小平同志所说的

‘两手都要硬’，使物质文明和精神文明共同发展、经济财富和道德财富同步增长。让人民‘由素质不够高的人变成素质较高的人’。这是当前一个极其迫切而重要的任务。”① 从这里可以看到，任仲夷价值观的落脚点是人，是人的政治地位和经济地位全面提升，是人的文化素质的全面发展。

第三节 由人民群众当家作主的政治价值观

任仲夷的政治品格，鲜明地表现在他对社会主义民主政治的深刻理解和大力倡导上。共产党人是人民群众利益的代表者，全心全意为人民利益而奋斗，不仅要争取人民群众的经济利益，还要争取人民群众的政治利益。民主，无论在资本主义还是在社会主义社会，都是人民群众政治利益的集中体现和基本途径。列宁十分明确地指出：“没有民主就没有社会主义”。社会主义为民主政治开辟了广阔的道路，然而，社会主义民主在社会制度和社会生活的实现仍处于探索之中。中国改革开放要解决两大任务：一是发展物质生产力，二是发展民主政治，因而要推进两大改革：以发展市场经济为取向的经济体制改革，以及以发展民主政治为取向的政治体制改革。相对于前一个改革任务而言，后一个改革任务更艰巨更复杂。任仲夷认为，充分认识民主的意义，因为它关系到社会主义的前途命运，关系到中国改革开放的成功与否。他结合我国社会主义革命和建设的历史教训，从世界文明发展的大趋势和马克思主义的本质特征，阐述了不少关于发展社会主义民主政治的观点，为今天我们深化政治体制改革，建设和谐社会提供了可贵的思想养料。

①张岳琦，李次岩：《任仲夷论丛：第三卷》，广东人民出版社，2000 年，第 319 页。

一、领导人民“由奴变主”是社会主义革命的历史使命

任仲夷把社会主义革命的目的概括为两句话：“由奴变主”“由穷变富”。历史唯物主义的一个核心思想就是人民群众是历史的主体，是国家政治生活的主人。《国际歌》歌词有一句“不靠神仙皇帝……我们要做天下的主人”，鲜明地反映了人民翻身作主的强烈要求。领导人民“由奴变主”，贯穿于社会主义革命的始终，是共产党执政目标和执政价值所在。任仲夷认为，我们党要始终成为民主的推动者和领导者。在新民主主义革命时期，我们党一直是民主潮流和民主运动的领导力量。早在五四运动，信仰马克思主义的先进分子，就为“科学和民主”的口号英勇而战。抗日战争时期，毛泽东同志提出“民主是抗日的保证”。我们领导的抗日根据地就称为抗日民主根据地，根据地的政府称为抗日民主政府。中华人民共和国成立前夕，毛泽东在回答一位朋友关于中国共产党如何避免封建王朝兴亡轮回的命运时说，“我们找到了一个根本的法宝，那就是民主”。然而，中华人民共和国成立以后的较长一段时间内，党内党外民主生活严重不正常，民主的缺失给人民和国家带来了极大的伤害，也严重影响了执政党的形象。

任仲夷多次引用辽宁省女共产党员张志新被杀害的事例，强调吸取惨痛历史教训，加强民主和法制建设的极端重要性。任仲夷顶住压力为她平反，并表示了崇高的敬意：“这样一位年轻的同志，在当时那种错综复杂的斗争中，能够对大是大非问题认识得那样深刻，表现了那样高的马列主义水平，那样英勇无畏的斗争精神，确实是伟大的。我们党一向提倡‘五不怕’精神（不怕批评、不怕处分、不怕离婚、不怕坐牢、不怕杀头的大无畏革命精神），张志新同志是真正做到了的。她为了坚持真理，被开除了党籍，抓进了监狱，抛开了家庭，最后被杀了头。这一切都未能使她在真理的立场上后退一步，未能使她屈服。她的光辉形

象，同历史上的许多英雄人物相比，毫不逊色”。① 任仲夷认为，这样的冤案竟然在社会主义社会中发生，说明了我们的社会主义民主和法制有严重的缺陷和漏洞，从中吸取的教训是多方面的，如要坚持一切按照法律程序办事，“无论处理哪一类矛盾，都必须充分依靠人民群众，严格遵守社会主义法制”。② 更为重要的，是党内生活必须正常化。党内民主空气如何，影响整个社会的民主风气，党规党纪是否得到严格遵守，影响到整个社会的法治秩序。为了健全社会主义法制，党内必须有正常的民主生活，必须有实事求是、言者无罪的健康风气。对每个共产党员来说，则应有独立思考、坚持真理并勇于为真理而献身的革命精神。党内生活与国家生活真正民主化了，人民的民主权利就得到切实保障，就从根本上铲除了类似张志新事件这样的历史悲剧可能重演的政治土壤。

发展民主法治，是中国改革深入发展的内在迫切要求。任仲夷认为，社会主义改革是全面的、整体的改革，是经济、政治、社会、文化的系统转型。中国经济体制改革是成功的，这从党的十一届三中全会以来的发展，特别是广东等沿海地区飞速发展得到了确证。然而政治体制改革特别是民主法制建设也是十分重要的任务，它是社会主义市场经济不可或缺的制度形式，是中国走向世界、走向全球化的必然选择。中国特色的社会主义，不仅表现为社会主义与市场经济的有机结合，而且表现为社会主义与民主政治的有机结合。任仲夷结合党和国家发展的经验教训，深刻阐述了民主和法治的重要性及其实质、内涵，体现了彻底的唯物主义者的品格和精神。

二、批判封建主义是发展社会主义民主法治的一项重要任务

社会主义的理想和理论产生于工业化的欧洲，然而把社会主义从理

①张岳琦，李次岩：《任仲夷论丛：第一卷》，广东人民出版社，2000 年，第 291 – 292 页。

②张岳琦，李次岩：《任仲夷论丛：第一卷》，广东人民出版社，2000 年，第 293 页。

论转化为实践的是在俄国，这是马克思所始料不及的。马克思在《政治经济学批判》序言中强调："无论哪一个社会形态，在它们所能容纳的全部生产力发挥出来以前，是决不会灭亡的；而新的更高的生产关系，在它的存在的物质条件在旧社会的胎胞里成熟以前，是决不会出现的。所以人类始终只提出自己能够解决它的任务，因为只要仔细考察就可以发现，任务本身，只有在解决它的物质条件已经存在或者至少是在形成过程中的时候，才会产生。"① 俄国社会主义是在半封建半资本主义的母腹中，由暴力革命所催生的，这种特征普遍存在于东方社会主义国家之中。过去，我们为了说明中国社会主义产生的必然性，经常引用和发挥马克思关于社会主义革命跨越"卡夫丁峡谷"的重要观点，而对东方社会主义包括中国社会主义在实践中批判封建主义，减少封建因素对社会主义政治文化发展的影响重视不够，甚至有时还以封建主义批判资本主义。列宁说过："和社会主义比较，资本主义是祸害，但和中世纪制度、和小生产、和小生产散漫性联系着的官僚主义比较，资本主义则是幸福。"② 任仲夷结合中国社会主义实践的历史教训，用历史的、辩证的眼光分析社会主义与封建主义、资本主义的联系，特别强调要充分认识封建主义对我国社会主义发展的广泛影响，充分认识封建主义因素对社会主义民主政治的危害，鲜明地提出批判封建主义的重要历史任务，他多次指出，在走向现代化的道路上，我们反对封建主义的任务还很重。

任仲夷对封建主义在现实生活中的表现、影响作了概括：经济上的条块割据，追求自给自足的"小而全"倾向；政治上的家长制、一言堂；组织上把党内关系和工作关系搞成君臣关系、父子关系和宗派关系等等，论资排辈也是典型的封建主义。他指出，封建意识渗透在我们的日常政治行动之中，如一个省委书记、市委书记、县委书记，坐个公共汽车，下个饭馆吃个饭，就不得了，就登报，这在国外就可能不了解，因为那是平常事。由于封建主义在党内政治生活的影响，造成了一些干

①《马克思恩格斯选集：第二卷》，人民出版社，1972年，第83页。
②《列宁选集：第四卷》，人民出版社，1995年，第524页。

部任人唯亲、买官卖官等用人方面的腐败，这是老百姓最痛恨的最大腐败，在任仲夷看来，不能把这些腐败都归咎于资本主义，不能批了资本主义而漏了封建主义，“出这样那样问题的人，我敢说百分之八九十，都是由于他们脑子里还存在着浓厚的封建腐朽思想”。①

三、领导干部永远是人民群众的儿子

人民群众当家作主，是社会主义之所以有不可遏止的感召力和吸引力的根本，是我们党之所以受到广大人民群众拥护和支持的根本。来自人民，依靠人民，服务人民，情系人民，保持与人民群众的血肉联系，是我们党最大的政治优势，在改革开放和发展市场经济的条件下，能否自觉地坚持做到这一点，关系到党的性质，关系到党的命运。为此，毛泽东提出了从群众中来到群众中去的群众路线；邓小平提出了一切看群众拥护不拥护，支持不支持，满意不满意，高兴不高兴的评价标准。归结起来，就是要永远摆正党与人民、领导与群众的关系，不能颠倒这种关系。邓小平说：“我是中国人民的儿子，我深情地爱着我的祖国和人民。”体现了中国共产党人的崇高品格，感动了千千万万的中国人民。任仲夷经常引用邓小平这句话，他说：“邓小平同志说自己是中国人民的儿子，我赞成这样的提法。”与此同时，他对一些领导干部以“父母官”“老板”自居等不良现象进行了评论，从中引申出防止公共权力异化的观点和道理。

任仲夷指出，现在有一些党和政府领导干部，常常以“人民的父母官”自居，一些群众也常把为人民做好事的干部称为自己的“父母官”。这里有某种亲民之情或感恩之情，然而相互间的关系是完全颠倒了，我们的各级干部，所有工作都是为了一个目的，就是为人民群众谋取利益。各级公务员实质上都是人民的勤务员。干部为人民做事是应该的，怎么能称为人民的“父母”呢？这是封建时代的提法，连资本主

①《列宁选集》（第4卷），第113页。

义都不这样叫，没有听说美国的州长、总统称自己是美国人民的“父母官”的，也没有听说美国人民称他们的州长、总统为“父母官”的。还有一些领导干部习惯甚至喜欢手下人称自己为“老板”，其实所谓老板不过是“掌柜”，是生意场上有资本能拍板的人，而我们党政部门的一些领导，特别是一些党委书记和政府领导人，对手下人称自己为“老板”习以为常，不以为非，这就奇怪了。这些称谓上的变化，实际反映了我们一些领导干部思想上的变化，是浓厚的封建意识在市场经济条件下沉渣泛起的一种表现。

更深入来看，为民作主与由民作主，似乎是一字之差，但反映了两种执政世界观的区别。为民作主在封建时代是很好的，如《七品芝麻官》有句唱词：“当官不为民作主，不如回家卖红薯。”这句话今天很多人耳熟能详，说明人民群众太需要忠诚为他们服务的好官。但在现代社会，对以立党为公、执政为民为宗旨的共产党人来说，为民作主就违背了马克思主义让人民群众自己解放自己的根本原则，与现代民主相悖。任仲夷指出：“我们党说民主，应当是由民作主，人民有权要求干部做这些事，也有权要求干部不做那些事。领导干部作主，也只能代表人民的利益，反映人民的意愿。况且当领导决定问题时，也要经过一定的民主程序。人民当家作主，各级干部是人民群众的公仆，不是人民群众的主人。”①

“水可载舟，也可覆舟。”这句历史名言对于提醒我们脱离人民群众就有可能丧失执政资格的这个意义上是形象深刻的，但对共产党人来说，党与人民、领导与群众绝不是舟与水的利害关系。人民群众不仅仅是工具性的载体，而且是我们党执政之基、力量之源。只有牢记自己是人民的儿子这个初心，以人民价值为根本出发点和落脚点，我们党才能永葆来自人民，为了人民的根本特性，才能永葆先进性和创造活力。

①张岳琦，李次岩：《任仲夷论丛：第三卷》，广东人民出版社，2000 年，第 214 页。

第四节　开放包容的文化价值观

任仲夷对广东的影响，不仅由于他主政广东工作期间以战略眼光开创广东改革开放新局面，还由于他开放的文化风格和管理理念，留下丰富的精神财富。广东文化界对任仲夷的文化工作方法仍记忆犹新，他对文化的重视，他对文化本质和规律的把握，他在工作和生活中体现出来的文化精神，感染了许多理论、文艺、新闻工作者及干部群众。尊重知识、尊重人才，倡导和谐文化，这是任仲夷文化思想的特征，体现了任仲夷对世界文明潮流、中国当代先进文化、岭南文化风格的融会贯通，体现了他对科学理性精神和人文关怀精神的把握和实践。

一、社会文化生活是多样化与多层次的

文化的源泉是实践，文化的主体是人，就实践的客观性和人的社会性而言，文化具有统一性和普适性，然而由于实践的时空的差异性，由于主体的区域性、民族性、个体性特点，文化又具有多元性、多样性、多层次性，否认文化的统一性，可能导致文化相对主义，否认文化的多样性，可能导致文化活力的缺失。对于中国现代社会转型来说，如何把坚持马克思主义的指导与文化的多样化统一起来，建设一个既有社会主义核心价值维系又和而不同的和谐文化体系，是中国特色社会主义建设的一个重大任务。任仲夷认为，改革开放所引起的社会生活的革命性转型，使社会文化生活变得多样化和多层次化了，我国正处在新旧两种体制交替的时期，人们的思想观念正在发生很大变化。如果再像过去那样，要求大家在同一时期对同一事物都只能说“好”，或说“不好”，实践已经证明是行不通的。在改革开放中，人们的思想异常活跃，这是

件好事，是合乎历史发展规律的。①

首先，改革开放激活了人们的文化个性。真理与谬论、美与丑、好与坏都有一定的客观标准，但是人们对事物的认识及审美价值是不可能完全一致的，因为人们的出身经历、文化科学知识结构，思想理论水平，看问题的角度和兴趣爱好等都不尽相同。好比吃饭，众口难调，对文学艺术的欣赏犹如吃饭，不能要求人们都是一个口味。好比电影，对《芙蓉镇》《血战台儿庄》《红高粱》等，有人赞，有人贬，都是允许的，是正常的；好比音乐，有人喜欢现代流行音乐和通俗唱法，有人喜欢《洪湖水，浪打浪》《春江花月夜》《蓝色的多瑙河》等，也都是很自然的。难得的是，在当时社会上对通俗歌曲评价很不一致，甚至一些行政部门视其为异端的情况下，任仲夷认为，既然那么多人喜欢听，喜欢唱，那当然是好的，尽管他表示他个人更喜欢民族的、幽雅的、古典的音乐。他有针对性地指出，领导干部不要根据自己兴趣爱好轻易对文艺作品下结论，说什么好，什么不好，不能在艺术作品的问题上充当“裁判”和“法官”。允许差异，允许讨论，允许有不同的意见，才有文艺的繁荣。

其次，人们的文化需求是分层次的。商品分档次，人群在文化欣赏和消费上也是分层次的。适应不同层次的需要，文化艺术也应该多样化。古典的、现代的，中国的、外国的，严肃的、通俗的，深的、浅的，都要有。无论是“阳春白雪”，还是“下里巴人”，不同风格的文艺产品都应向人民群众提供，不能再回到“八亿人民只看八个样板戏”的状况。在文化消费上也提倡多样化，根据收入差异，有的人可以打高尔夫球、网球，有的人只能打桌球或乒乓球。如同生活消费不能搞“一刀切”一样，文化消费更不能不分层次地统一要求。

再次，复杂的社会生活要求信息的多样化。新闻报道是社会实践的反映，改革开放带来了社会生活的变革和复杂多样，新闻报道也应在内容上、形式上、风格上跟上时代的步伐，敢于求真，敢于创新，才能反

①张岳琦，李次岩：《任仲夷论丛：第三卷》，广东人民出版社，2000年，第364页。

映火热的群众实践，才能引领时代的潮流，任仲夷针对新闻改革迈不开步伐的现象指出，如果报纸刊物写文章千篇一律，处理问题绝对化，“一刀切”，提倡什么就一哄而上，一面倒，那就太简单化了。① 他鼓励《南方日报》要办成从版面到标题都使人感到新颖、醒目、生动、活泼，令人爱不释手的好报纸，鼓励《羊城晚报》要努力形成和发展自己的独特的风格，突出“三性”（即知识性、趣味性和地方性），鼓励记者写出“奇文”，敢于提出和回答问题。他认为改变“一刀切”“绝对化”的弊病要从两方面努力：下面要敢于创造，敢于突破，领导者则要敢于支持这种勇于开拓创新的人。同时他指出，这是一个转型发展的过程，欲速则不达，但希望能尽量缩短这个过程。

二、贯彻“双百”方针，保证创作自由

“双百”方针是毛泽东提出的党领导文化、文艺工作的指导方针，邓小平结合中华人民共和国成立以来我国文化建设的经验教训加以发展，明确倡导创作自由，他在第四次全国“文化会”上指出，文艺要坚持“为最广大的人民群众，首先为工农兵服务的方向，坚持百花齐放、推陈出新、洋为中用、古为今用的方针，在艺术创作上提倡不同形式和风格的自由发展，在艺术理论上提倡不同观点和学派的自由讨论”。任仲夷认为，文化建设是党的一项重要任务，当前党对文学事业领导的一个重要任务，就是坚定地保证作家的创作自由，包括作家对题材和主题的自由选择，思想感情的自由抒发，不同艺术观点的自由讨论，以及多种艺术形式的自由发展，都是创作自由的具体表现，必须加以保护。②

正确处理文艺与政治关系，是保证创作自由的前提。任仲夷十分赞成邓小平关于反对机械地要求文艺服务政治的观点，认为作家、艺术家应当有社会责任感，使自己的创作更好地为人民服务、为社会主义服

①张岳琦，李次岩：《任仲夷论丛：第三卷》，广东人民出版社，2000 年，第 366 页。
②张岳琦，李次岩：《任仲夷论丛：第三卷》，广东人民出版社，2000 年，第 358 页。

务，但并不是要求文学艺术从属于临时的、具体的、直接的政治，并不是要求文学艺术一味歌功颂德，而是要遵循文学艺术的特征和规律，满足人民群众的文化艺术需求。只要是人民群众喜闻乐见的，无论是“有益无害”的作品，还是“无害有益”的作品，都应该允许存在和发展。我们要相信人民群众有鉴别是非和美丑的能力，作品的思想成就和艺术成就，应当由人民来评定。在文艺创作和文艺批判领域里的行政命令必须废止，干涉过多的偏向必须纠正，“左”的做法必须废止。党和政府应当做的，首先是执行正确的政策，造成有利于创作自由的环境和气氛，同时还要为作家的创造性劳动提供必要的物质条件。这“三个必须”和两项任务的提出，遵循了毛泽东、邓小平的文艺思想，奠定了广东文艺工作的基调，广东在改革开放新时期，产生出不少优秀的文学、影视、音乐、美术等作品，为全国文化艺术界所瞩目，不能不说其与任仲夷努力落实党的的文艺理念及文艺政策有关。

三、清除贬低知识分子的思想，落实知识分子政策

任仲夷对知识、文化的高度重视，集中在他对知识分子的重视和爱护上。凡他工作过的地方，知识分子普遍感到心情舒畅，他与知识分子广交朋友，坦诚交谈，共商时政，同品艺术，在知识分子中有很强的亲和力，有很高的威信。

任仲夷的知识分子价值观建立在科学技术是第一生产力的基础之上。他由衷地赞成邓小平在全国科学大会上的讲话，指出这个讲话运用马列主义、毛泽东思想，从理论与实践的结合上，对科学技术是不是生产力，脑力劳动是不是劳动人民的一部分，对知识分子队伍如何估计等一系列重大问题作了非常透彻的阐明，从根本上砸碎了长期以来“左”的路线套在广大知识分子身上的精神枷锁。他鲜明地提出，领导干部要在思想方法上来一个大转变，要真正把广大知识分子当作工人阶级的一部分（而且是非常宝贵的一部分），要真正尊重知识，尊重科学，尊重科学家和各方面的专家。

任仲夷对党的知识分子政策的形成和发展以及其中的经验教训进行了总结，指出："历史经验证明，知识分子政策的正确与否，直接关系到革命和建设事业的成败。"① 抗战时期毛泽东在为党中央写的《大量吸收知识分子》的决定时指出："没有知识分子的参加，革命的胜利是不可能的。"1956 年，周恩来在党中央召开的"知识分子问题座谈会"上批判了党在知识分子上的关门主义和宗派主义倾向，强调社会主义时代不仅要依靠工人、农民的劳动，还必须依靠知识分子的劳动。但在后来一段时间内，有些人把知识分子划到资产阶级的范畴，"四人帮"达到登峰造极，造成了社会主义事业的巨大损失。所以，任仲夷认为，要落实知识分子政策，最根本的是要解决对知识分子的认识问题，清除贬低知识分子的思想。一些干部对知识分子始终不能在感情上融合起来，是多年来宣传和舆论造成的。过去连演戏和文艺作品中，知识分子的形象往往是保守的，草包的，读书多似乎是一种罪过。针对一些领导干部对知识分子的偏见，任仲夷在《羊城晚报》发表的谈话明确提出："知识分子成堆好，知识分子多，知识就多，各项工作发展就会快。"②

重视知识分子，不仅要发挥他们在发展科技生产力方面的作用，而且要发挥他们在宏观决策上的作用。任仲夷在改革开放之初就提出："制定重要的决策时，要充分听取专家们的意见，这应当成为一项制度。"③ 也就是说，实施科学决策、民主决策，不应由领导个人的水平或爱好所决定，而是一种制度化的要求，不能因领导人的能力高低而偏废，不能因领导人的变动而随意变更。

在落实知识分子政策，创造良好的有利于知识分子成长、锻炼、发挥作用的物质、政治、社会条件方面，任仲夷发表了许多的讲话和意见。如，如何不拘一格选拔人才，把引进人才与培养人才结合起来，选拔人才既要看文凭更要看重实际水平，让人才在竞争机制中脱颖而出，建立人才学，等等。他较早提出知识分子的使用不应受行政级别的限

①张岳琦，李次岩：《任仲夷论丛：第三卷》，广东人民出版社，2000 年，第 409 页。
②张岳琦，李次岩：《任仲夷论丛：第三卷》，广东人民出版社，2000 年，第 412 页。
③张岳琦，李次岩：《任仲夷论丛：第一卷》，广东人民出版社，2000 年，第 254 页。

制。1981 年 9 月他在听取广东省社会科学院汇报时提出，过去我们习惯把一个科研单位机械地比照行政单位，研究人员的待遇框得很死，不利于积聚人才，其实，这些单位的科研人员可以高于或低于组织规定的单位的级别。广东是改革开放的前沿，需要大量的人才，尤其重要的是高级的人才，职能部门要研究制定灵活特殊政策，吸收国内外的人才到广东创业干事，这是广东长期快速全面发展的迫切要求。

参考文献

［1］邓小平. 邓小平文选：第三卷［M］. 北京：人民出版社，1993.

［2］江泽民. 江泽民文选：第一卷［M］. 北京：人民出版社，2006.

［3］中共广东省委党史研究室. 任仲夷与广东改革开放［M］. 北京：中共党史出版社，2014.

［4］张岳琦，李次岩. 冲破禁锢：拨乱反正篇［M］//任仲夷论丛：第一卷，广州：广东人民出版社，2000.

［5］张岳琦，李次岩. 先行一步：改革开放篇［M］//任仲夷论丛：第二卷，广州：广东人民出版社，2000.

［6］张岳琦，李次岩. 是是非非：政治文化篇［M］//任仲夷论丛：第三卷，广州：广东人民出版社，2000.

［7］向明. 改革开放中的任仲夷［M］. 广州：广东教育出版社，2000.

［8］王廉. 任仲夷评传［M］. 广州：广东人民出版社，1998.

［9］《怀念任仲夷》编委会. 怀念任仲夷［M］. 广州：广东人民出版社，2007.

［10］李次岩. 任仲夷画传［M］. 北京：人民出版社，2014.

［11］李春雷. 木棉花开：任仲夷在广东［M］. 广州：广东人民出版社，2008.

［12］蒋斌，梁桂全. 敢为人先：广东改革开放30年研究总论［M］. 广州：广东人民出版社，2008.

［13］梁木，武国侠. 建设有中国特色社会主义道路的探索：珠江三角洲改革开放的思考［M］. 北京：中共中央党校出版社，1994.

［14］黄浩. 新的探索：广东改革开放综合试验区的理论与对策［M］. 广州：广东人民出版社，1988.

［15］任仲夷，于光远. 任仲夷点评于光远超短文［M］. 深圳：海天出版社，2000.

［16］中共中央党校党建教研室. 中国共产党党的建设大事记［M］. 北京：求实出版社，1982.

［17］本书编委会. 辉煌的二十世纪新中国大记录：广东卷（上、下）［M］. 北京：红旗出版社，1999.

［18］广东省地方史志编纂委员会. 广东省志·政权志［M］. 广州：广东人民出版社，2003.

［19］广东省人民政府办公厅，广东省统计局. 广东五十年：1949 任仲夷与广东改革开放思想研究［M］. 北京：中国统计出版社，1999.

［20］李美清. 任仲夷谈广东实行“特殊政策和灵活措施”［J］. 当代广东，1998（4）.